MONUMENTS

ANCIENS ET MODERNES.

TOME QUATRIÈME.

PARIS. — TYPOGRAPHIE DE FIRMIN DIDOT FRÈRES, FILS ET Cie, RUE JACOB, 56.

MONUMENTS

ANCIENS ET MODERNES,

COLLECTION

FORMANT UNE HISTOIRE DE L'ARCHITECTURE DES DIFFÉRENTS PEUPLES

A TOUTES LES ÉPOQUES,

PUBLIÉE

PAR

JULES GAILHABAUD,

AVEC LA COLLABORATION

DES PRINCIPAUX ARCHEOLOGUES.

TOME QUATRIÈME.

PÉRIODE MODERNE.

PARIS,

LIBRAIRIE DE FIRMIN DIDOT FRÈRES, FILS ET Cie,

IMPRIMEURS DE L'INSTITUT DE FRANCE, RUE JACOB, 56.

1857.

ÉGLISE DE S.-FRANÇOIS DES NOBLES, A PERUGIA.

L'antique ville étrusque *Augusta Perusia*, aujourd'hui Perugia, capitale d'une des provinces de l'État romain, située sur une montagne voisine du lac Trasimène et du Tibre, contient de riches et anciennes églises. Elles sont pour la plupart ornées de peintures et de sculptures dignes de fixer l'attention des voyageurs ; mais on en remarque une qui, par l'ensemble et le luxe de sa façade de marbre, par le bon goût qui règne dans l'architecture et la sculpture dont elle est décorée, bien que d'une étendue médiocre, présente un chef-d'œuvre de l'art du XVᵉ siècle en Italie. Cette façade fait le sujet des deux planches jointes à cette notice : l'une en présente l'ensemble, l'autre les détails d'architecture et d'ornementation.

L'église de Saint-François-des-Nobles, à Perugia, est située à l'ouest de la ville moderne, au pied de la colline sur laquelle on voit encore les restes des murs antiques d'Augusta Perusia. Nous ignorons l'époque de la fondation de ce monument, et les parties les plus anciennes, encore debout, datent du moyen âge. L'édifice est peu considérable ; il ne présente qu'une seule nef, sur les parties latérales de laquelle sont disposées de nombreuses chapelles. Les constructions anciennes sont établies avec des marbres de deux couleurs, placés de manière à former des compartiments variés. Un porche, décoré de colonnes, donne accès dans une partie de la nef ; auprès s'élève un clocher fort simple, de construction moderne, et qui n'est pas en harmonie avec le reste de l'édifice.

La noblesse de Perugia fit construire la façade en marbre de cette église, en 1461, comme le note l'inscription placée dans la frise supérieure. Un tableau remarquable, qui se voit dans la nef et qui date de cette époque, indique une cérémonie religieuse qui aurait eu lieu lors de la consécration du monument. On y voit la noblesse en grand costume ; deux personnages importants y assistent : l'un paraît être un prince, à en juger par son long et riche manteau ; l'autre, très-simple, pourrait être l'architecte. Des religieux, des femmes, un évêque et son clergé assistent à cette cérémonie, qui est accompagnée de musique militaire ; la façade de l'église occupe tout le fond de la scène ; elle est reproduite avec le plus grand soin.

L'ensemble de l'architecture se compose de quatre marches qui s'élèvent au-dessus du sol, d'une immense arcade dont le fond est clos et très-orné de sculptures. Deux portes, de dimensions ordinaires, sont percées au-dessous de l'imposte, et donnent entrée dans la nef ; des contre-forts peu saillants occupent les angles de la façade, et supportent un entablement complet, surmonté d'un fronton. Le tout est protégé contre la pluie par un toit très-saillant, aujourd'hui fort simple, mais orné autrefois de riches caissons en bois, peints en rouge et en bleu, et placés deux à deux entre les pièces de charpente. Ces détails de l'ancienne couverture se voient dans le tableau dont nous avons déjà parlé.

Les corniches qui encadrent le fronton offrent de beaux profils, dont les moulures sont découpées en oves et en denticules. Les dimensions qu'elles présentent sur la première planche nous ont fait juger superflu de les reproduire en grand sur la planche des détails. Le tympan qu'elles enveloppent est entièrement peint en bleu ; au milieu, le sculpteur a figuré le Christ assis et bénissant de la main droite ; sa tête est nimbée, et des rayons lumineux qui l'entourent forment une auréole elliptique ; deux anges sont en adoration à ses côtés. Ces figures sont en marbre blanc.

Au-dessous de l'entablement complet qui porte le fronton, se présentent les deux contre-forts saillants placés aux angles de la façade. L'un et l'autre se décorent de quatre niches ornées de colonnes torses, de frontons et de coquilles ; quatre statues remplissent les refouillements semi-circulaires : ce sont un ange, une sainte, deux évêques ; chaque niche est supportée par trois consoles que séparent de riches ornements. Un détail de cette partie de la façade est gravé pl. II, fig. 4 ; il concerne le rez-de-chaussée. Les colonnes torses sont toutes surmontées, au-dessus de leurs chapiteaux, d'un vase arabesque, dont la fig. 9 fait connaître la forme. Au-dessous des niches supérieures sont de petits bas-reliefs représentant des scènes religieuses ; les fonds sont peints en bleu. A rez-de-chaussée, la partie inférieure des contre-forts est décorée d'un caisson carré, contenant une large couronne de feuilles et de fruits, dont le milieu est occupé par une chimère, assemblage fantastique de l'aigle et du lion. La fig. 11, pl. II, en fait voir la disposition et le style. Un riche soubassement, orné de guirlandes (fig. 10), est commun aux contre-forts et aux piliers de la grande arcade centrale ; les profils de la fig. 8 sont ceux de cette base générale de la façade.

La clef du grand arc est une console, qui, sur le devant, porte une belle feuille d'acanthe ; l'archivolte, dont la moitié externe est en marbre blanc, et le reste, en marbre rouge, se décore d'oves et de denticules, comme la corniche supérieure. L'arc-doubleau contient de nombreux caissons carrés, ornés de rosaces, d'oiseaux, de vases, sculptés en blanc sur fond bleu. Dans les angles formés par les contre-forts et le cintre de l'archivolte sont deux larges couronnes de feuilles contenant des lions ailés portés sur des consoles ; une guirlande relie chacune de ces couronnes à la clef de la voûte.

Le milieu du cintre est occupé par une statue de saint François entourée d'une auréole de forme elliptique ; des âmes en prières se dirigent vers lui, et de nombreuses têtes ailées les accompagnent ; toutes ces sculptures, en marbre blanc, se détachent sur un fond peint en bleu.

Le cintre est soutenu par une imposte qui règne sur toute l'étendue de la façade, et contient des têtes d'anges reliées deux à deux par des guirlandes de feuillages ; les deux pieds-droits de l'arcade présentent, comme l'arc-doubleau, un léger ébrasement, et sont divisés chacun en six panneaux , dont trois sur le devant, et un même nombre sur la face biaise. La sculpture orne toutes ces divisions ; on y a figuré des anges faisant de la musique, et des vertus chrétiennes. Les motifs placés à l'extérieur sont simplement encadrés de moulures ; les autres ont été placés dans des niches très-ornées, que limitent des pilastres en marbre vert, dont plusieurs chapiteaux sont gravés sur la planche II, fig. 1, 2 et 3. Toutes ces sculptures sont d'une exécution remarquable, tant par leur effet, qui est produit avec très-peu de relief, que par la pureté du dessin et l'inspiration chrétienne qui les caractérise ; la finesse et la légèreté des plis ne peuvent se comparer qu'à celle qu'on admire dans les sculptures de Jean Goujon. On remarque particulièrement deux de ces sujets : l'un, situé à l'extérieur, représente des figures ailées qui jouent de la mandoline et du tambourin ; l'autre sujet, placé dans une niche, représente la **Prière** sous les traits d'une jeune femme svelte et drapée avec élégance ; les mains sont jointes, et la tête, légèrement dirigée vers le ciel, présente une expression de ferveur parfaite. Le sculpteur, pour compléter sa pensée, a mis auprès de cette femme un enfant et un chien, qui s'attachent en divers sens à ses vêtements, les tirent chacun de leur côté, sans la déranger de ses pieuses pensées. Nous regrettons que les dessins de ces sculptures, que nous avons recueillis comme les autres détails, n'aient pu trouver place dans la seconde planche jointe à cette notice.

Le sol compris entre la marche supérieure et le pied de la façade est pavé en marbre formant une mosaïque, dont le dessin, gravé à la fig. 13, se compose de deux tons : les étoiles sont jaunes, et les croix qui les séparent, rouges. Dans l'épaisseur de l'ébrasement formé par la grande arcade, le dessin du pavé change ; la fig. 12 le reproduit : les trèfles sont rouges et les intervalles jaunes. Après avoir franchi ces deux zones de pavage, on arrive à deux portes semblables ; les chambranles sont ornés de rinceaux sortant de vases richement sculptés ; on en voit un fragment à la figure 5. Ces feuillages se réunissent au milieu du linteau, auprès d'un cercle contenant une croix grecque. L'épaisseur des chambranles contient des palmiers (fig. 6), autour desquels grimpent des lierres. Latéralement aux chambranles, pendent de l'imposte deux larges guirlandes de fruits et de fleurs, représentés à la fig. 7. Trois bas-reliefs contenant des sujets religieux occupent le champ qui sépare le sommet des portes de la ligne d'imposte ; les figures s'y détachent sur un fond bleu.

La gravure de la façade reproduit, autant que l'a permis le burin, les différents tons que présente ce monument. L'ensemble de la construction est en marbre rouge ; les membres de l'architecture sont blancs ; les bas-reliefs, blancs de même, ont reçu tous une teinte bleue dans les fonds ; cette polychromie produit l'effet le plus agréable, probablement parce que l'édifice, situé dans un lieu retiré de la ville, y est environné d'une riche végétation, et s'harmonise avec un beau fond de montagnes et un vaste horizon. Placé dans une rue, au milieu de maisons, et privé d'air, il serait tout autre. Devant ce monument, plus que partout ailleurs, on peut avoir une idée exacte de l'effet que devaient produire dans l'antiquité les temples de l'Asie, de l'Afrique et de la Grèce, lorsque la polychromie, y répandant les plus vives couleurs, les mettait en accord avec le beau ciel et les riches végétaux de ces contrées.

Iglesia de San Francisco de las Nobles, en Perusia *(Italia)*

Iglesia de San Francisco de las Noàles en Perusia. *Italia*

ÉGLISE DE ST FRANÇOIS-DES-NOBLES A PÉROUSE.

Iglesia de San Francisco de las Nobles, en Perusio   *Detalles*

ÉGLISE DE SAINT-ZACHARIE A VENISE.

Quelques années avant la fondation du monastère de Saint-Zacharie par les doges Angelo et Giustiniano (809-827), il avait été élevé, près de ce couvent, une église qui fut aussi dédiée au père du Précurseur, et dont l'évêque Magno passait pour être le fondateur. Voici comment les historiens de Venise rapportent cet événement : Au commencement du IXe siècle, disent-ils, ce saint pasteur, ayant été forcé d'abandonner avec ses ouailles la ville d'Uderzo, qui était alors menacée de destruction par Rothaire, roi des Lombards, vint se retirer dans les Lagunes ; et là, après y avoir fondé successivement quatre églises, il eut, ajoutent-ils, une vision dans laquelle saint Jean-Baptiste lui donna l'ordre d'en ériger encore deux nouvelles sur les lieux qu'il lui désignait ; l'une devait porter le nom du Précurseur, tandis que l'autre serait dédiée à son père Zacharie. Telle serait en peu de mots l'origine du monument qui forme ici l'objet de cette notice ; car l'historien Corner fait très-bien remarquer qu'on doit ajouter peu de foi à tout ce qui a été dit par certains auteurs, trop crédules, sur la fondation de ce monastère et de cette église, dont ils veulent faire remonter la date au pontificat d'Innocent Ier (401-417). Suivant cette opinion, il faudrait admettre que l'érection du monastère et de l'église aurait précédé de beaucoup la construction de l'église dédiée à saint Jacob le Majeur, apôtre, dans le Rialto, église que tous les historiens vénètes regardent cependant comme celle qui fut élevée la première en date dans la ville. Selon toute probabilité, l'église consacrée sous le vocable de Saint-Zacharie fut donc élevée vers l'an 817, sous le dogat de Giustiniano Participazio. L'empereur byzantin Léon, dit l'Arménien, qui vivait à cette époque (813-820), contribua, dit-on, par ses libéralités, à l'érection de cet édifice ; fait, au reste, dont on aurait acquis la preuve à l'aide d'un document émané de Giustiniano lui-même, si l'on peut s'en rapporter à celui qui a été recueilli et publié par Sansovino dans le premier livre de son ouvrage sur la ville de Venise. Deux siècles plus tard, en 1105, cette première église ayant éprouvé les ravages funestes d'un terrible incendie, on dut songer à la reconstruire ; mais, cette fois, l'édifice fut assez heureux pour traverser les âges et subsister, sans nouveaux sinistres, jusqu'au milieu du XVe siècle. Vers cette époque, qui marque ici la dernière phase de l'histoire de cet édifice, gravement endommagé par le temps qui commençait à le faire tomber en ruine, les religieuses prirent la résolution d'élever une nouvelle église, mais en lui donnant des proportions plus considérables, et en y déployant aussi, selon les ressources et les idées d'alors, beaucoup plus de magnificence. Elles donnèrent donc l'ordre de rassembler, à cet effet, des marbres de choix et d'un grand prix, ce qu'on exécuta ; et, dans le courant de l'année 1456, on commença ce dernier monument, fait qui eut lieu sous le dogat de Foscari. S'il faut en croire les récits laissés par les historiens de cette ville, les fidèles auraient, eux aussi, contribué à l'érection du monument ; et ils y auraient été excités par le désir de pouvoir profiter des indulgences qui furent accordées à cette occasion, en 1456, par le pape Calixte III, en 1458 par Pie II, et en 1485 par Innocent VIII, indulgences qui remettaient les péchés de tous ceux qui auraient concouru, par une offrande volontaire, à l'exécution ou à l'achèvement des travaux de cette église. Le Sénat lui-même voulut aussi, dans cette circonstance, coopérer à cette œuvre pie et en accélérer la fin. S'étant rappelé le service signalé que lui avaient autrefois rendu les religieuses de ce monastère, en venant de leurs deniers au secours de la République, dans la guerre qu'elle eut à soutenir contre les Lombards, il donna, à cette intention, une somme de 2,000 ducats. Mais il ne borna point là ses bons offices : il chargea encore ses ambassadeurs près la cour de Rome de solliciter du souverain pontife de nouvelles indulgences en faveur de cette église, où reposaient, alléguait-il, un grand nombre de corps saints, et qui, selon une antique et mémorable coutume, était visitée chaque année par le doge, accompagné du Sénat, dans le jour solennel de Pâques.

Les historiographes de cette ville, dit Corner, diffèrent beaucoup dans leurs opinions sur l'origine et l'institution de cette visite, qui doit se faire chaque année de la manière la plus pompeuse. Quelques-uns la font remonter à l'époque du doge Giustiniano, fondateur du monastère ; d'autres la font venir du temps de Benoît III, (855 - 858), qui, rétabli sur le siége de Rome, envoya en don, à l'abbesse Morosini, les reliques sacrées de saint Pancrace et de sainte Sabine ; translation qui aurait engagé à rendre, à cette époque, un décret par lequel le doge serait tenu de visiter annuellement cette église, à l'effet d'y aller faire acte de vénération auprès des monuments qui renfermaient les restes de ces saints. D'autres, enfin, l'attribuent au commencement du règne du doge Sébastien Ziani (1173) ; et, selon eux, cette visite aurait été décrétée solennellement pour remercier les religieuses de l'abandon qu'elles firent alors d'une partie de leur jardin pour l'agrandissement d'un palais et l'élargissement de la place publique ; opinion, du reste, qui se trouve complétement réfutée par les anciens documents qui existent encore. Quoi qu'il en soit des opinions diverses qui viennent d'être émises, nous devons, croyons-nous, ajouter encore quelques détails indispensables sur ce sujet. Cette visite avait lieu chaque année le jour de Pâques (plusieurs historiens disent le jour de la fête du Saint), à l'issue d'un sermon qui était prêché dans l'église de Saint-Marc ; et c'était de là qu'après avoir entendu cette prédication, le doge, accompagné des ambassadeurs des cours étrangères et des sénateurs de la République, allait rendre la visite sus-mentionnée, et complimenter l'abbesse de ce monastère. Ce fut, dit-on, à l'occasion d'une de ces visites, que le doge Pierre Gradenigo (1289) reçut en don de l'abbesse Morosini cette coiffure si richement ornée qui devint dans la suite la couronne des doges, dite aussi *Corne ducale*. On ajoute que ce même doge, qui, pour avoir voulu ménager tous les partis politiques, les avait fâchés tous, fut massacré à la porte de cette église, lorsqu'il venait d'y assister à la fête annuelle. La catastrophe arrivée au doge amena un nouveau décret, par lequel il fut décidé qu'à l'avenir tous les dignitaires de l'État ne viendraient plus, dans cette circonstance, à l'église du couvent, qu'en barques dorées. Cette coutume, à ce qu'il paraît, se perpétua pendant bien des siècles et durant de longues années ; car, vers le commencement du XVIIIᵉ siècle, on exécuta encore quelques gravures de formats divers, représentant la marche solennelle du cortége dogal, sortant de l'église de Saint-Zacharie pour se rendre au monastère où devait être complimentée l'abbesse.

Toutefois, et pour compléter ce que nous avions à dire des événements principaux qui se rapportent à l'histoire ainsi qu'aux transformations diverses que subit cette église, nous ajouterons que ce monument, à la décoration duquel concourut encore le célèbre évêque de Brescia, Domenico de Dominici, par le don d'une certaine quantité de colonnes de marbre et l'érection d'une chapelle, fut terminé l'année 1515, et consacré solennellement à Dieu par Jean Lucio, évêque de Sebenico, sous le vocable de saint Zacharie, le septième jour de l'année 1543.

Bien des choses, nous le savons, ont encore été écrites sur ce monument, soit par Sansovino ou d'autres auteurs, et particulièrement par le docteur Bozzoni, dans son livre intitulé : *Silenzio di San Zacharia Sicodato* ; mais, comme leurs différentes versions paraissent tout à fait controuvées, le lecteur fera donc bien de rejeter ces récits et de n'y ajouter aucune croyance.

Telle est, en peu de mots, l'histoire des événements divers qui se rattachent aux fondation, érection et achèvement des trois églises qui furent successivement élevées sur ce terrain ; cependant, nous regrettons de n'avoir pu recueillir un plus grand nombre de faits concernant la troisième et dernière construction, qui fut probablement la plus importante, celle qui doit nous occuper en ce moment et fournir le sujet d'étude qu'on essayera de traiter dans cette notice.

Ce monument, comme œuvre de la Renaissance en Italie, et à Venise en particulier, où l'architecture et la sculpture étalent de si belles et si nobles créations, enfantées par les grands artistes des XVᵉ et XVIᵉ siècles, ce monument, disons-nous, est, sans contredit, sous le double rapport de sa construction et de sa décoration, un des plus intéressants de la vieille République, et l'un de ceux qu'on peut, avec quelque raison, considérer comme un des principaux ornements de cette cité célèbre. Son architecture, il est vrai, en est plus singulière que vraiment belle ; mais son ensemble et ses détails présentent de si curieuses particularités, qu'il nous a paru convenable de le faire entrer dans notre collection, et de le classer ici, comme type, parmi les transformations si nombreuses et si variées de l'architecture à travers les siècles.

Le plan de cette église, ainsi qu'on le voit sur notre gravure, est fort simple et tout à fait dans les données ordinaires des monuments religieux de cette époque, c'est-à-dire, composé de deux parties principales, la grande nef avec ses collatéraux, et le chœur ou sanctuaire environné de son pourtour et terminé par les chapelles absidales. Ce plan ne présenterait guère de particularités bien notables, si l'on n'avait à signaler l'absence d'une des chapelles absidales dont on a destiné l'emplacement à servir en même temps, et d'entrée dans l'église et d'accès dans les dépendances. Ainsi donc, sauf cette légère imperfection, qui gâte malheureusement l'ensemble de ce plan, on ne peut que louer l'artiste qui en a su combiner les dispositions.

Des trois nefs qui composent la partie antérieure du monument et qui est spécialement destinée aux fidèles, celle du milieu est dans une proportion double, comme largeur, de celles qui l'accompagnent ; quant à leur longueur, elles présentent les mêmes dimensions. Trois arcades, formant chaque côté de la grande nef et limitant en même temps les collatéraux, composent l'ensemble de cette partie. Les arcades sont formées d'immenses archivoltes, dont les extrémités inférieures viennent retomber sur un ensemble de colonnes et de piédestaux dont nous devons donner ici, eu égard à la singularité de leur disposition, une description particulière. Qu'on se figure donc une base composée d'une série de moulures, avec ou sans ornements, se profilant d'une manière assez gracieuse ; au-dessus de cette partie inférieure, un piédestal affectant une forme octogonale et s'élevant à une certaine hauteur ; puis, une espèce de base fort simple, un fût de colonne très-court, et enfin un chapiteau corinthien ou composite, et l'on aura une idée assez exacte de cette combinaison dont on reconnaît les défauts lorsqu'on en arrive à l'analyse, mais qui, dans son ensemble, produit un effet assez grandiose et dont on ne peut, tout d'abord, se bien rendre compte. Au reste, cette particularité n'avait point échappé aux judicieuses observations de l'un des savants collaborateurs des *Fabbricche* ; et, en effet, M. Diedo, dans la notice qu'il a consacrée à l'examen de ce monument, fait très-bien remarquer que ce singulier exemple de piédestaux octogones qui soutiennent les colonnes, laisse le spectateur dans l'incertitude s'ils ne sont pas un prolongement de leurs fûts. A la vérité, continue-t-il, les fûts de ces colonnes ont été réduits, avec intention, à une proportion beaucoup plus courte que d'ordinaire, et combinés de telle sorte, avec les piédestaux, que ce qui aurait pu, dans l'ensemble, paraître trop maigre et comme trop faible pour soutenir le poids dont il était chargé, contribue ici, au contraire, à lui donner plus d'élancement. Puis, il ajoute que si ce genre de construction n'est pas le plus favorable à l'élégance, il produit cependant un je ne sais quoi de léger, qui conduit presque à oublier que l'église est divisée en trois nefs, et que l'œil, sans être arrêté par un encombrement de pilastres et de pieds-droits, s'y promène si librement, qu'on dirait que tout l'intérieur ne forme qu'une seule et même pièce. Enfin, le judicieux critique complète et termine ses réflexions esthétiques en appuyant sur cette observation, qu'il lui semble que l'architecte, lorsqu'il combina les dispositions de son église, ait eu pour but de proportionner ainsi la hauteur du monument, depuis le sol jusqu'au sommet de la voûte, avec la dimension de deux largeurs de la nef du milieu.

La partie supérieure de la grande nef se compose d'une voûte divisée en trois parties dont deux sont d'arêtes, tandis qu'une troisième, celle qui est voisine du sanctuaire, présente une surface d'une forme circulaire, dite surbaissée, répondant à la coupole située immédiatement au-dessus ; des bandeaux fort simples, suivant la courbe de la voûte, séparent chaque travée, et viennent appuyer leurs retombées sur des consoles élégantes, occupant le milieu de la partie supérieure des tympans des arcades de cette nef.

Des trois sections ou travées constituant l'ensemble de chaque collatéral ou bas côté, deux sont décorées d'autels qui forment, ainsi disposés, comme des espèces de chapelles, sans doute dédiées chacune à un saint ou patron particulier, et une troisième qu'on pourrait, à la rigueur, considérer comme transsept, où se voient deux portes d'un dessin et d'une dimension qui répondent assez bien aux autels susmentionnés. Une de ces portes, celle de gauche, conduit à la sacristie, tandis que l'autre donne accès à la vaste chapelle dédiée à saint Athanase, chapelle qui servait autrefois de chœur aux religieuses du monastère. Les voûtes qui surmontent ces bas côtés sont aussi en arêtes, et suivent, de même, la disposition des arcades. Quant aux autels, ils sont élégants, majestueux et riches, surtout celui qui correspond à l'arcade du milieu, à gauche de celui qui entre, et qui est composé de marbres brillants, de mosaïques précieuses et de belles sculptures ; enfin, des *oculi* ou baies circulaires ont été disposées dans la partie supérieure des parois latérales, et immédiatement au-dessus des autels et des portes, sans aucun doute afin d'éclairer l'intérieur du monument, et de décorer, par cette addition, les grandes surfaces lisses qui existaient en cet endroit.

C'est à l'extrémité orientale des trois nefs dont on vient de parler qu'est située l'abside ; et cette seconde division du monument présente ici quelques particularités telles, que nous croyons devoir y appeler l'attention de nos lecteurs. Comme dans la plupart des monuments religieux, cette partie postérieure de l'édifice est encore subdivisée en trois autres, qui sont : le chœur, son pourtour et les chapelles absidales. La forme géométrique de cette abside est à cinq pans, c'est-à-dire qu'elle donne la moitié du décagone, forme dont participe aussi le pourtour du chœur qui limite l'entrée des chapelles. Des trois parties qui constituent cet ensemble, le chœur ou sanctuaire est, sans contredit, la plus curieuse et la plus intéressante ; sa disposition, dans certains endroits, offre une grande analogie avec les basiliques latines : ainsi, l'on y remarque une partie inférieure, de forme polygonale à la vérité, au lieu d'être circulaire, percée de baies et formée de piliers accouplés, au lieu d'un mur plein ; mais, immédiatement au-dessus, se trouve cette construction semi-circulaire où était ordinairement placée une brillante mosaïque, et enfin, une surface lisse qui surmonte l'ouverture ou l'entrée du chœur, partie qu'on nommait quelquefois, dans les monuments primitifs du christianisme, l'*Arc triomphal.* Certes, pour tout observateur, de telles analogies, dans la forme et les dispositions, avec les premières basiliques chrétiennes, méritaient bien d'être signalées ; car il est assez probable que l'architecte qui en fit ici l'emploi, dut, peut-être, trouver l'idée première de son chœur dans l'étude particulière qu'il fit à Rome, ainsi que Palladio et autres, de ce genre de monuments ; idée, probablement, qu'il voulut modifier dans l'édifice dont il fut chargé. Au reste, cette partie du monument nous paraît surtout avoir été traitée avec un goût et une recherche vraiment dignes d'éloges ; et, vue de l'entrée de la grande nef, elle produit un effet qui n'est pas sans charmes. Aussi, cet aspect n'échappa-t-il point aux observations de M. Diedo. Il est curieux, dit-il, de voir comment l'art, qui n'a point encore atteint son apogée, a su allier, dans cette partie du monument, la beauté de la symétrie latine avec le caprice du style ogival, combinant ainsi, de la manière la plus heureuse, deux genres, sinon entièrement dissemblables, du moins très-différents. Toutefois, nous devons regretter que l'architecte, ne tenant ici aucun compte, il faut le croire, des lois de l'unité, y ait accidentellement introduit l'ogive, en la plaçant dans une série de fenêtres géminées qui surmontent les cinq arcades de la partie inférieure, arcades qui sont, ainsi que nous l'avons dit, supportées par une réunion de quatre piliers ou colonnes, occupant exactement les angles mêmes de la figure que décrit le chœur. Notre intention n'étant point de nous occuper ici des divers ornements de sculpture qui décorent cette partie de l'édifice, ornements qui sont, au reste, en fort petit nombre et peu dignes de remarque en cet endroit, nous nous contenterons donc de signaler seulement à l'attention de nos lecteurs le maître-autel, situé au milieu du sanctuaire même, qui est orné des marbres les plus précieux, et dont la forme présente un des plus jolis spécimens de tabernacles à l'époque de la Renaissance.

Reste maintenant, afin de compléter l'ensemble des notions qui se rapportent à la description de l'intérieur de cette église, à dire quelques mots sur les chapelles absidales qui rayonnent autour du chœur. Placées à la partie orientale et postérieure du monument, elles suivent, quant à leur position, le mouvement des arcades de ce chœur. Ces chapelles sont seulement au nombre de quatre, et leur forme géométrique présente une ligne courbe qui excède cependant, pour quelques-unes, la forme semi-circulaire. De grandes arcades s'ouvrant parallèlement à celles du chœur, leur servent d'entrée, et la lumière y pénètre à l'aide de baies fort simples ; de riches clôtures en marbre et un autel assez élégant complètent leur décoration.

En résumé, on doit reconnaître que l'abside de l'église dédiée à saint Zacharie, ou, pour mieux nous exprimer, que la partie postérieure de cet édifice est conduite avec une grande habileté et produit un effet des plus heureux.

Mais arrivons maintenant à l'examen de la façade de ce monument, examen qui forme particulièrement l'objet de cette notice, et prouvons qu'elle peut, non sans quelque raison, figurer ici, comme type, dans l'histoire des transformations si variées de cette partie des édifices religieux, à l'époque de la Renaissance. Sa disposition architectonique, on doit l'avouer, présente bien, dans son ensemble, quelque chose de singulier, d'insolite et d'un peu lourd, qu'on ne trouve point dans les monuments analogues de cette époque ; aussi, cet agencement a-t-il provoqué, nous le savons, quelques reproches de la part de certains critiques. M. Diedo, qu'on doit écouter avec attention lorsqu'il s'agit de l'appréciation des monuments élevés à Venise pendant le XVIe siècle, dit avec raison qu'il lui semble que les élèves de Palladio ne trouveraient peut-être point dans ce monument cette majestueuse simplicité qui accompagne toujours les immortelles productions de leur maître ; mais, continue le judicieux critique, on doit quelquefois modifier ses jugements sur le mérite des choses, d'après les éléments qui les composent, et telle est aussi notre opinion à l'égard de la façade qui sert de décoration antérieure à l'église dédiée à saint Zacharie. Ces réflexions faites, M. Diedo reconnaît qu'il est impossible de rendre, par la description, l'effet, la magnificence et la somptuosité de cette façade, où règnent simultanément les marbres les plus précieux, combinés aux ressources diverses que peuvent présenter les dispositions nombreuses de l'architecture et de la sculpture. Et en effet, qu'il doit être resplendissant et magique, cet ensemble où brillent incessamment les marbres variés, aux brillantes couleurs, lorsque, vu sous un certain angle et éclairé par les rayons éclatants d'un soleil de feu, il se détache, d'une manière si heureuse et si pittoresque, sur la nappe azurée de ce beau ciel d'Italie! On conçoit aisément alors l'enthousiasme du voyageur et de l'artiste, et l'on est presque porté à se laisser aller soi-même à une admiration qui ne peut être accordée qu'à des œuvres de premier ordre et pures de toute imperfection !

— ÉGLISE DE SAINT-ZACHARIE A VENISE. —

Quoi qu'il en soit de ces opinions diverses, et pour arriver immédiatement à une description succincte de la façade de cet édifice, car nous n'avons ni l'intention ni la prétention de la soumettre ici à une minutieuse analyse, nous dirons donc qu'on peut, à la rigueur, la diviser en trois parties principales ou zones, comprenant, pour le bas, la portion dans laquelle s'ouvre la porte avec cet ensemble de niches qui la surmonte et dans lequel se trouvent quelques baies ; pour la zone intermédiaire, la partie où règne un ordre composite, formé de colonnes et de pilastres, servant de décoration à cinq autres fenêtres ouvertes afin d'éclairer l'intérieur ; et enfin, pour partie supérieure, cet ensemble de frontons pour lesquels l'architecte semble avoir voulu réserver une partie de son ornementation. Cette façade est encore divisée, dans le sens de sa largeur, en trois autres parties ou corps qui répondent à la distribution intérieure des nefs, et suivent, en cela, les lois de l'unité, c'est-à-dire, dessinant, à l'extérieur, les rapports des trois nefs, dont celle du milieu est d'une largeur égale à celle des deux collatéraux réunis. Ces trois parties sont divisées au moyen de gros piliers saillants ou éperons, ornés de compartiments et de niches, de colonnes et de pilastres accouplés, espèces de contre-forts qui se dressent et s'élèvent jusqu'à la hauteur des frontons. Des corniches grandioses, excédant peut-être une proportion relative avec leurs ordres, mais de juste mesure par rapport à l'ensemble de l'édifice, couronnent chaque étage. Le milieu de chaque division nous semble assez heureusement entendu et occupé par quelque objet principal qui captive l'attention du spectateur ; ce sont, en général, des fenêtres destinées à éclairer l'intérieur, ou des ornements d'un assez bon goût, là où des baies seraient inutiles. Nous appellerons particulièrement l'attention du lecteur sur la partie inférieure de cette façade, et nous lui ferons remarquer l'effet heureux de cette rangée de niches ornées, mais, surtout, la porte occupant le centre de la partie qui se trouve immédiatement au-dessous. C'est là, suivant nous, un de ces gracieux exemples si souvent usités à l'époque de la Renaissance, et tels qu'on en voit dans la plupart des grandes villes de l'Italie. La partie supérieure de cette porte, dont les jambages sont ornés de sculptures, est couronnée d'un fronton circulaire, sur le sommet duquel se dresse une statue représentant le prophète Zacharie, due au ciseau d'Alexandre Vittoria (*), l'un de ces artistes éminents du XVIe siècle, qui exerçaient avec un mérite égal la triple profession d'architecte, de sculpteur et de peintre.

Nous ne terminerons point ce que nous nous proposions de dire sur cette façade et les particularités architectoniques qu'elle présente, sans faire remarquer à nos lecteurs l'effet quelque peu disgracieux que produisent les petits ordres placés immédiatement au-dessous du grand fronton circulaire, d'où il résulte que la corniche qui surmonte cette partie, n'est pas moins haute que la moitié des colonnes et pilastres sur lesquels elle repose ; enfin, nous signalerons encore le peu de grâce de certains profils qui contrastent d'une manière choquante avec l'élégance de certains autres.

Après avoir réuni et coordonné les différentes notions historiques qui se rattachent à cet édifice, et avoir essayé d'en faire une analyse critique que nous eussions voulu rendre d'une manière moins imparfaite, il convient maintenant d'interroger les annales de l'histoire, et de leur demander enfin le nom de l'artiste auquel on doit cette construction ; car elle n'est point une des moins curieuses et des moins importantes parmi le grand nombre de celles qui s'élèvent sur le sol de Venise. Par une fatalité bien regrettable, on l'ignore complétement. Aucun document, aucun renseignement n'a pu, jusqu'à ce jour, venir en aide dans cette recherche ; et Temanza, lui-même, dit M. Diedo, loin de risquer quelque opinion à cet égard, se contente de dire que, par son analogie avec la *Scuola di San Marco*, on pourrait, peut-être, attribuer cet ouvrage à Martino Lombardo, qui vivait à Venise vers la fin du XVe siècle.

Le couvent, situé à côté de l'église de Saint-Zacharie, était un monastère de religieuses, toutes de naissance noble, de l'ordre de Saint-Benoît.

(*) C'est dans cette même église de Saint-Zacharie, et non loin de la sacristie, que se trouve le monument funéraire de cet artiste. Il se compose d'une décoration architecturale, ornée de trois figures représentant les arts qui le rendirent célèbre, l'Architecture, la Sculpture et la Peinture. Ce monument et le buste qui le surmonte sont, dit-on, de la main même de Vittoria ; ses œuvres, on le sait, sont très-répandues à Venise, mais particulièrement au Palais Ducal. Ce fut le plus habile élève de Sansovino, et l'on peut dire le dernier grand artiste de la Renaissance en Italie. Il mourut en 1608, à l'âge de 82 ans.

— BIBLIOGRAPHIE. —

1° *Corner* (Fl.), *Notizie storiche delle chiese e monasteri di Venezia*, etc. Padoue, 1758, in-4°.

2° *Topographia Veneta, overo descrizione dello stato Veneto; Venezia*, 1787, 4 vol. in-fol., pl.

3° *Le Fabbriche piu cospicue della citta di Venezia*, etc.; *Venezia*, 1815, 2 vol. in-fol., pl.

Iglesia de San Zacarías en Venecia

ÉGLISE DE SAINT ZACHARIE A VENISE

Iglesia de San Zacarias en Venecia

ÉGLISE DE LA CHARTREUSE, PRÈS PAVIE.

L'établissement de l'ordre des chartreux, institué par saint Bruno, vers la fin du XIe siècle (1086), donna naissance à une classe d'édifices qu'on désigne sous le nom générique de *chartreuses*, mais dont la forme et les dispositions diffèrent probablement peu de celles qui étaient particulièrement usitées dans les grands monuments d'architecture monastique élevés pendant le moyen âge. Suivant le rapport des historiens, les disciples de saint Bruno possédèrent, en Italie, plusieurs édifices importants de ce genre, parmi lesquels nous mentionnerons ceux de Ferrare, de Naples, etc., et surtout celui qui se trouve dans les environs de la ville de Pavie. A en juger par ce qui reste, cette dernière chartreuse devait être, en effet, à l'époque de sa splendeur, une des plus célèbres et des plus remarquables de ce pays (*) ; mais elle a subi, depuis lors, des vicissitudes qui ont altéré, d'une manière assez notable, son aspect primitif ; des constructions, appartenant à diverses époques, viennent aujourd'hui détruire, aux yeux de l'antiquaire et du voyageur, cette unité et cette harmonie qu'ils voudraient y étudier.

Le site sur lequel fut élevé ce monastère était, à l'origine, une immense forêt ou parc de chasse destiné aux plaisirs des princes ; mais, plus tard, il devint, au XVIe siècle, le théâtre d'une lutte terrible entre Charles-Quint et François Ier, lutte dans laquelle le roi chevalier, après avoir perdu l'élite de la noblesse française, prononça, de cet accent de douleur qu'ennoblit encore le courage vaincu, ces paroles historiques si justement célèbres : *Tout est perdu, fors l'honneur.*

S'il faut en croire une tradition rapportée par quelques écrivains, la construction de cette chartreuse serait le résultat d'une opinion assez généralement répandue pendant le cours du moyen âge, et à laquelle on devrait un assez grand nombre de monuments. A cette époque, rois, princes et seigneurs croyaient expier leurs crimes en élevant un monument religieux, ou bien en fondant quelque monastère. Que cette tradition, qui peut, au reste, avoir un certain fond de vérité, soit vraie ou fausse, toujours est-il que la chartreuse de Pavie doit sa fondation à Jean Galeazzo Visconti, dont la conduite ne fut pas, à beaucoup près, exempte des méfaits que nous venons de signaler. D'autres historiens prétendent, au contraire, que cet établissement est dû à l'accomplissement par le duc, d'un vœu fait par sa femme. — Quoi qu'il en soit, dix ans s'étaient à peine écoulés depuis le jour où Jean Galeazzo avait fait commencer la cathédrale de Milan, lorsqu'il prit la résolution d'édifier cette chartreuse ; et, le 8 septembre 1396, assisté de plusieurs évêques et en présence des grands personnages du pays, il en posa lui-même la première pierre avec la plus grande solennité. Les travaux commencèrent immédiatement ; ils furent même poussés avec une telle activité, qu'en l'espace de trois années, les bâtiments claustraux étaient en état de recevoir les pieux cénobites. On put donc, dès lors, y loger un prieur et vingt-quatre chartreux, qui mirent sans retard en pratique leur industrie agricole. Des sommes assez considérables furent affectées par le duc à ces religieux ; mais, dans son acte de donation, Galeazzo leur imposa l'engagement d'employer chaque année une certaine portion de leurs revenus à l'achèvement et à la décoration des différentes parties du monastère, leur enjoignant aussi de distribuer, annuellement, une pareille somme aux pauvres, lorsque toutes les constructions seraient achevées. La mort du duc, survenue en l'an 1402, n'arrêta point la continuation des travaux commencés ; et les chartreux, grâce au riche legs de leur fondateur, et grâce aussi à un assez grand nombre d'autres donations faites par des particuliers, auxquels vint se joindre le produit de leur industrie dans le défrichement et la culture des terres, purent, sans interruption, poursuivre l'exécution des divers bâtiments claustraux et de l'église. Quant à la façade de ce dernier édifice, elle ne fut érigée qu'en 1473, époque à laquelle la chartreuse semble avoir atteint sa plus grande splendeur. Ce fait, au reste, nous est attesté par un contemporain, et le Florentin Guicciardini la désigne, au quatorzième livre de son *Histoire d'Italie*, comme le plus beau monastère qui existait alors dans la péninsule. Tous les travaux ayant été terminés en 1542, l'injonction du fondateur reçut dès lors sa destination ; et, chaque année, à partir de cette date, les moines distribuèrent fidèlement aux pauvres les soulagements ordonnés par le duc. Jusqu'à cette époque, la portion du revenu fixée par Galeazzo avait été intégralement employée à la construction et à l'embellissement des diverses parties du couvent et de l'église ; aussi est-ce pendant cette longue période que furent exécutés toutes les œuvres d'art, ces sculptures, ces ciselures en or, en bronze, en ivoire et

---

(*) Ce monastère n'est cependant pas, à beaucoup près, aussi considérable que notre grande Chartreuse en Dauphiné, l'un des plus importants parmi les édifices claustraux de l'ordre de Saint-Bruno.

1

en ébène, ces ouvrages de mosaïques et de peintures, enfin toute cette richesse décorative qui rend surtout si célèbre cette église conventuelle. Le XVIIe siècle vint cependant ajouter encore quelques nouvelles constructions au monastère des chartreux ; mais ce furent les dernières. Ainsi, depuis la fin du XIVe siècle jusqu'à cette époque, l'architecture, la sculpture, la peinture, tous les arts plastiques contribuèrent, sans interruption, à la création d'un des plus remarquables monuments monastiques de la chrétienté. Mais, après les jours de splendeur, survinrent les jours de revers ! La fin du XVIIIe siècle devint, pour la chartreuse, comme une époque de deuil et de vicissitudes. L'empereur Joseph II ordonna la suppression de la colonie religieuse, et il la dépouilla de son riche revenu ; puis, le directoire fit enlever les plombs qui composaient la toiture de son église. Aujourd'hui, ce monastère, qui n'est plus qu'un objet d'étude ou de curiosité de la part de l'antiquaire et du voyageur, n'a reçu aucune destination particulière depuis la suppression de l'ordre.

Après avoir résumé en peu de mots les événements qui se rapportent à l'histoire de cette chartreuse, voyons ce qu'il reste maintenant de tout ce luxe et de cette splendeur d'autrefois. A en juger par l'inspection des bâtiments actuels, un certain nombre des constructions primitives ont dû, vraisemblablement, être renouvelées, en tout ou partie ; car on y reconnait, dans leur ensemble, l'art de plusieurs époques. Toutefois, d'assez notables portions du monastère, bâti aux XIVe, XVe et XVIe siècles, subsistent encore, ce qui est attesté d'ailleurs par l'existence des cloîtres, par l'habitation du prieur, etc. Quoi qu'il en soit, nous passons assez rapidement sur toutes ces différentes constructions, spécialement claustrales, cette notice étant spécialement consacrée à l'édifice religieux qu'elles renferment, et plus particulièrement encore à la partie de l'église qui fut élevée dans le style dit de la Renaissance.

L'histoire de la construction de cette église présente en elle-même un sujet d'étude rempli d'intérêt ; car il s'agit ici d'un de ces édifices qui furent élevés à une époque de transition, c'est-à-dire, au temps où l'on construisait encore, en Italie, certains monuments d'architecture sur le principe et d'après les règles de l'arc aigu du nord, et à l'époque où les artistes de ce pays, développant les préceptes et les leçons d'Alberti et de Brunelleschi, consommaient, par leurs travaux, une nouvelle transformation de l'art ; période qui comprend, dans ses limites, une des époques les plus mémorables de l'histoire des arts, celle de la lutte entre l'art du nord et l'art du midi. La construction de cette église renferme donc ici deux phases distinctes : la première, se rapportant à l'art étranger, à l'art septentrional qui comprend la majeure partie du monument religieux, art, toutefois, déjà bien modifié par le goût italien ; et la deuxième, consistant dans l'érection de la façade, dans celle du couronnement de la croisée, etc., où paraît un art nouveau qui est celui de la Renaissance, en Italie, aux XVe et XVIe siècles. Dans la première période, le style du monument, quoique italianisé, conserve encore la physionomie générale de l'art du nord, tandis que la seconde nous montre le triomphe définitif et complet de l'art dit *renouvelé*. Or, on comprend maintenant l'intérêt que doit offrir cette construction, car c'est un de ces types sur lesquels il est plus particulièrement donné d'y voir les deux arts en présence, et c'est aussi l'un de ceux sur lesquels paraît, dès l'origine, l'emploi des idées nouvelles. Cependant, nous devons, à propos de ces idées, faire remarquer qu'elles sont exprimées, sur cette façade, dans toute la pureté de leur première phase, c'est-à-dire, par l'emploi des petits ordres qu'on agença d'abord selon le système et d'après les plans des grands monuments en arc aigu du moyen âge. En effet, à l'exception des formes et des éléments, tout y est encore, dans la disposition des contre-forts, des baies, etc., une imitation de cette partie des monuments religieux de l'époque précédente. Nous aurons donc cette remarque à faire lorsque nous parlerons de cette partie de l'édifice ; de même que nous devrons signaler aussi, en traitant de la partie postérieure, la présence de la combinaison simultanée du plein cintre et de l'arc aigu. A ce double point de vue, le monument acquiert ici un haut intérêt ; il en acquiert encore, quant aux constructions primitives, par les rapprochements qu'il offre, à l'intérieur, avec les églises d'Arezzo, de Sienne, d'Orvietto, etc. ; il en acquiert, enfin, par les particularités qui furent employées dans le système décoratif de cette façade célèbre. Résumons-nous en quelques mots : à l'époque où nous nous trouvons, l'art du midi diffère essentiellement de l'art septentrional ; et tandis qu'on construit, dans le nord, sur le principe de l'arc aigu, tout tend au sud à faire rentrer l'architecture dans les règles et dans la pratique des œuvres de l'antiquité. Cette époque est celle où Brunelleschi et Alberti, ayant ouvert une voie nouvelle, les artistes italiens, leurs successeurs, marchent sur leurs traces et achèvent, par leurs travaux, la révolution artistique commencée par ces deux novateurs.

Ceci posé, examinons le monument ; mais cette question en soulève préalablement une autre : Quel est

— ÉGLISE DE LA CHARTREUSE, PRÈS PAVIE. —

l'auteur de cette église ? Suivant les recherches de Durelli, qui a fait de ce monument une étude spéciale, on n'en connaît point le premier architecte. Plusieurs antiquaires prétendent que ce fut celui qui traça le plan de la cathédrale de Milan ; mais, sur ce point, les opinions se partagent entre l'Allemand Henrick Gamodia et l'Italien Marco da Campione. Cependant, tout porte à croire que c'est encore là une erreur, et qu'on ne peut attribuer cette conception à aucun de ces deux artistes ; car, ainsi que l'ont démontré MM. Giulini et Franchetti, dans leur ouvrage sur la cathédrale de Milan, Henrick ne dut avoir, pendant son court séjour en Italie, qu'une très-minime influence sur la construction de cet édifice ; et, lors même que Marco da Campione eût été l'architecte du dôme, ce serait plutôt un motif pour ne point le croire celui de l'église de la chartreuse, attendu que les parties de cette dernière, érigées dans les premiers temps de la construction, présentent un caractère italien qui tranche, d'une manière évidente, avec le style tout septentrional qui domine dans la cathédrale. Mais on sort de doute à cet égard en apprenant que Marco da Campione était déjà mort depuis plusieurs années, lorsqu'on commença les premières constructions de l'église carthusienne. Le comte Giulini voudrait, sur le rapport d'un ancien historien milanais, en faire l'honneur à Nicolo da Selli, d'Arezzo, ou à Jacopo da Campione, qui y furent en effet employés ; mais il n'en donne pas, selon nous, de preuves assez concluantes ; d'autres écrivains, d'ailleurs, signalent seulement ces artistes comme des ouvriers distingués, et coopérant à l'œuvre dès les premiers travaux de l'édification ; fait, du reste, qui ne paraît pas invraisemblable, lorsqu'on se rappelle qu'à une certaine époque, des artistes ou des ouvriers d'un degré inférieur, dont le hasard avait conservé les noms, furent pris pour les architectes eux-mêmes. Au reste, le silence absolu qui règne sur l'auteur de cette église n'a rien qui doive nous étonner, puisqu'il existe la même incertitude à l'égard des architectes d'un très-grand nombre d'autres monuments du moyen âge et des premiers temps de la Renaissance. Tout ce qu'on peut faire aujourd'hui, grâce aux recherches de MM. Durelli et du marquis de Malaspina, c'est de réunir, en forme de liste, un catalogue des principaux architectes, sculpteurs, peintres, mosaïstes, etc., qui concoururent, par leur talent et leurs œuvres, à la construction et à l'embellissement de tout ou partie de cette église. Ce sont : Antonio Amadeo ou Omodeo ; Benedetto Brioschi ; les frères Mantegazza ; Hettore d'Alba ; Antonio da Locate ; Battisto et Cesare da Sesto ; Francesco Piontello ; Jacopo Nava ; Marco Agrate ; Angelo Marino, siculo ; Andrea Fusina ; Cristoforo Solari ; Cristoforo Romano ; Battisto Gattoni ; Agostino Busti ; Antonio Tomagnini et Jacopo della Porta (*).

Cette église décrit, en plan, la figure d'une croix latine, et elle est surmontée, au-dessus de la croisée, d'un amortissement pyramidal, disposé par étages en retraite, à l'imitation des flèches centrales des grands monuments religieux du moyen âge (**). Sa longueur est d'environ 80 mètres ; sa largeur, sur les nefs, de 20 à 25 mètres, et le développement du transsept de 50 à 55 mètres.

Les dispositions principales de cette construction comportent, pour la partie antérieure, celles des églises en arc aigu, c'est-à-dire, qu'elle se compose d'une nef centrale, accompagnée de collatéraux, sur les flancs desquels sont placées deux files de chapelles secondaires. Le chevet et le transsept, seuls, qui forment la partie postérieure, offrent ici quelques particularités qu'on ne peut réellement bien saisir qu'à la vue du plan, mais qui rentrent, plus ou moins du reste, dans la série nombreuse des combinaisons inventées à toutes les époques par les architectes.

Par une singularité remarquable, mais qui fut d'ailleurs employée avec un certain bonheur dans quelques autres monuments de la Lombardie, la chartreuse et son église présentent, dans leurs matériaux de construction, la combinaison de la brique et du marbre ; combinaison qui, en se mariant, donne à ces édifices un aspect et un ton qui se détachent d'une façon agréable à l'œil au milieu d'une végétation luxuriante et variée. Les murs et les voûtes de l'église sont entièrement construits en briques ; la façade est toute en marbre.

La description de cette église se divise, comme son histoire, en deux parties, qui correspondent chacune aux deux principales phases de sa construction. La première comprend toutes les parties qui furent élevées à l'origine et sous l'influence de l'art septentrional, modifié par le goût italien, c'est-à-dire, le chevet, le transsept, l'intérieur et les faces latérales. A la seconde se rapportent certaines parties de ces mêmes faces latérales, le couronnement de la croisée, la façade, ainsi que les différentes œuvres d'art qui concourent à sa décoration intérieure ; travaux qui montrent, par leur caractère particulier, un changement de style et le triomphe définitif de la révolution artistique opérée en Italie.

(*) Quelques auteurs attribuent au peintre Ambrogio Fossano la composition architectonique de la façade.

(**) La disposition de cette construction pyramidale, si elle eût été achevée, nous semble beaucoup plus convenable, comme couronnement de la croisée des églises, que l'imposition d'une coupole, dont la forme lourde et disgracieuse est, à nos yeux, un très grand défaut.

Étudions d'abord les constructions primitives. Toute la partie postérieure, celle qui comprend le chevet, le transsept, etc., comporte, à l'extérieur, des dispositions qui rappellent un certain nombre d'églises romanes, érigées sur les bords du Rhin vers la fin du XII° siècle ; mais on sent ici, par l'introduction de plusieurs éléments, une modification et un cachet qui décèlent et un autre âge et un autre pays. Les particularités principales que présentent ces premiers travaux consistent surtout dans l'agencement de niches semi-circulaires disposées en saillie sur les faces externes du chevet et des croisillons du transsept, et dans la distribution de galeries ouvertes sous les corniches qui règnent à la naissance des différentes parties de la toiture. Les angles ou les redans nombreux que décrivent extérieurement le chevet et le transsept sont renforcés par des espèces de constructions rectangulaires formant l'effet de contre-forts, ornés, à la partie supérieure, de clochetons à jour dans le goût italien du XV siècle ; des escaliers, disposés à l'intérieur de quelques-uns d'entre eux, conduisent au sommet de l'édifice. Mais il est une autre particularité sur laquelle nous voulons appeler encore l'attention de nos lecteurs : toutes les corniches de cette partie primitive, qui offrent une ornementation si riche, ont été exécutées en terre cuite, genre de décoration en usage à cette époque dans le nord de l'Italie, et qu'on pratiqua aussi, dans certaines régions de la France, de l'Allemagne, etc., aux XIV°, XV° et XVI° siècles (*).

Quant aux dispositions intérieures de l'église, elles présentent, sous le rapport de leur agencement et de leur construction, assez peu d'intérêt en elles-mêmes. L'arc aigu domine généralement, et il s'y trouve combiné, de même qu'à Orvietto, à Sienne, à Arezzo, etc., avec le plein cintre de la renaissance. Cependant les voûtes sont encore construites, ainsi qu'on le voit dans les églises de transition, d'après le système de la dernière moitié du moyen âge ; ce qui tendrait à prouver qu'à cette époque les artistes n'avaient pas abandonné l'ancienne manière, ou bien que leur talent et leur science dans l'art de couvrir les édifices n'allaient point encore jusqu'à savoir établir une voûte en berceau, comme on l'exécuta plus tard. En général, toutes les parties constituant les voûtes, c'est-à-dire, les pendentifs, les doubleaux, les formerets et les nervures d'arêtes, sont en arc aigu ; tandis que les doubleaux des bas côtés, les arcades servant d'entrée aux chapelles latérales et les baies affectent spécialement la forme en plein cintre. La composition des travées intérieures diffère, quant à leur disposition ou à leur étagement, de celles usitées dans les monuments du nord de l'Europe. Ainsi, on ne voit point, au-dessus des arcades, un triforium surmonté de larges baies ou claires-voies aux meneaux plus ou moins nombreux ; elles sont seulement composées de hauts piliers fasciculés, couronnés d'arcs, sur lesquels naît verticalement un mur percé d'espèces d'oculus à quatre lobes, disposés diagonalement ; des pendentifs et des arêtes, formant la voûte, couronnent cet ensemble. Or, il n'y a point là, comme en France et dans le nord de l'Europe, ce magnifique système d'étagement dont on fit un si fréquent usage dès la fin de la période romane et pendant tout le règne de l'arc aigu.

Cette notice étant plus particulièrement consacrée à l'étude et à la description de la façade de cette église, nous ne nous appesantirons point sur ce qui concerne sa décoration intérieure. Disons, toutefois, en quelques mots, qu'elle consiste particulièrement dans l'ameublement du sanctuaire et des chapelles, dans une grande profusion de marbres, de dorures et de mosaïques, dans la peinture des voûtes, enfin dans les tombeaux, tous monuments ou œuvres d'art qui ont été exécutés depuis la fin du XV° siècle jusques et y compris le XVII°.

Maintenant, il convient de passer à l'examen de la façade, c'est-à-dire à l'œuvre capitale de cet édifice, à celle qui constitue le morceau le plus saillant de la seconde phase ou période de l'histoire de sa construction. Des auteurs prétendent qu'il s'écoula un certain laps de temps entre les derniers travaux du corps de l'église et l'érection de cette partie : c'est là, nous l'avouons, une opinion qu'il nous est impossible, faute de documents, de combattre d'une manière positive, mais que nous ne partageons point, par suite de la liaison qui nous semble exister entre le caractère des derniers travaux extérieurs et intérieurs avec le style de cette immense page. Toutefois, et sur un autre point, nous serions assez porté à admettre celle de Joseph Mulder, qui dit que cette façade, dans l'état où elle se trouve aujourd'hui, n'est point complète, et, par conséquent, qu'elle est inachevée. On sent, en effet, qu'au-dessus de la galerie, formant comme une espèce d'attique, devraient exister quelques motifs d'architecture, disposés en forme de couronnement, motifs dont on pourrait, peut-être, trouver des analogues parmi les éléments divers de cette étourdissante composition. Quoi qu'il en soit, à l'époque où cette œuvre fut exécutée, l'art italien de la Renaissance était décidément établi et le style septentrional, c'est-à-

(*) Voyez la Notice sur une maison existant à Hanovre.

dire, celui en arc aigu, avait été détrôné par les travaux et l'action incessante des successeurs et des héritiers d'Alberti et de Brunelleschi. Or, les créations de cette époque offrent, par leurs combinaisons et par leur caractère, un certain mérite et un certain attrait aux yeux de l'observateur, attrait et mérite que nous trouvons réunis dans la partie antérieure de l'église carthusianne de Pavie. Comme conception et comme agencement architectoniques, l'ensemble de cette façade présente donc un cachet d'originalité qui est particulièrement propre aux œuvres de la première période de la Renaissance. Déjà cette composition renferme tous les germes et tous les éléments des idées nouvelles en matière d'art de bâtir ; mais elle ne montre point encore ces froides et insipides copies de monuments antiques qu'on voulut faire prévaloir, un peu plus tard, comme le *nec plus ultra* du beau. Aussi, lorsqu'on compare, soit une façade ou toute autre partie d'un édifice religieux conçu d'après les idées de Michel-Ange, de Palladio et de Vignole, avec telle portion des conceptions de cette première époque, aussi, disons-nous, ne peut-on nier l'incontestable mérite de ces dernières œuvres, c'est-à-dire, la supériorité du goût des artistes de ce temps. On peut voir, sur la façade de l'église de la chartreuse, tout ce qu'il y a d'invention et d'originalité dans l'emploi et la combinaison des éléments antiques, et, dans les autres, tout ce que l'art dénote d'impuissance et de servilité, tout ce qu'il offre de lourdeur et d'opposition avec la sainteté du lieu, en un mot, combien l'art, qui croit avoir marché dans le progrès et dans une voie convenable, a fait, au contraire, de contre-sens et de pas rétrogrades. A la rigueur, on pourrait, peut-être, blâmer ici la surabondance de la sculpture et des ornements ; mais ne sait-on pas que c'était là le propre de cette époque de transition qui édifiait encore avec les idées et sur les données de l'art antérieur, qui comportait cette richesse ? Quoi qu'il en soit, ces ornements sont souvent agencés avec tant de goût et exécutés avec une telle délicatesse, qu'on ne trouve réellement pas le courage de critiquer la surcharge, préférant encore cette exubérance brillante à une nudité désespérante à l'œil ou à une roideur et à une sécheresse marquées par les lignes droites et parfois trop accusées des monuments de la seconde période de la Renaissance.

Nous considérons donc cette grande page comme l'œuvre la plus importante parmi les façades de monuments religieux édifiés en Italie pendant la première phase de la Renaissance, et nous l'offrons à nos lecteurs comme un des types les mieux conçus et l'un de ceux qui les résument le mieux jusque dans les plus petits détails. — Déjà l'on a vu, dans la façade de l'église de Saint-François-des-Nobles, à Pérugia, quel fut le parti pris par son architecte ; nous avons signalé ensuite la modification que subit la composition de cette partie dans notre monographie de Saint-Zacharie à Venise ; il nous restait à présenter un exemple du plus grand développement de ce système des petits ordres superposés ; nous le montrons mis en œuvre et résumé dans celle de la chartreuse de Pavie. On sent, dans ces trois exemples, la marche d'une idée qui naît, se développe et s'épanouit complétement dans le dernier, et l'on apprécie, en les examinant, les efforts successifs que tentent la science e' l'art pour exprimer une pensée. Ici, les grands ordres ne paraissent point encore, et l'on se contente d'appliquer dans la composition, les formes et les éléments de l'antique, qu'on combine, d'une manière souvent heureuse avec telles dispositions qui rappellent, d'une façon modifiée il est vrai, les pratiques et les idées du système er arc aigu. Or, les artistes de cette époque, qui composèrent dans cette donnée, produisirent souvent des résultats dont la façade de l'église de la chartreuse est, à notre avis, un des meilleurs spécimens.

Disons maintenant quelques mots de sa disposition : cette partie de l'édifice forme comme un immense rectangle avec appendices, qu'on peut, pour l'étude et pour la description, diviser, horizontalement ou verticalement, en plusieurs sections. Prise dans le sens horizontal, cette façade se compose d'abord d'un soubassement, puis d'une zone supérieure dans laquelle s'ouvrent la porte et quatre baies ; d'une galerie intermédiaire ; d'un étage, accompagné, à droite et à gauche, du couronnement des ailes correspondant aux chapelles latérales ; enfin, d'une galerie supérieure, disposée en forme d'attique et sur laquelle devait être placé l'amortissemen général. Des espèces de contre-forts, se détachant verticalement en saillie, viennent accuser la distribution intérieure de l'édifice. Il n'entre point dans notre pensée de décrire minutieusement tous les détails de cette vaste composition architectonique ; nous déclarons ici que nous n'avons eu d'autre intention que celle d faire envisager les vues d'ensemble de même que les particularités qu'elle peut offrir à l'étude de l'observateur.

Après avoir parlé des dispositions architecturales de cette œuvre, ajoutons quelques mots de sa décoration plastique. D'après les recherches des antiquaires italiens, et comme nous l'avons rapporté plus haut, les artistes les plus distingués parmi ceux de la Renaissance concoururent, par leur talent, à l'exécution de ses différentes parties. Aussi peu de monuments de cette époque offrent-ils, sous ce rapport, une telle abondance de richesses. En effet, les ouvrages de la sculpture y disputent la place aux marbres les plus précieux et les plus brillants. Il nous semble presque impossible, à moins de donner à cette notice un développement qu'elle ne comporte pas, d'analyser successivement toutes les compositions ainsi que tous les sujets divers qu'elle renferme dans son ensemble; nous nous contenterons donc de renvoyer, pour cet examen, soit à la vue générale ou aux planches de détails que nous avons publiées; nos lecteurs pourront y apprécier, d'une part, le mérite de la composition, et, de l'autre, le choix des sujets qui s'y trouvent agencés. Et, à ce propos, qu'on permette de signaler ici une nouvelle particularité que présente, dans sa plus grande application, la sculpture de cette façade. Nous voulons parler de cette bizarre combinaison de figures sacrées et de figures profanes qu'y ont distribuées les artistes parmi les nombreux motifs si habilement variés de toute cette riche ornementation. Évidemment, malgré ses modifications, le système général de décoration employé dans la composition de cette façade tient encore, par son ensemble, de celui qui était usité dans les monuments religieux de la dernière période du moyen âge, et toutes les grandes divisions de l'iconographie chrétienne en font aussi les frais : ainsi, on y retrouve les figures de l'Ancien et du Nouveau Testament, celles de Jésus-Christ, de la Vierge, des apôtres, des saints, des rois, des prophètes, etc.; mais, il faut le dire, elles ne sont plus disposées là comme sur les édifices de l'époque antérieure. Pourquoi? Parce que les idées avaient changé, et, avec elles, le style et les dispositions. Il y a plus : on sent, dans ce changement, l'état des esprits à cette époque. En effet, le goût de l'antique a fait invasion ; et, par cette invasion, les personnages les plus marquants du christianisme sont mis par les artistes à côté des hommes illustres du paganisme, confondant ainsi, dans une même pensée, et les figures du monde ancien et celles du monde moderne, c'est-à-dire, le polythéisme et le christianisme. Or, pour se rendre compte de cette anomalie contradictoire, il faut admettre qu'à l'époque où fut érigée cette façade, on ne voulait probablement point encore abandonner la tradition ou l'ancienne ornementation extérieure des églises; mais il faut supposer aussi qu'on ne pouvait, suivant le goût et l'entraînement des idées du siècle, résister au désir de traduire sur la pierre ou sur le marbre quelques-uns de ces fragments antiques sur lesquels les artistes d'alors étudiaient et s'inspiraient, fragments qu'ils se plaisaient à copier et à interpréter pour les placer ensuite sur les monuments qu'ils pourraient être appelés à décorer un jour. Telle est, à notre avis, l'explication assez vraisemblable de ce singulier système décoratif, semi-chrétien, semi-profane, et la clef probable de cette anomalie qui tient essentiellement au goût et aux idées de ce temps de transformation de l'art.

— BIBLIOGRAPHIE. —

1° Richard. Descrip. historiq. de l'Italie. Paris, 1766-70, 6 vol. in-12.
2° Pirovano. Description de la Chartreuse de Pavie.
3° Millin. Voyage dans le Milanais. Paris, 1817, 2 vol. in-8°.
4° Cicognara. *Historia della scultura*
5° Valery. Voyage en Italie.
6° Wiebeking. *Theoretisch-practisch bügerliche Baukunde*, etc. Munich, 1821-25, 3 vol. in-4°, et atlas in-fol.
7° Malaspina di Sannazzaro. *Descrizione della Certosa di Pavia*.
8° L'Italie publiée par Audot. Paris, 18.., gr. in-8°, pl.
9° Promenades d'un artiste en Italie. Paris, Renouard, 18.., 2 v. in-8°.
10° Le Magasin universel. Tom. VII, pag. 31.
11° Les Curiosités de la ville de Milan et de ses environs. Milan, Vallardi, 18.., gr. in-8°, pl.
12° *Hand Book for northern Italy*. London, Murray, 184., in-8°.
13° Dusommerard. Les Arts au moyen âge.
14° Kugler. *Handbuck der Kunstgeschichte*, Berlin, 1848, in-8°.
15° Durelli. *La Certosa di Pavia descritta ed illustrata con tavole incise da fratelli Gaetano e Francesco Durelli*. Milano, 1823 et années suivantes, in-fol., pl.

Iglesia de la Cartuja cerca de Pavia. (Italia.)

Iglesia de la Cartuja, cerca de Pavia.

ÉGLISE DE LA CHARTREUSE PRÈS DE PAVIE.

Iglesia de la Cartuja, cerca de Pavia.

BASILIQUE DE SAINT-PIERRE, A ROME.

Il existe dans le monde certains édifices qui ont acquis tant de célébrité, qu'il suffit de nommer seulement la ville qui les renferme, pour que leur souvenir se présente aussitôt à la pensée. C'est ainsi que Thèbes et les monuments de Karnac, Athènes et son Parthénon, Constantinople et Sainte-Sophie, Reims et sa cathédrale, etc., etc., sont des noms et des choses qui, quoique très-différents sous bien des rapports, sont cependant inséparables. Il nous a semblé qu'on pouvait aussi, et par le même motif, appliquer cette observation au monument le plus colossal de toute la chrétienté : nous voulons dire à la nouvelle basilique qui fut dédiée à saint Pierre dans la ville de Rome, basilique qui remplaça celle qu'avait érigée naguère la piété de l'empereur Constantin. Or, comme il est peu de constructions qui éprouvèrent, durant le cours des âges, autant de vicissitudes que ce grand édifice, nous allons, dans les lignes qui vont suivre, faire connaître à nos lecteurs les détails qui sont indispensables pour son étude, et présenter en même temps un résumé concis des nombreux travaux qui ont été faits jusqu'à ce jour sur ce monument, résumé pour lequel nous avons mis à contribution et les historiens les plus savants et les critiques les plus judicieux. Toutefois, nous avons pensé qu'on ne pouvait mieux commencer cette notice qu'en indiquant brièvement ici les principales sources où nous avons puisé la majeure partie de nos documents, réservant, pour la bibliographie finale, le catalogue par ordre chronologique des meilleurs livres qui ont été écrits sur ce monument célèbre.

Dès avant le IXe siècle, la prévoyante sollicitude des papes avait déjà fait décrire avec soin les différentes parties de la basilique constantinienne. Anastase le Bibliothécaire mentionne, dans son *Liber Pontificalis*, presque tous les embellissements qui furent exécutés jusqu'à lui, pour la décoration tant extérieure qu'intérieure de la Confession. Plus tard, dans le courant du XIIe siècle, Petrus Mallius fit une description très-détaillée de cette église, description qui dénote un auteur d'un profond savoir. Maffeus Vegius (*), au XVe siècle, et plusieurs autres écrivains moins connus, ont aussi composé sur ce monument des ouvrages assez curieux, qui furent imprimés en partie, mais dont le plus grand nombre est resté à l'état de manuscrits dans les archives du Vatican. Sous le pontificat de Sixte V, ce pieux prélat, qui avait autant d'amour pour les édifices chrétiens que Jules II pour les monuments païens, Tiberius Alfaranus recueillit, lors de la démolition de cette basilique, de nombreux documents à l'aide desquels il composa un ouvrage où sont décrits, avec le plus grand soin et dans les plus petits détails, tous les objets remarquables de cette ancienne église ; et, chose heureuse pour l'archéologie, cette histoire d'Alfaranus fut enrichie de dessins faits à cette époque (1586), et qui sont relatifs à la basilique ; on y trouve : 1° un plan géométral du monument tel qu'il fut construit par les ordres de Constantin ; 2° les plans de toutes les constructions que la piété des papes, des princes et des fidèles avait fait ériger, à toutes les époques du moyen âge, autour de l'édifice ; 3° enfin, un plan offrant l'ensemble de toutes ces constructions reliées au monument primitif, c'est-à-dire, la masse entière telle qu'elle existait à la fin du XVIe siècle, époque à laquelle l'auteur écrivait son ouvrage ; enfin, dans le cours du siècle suivant, l'architecte Martin Ferrabosco dessina et fit graver toutes les parties de cet immense édifice. Ici, nous arrivons à une époque où parurent, à peu de distance l'un de l'autre, quatre grands ouvrages sur l'histoire, la construction et la description des deux basiliques dédiées à saint Pierre. Ces ouvrages sont ceux de Jean Severano (1630), de Ciampini (1693), de Charles Fontana (1694), et enfin de Bonanni (1700), livres pleins de science et d'érudition. A partir de ce moment, l'œuvre des critiques commence, et la liste de ceux-ci est si nombreuse, que nous n'osons la donner ici. Cependant, qu'on nous permette de nommer, mais par exception, quelques-uns de ces doctes antiquaires auxquels on est redevable de travaux fort remarquables sur les deux monuments précités. Nos lecteurs comprennent sans doute qu'il s'agit de D'Agincourt, de Quatremère, de Pistolesi, et surtout de M. Bunsen, qui, dans un ouvrage récent, vient de reprendre la question de la basilique constantinienne, et d'en offrir le résumé le plus complet et le plus savant. Telles sont à peu près les sources principales auxquelles nous avons puisé les documents que nous allons présenter au public.

L'histoire de la basilique de Saint-Pierre se divise tout naturellement en deux parties distinctes, se rapportant chacune à l'un des deux monuments qui furent construits et dédiés, sur le même emplacement, au prince des apôtres. Nous traiterons, dans la première partie, de la basilique constantinienne ; la seconde sera consacrée à l'œuvre incessante et continue de la papauté moderne. Remarquons cependant que l'église actuelle offre

---

(*) *De Rebus antiq. memor. Basilicæ Sancti Petri.*

si peu de rapports avec la construction primitive, qu'on ne pourrait évidemment se rendre un compte exact et faire une étude sérieuse de la première, si les papes, sous lesquels cet édifice fut démoli, n'avaient eu l'heureuse pensée d'en perpétuer le souvenir. A cet effet, ils donnèrent l'ordre aux architectes, chargés de cette démolition, de faire reproduire par la peinture, sur les parois de certaines parties de la crypte, les plans, les façades et les coupes (*) de cette antique église, et de réunir dans le même endroit tous les fragments et objets curieux qui en proviendraient, afin d'en composer, pour les générations futures, une espèce de musée religieux ; collection dont nous aurons plus loin occasion de parler, lorsque nous décrirons cette partie de l'édifice.

Mais, avant d'aborder l'histoire et la description de la première basilique, disons ici quelques mots sur la topographie des lieux qui environnaient l'endroit où elle fut élevée, c'est-à-dire, sur le mont Vatican et les différentes constructions qui s'y voyaient à l'époque romaine.

Le mont Vatican (**), ainsi nommé du mot latin *Vaticinum*, présage, parce que les augures allaient y interpréter la volonté des dieux, paraît avoir eu, dans l'antiquité, une certaine importance. Situé au delà du Tibre, presqu'en face du Champ de Mars, il retentit souvent du bruit tumultueux des Comices et des cris d'un peuple de soldats que la république prenait soin d'exercer chaque jour aux fatigues de la guerre ; mais, afin d'établir une communication directe entre le Champ de Mars et cet endroit, la république décréta qu'on construirait un pont sur la ligne qui partage par le milieu la plaine et la ville. Ce pont, qu'on appela *triomphal* parce que les triomphateurs le traversaient en se rendant au Capitole, fut successivement orné de statues allégoriques et de trophées militaires (***). Non loin de là, et dans la direction du nord-est, s'élevait un autre pont (****), qui conduisait au mausolée gigantesque que l'empereur Adrien s'était fait construire sur les bords du fleuve. Enfin, en avançant du côté de la montagne, on rencontrait, disséminés dans la plaine, le tombeau de Romulus, celui de Scipion l'Africain, mais surtout le Cirque et les Jardins de Néron. Il n'est sans doute aucun de nos lecteurs qui n'ait entendu parler des cruautés inouïes qui furent naguère commises sur les chrétiens, par ordre de cet empereur, dans l'un de ces deux derniers édifices ; là, des milliers de victimes périrent, soit par la main des bourreaux, soit exposés à la voracité des bêtes féroces. Tacite mentionne, dans ses Annales, l'épouvantable massacre qui y eut lieu sous le règne de Néron, peu de temps après l'incendie de Rome (*****) ; et les hagiographes rapportent que les corps des nombreux martyrs furent ensevelis furtivement pendant la nuit, par les soins de pieux fidèles, dans une carrière dont la position était peu distante de l'édifice. Quelques années après cet événement, l'apôtre saint Pierre ayant aussi subi le martyre, on croit que son corps fut transporté dans cette carrière par Marcel, son disciple, et que cet endroit reçut, dès ce moment, le nom de *Cimetière du Vatican*. Suivant les mêmes historiens, ce serait sur cet emplacement que saint Anaclet, quatrième successeur de Pierre, aurait fait construire, en l'honneur du prince des apôtres, un petit oratoire souterrain, nommé indistinctement *Mémoire, Confession et Martyrium*, et ils ajoutent que ce monument, et celui qui fut érigé un peu plus tard à saint Paul, dans le lieu où l'on a construit depuis sa basilique (******), reçurent des fidèles le titre glorieux de *Trophæa Apostolorum* (*******). Quelques siècles plus tard, au commencement du IVe siècle, on rapporte que Constantin, vainqueur de Maxence, traversant la plaine du Vatican pour entrer dans Rome par la *Via triumphalis*, aperçut, lors de son passage, le *Martyrium* de saint Pierre, et qu'il manifesta l'intention de le convertir un jour en un temple magnifique, destiné à perpétuer le témoignage de sa reconnaissance pour la victoire qu'il venait de remporter sur son compétiteur.

Certes, Constantin ne pouvait choisir un lieu plus convenable pour élever un monument chrétien, que ce

(*) Ces documents, joints à ceux que nous avons déjà mentionnés, composent un ensemble de matériaux graphiques dont nous ferons souvent usage dans la première partie de notre notice.

(**) D'après Biondo Flavio, on ne doit pas entendre seulement, par ce nom, l'espace de terrain où se trouve la basilique actuelle, mais encore cette chaîne de collines qui s'étend du côté de l'Aventin et du Janicule.

(***) Presque entièrement démoli du temps de Totila, il n'en reste plus aujourd'hui que quelques vestiges.

(****) Ce pont s'appelait d'abord *Élien*. Pendant les derniers temps de l'Empire, il porta le nom d'Adrien, son fondateur ; puis, au moyen âge, on lui donna celui de Saint-Pierre, parce qu'après la ruine du pont triomphal, il était le seul qui, de ce côté, conduisait à la basilique ; enfin on le nomme aujourd'hui pont Saint-Ange, parce qu'il y apparut, dit-on, à saint Grégoire le Grand, un de ces célestes envoyés, lorsque celui-ci se rendait, avec le sacré collége, à l'église de Saint-Pierre, après la terrible inondation de 58

(*****) *Taciti Annales*, *lib*. XV, *cap*. 44.

(******) Saint Paul fut inhumé dans le cimetière de Sainte-Lucine, près de la voie d'Ostie.

(*******) Eusèbe, *lib*. II, *cap*. 5. (GERBET, *Esquisse de Rome chrétienne*, Tome I, p. 363).

sol, si souvent arrosé du sang des martyrs, et tant de fois sanctifié par l'inhumation des corps des nombreux confesseurs de la foi.

Parvenu au pouvoir, cet empereur ne se contenta point de faire réparer les églises qui avaient été construites pendant le cours des siècles précédents ; mais il voulut encore manifester sa pensée par l'érection de monuments qui annonçassent enfin le triomphe définitif d'une religion qu'il se préparait à embrasser lui-même. Après un certain nombre d'années, Constantin, assez affermi sur son trône pour se soucier fort peu de ce que penseraient et le sénat et ceux de ses sujets qui suivaient encore les pratiques du paganisme, crut que le moment était arrivé d'accomplir le vœu qu'il avait fait autrefois en passant près du Martyrium de saint Pierre ; et, à l'instigation, sans doute, du pape Silvestre, il décida qu'on érigerait, sur cet endroit (*), une église splendide qu'il dédiait au prince des apôtres. L'empereur ne permit point qu'on y consacrât, par appropriation, quelque monument antique, ainsi qu'il arrivait fréquemment alors ; mais il donna des ordres positifs pour que l'on construisît un de ces édifices, dont la forme et les dispositions, récemment adoptées par les chrétiens pour lieux de célébration de leurs cérémonies religieuses, avaient été empruntées, sauf les modifications prescrites par les exigences du culte, à l'antiquité, où ce genre de construction était connu sous le nom *Basiliques*. Aussi, les architectes chargés de l'érection de cette basilique, pour répondre en cette circonstance aux libéralités de l'empereur, l'élevèrent-ils dans des proportions beaucoup plus grandes que celles, assez restreintes, de Sainte-Agnès et de quelques autres monuments religieux de cette époque. On lui donna donc des dimensions considérables, dimensions dont nous ne pouvons guère nous rendre compte aujourd'hui qu'à l'aide de la basilique de Saint-Paul hors les murs, de celle de la Nativité à Bethléem, et de quelques autres.

Vers l'an 324 de notre ère, Constantin jeta lui-même, avec tout l'éclat d'une solennité, les fondements de la basilique ; et cette cérémonie fut accompagnée de particularités si curieuses et si caractéristiques, que nous ne pouvons nous dispenser d'en faire connaître au moins les principales, car le récit présente un tableau frappant des mœurs et des usages pendant les premiers siècles du christianisme. Le jour de cette fondation, disent les historiens, on vit arriver processionnellement en ce lieu le pape Silvestre, accompagné d'un grand nombre d'évêques et de tout le clergé de la nouvelle capitale ; il était suivi de l'empereur, qu'entourait une foule innombrable de fidèles, et l'air retentissait au loin du chant sublime des cantiques. Bientôt, Constantin, le front dépouillé du diadème, se prosterna la face contre terre, confessant qu'il avait erré et péché, qu'il était coupable d'avoir persécuté les saints, qu'il n'était pas digne de toucher le seuil de leurs tombeaux, et il disait ces choses à haute voix, avec de grands gémissements et une telle abondance de larmes amères, que tous les insignes de ses habits de pourpre en étaient inondés. Alors se dépouillant de sa chlamyde, et prenant une pioche, il ouvrit le sol, puis il porta sur ses épaules douze paniers pleins de terre en l'honneur des douze apôtres, et les jeta dans l'endroit où l'on devait placer la première pierre de la basilique (**). Cette cérémonie terminée, la place fut cédée aux architectes et aux ouvriers qui édifièrent ensuite le monument. Un des côtés de la basilique s'étendit longitudinalement sur l'un des flancs de ce fameux cirque, qui, du temps de Néron, occupait, à peu près, le même espace ; mais elle fut construite, comme on le pense bien, avec une grande magnificence pour cette époque, magnificence qu'elle dut particulièrement, ainsi que cela se pratiquait alors, à l'emploi ou à l'appropriation d'une grande quantité de matériaux précieux, enlevés à plusieurs monuments antiques de Rome, et surtout au tombeau d'Adrien. Lors de la fondation de cette basilique, le monument, ou, suivant le mot consacré, la *Confession* de saint Pierre fut divisée en deux parties, en deux étages superposés. La partie supérieure était toutefois au-dessous du pavé de l'édifice. On y descendait par quelques degrés ; elle était fermée par une clôture avec des portes. L'intérieur formait une pièce arquée, soutenue par quatre colonnes. Au milieu était un autel, non pas massif, mais creux, sous lequel il y avait une petite fenêtre ou plutôt une ouverture qui s'ouvrait et se fermait à volonté, et par laquelle on pouvait regarder la partie inférieure de la Confession. « Ceux qui viennent prier sur le tombeau de saint Pierre, dit Grégoire de Tours, introduisent leur tête dans cette fenêtre, et demandent alors l'objet de leurs vœux (***). » En se penchant sur cette ouverture, on découvrait dans un second souterrain, plus profond, un énorme monument d'airain surmonté d'une croix d'or. Nous lisons, dans

<hr>

(*) Presque toutes les basiliques de l'époque constantinienne furent élevées sur des tombeaux d'apôtres et de martyrs.

(**) GERBET, *Esquisse de Rome chrétienne*; Tome I, pag. 78.

(***) *Grégor. Turon., de Gloria Martyrum, caput* XXVIII.

Anastase, que Constantin fit placer autour de la tombe « une enveloppe d'airain de Chypre, laquelle est iné-branlable… ; c'est ainsi qu'il enferma le corps du bienheureux Pierre (*). »

Après l'achèvement de cette construction, l'empereur dut, sans aucun doute, songer à la décoration de la basilique, c'est-à-dire, à son ameublement, ainsi qu'aux vases sacrés et aux vêtements sacerdotaux qui étaient nécessaires à la célébration des cérémonies du culte ; et, en s'en tenant sur ce point aux rapports si précis d'Anastase, on est porté à croire qu'il gratifia l'église de Saint-Pierre de travaux d'art en tout genre, sinon plus remarquables et d'un plus haut prix, au moins d'un mérite et d'une valeur égale à ceux qu'on sait avoir été donnés par lui aux autres monuments religieux de son époque. En effet, les espèces de procès-verbaux des donations faites par Constantin aux basiliques qu'il fit élever à Rome, sont pleins de détails sur les colonnes de porphyre, les candélabres, les vases où brûlaient des parfums, les lampes, les couronnes d'or, les dauphins symboliques, et autres ornements dont on entourait les vénérables sépultures des martyrs (**) ; enfin, l'empereur mit le comble à ses libéralités, en la dotant aussi de ces riches revenus (***) dont jouissaient déjà toutes les autres églises de cette ville (****). Des fonds de terre furent même assignés, dans certaines provinces de l'empire, pour l'entretien de son luminaire. Ainsi constituée, la basilique dédiée au prince des apôtres devint en peu de temps, on le pense bien, la plus importante de la capitale ; et l'on peut alors se faire une idée de la vénération et du respect qu'elle devait inspirer aux fidèles, comme aussi de sa splendeur et de son éclat, lorsque, dans certains jours de cérémonies solennelles et au milieu des nuages parfumés de l'encens, les prêtres de Jésus-Christ, revêtus de leurs plus riches vêtements, faisaient à Dieu l'offrande de leurs prières.

La basilique de Saint-Pierre ne jouit pas longtemps de cette protection illustre, qui faisait sa splendeur et sa sécurité ; car, par suite d'un événement politique, elle se ressentit bientôt de la translation du siége de l'empire dans les murs de Byzance, sur les rives du Bosphore, et de l'éloignement de son zélé fondateur. Dès ce moment, l'église, privée de son appui protecteur, se vit successivement exposée à tous les genres de déprédations et de mutilations qui se commirent à Rome pendant le cours du moyen âge, et elle fut tour à tour dépouillée d'une partie de ses richesses et dévastée soit par l'incendie ou par la main des hommes.

Mais, antérieurement à ces mauvais jours, un demi-siècle s'était à peine écoulé depuis son achèvement, que déjà la basilique exigeait quelques réparations, car la nature du sol ruinait la partie inférieure de l'édifice ; vers la fin du IVe siècle, le pape Damase réunit les eaux qui filtraient dans les cryptes, et les disposa dans un réservoir, orné d'une fontaine destinée à l'administration du sacrement de baptême. Le commencement du Ve siècle fut marqué par un de ces événements qui comptent parmi les plus grandes pages de l'histoire. L'heure de Rome avait sonné ; et cette ville, naguère si puissante, ne devait plus régner par la force. Les barbares vinrent, en masse, se ruer sur l'antique métropole, et leurs chefs, après avoir combiné leurs attaques et triomphé de la résistance des assiégés, s'emparèrent enfin de la ville. Alors commença le pillage : durant plusieurs jours, la fureur et l'animosité de cette soldatesque, qui ne connaît aucune borne, s'exercèrent indistinctement sur les hommes et sur les choses ; mais, dans cette affreuse mêlée, où les vainqueurs commirent tant de dégâts et de carnage, on put remarquer qu'ils respectèrent les basiliques de Saint-Pierre et de Saint-Paul ; car les Goths professaient le christianisme, et l'on rapporte qu'un de leurs chefs Totila, visita la première de ces deux églises, et qu'il vint y prier. On dit même que des soldats, avides de trésors, s'étant emparés, dans une maison où on les avait cachés, des vases sacrés qui appartenaient à la basilique vaticane, Alaric donna des ordres pour qu'on les reportât aussitôt dans ce monument. Pendant les

---

(*) Vers la fin du XVIe siècle, pendant que l'on travaillait au pavé de la nouvelle basilique, l'architecte rapporta au pape Clément VIII, qu'on venait de découvrir l'ouverture par laquelle on voyait le monument de saint Pierre. A cette nouvelle, le pontife, accompagné de Bellarmin et de deux autres cardinaux, descendit dans la Confession, et, à la lueur d'une torche, il contempla la croix d'or placée sur le tombeau, puis il ordonna de fermer cette ouverture en sa présence. L'antique autel demeura intact à la même place ; mais le pape lui fit superposer un autel d'une plus grande dimension, qui est celui que nous voyons aujourd'hui (GERBET, *Esquisse de Rome chrétienne,* Tome I, pages 280-281).

(**) GERBET, *Esquisse de Rome chrétienne*, Tome I, p. 93, où il cite le passage d'Anastase le Bibliothécaire.

(***) BARONIUS, *Annal. Eccles. ad Ann.* 324, n°s 58, 65, 70, 71.

(****) L'église de Saint-Pierre eut des maisons à Tyr, à Alexandrie, à Antioche, sur les bords de l'Euphrate ; c'étaient d'anciennes propriétés confisquées sur les martyrs, dont on n'avait pu retrouver les héritiers ; elles fournirent pour les cérémonies du culte tous les parfums célèbres de l'Écriture, le baume, le nard, le cinname, le safran, le storax et la cannelle. (DE LA GOURNERIE, *Rome chrétienne,* Tome I, page 81).

années qui suivirent ces jours de ravages, les papes Innocent, Zosime, Boniface, Célestin et Sixte firent tous leurs efforts pour réparer les malheurs qu'avait causés le passage d'Alaric; mais de nouveaux désastres devaient encore éprouver cette cité. Attila, chassé des Gaules, arriva en Italie, et les villes qu'il trouva sur son passage furent aussitôt saccagées par lui et mises à feu et à sang. En ce péril extrême, saint Léon n'hésita point à se dévouer pour protéger les faibles; il alla sans crainte à la rencontre du *fléau de Dieu*, et Attila, effrayé, se retira devant les menaces du saint. Cependant, un malheur était à peine évité, qu'un autre allait surgir; il semblait que Rome entière dût périr. Genséric remplaça bientôt Attila dans sa mission de renversement; et celui-ci, malgré les prières de saint Léon, entra dans Rome, qu'il abandonna au pillage pendant quatorze jours. Alors disparurent les vases d'or et d'argent du temple de Jérusalem, que Titus avait apportés de la Judée; alors une grande partie des tuiles de bronze qui couvraient le temple de Jupiter Capitolin fut emportée avec toutes les autres richesses de la ville. Enfin, quelques années plus tard, le Suève Ricimer vint à son tour mettre le siége devant cette ancienne capitale du monde, qu'il saccagea sans pitié.

Après tant de bouleversements, on devrait croire que Rome ne se relèverait plus de ses ruines; mais Dieu en avait décidé autrement. En effet, pendant les intervalles de tranquillité qui suivirent ces terribles assauts, et à mesure que les temples païens tombaient sous les coups des barbares, des monuments chrétiens avaient été successivement élevés dans les différents quartiers de la ville. Plus d'une basilique remonte donc à cette époque, et quelques travaux d'art, parmi lesquels on cite la décoration somptueuse de la confession de Saint-Pierre, par le pape Léon, appartiennent à ces temps : disons encore qu'on doit y ajouter la précieuse et magnifique œuvre d'orfévrerie déposée par Valentinien III sur le tombeau du prince des apôtres. Mais le moment était venu de réparer les désastres et les déprédations commises par les barbares sur les monuments chrétiens : saint Léon entreprit cette grande tâche; et, dans ce travail de réparation, la basilique vaticane eut une large part. Sous le pontificat de Symmaque (498-514), on établit, dit-on, des fontaines dans les *atria* qui précédaient les basiliques, et c'est probablement à cette époque qu'on doit faire remonter celle qui existait dans l'atrium de l'église de Saint-Pierre.

Deux siècles s'écoulèrent avant qu'on puisse signaler, dans l'histoire, quelque fait relatif à cet édifice. Vers la fin du VIIe siècle, l'atrium fut pavé de dalles de marbre par le pape Donat, et, dans les premières années du siècle suivant, Grégoire II fit donation d'un bois d'oliviers, dont le produit était destiné à l'entretien des lampes qui devaient brûler perpétuellement sur le tombeau de l'apôtre, usage qui, du reste, était déjà ancien. Un peu plus tard, pendant le règne de Grégoire III, la confession et la basilique de Saint-Pierre reçurent encore de nouveaux embellissements : on mentionne surtout une grande décoration, composée de colonnes précieuses et de statues métalliques, que l'on plaça, dans la crypte, au-dessus du martyrium de l'apôtre, et la fondation d'une chapelle dédiée à tous les saints, qui fut ornée avec magnificence. Anastase le Bibliothécaire rapporte, dans la vie d'Adrien Ier, qu'à la fin du VIIIe siècle, ce pontife se vit contraint, à l'approche des Lombards, de faire rentrer précipitamment dans Rome tous les vases sacrés et toutes les richesses artistiques qui se trouvaient dans les monuments religieux situés hors les murs de cette ville, tels que Saint-Pierre, Saint-Paul, etc., et qu'il fit, en particulier, clore par de gros ferrements les portes de la basilique vaticane. Les dévastations de tous genres auxquelles avaient été sans cesse exposés ces édifices, étaient bien faites pour éveiller la prévoyance et la sollicitude des papes; aussi, est-ce à ce motif sans doute qu'on doit attribuer la mesure salutaire qu'ils prirent enfin dans le cours du siècle suivant.

Mais nous touchons ici à une de ces époques mémorables où apparaissent dans l'histoire quelques-unes de ces grandes figures qui y brillent avec tant d'éclat : Charlemagne était alors sur le trône. Ce prince, se rendant en Italie à la prière d'Adrien, qui lui avait demandé du secours contre Didier, anéantit, à Pavie, la domination des Lombards, qui durait depuis plus de deux siècles; puis, il dirigea sa marche sur Rome, où il vint se prosterner au tombeau du prince des apôtres, sur lequel il déposa de riches offrandes, ainsi que l'acte de donation des provinces dont il faisait hommage à l'Église. Adrien et Charlemagne s'étaient, dit-on, liés d'une étroite amitié; et lorsque ce dernier revint dans cette ville, en 781 et 787, le pontife vivait encore. Mais désormais ces deux personnages illustres ne devaient plus se revoir; car le retour du grand empereur à Rome, en l'année 799, avait pour but principal de venger les outrages faits au nouveau pape, Léon III. Suivant la plupart des historiens, c'est peu de temps après cette grande réparation que fut fondé, dans la basilique de Pierre, le saint empire romain, et que furent renouvelés, pour Charlemagne, les titres et les prérogatives d'empereur d'Occident. Les nombreuses largesses dont ce prince avait gratifié Léon III, lors de son séjour, permirent à celui-ci d'enrichir les églises de magnifiques œuvres d'art, consistant en vases sacrés et en orne-

2

ments, parmi lesquels Anastase désigne surtout le revêtement en or du pavé de la confession de Saint-Pierre, ainsi qu'une balustrade en argent. Mais le départ de Charlemagne laissait de nouveau Rome sans appui, et la métropole chrétienne allait bientôt voir renaître encore de mauvais jours. En effet, les Arabes, qui s'étaient emparés de la Sicile, se répandirent au loin, et portèrent de tous côtés la terreur et la dévastation. Aussitôt Grégoire II, auquel on doit l'érection d'une chapelle, placée sous le patronage de saint Grégoire, dans l'enceinte de la basilique vaticane, fit exécuter des travaux de défense qui devaient protéger la ville et résister à leurs attaques. Toutefois, ce ne fut que sous le pontificat de Sergius II, c'est-à-dire, vers le milieu de ce siècle, que les enfants de l'Islam s'approchèrent de Rome, et qu'ils pénétrèrent, par le Tibre, jusqu'aux portes de la cité. Déjà, en 843, ils avaient ravagé la Campanie et pillé le Mont-Cassin; mais il leur fallait les dépouilles opimes de l'antique capitale du monde. Ils s'avancèrent donc jusqu'à Rome, malgré les nouvelles fortifications d'Ostie; et, ne pouvant entrer dans la ville, dont les hauts remparts eussent résisté à leurs attaques, ils dévastèrent les basiliques de Saint-Pierre et de Saint-Paul, qui étaient hors de l'enceinte. Les autels d'argent, les ornements d'or, les pierreries, furent entassés dans leurs vaisseaux, et ils voguèrent vers Fondi, vers Gaëte, pour chercher des esclaves et profaner encore des lieux saints (*).

C'est dans ces circonstances difficiles que Léon IV monta sur le trône pontifical. Sa première pensée fut de réparer les désastres causés par les Sarrasins. Il rendit donc au culte toute sa splendeur, mais en particulier à la basilique de Saint-Pierre, à laquelle il fit de riches présents (**); et, afin que ce sanctuaire fût désormais à l'abri de nouveaux pillages, il résolut d'entourer de murailles le quartier au milieu duquel il se trouvait. De toutes parts, on s'associa avec empressement à cette grande œuvre. L'empereur Lothaire envoya de l'argent: les seigneurs et les monastères, des ouvriers; et le pape, toujours présent, activait et surveillait les travailleurs (***); enfin, une ville nouvelle, bâtie des tributs volontaires de la chrétienté, s'éleva pour ainsi dire autour de la basilique, et forma comme une espèce de ville à part, qui prit dès lors le nom de *cité Léonine*. Quoi qu'il en soit, ces travaux et ces fortifications ne purent, malgré leur importance, garantir la nouvelle cité des attaques nombreuses qu'elle eut à supporter dans la suite. En effet, dans les dernières années de ce même siècle, Arnoul de Bavière, disputant à Guy de Spolette l'empire qui revenait à Charles le Simple, entra vivement en Italie et poursuivit jusque dans Rome la femme de son compétiteur, qui y avait cherché un refuge. Arnoul mit immédiatement le siége devant la cité Léonine, qu'il emporta d'assaut, et le vainqueur reçut quelques jours plus tard la couronne impériale dans la basilique de Saint-Pierre, des mains mêmes du pape Formose. Le Xᵉ siècle, c'est-à-dire la période qui s'étend entre les années 900 et 999, fut pour l'Italie comme un siècle de deuil. Aucune époque, dit M. de la Gournerie, n'est aussi profondément douloureuse que celle comprise entre Benoît IV et Silvestre II. On ne voit plus alors les papes triompher par le martyre comme sous les empereurs romains, ni régner par leurs vertus comme sous les empereurs grecs et les successeurs de Charlemagne. Sainteté, dignité, puissance, tout leur échappe; tout, jusqu'au gouvernement de Rome. L'Italie était alors en proie à la plus cruelle anarchie, et des querelles d'ambition, toujours suivies de guerres funestes, divisaient les différents princes de ce pays. Pendant ce siècle, le trésor de la basilique vaticane fut pillé de nouveau, et le pape Jean XII, aidé du fils de Béranger, y enleva des valeurs considérables. Vers le milieu du XIᵉ siècle, la cité Léonine fut, de nouveau, prise et ravagée, et le monument de saint Pierre vit son sol ensanglanté par suite d'une lutte violente entre deux partis acharnés. La fin de ce siècle fut encore marquée, dans cette église, par de nouvelles profanations : l'empereur d'Allemagne, Henri IV, ne pouvant pardonner à Grégoire VII la condamnation des vices honteux dont il s'était rendu coupable, s'en prit de l'homme aux choses; il fit mettre le feu au tombeau du prince des apôtres, mais l'édifice put être sauvé avant que l'incendie eût fait de notables ravages. Sans aucun doute, on est étonné de voir le rôle que joue ici la basilique de Pierre dans ces luttes incessantes et cruelles qui eurent lieu à Rome vers le milieu du moyen âge, et l'on ne peut guère s'expliquer la cause des nombreux et sinistres événements dont elle devint tant de fois le théâtre, que par l'importance dont elle jouissait alors, et par l'appât qu'offraient aux spoliateurs les richesses immenses de son trésor, si souvent dépouillé, mais toujours rétabli. L'an 1130 de notre ère, cette église eut encore à subir de nouveaux désastres. Ce fut à l'occasion de l'élection du successeur d'Honorius II; les cardinaux s'étaient divisés en deux partis, et avaient nommé chacun un pape, qui eut ses partisans dévoués. Il en résulta des troubles sérieux pendant lesquels un grand nombre des églises de Rome furent pillées, mais surtout la basilique de Saint-Pierre, qui était la plus riche. Une dizaine d'années plus

---

(*) De la Gournerie, *Rome chrétienne*, Tome I, page 222.
(**) Voir le *Liber Pontificalis* d'Anastase le bibliothécaire, à la vie de ce pape.
(***) De la Gournerie, *Rome chrétienne*, Tome I, pages 223-224.

tard, on fortifia, dit-on, cet édifice, qui, ainsi disposé, devait probablement servir comme de refuge et d'une forteresse d'où l'on pourrait, en cas de besoin, faire une vive résistance contre les assaillants. Mais, on doit le remarquer, il était dans les destinées de cette église auguste de se voir souvent exposée à tous les genres de profanation, et l'histoire va nous en fournir de nouvelles preuves : sous le pontificat d'Adrien IV, Frédéric Barberousse, ayant voulu être couronné dans l'ancienne capitale du monde, se rendit à Rome à la tête d'une petite armée. Aux environs de cette ville, il survint, à propos du couronnement, quelques démêlés entre la noblesse et l'empereur, démêlés dont Frédéric se soucia fort peu, car l'empereur reçut, dès le lendemain, la couronne des mains du pape, dans la basilique vaticane. Un tel acte irrita profondément la susceptibilité des Romains ; ils coururent immédiatement aux armes, puis ils se précipitèrent sur quelques Allemands qui étaient encore dans l'église et les tuèrent sans pitié. On le voit, le sol de ce sanctuaire devait être sans cesse rougi du sang des luttes de partis. Mais nous approchons bientôt d'une époque où la civilisation, en étendant ses bienfaits, adoucira les mœurs, souvent farouches, des siècles précédents, et alors des jours moins agités rendront à la vieille basilique ce calme paisible, à l'abri de tout outrage, que les événements politiques ont si souvent troublé, et ce recueillement majestueux qu'ils lui avaient encore ravi. Toutefois, il nous faut encore, avant ces jours paisibles, signaler à nos lecteurs quelques-uns de ces événements déplorables qui sont le propre de ces temps de violences où l'on ne connut souvent d'autre logique que celle de la force, et pendant lesquels le plus fort rançonnait toujours, sans pitié et merci, le faible qu'il opprimait. Ce sont d'abord les troubles causés par les deux grandes factions des Guelfes et des Gibelins, troubles qui trouvèrent, à la mort d'Adrien IV, un nouvel aliment dans la nomination d'un autre pape. En cette circonstance, les partisans de Frédéric Barberousse ne reculèrent point devant les menaces et les voies de fait afin de violenter les membres du conclave ; car le résultat de l'élection n'ayant point répondu aux désirs de ces Gibelins, le nouveau pape, Alexandre III, et les cardinaux qui l'avaient nommé, durent, pour échapper à leurs violences, se réfugier, à l'issue de cette nomination, dans une des tours de Saint-Pierre, où ils ne purent tenir longtemps. Mais les passions étaient alors trop vives pour qu'Alexandre pût séjourner tranquillement à Rome. Il se retira donc dans quelques-unes des villes voisines, puis en France, où s'écoulèrent les années les plus orageuses de son pontificat. Pendant ce temps, les cités lombardes s'unirent dans une sainte ligue qui épuisa une partie des forces de l'empire. Alexandre fut redemandé par les Romains ; et, en 1165, il vint reprendre possession du trône de saint Pierre ; à la nouvelle de cet événement, Frédéric dirigea bientôt une armée sur Rome, et son premier exploit fut la prise de la basilique vaticane, à laquelle il mit le feu pour contraindre ses adversaires à capituler. Après tant de dégâts, commis, à des époques assez rapprochées, par les partis divers qui s'étaient tour à tour disputé le pouvoir dans son enceinte, après tant de désastres, le monument de saint Pierre devait sans aucun doute avoir grand besoin de réparations. Le pape Nicolas III sut habilement profiter de quelques années de tranquillité dont jouit la ville éternelle vers la fin du XIIIᵉ siècle, et il les employa à rebâtir une partie de cette basilique, en même temps qu'il augmentait le Vatican d'un jardin entouré de murs fortifiés.

Le commencement du XIVᵉ siècle vit naître l'institution mémorable du *Jubilé*, solennité qui attira dans la ville, pendant l'espace de plusieurs mois, un nombre considérable de fidèles venus, de tous les points de la chrétienté, faire amende honorable de leurs fautes, et se prosterner au tombeau du prince des apôtres dans son antique et vénérable église. Quelques années s'étaient à peine écoulées depuis cet événement, qu'en 1305, le siége de la papauté fut transféré à Avignon. Dès ce moment, les églises de Rome et la basilique de Saint-Pierre en particulier perdirent, par l'éloignement des papes, de zélés et généreux protecteurs. Ce serait toutefois une erreur de penser que rien ne fut exécuté dans Rome pendant le cours de cette période ; car des travaux sont cependant là, en moins grand nombre il est vrai que précédemment, pour attester, et la touchante sollicitude des pontifes et l'état des diverses branches de l'art à cette époque. Nous citerons une partie du Capitole moderne et les fortifications du château Saint-Ange, mais surtout les travaux en mosaïques, exécutés par Giotto, Memmi et Cavallini, à Saint-Pierre et dans les autres églises de cette ville. Cette époque était d'ailleurs celle où l'on vit poindre, en Italie, les premières lueurs de ce retour vers les idées antiques qu'on appelle la *Renaissance*, et c'était aussi celle qui vit s'élever les dômes de Florence, de Sienne et d'Orvietto, la *Loggia dei Lanzi*, le *Campo-Santo*, etc., œuvres d'art qui exercèrent peu d'action sur Rome ; car les arts ont besoin, pour se produire et se développer, d'un état de calme et de tranquillité, et Rome était encore, dans ce moment, sous l'influence des factions intestines qui la travaillaient en tout sens. Aussi, ces déchirements intérieurs, qui continuèrent dans les dix premières années du XVᵉ siècle, nous font-ils comprendre combien, au milieu de ces luttes incessantes, il était difficile d'améliorer l'état politique de la société. Pendant ces années de discordes, le roi de Naples, Ladislas, dont la dissimulation était la passion dominante, crut que le moment était favorable pour faire valoir ses prétentions sur l'État de l'Église; et il sut si adroitement profiter de cet état de choses, qu'il réduisit, après maintes escarmouches dans lesquelles le sort des armes fut à peu près balancé, le pape Jean XXIII à lui acheter enfin la paix au prix énorme de cent mille florins d'or. Mais cette paix ne fut, de la part de Ladislas, qu'un calcul habile; car, l'année suivante, en 1413, Jean XXIII s'étant laissé surprendre, ce prince pénétra nuitamment dans Rome, qu'il ravagea sans merci. L'invasion de Ladislas rappela par ses excès, dit un historien, celles des Vandales et des Normands. Un certain nombre de serviteurs du pape furent massacrés; les palais furent abandonnés au pillage; les trésors de la chapelle pontificale et des églises, les joyaux du Saint-Siége, les reliques enchâssées dans l'or et entourées de pierres précieuses, tout ce qui avait une valeur vénale fut entassé sur les fourgons du vainqueur. On vit des chevaux attachés aux autels des basiliques, et le sanctuaire du Vatican consacré à des assemblées profanes (*). Une fois maître de Rome, Ladislas fit tomber son ressentiment sur ceux des Romains qui étaient restés fidèles à la cause de l'Église; et ce règne de violences, qui dura toute une année, ne cessa qu'à sa mort, c'est-à-dire au mois d'août 1414. A cette date, Jean XXIII présidait, à Constance, ce fameux concile dont le but principal était l'extinction du schisme qui régnait alors dans l'Occident, et six années seulement après cet événement, Martin V, le nouveau pontife, faisait son entrée solennelle dans Rome. Cette ville était alors dépeuplée; elle tombait en ruine. Depuis le passage de Ladislas, les rues étaient demeurées désertes; les monuments, les églises offraient l'aspect de la désolation; on eût dit d'une ville abandonnée. Mais Martin V se mit aussitôt à l'œuvre; l'anarchie fut réprimée, les basiliques se relevèrent, les proscrits rentrèrent en foule. Gouvernement, politique, administration civile, lettres, beaux-arts, tout ce qui constitue la civilisation d'un peuple reçut une impulsion intelligente de l'esprit d'ordre et du sens droit du pontife (**). Martin dut employer un certain nombre d'années pour parvenir à ce résultat. Il nous faut arriver maintenant au pontificat d'Eugène IV, son successeur, pour trouver, dans les annales de Rome, quelque fait concernant la basilique vaticane et sa décoration. On y apprend que c'est a ce pape qu'on doit l'exécution des portes en bronze sculptées qui. ornaient la partie centrale de la façade de cette église, portes dont il sera parlé plus loin. A cette époque, l'Italie voyait éclore, dans quelques localités, ce commencement de réaction artistique dont nous avons déjà parlé, et Brunelleschi, Donatello, Ghiberti, etc., créaient, dans le nord, des œuvres remarquables, qui provoquèrent bientôt, vers le milieu du XVe siècle, ce changement de style qui s'étendit ensuite à tout. Dès ce moment, l'impulsion était donnée, et ce mouvement, auquel vint se joindre celui des sciences et de la littérature, reçut encore une autre impulsion du concours actif du nouveau pape, Nicolas V. Sous le règne de ce pontife, survint, dans le monde, un de ces événements politiques qui ont sur les peuples des résultats immenses. Après bien des siècles de luttes et d'anarchie, Constantinople, cet antique siége de l'empire d'Orient, tomba au pouvoir de Mahomet, et la prise de cette capitale par les Turcs dispersa, sur toutes les parties de la péninsule italique, une foule de savants grecs qui apportaient avec eux leur science et leurs manuscrits. Partout, les proscrits furent reçus avec empressement. Cosme de Médicis, à Florence, leur ouvrit ses palais et ses trésors, et Nicolas V leur fit, à Rome, un bienveillant et généreux accueil. Nicolas V était un de ces hommes d'élite qui semblent nés pour les grandes époques, et qui savent les comprendre. Aussi vit-on, dans la capitale du monde chrétien, sous le pontificat de ce zélé protecteur des arts et des lettres, une réunion brillante et nombreuse des plus illustres savants et des plus grands artistes de l'époque, réunion puissante d'où sortirent bientôt des lois nouvelles qui devaient, un jour, changer les idées générales en matière de science, d'art et de goût. Ce fut au milieu de ce brillant entourage que Nicolas V, plein de sollicitude pour les monuments religieux, pensa, le premier parmi les papes, à rebâtir la basilique de Saint-Pierre, qui menaçait ruine, dit-on, de toutes parts, par suite de son ancienneté et des nombreux désastres qu'elle eut à subir. On était alors en plein XVe siècle, le siècle des grandes découvertes et des grandes inventions : celui de l'imprimerie, de la poudre à canon, des armes à feu, de la boussole, des postes, des cartes à jouer, etc., découvertes et inventions qui allaient révolutionner le monde et amener tant de changements et d'améliorations dans la politique, les sciences, les arts et les lettres. Ici, se termine tout naturellement l'histoire de la première basilique.

Après avoir fait connaitre à nos lecteurs les vicissitudes qu'eut à subir la basilique primitive, depuis l'époque de sa fondation jusqu'au jour où, minée de toutes parts, on fut, dit-on, obligé de la démolir; après avoir

(*) DE LA GOURNERIE, *Rome chrétienne*, Tome II, pag. 83.
(**) DE LA GOURNERIE, *Rome chrétienne*, Tome II, pag. 85-86.

offert dans les lignes qui précèdent, un résumé de ces événements, passons maintenant à la description des différentes parties de ce premier édifice.

L'ancienne basilique de Saint-Pierre ne fut guère modifiée, dans la suite des âges, que par l'addition d'un certain nombre d'édicules, qui furent soudés à différentes époques, soit à l'intérieur ou à l'extérieur de la bâtisse primitive. Ces édicules consistaient particulièrement, au dedans, en un assez grand nombre d'autels dédiés à plusieurs saints patrons, et, au dehors, en une multitude de constructions de toutes formes, de toutes grandeurs et de toutes destinations, qui vinrent s'appuyer, pour la majeure partie, sur les flancs de la basilique, et en former comme des espèces d'annexes, sous les noms divers de chapelles et même d'église, d'oratoire, de monastère, de sacristie, de tombeau et de bibliothèque. Quelques-uns de ces édifices, construits à une époque assez voisine de la fondation de la basilique, se distinguaient, dit-on, par la beauté de leur forme ; les autres avaient été élevés par les papes, et couraient depuis le VIIIe jusqu'au XVIe siècle. Alberti fait observer avec raison (*) que ces constructions avaient du moins un effet utile : celui de contribuer à la conservation de l'église, en la protégeant contre la poussée des terres et l'action des eaux de la montagne, qui l'environnait alors de trop près (**). Il n'entre point dans nos intentions (car c'est moins une notice sur la première église dédiée à saint Pierre par l'empereur Constantin, que l'histoire et la description de la basilique pontificale du XVIe siècle) de rapporter ici, et en détail, le récit des événements qui donnèrent lieu à l'érection des édicules qui furent soudés à cet édifice, mais qui n'en altérèrent jamais les dispositions primitives ; nous nous contenterons de renvoyer le lecteur, pour tous ces renseignements, aux ouvrages des principaux historiens qui ont été nommés plus haut. — Disons toutefois que, soit par respect pour la sainteté du lieu vénérable, consacré au prince des apôtres, et sous lequel reposait son corps, soit encore pour tout autre motif, cette basilique demeura, jusqu'au pontificat de Nicolas V, dans une intégrité complète, comme plan et dispositions, aux réparations et additions près (***), c'est-à-dire jusqu'à la fin du XVe siècle, époque qui marque le commencement de la deuxième ère de cette église, et qu'on peut considérer aussi comme le point de départ de sa démolition et celui des premières tentatives de la papauté dans l'érection du monument nouveau.

Sans aucun doute, la basilique de Saint-Pierre dut évidemment, pendant ce long espace de onze siècles, subir bien des changements comme formes, et participer des progrès que firent les arts, dans tous les genres, durant ce laps de temps ; il y a donc tout lieu de penser qu'elle reçut successivement alors une décoration et un ameublement dignes d'elle ; ameublement et décoration qui devaient présenter et les formes diverses et les caractères particuliers qui distinguaient les différentes époques. On doit même ajouter que ces deux parties décoratives offraient encore, dans leur ensemble, comme à la basilique de Saint-Paul-hors-les-Murs, la réunion curieuse des arts et des œuvres de l'Orient et de l'Occident. En parcourant, dans les auteurs précités, la description de cet édifice et celle des édicules qui y furent ajoutés, en lisant aussi le détail de tous les meubles, de tous les vases sacrés et de tous les vêtements sacerdotaux qui lui furent offerts par les princes de l'Église et les rois de la terre, on ne peut s'empêcher de regretter que la plus grande partie de toutes ces choses, d'un si haut intérêt pour l'archéologue et l'historien, n'existe plus aujourd'hui que dans les livres, qui nous en ont, au moins, conservé le souvenir.

L'édifice dont il s'agit ici est certainement, dans l'histoire de l'architecture, un des plus utiles et des plus intéressants à étudier sous les différents rapports du plan, de la construction, des dispositions, de la décoration et de l'ameublement. Aussi croirions-nous manquer à notre devoir si nous n'en présentions ici une description sommaire. Cette description, ainsi que les détails dans lesquels nous allons entrer, serviront, au reste, à combler une lacune qui existait, bien malgré nous, au chapitre des *Basiliques Latines*. Il nous restait à faire connaître un des grands édifices religieux de ce genre, édifices dont on ne trouve malheureusement plus aujourd'hui de représentant primitif à Rome, depuis le fatal incendie qui consuma l'église de Saint-Paul-hors-les-Murs. C'est donc avec le désir de combler cette lacune que nous avons composé cette première partie de notre notice.

(*) *De re ædificatoria, lib. I, cap. VIII.*

(**) Séroux d'Agincourt, *Histoire de l'Art depuis sa décadence jusqu'à son renouvellement ;* partie de l'*Architecture.*

(***) Nous n'entrerons point ici dans de plus longs détails à ce sujet. Il nous suffira donc, lorsque nous décrirons les différentes parties de cette première basilique, de signaler le caractère particulier de chacune de ces parties, et de démontrer qu'il diffère et s'écarte de celui qu'il présentait à l'époque de sa fondation, pour prouver dès lors que ce monument a subi, pendant le cours de sa longue existence, des remaniements et des reconstructions qu'on reconnaît aux formes et aux caractères de ces parties elles-mêmes, parties qui tranchent et font disparate avec le monument primitif.

Le monument fut élevé, comme nous l'avons dit, dans un genre d'architecture qui était propre aux premières constructions édifiées par les chrétiens au sortir des Catacombes. Ce genre d'architecture, qui a reçu le nom de *Style Latin*, consistait particulièrement en une imitation, quelque peu modifiée, de certains monuments païens, nommés *Basiliques*, et dans l'emploi, par appropriation, d'éléments et de fragments antiques, tels que chapiteaux, fûts, bases, frises, corniches, etc., éléments qui, dans l'origine, avaient été disposés à la hâte, afin de pouvoir répondre sur-le-champ aux besoins impérieux du nouveau culte. Toutefois, on doit ajouter que bientôt les fragments antiques venant à manquer sans doute, les nouveaux constructeurs durent exécuter d'autres chapiteaux, d'autres bases, etc., éléments qui se reconnaissent à leur faire grossier, et qui n'en sont pas moins très-curieux à étudier comme spécimen des premiers essais d'un art, qui n'est point encore un art, mais seulement une imitation plus ou moins défectueuse de la sculpture gréco-romaine. Pendant ce temps, le christianisme, en s'affermissant, se propageait dans toutes les classes de la société ; il prit même, à une certaine époque, un développement tel, que les premières basiliques ne suffirent plus au nombre toujours croissant des fidèles. On fut donc contraint d'ériger alors un assez grand nombre d'autres monuments de cette espèce, monuments qui participèrent des progrès et des améliorations qu'avaient faits les arts dans l'architecture, la sculpture, etc. En effet on reconnaît, dans les édifices qui datent de cette époque, et un appareil moins grossier, et une main plus habile ; dès ce moment aussi, et comme complément, il s'introduisit, à l'intérieur des basiliques, un grand luxe de décoration, luxe qui se traduisit bientôt par l'emploi des brillantes mosaïques, auxquelles il faut joindre encore l'ameublement religieux, consistant en ciboires, siéges épiscopaux, ambons, etc. Mais toutes ces basiliques, on le pense bien, ne furent point exécutées dans les mêmes proportions et sur la même échelle : les unes, les premières, étaient peu étendues, parce qu'on avait alors peu de temps à consacrer pour leur construction ; d'autres, élevées dans un moment où les ressources étaient déjà grandes, présentèrent des dimensions plus vastes ; enfin, quelquefois, les princes, voulant témoigner leur piété ainsi que leur zèle en faveur de la religion nouvelle, donnèrent des ordres pour que l'on construisît quelques-uns de ces monuments dans des proportions colossales. Nous avons déjà présenté, dans les basiliques dédiées à sainte Marie in Cosmedin, à saint Georges au Vélabre, à saint Clément et à saint Saba, plusieurs types qui se rattachent aux deux premières espèces ; nous allons maintenant faire connaître un de ces grands édifices qui furent l'œuvre de la piété des princes.

Les analogies de plan et de dispositions qu'offrent les basiliques de Saint-Pierre, de Saint-Paul et de Saint-Jean de Latran à Rome, feraient presque supposer que ces trois édifices religieux pourraient bien être le résultat d'une seule et même pensée, mise en œuvre dans des constructions qui varient peu entre elles. Quoi qu'il en soit, et pour ne parler ici que de la figure particulière que présente le premier monument, on pense que Constantin, qui avait ordonné de construire cette basilique dans de vastes proportions et avec la plus grande richesse, voulut aussi que sa forme ichnographique devînt un témoignage authentique et irrécusable de la victoire qu'il avait remportée sur Maxence, et l'on suppose qu'il aurait donné des ordres pour que le plan de cette église représentât une croix, en souvenir de celle qui lui était apparue au ciel quelques heures avant la bataille. Et cette nouvelle forme de plan, pour les monuments religieux, forme qui s'écartait peu toutefois de celles que présentaient certaines basiliques gréco-romaines, allait offrir aux architectes des combinaisons nouvelles, d'où sortiraient, un jour, les plus imposantes créations de l'art chrétien ! Cependant, on doit dire ici que cette figure ichnographique, alors employée dans les grandes basiliques latines, ne présentait point la forme de la croix, telle que nous la donnons, de nos jours, à l'instrument de la rédemption des hommes. Elle ressemblait assez à l'une des lettres majuscules de l'alphabet grec qu'on appelle *tau* (T), lettre qui doit offrir une grande analogie avec la disposition de l'instrument de supplice, tel qu'il était construit à l'époque romaine. On comprend maintenant quel fut le motif qui porta les chrétiens à rendre vénérable une figure qui reproduisait la forme d'un instrument qui jusqu'alors avait été celui de l'ignominie, mais que Jésus-Christ, par sa mort sublime, venait de sanctifier et d'ennoblir à jamais. C'est donc à partir de cette époque, qu'on doit aussi considérer comme le point de départ du symbolisme architectural, que la figure cruciforme se voit inscrite, d'une manière plus ou moins modifiée, dans les plans d'une grande partie des monuments religieux du christianisme.

Après avoir parlé de la figure ichnographique qui distinguait la basilique de Saint-Pierre, étudions maintenant ses dispositions intérieures ; et voyons si, dans leur agencement, ces mêmes dispositions appartiennent bien, comme innovation, aux architectes chrétiens, ou si la pensée première, qui a pu être modifiée par eux, ne remonterait pas plutôt aux Romains, leurs prédécesseurs. Disons d'abord qu'il ne semblerait point impossible que Constantin, frappé peut-être, lors de son manifeste chrétien dans la basilique Ulpienne (*), de la noblesse et de la beauté des dispositions que présentait alors ce célèbre édifice du *Forum Trajanum*, que Constantin n'eût donné à son architecte l'ordre de s'en inspirer pour l'érection du monument qu'il voulait dédier au prince des apôtres ; car certaines parties de la basilique latine viendraient presque militer en faveur de notre opinion. On y retrouve en effet la réunion des cinq nefs, disposées longitudinalement, dont une, celle du milieu, plus large que les autres ; et ces cinq nefs sont ensuite, comme la première encore, coupées transversalement, à leur partie postérieure, par une autre nef, formant une espèce de transsept (**). Jusqu'ici l'analogie paraît assez frappante, et ces dispositions convenaient, de tout point, aux besoins des cérémonies chrétiennes ; mais voici maintenant les dissemblances, et, conséquemment, la part qui revient au christianisme, part qui, on doit le reconnaître, tient essentiellement aux exigences du nouveau culte. Le christianisme voulut bien encore approprier, parmi les éléments divers de la basilique Ulpienne, l'hémicycle romain, en le transformant en un sanctuaire, qu'il restreignit toutefois à l'étendue qui lui parut suffisante pour l'emplacement de l'autel, du siége épiscopal, etc. ; mais il rejeta la disposition transversale des rangées de colonnes situées en face de cet hémicycle, parce que, outre qu'elles eussent gêné, lors des cérémonies, la vue de l'autel et du sanctuaire, ces colonnes auraient encore empêché l'évêque, qui devait présider sur sa *cathedra*, d'avoir les yeux sur l'assemblée. On réduisit donc les proportions de l'hémicycle, comme on réduisit aussi la largeur de la nef centrale, et l'on supprima les rangées de colonnes qui lui faisaient face. Enfin, d'autres besoins réclamant d'autres innovations, on y ajouta encore une cour rectangulaire, ornée de portiques, qu'on mit à la partie antérieure du monument. — On peut, après ce parallèle des deux édifices, apprécier aisément tout ce qui, dans la basilique latine, a pu être emprunté à la construction romaine ; comme on peut distinguer aussi les changements notables et les dispositions particulières qui appartiennent au christianisme, et qui sont, incontestablement, l'œuvre de ses architectes.

Nous venons, en quelques mots, de faire comprendre l'analogie que pourrait présenter, sous un certain rapport, la basilique de Saint-Pierre avec la basilique Ulpienne ; nous en avons montré les rapprochements possibles et les dissemblances évidentes. Il nous reste maintenant à étudier les différentes parties du premier édifice, par rapport à leurs formes et à leurs destinations spéciales : c'est ce dont nous allons nous occuper immédiatement, en parcourant tour à tour, mais avec rapidité, chacune de ces parties elles-mêmes ; et, afin de faire cette étude d'une manière plus intelligible, nous établirons notre point de départ à l'entrée même de l'édifice, c'est-à-dire, au porche qui se trouve à la partie antérieure du monument.

Nos lecteurs étant déjà familiarisés avec la destination, la forme et les dispositions des basiliques latines, grâce aux notices si claires et si substantielles de notre savant ami et collaborateur, M. Albert Lenoir (***), nous les avertissons que nous indiquerons fort brièvement une foule de choses qui ont été très-bien expliquées par lui, et qui n'offriraient ici que des redites. Notre intention d'ailleurs, en composant cette partie de notre notice, à seulement pour but de combler une lacune et de faire connaître les particularités remarquables que pouvait présenter naguère cette basilique célèbre.

Les divers auteurs qui se sont occupés de la basilique de Saint-Pierre ne s'accordent point sur les dimensions qu'ils donnent à chacune de ses différentes parties. Nous allons néanmoins rapporter ici celles qui nous semblent mériter le plus de confiance ; elles seront empruntées au plan relevé par Alfaranus :

Profondeur de l'apside. Palmes romaines.	44	
Largeur id.	80	
Longueur du transsept.	390	
Largeur id.	78	
Longueur des nefs.	406	
Largeur de la nef centrale, partie antérieure (****).	106	
Id partie postérieure.	113 1/2	
Largeur du premier bas côté, partie antérieure.	38	
Largeur du premier bas côté, partie postérieure. Palmes romaines.	44 1/2	
Largeur du deuxième bas côté, partie antérieure.	39	
Id partie postérieure.	41 1/2	
Longueur de la galerie formant le narthex.	285	
Largeur id.	53	
Longueur de l'aire intérieure de l'atrium.	256	
Largeur id.	200	
Profondeur du porche, y compris la largeur de la galerie adjacente.	81	

(*) M. l'abbé Gerbet entre, à propos de cet événement, dans des détails assez circonstanciés. (Voy. son *Esquisse de Rome chrétienne*, Tome I, page 260.)

(**) Voir, dans cet ouvrage, les plans des *basiliques* de STYLE GRÉCO-ROMAIN.

(***) Voyez, à la division des MONUMENTS DE STYLE LATIN, le chapitre des *Basiliques chrétiennes*.

(****) Il y a ici une irrégularité dans leur disposition.

En faisant, maintenant, une addition de ces différents chiffres, on peut, à très-peu près, se rendre compte des proportions considérables que présentait cette basilique, et remarquer ainsi qu'elle devait être, parmi les monuments de ce genre, une des plus grandes et des plus importantes.

Mais abordons présentement la description de l'édifice. — Un vaste escalier, aux nombreuses marches, conduisait à une large plate-forme, qui s'étendait transversalement en avant de la basilique (*). C'est là, sur cet immense perron, que les papes, à la tête de tout le clergé, avaient coutume de recevoir les empereurs et les princes, lorsque ceux-ci venaient visiter l'église dédiée au prince des apôtres. Parvenu à cet endroit, on se trouvait au pied d'une espèce de façade (**) servant de porche et qui donnait accès dans une enceinte carrée, nommée *Atrium* et *Paradisus*, mot dont nous avons fait plus tard celui de *Parvis*. A droite et à gauche de cette façade, s'élevaient deux tours, de forme rectangulaire, ayant chacune une destination spéciale, mais dont la plus élevée, celle de droite, servait particulièrement de clocher.

Du porche, comme nous l'avons dit, on pénétrait dans l'atrium, dont les quatre côtés étaient composés de portiques ou galeries, disposition qui lui fit donner par les historiographes le surnom de *Quadriporticus*. La disposition principale de ces galeries consistait surtout en arcades semi-circulaires (***), qui étaient soutenues par des colonnes de marbre précieux, enlevées à différents monuments antiques de Rome. Une toiture, établie à l'aide de charpentes, couvrait les quatre galeries de cet atrium.

Au milieu de la cour se dressait une magnifique fontaine, *cantharus*, *labrum*, destinée aux purifications (****); et ce monument, qui avait été érigé, selon les hagiographes, vers le commencement du VIᵉ siècle, par le pape Symmaque, formait un édicule si curieux en son genre, qu'il mérite ici, et par sa composition et par son importance, une description particulière : Sur un soubassement, de forme rectangulaire, s'élevaient huit colonnes, disposées de manière à ce qu'il s'en présentât trois sur chaque face. Ces colonnes supportaient un entablement en bronze, orné de mosaïques représentant des croix, des palmes et des agneaux. Au centre du soubassement, et conséquemment entourée par les colonnes, on avait placé une pomme de pin métallique (*****),

(*) Vers la droite se trouvait une loge ou tribune, d'où les pontifes donnaient, à certaines époques, la bénédiction au peuple.

(**) Les anciennes gravures qui représentent l'état de cette façade peu de temps avant sa démolition au XVIᵉ siècle, montrent ici, à la partie qui surmonte l'entrée, diverses constructions habitables, qui doivent avoir été surajoutées postérieurement à la fondation de la basilique, et qui, très-vraisemblablement, n'existaient point à son origine.

(***) Nous appuyons ici, et avec intention, sur la présence de ces arcades dans l'atrium, arcades que nous retrouverons, plus loin, dans l'intérieur de la basilique, parce qu'elle donne lieu à en tirer cette notion importante : que, dès le règne de Constantin, et même antérieurement, on employait indifféremment, dans les constructions, et l'arcade et l'entablement sur des colonnes; ce que l'on doit admettre, si l'on regarde la basilique actuelle de Sainte-Agnès, et quelques autres, comme les monuments mêmes qui furent élevés à l'époque de cet empereur; et c'est là, sans aucun doute, une des questions les plus intéressantes dans l'histoire des dispositions architectoniques. On peut d'ailleurs avancer ici plusieurs faits de nature à soutenir cette opinion. En effet, nos lecteurs savent fort bien que c'était un usage presque généralement établi chez les Romains de placer, dans certains édifices, les architraves immédiatement au-dessus des colonnes, et aucun d'eux n'ignore que cet usage, à ce qu'il paraît, se continua pendant les premiers temps qui suivirent l'établissement du christianisme, puisque l'église de la Nativité, à Bethléem, qui fut érigée sous le règne de Constantin, présente encore, de nos jours, cette disposition particulière, disposition qui, très-vraisemblablement, se reproduisait dans un certain nombre d'autres basiliques primitives, détruites en grande partie maintenant, mais dont quelques-unes, existant encore, telles que celles de Sainte-Marie-in-Transtevère, de Saint-Laurent-hors-les-Murs, de Sainte-Praxède, de Sainte-Marie-Majeure, et l'église de Saint-Étienne-le-Rond, à Rome, offrent différents exemples. Mais si l'architrave fut surtout employée pour la disposition de ces édifices, on doit ajouter qu'à cette époque l'arcade à colonnes se montrait déjà dans plusieurs monuments. Et, pour n'en administrer ici que quelques preuves, nous rappellerons que, dès les derniers temps de l'Empire, le plein cintre sur colonnes fut pratiqué dans l'antique Salone, au palais de Dioclétien, et que cette disposition, qui donnait plus d'air et prenait moins de place que les larges piliers, fut ensuite adoptée par les chrétiens lorsqu'ils construisirent les monuments de Sainte-Agnès, de Sainte-Constance, etc., où nous la retrouvons aujourd'hui, en petit nombre, il est vrai, mais comme pour nous servir de témoignage de ce fait. De tout ceci, il résulte donc que la simultanéité d'emploi des deux dispositions précitées est maintenant un fait qui paraît assez bien établi, et par les dates d'érection des monuments, et par le caractère particulier des édifices où on les remarque; et l'on doit presque en conclure qu'au moment où l'on érigea la basilique de Saint-Pierre, l'on n'avait point encore abandonné complétement les anciennes règles de la pratique, et que ce ne dut être qu'un peu plus tard qu'on employa exclusivement l'arcade au lieu de l'entablement.

(****) On avait coutume d'entretenir, à l'entrée des basiliques, dit l'abbé Gerbet, une ou plusieurs sources d'eau jaillissante. Elles étaient un symbole de la grâce qui purifie l'âme : les fidèles s'y lavaient les mains et la bouche avant d'assister aux saints mystères. *Esquisse de Rome chrétienne*, Tome I, page 291.)

(*****) Ce débris antique, qui avait été placé là, sans doute comme décoration, fut longtemps, quant à sa provenance, un sujet de discussion parmi les savants; mais, après bien des recherches à cet égard, et surtout après cette notion acquise de l'intention et du caractère essentiellement funéraires qu'on donnait à la pomme de pin érigée sur certains monuments de l'antiquité, on pense

de dimension considérable. Une espèce de couronnement, décrivant une courbe, et composé de deux traverses de bronze, disposées diagonalement à la façon des croisées, d'ogives surmontait l'édicule. Aux points de retombée, c'est-à-dire, aux quatre coins de l'entablement, se trouvaient des dauphins vomissant l'eau dans un large bassin, construit, sans nul doute, en saillie, à la partie inférieure. D'autres figures en bronze, représentant des paons (*), étaient encore renfermées à l'intrados de la courbure des traverses, et le point d'intersection de ces traverses présentait, comme amortissement, une boule surmontée d'une croix. Telle était, en quelques mots, la composition remarquable du magnifique édicule qui occupait le milieu de l'atrium, monument dont on ne peut, malgré la présence du fragment antique, méconnaître l'intention et l'usage tout chrétiens, assez prouvés d'ailleurs par l'emploi des croix, des agneaux, des paons et des dauphins, ces divers symboles du christianisme.

Les historiographes de la basilique parlent encore d'une autre fontaine (**) qui existait, dès les premiers siècles du moyen âge, dans cet atrium. Elle était située dans l'axe, entre l'édicule qu'on vient de décrire et celle des galeries qui servait de narthex. L'eau qu'elle contenait avait reçu le surnom de *Sabbatina*.

Mais là ne se bornait point la décoration de l'atrium, c'est-à-dire, le nombre des monuments et des œuvres d'art qui avaient été établis, à toutes les époques de son existence, dans les différentes parties de cette cour. On y avait successivement érigé plusieurs autres petits édifices, de destinations diverses, mais dont le plus grand nombre avait particulièrement une intention funéraire. C'est ainsi que, sous la galerie qui formait le narthex, on voyait de nombreux sarcophages et tombeaux, dans lesquels reposaient les corps de personnages illustres; dans la cour, quelques petites chapelles ou oratoires; et, à la partie supérieure de la paroi qui s'élevait verticalement en face de la façade de la basilique, la fameuse mosaïque de Giotto, actuellement placée dans l'une des parties de la basilique moderne (***). Mentionnons encore une statue de saint Pierre, le pavage en dalles de marbre et la décoration murale des galeries, où l'on avait exécuté des peintures historiques dans le genre de celles du porche de Saint-Laurent hors les murs, et l'on aura une idée de ce que pouvait être cette partie de l'édifice, non point sans doute à son origine, mais bien à l'époque de sa plus grande splendeur.

En arrière de la galerie ou portique qui formait le narthex, s'élevait une imposante façade, ornée de mosaïques, genre de décoration dont on fit souvent usage, en Italie, pendant les divers siècles du moyen âge (****). Cette façade se composait, à la partie supérieure, d'un immense rectangle, surmonté d'un fronton triangulaire, indiquant la largeur de la nef centrale, puis, de deux appendices, disposés latéralement, qui marquaient l'étendue des doubles collatéraux. Ainsi distribuée, on comprend que cette partie de la façade, dans laquelle s'ouvraient seulement un *oculus* et deux étages de fenêtres (*****), que cette façade présentait aux ouvriers mosaïstes de larges parois sur lesquelles ils pouvaient, à leur aise, déployer tout leur talent. Les mosaïques, qui offraient, toutes, des sujets religieux, étaient divisées en trois zones superposées. Au centre de la zone supérieure, on remarquait une figure de Christ, ayant sa mère à droite et saint Pierre à gauche, et, entre Jésus et sa mère, on avait représenté, mais dans des proportions inférieures, ainsi que cela se pratiquait alors (******) et même dans l'antiquité, pour indiquer l'infériorité des personnages, une petite figure du pape Grégoire IX, à genoux et en prière. Aux deux extrémités de la partie supérieure de cette zone, se trouvaient les quatre animaux symboliques personnifiant les évangélistes; plus bas, et dans les deux autres zones, on voyait d'autres figures, parmi lesquelles plusieurs étaient dans une attitude de supplication et d'offrande.

La partie inférieure de cette façade se développait sur toute l'étendue de la galerie qui précédait la basilique, et les murs, a cet endroit, avaient reçu une triple décoration, simultanément combinée dans la richesse des portes, la beauté des tombeaux et l'intérêt des peintures qui décoraient les parois du portique. Cinq

---

définitivement aujourd'hui qu'il a dû servir d'amortissement au mausolée de l'empereur Adrien. Ce fragment a été placé, lors de a démolition de l'ancienne basilique, dans une grande niche du jardin du Vatican, où il se trouve actuellement.

(*) Les deux paons qu'on voit de nos jours, près de la pomme de pin, dans le jardin du Vatican, pourraient bien provenir de cette fontaine.

(**) La place de cette fontaine se trouve indiquée sur les plans donnés par les anciens historiographes de Saint-Pierre, et, plus récemment sur ceux publiés par MM. d'Agincourt et Bunsen.

(***) Voir ce que nous disons ailleurs sur ce monument.

(****) Voyez les mosaïques qui décorent les façades des basiliques de Sainte-Marie in Transtevere, de Sainte-Marie-Majeure et de Saint-Paul-hors-les-Murs. Parmi les travaux et les compositions de ce genre, la façade de Saint-Pierre était certainement une des plus remarquables.

(*****) Bonanni dit que par ces ouvertures s'introduisaient dans la basilique sept gerbes de lumière, image des sept rayons par lesquels l'Esprit saint éclaire les âmes. (*Historia Templi Vaticani*, pag. 20.)

(******) Nous avons offert, dans la mosaïque qui surmonte la porte de l'église de Grotta-Ferrata, un exemple de cette particularité.

portes (*), qui avaient toutes des noms et des usages particuliers, donnaient accès dans l'édifice. Trois de ces portes ouvraient dans la nef centrale; les deux autres étaient placées dans les collatéraux. Celle du milieu était appelée *Porta Argentea*, à cause de la munificence des papes Honorius Iᵉʳ et Léon IV, munificence dont nous parlerons un peu plus loin. Près d'elle, à droite, était la *Porta Romana*, par laquelle entraient les habitants de la ville; à gauche, la *Porta Ravennate*, qui était spécialement consacrée aux Transteverins; enfin, aux deux extrémités de la façade, se trouvaient la *Porta Guidonea*, par où passaient les pèlerins, et la *Porta Judicii*, qui ne s'ouvrait que pour livrer passage aux cercueils des morts. Nous devons toutefois ajouter qu'il en existait encore une sixième, nommée *Porta Santa;* mais elle n'était ouverte que pendant le Jubilé, à l'issue duquel on la murait. Très-probablement, les vantaux de ces portes étaient, à leur origine, en métaux précieux (**); et si l'on pouvait, à ce sujet, s'en rapporter aux récits des historiens sacrés, il faudrait admettre que ceux de la porte principale étaient en bronze, et provenaient, soit du temple de Salomon ou de quelque autre temple antique, d'où ils avaient été enlevés par ordre de l'empereur Constantin. Mais ces vantaux, à ce qu'il paraît, n'existèrent pas au delà de trois cents ans; car, au VIIᵉ siècle, ils furent remplacés, lors des premières restaurations de la basilique, par d'autres qui, cette fois, étaient en argent, et du poids de 975 livres; ils avaient été donnés par le pape Honorius Iᵉʳ. Un monument d'une telle valeur devait, on le pense bien, attirer sur lui l'attention générale; aussi, cette valeur lui devint-elle funeste : en effet, les Sarrasins, ayant en 846 envahi une partie de l'Italie et poussé leurs incursions jusqu'aux environs de Rome, remarquèrent la riche clôture métallique de la basilique vaticane, et ils l'enlevèrent. C'est peu d'années après cet enlèvement, en 850, que, pour réparer les désastres de cette perte, le pontife Léon IV en fit exécuter de nouvelles, qui, à une grande richesse, joignaient encore une haute valeur artistique pour cette époque. Les vantaux furent recouverts d'une série de petits bas-reliefs en argent, représentant divers sujets historiques, ce qui fit donner à cette porte le surnom de *Porta Argentea*. Mais, pendant le cours des siècles qui suivirent, la dévotion des pèlerins et des fidèles pour ces petits bas-reliefs fut poussée à un tel point, disent les historiographes, que ce zèle leur fit commettre souvent des dégâts sacriléges, car ils en enlevèrent, peu à peu, la majeure partie. Ainsi dépouillée, cette porte arriva jusqu'au règne du pape Eugène IV, qui s'empressa, vers le milieu du XVᵉ siècle, de lui rendre toute son importance en la remplaçant par des vantaux de bronze sculptés; et, pour l'exécution de cette œuvre, il employa les talents combinés d'Antoine Filarète et de Simon, frère du célèbre Donatello (***). Ces vantaux, qui ornaient encore la porte centrale de la basilique lors de sa démolition, furent conservés avec soin, et employés, dans la suite, à la décoration du nouvel édifice, ainsi que nous le mentionnerons plus tard.

Pénétrons maintenant dans l'intérieur de la basilique : on l'avait divisé longitudinalement en cinq nefs, dont une grande, celle du milieu, et quatre autres latérales, beaucoup moins larges; et ces nefs étaient formées par quatre rangées parallèles de colonnes en marbre précieux, tirées de monuments antiques (****). Mais, de ces cinq nefs, qui variaient de hauteur, celle du centre était la seule où les colonnes portassent sur un entablement, disposition que présentait assez vraisemblablement la basilique Ulpienne, et qui rapprochait celle de Saint-Pierre de cet édifice, tandis que les nefs latérales, au contraire, étaient en plein cintre sur des colonnes, autre disposition, imitée peut-être du palais de Dioclétien, ce qui offrait ici l'emploi simultané de deux systèmes de construction (*****). Au-dessus des colonnes, couraient, sur toute la longueur de la nef centrale, deux entablements ornés de frises dans lesquelles était disposée, de distance en distance, une suite de médaillons représentant une série de portraits de papes; puis on avait profité de la saillie que faisaient les corniches de ces

---

(*) Le nombre des portes variait suivant les proportions des basiliques. Ainsi, plus l'édifice était grand et plus le nombre des portes était considérable; il existait des façades qui en présentaient une, trois, cinq, et quelquefois même sept. On ne doit donc point croire que leur nombre a pu être établi sur celui des nefs, mais bien qu'il a plutôt été déterminé par un autre motif, soit la nécessité d'offrir au peuple des issues suffisantes lors des grandes solennités, soit encore une pensée de symbolisme. Toujours est-il que la façade de la basilique de Saint-Pierre avait, ainsi que Saint-Jean de Latran et Saint-Paul, six, et peut-être sept portes, nombre qui paraît symbolique. (Voyez, au reste, les plans de ces basiliques dans l'ouvrage de MM. Knapp et Guttensohn.)

(**) Autrefois, dit M. de la Gournerie, les noms des villes et des provinces qui avaient été données à l'Église étaient inscrits en bronze doré sur les battants de ces portes; mais les riches métaux qui les décoraient, avaient fini par disparaître au milieu des invasions dont Rome avait été la victime (Tome II, page 97).

(***) Cette œuvre est, on le sait, bien inférieure, sous tous les rapports, aux magnifiques vantaux de la porte du Baptistère de Florence, qui furent exécutés par Lorenzo Ghiberti.

(****) Gregorius Turonensis, *de Gloria martyrum.*—Severani, *Delle sette chieze*, pag. 39.

(*****) Nous avons, plus haut, appelé l'attention de nos lecteurs sur cette particularité que présentait l'ancienne basilique de Saint-Pierre, et nous avons, en même temps, cité quelques édifices contemporains, où on la remarquait encore de nos jours.

entablements pour établir, sur toute l'étendue de la nef, deux longues galeries ornées de balustrades, lieux dont on ne saisit pas très-bien la destination particulière, à moins qu'ils ne servissent à suspendre des tentures décoratives, lors des grandes solennités, ou bien encore à établir les voiles dont parle Anastase le Bibliothécaire, et qui avaient pour but de séparer la nef principale des collatéraux, c'est-à-dire, d'intercepter toutes communications entre les hommes et les femmes. Des murs verticaux s'élevaient ensuite, à une grande hauteur, de ces galeries jusqu'à la charpente qui soutenait la toiture. Les parois intérieures des murs étaient ornées de mosaïques historiées, qui se divisaient en deux zones superposées : l'inférieure présentait une suite nombreuse de petits sujets empruntés à l'Ancien et au Nouveau Testament, et la zone supérieure, dans laquelle se trouvaient les fenêtres, offrait de grandes figures de saints et d'anges. La nef se terminait, du côté de l'apside, par une immense arcade, disposée transversalement ; et cette arcade, que les premiers chrétiens appelaient l'*arc triomphal*, était ouverte dans l'un des murs du transsept. Quelques historiens prétendent qu'on y suspendait un voile destiné à cacher, pendant certaines cérémonies, la vue du sanctuaire. Enfin, il est assez raisonnable de penser que cette partie de la basilique avait probablement été décorée aussi de mosaïques afin de la mettre en harmonie avec le reste de la nef. Ces diverses œuvres de l'art du mosaïste, qui dataient, dit-on, des premiers temps de la basilique, furent souvent restaurées et refaites à plusieurs époques ; et la meilleure preuve qu'on puisse donner de ces restaurations et de ces renouvellements, c'est qu'on lisait, au pied d'un des anges dont nous venons de parler, le nom du célèbre Giotto (*). Cette signature, qui reporte l'exécution ou la dernière restauration de ces mosaïques vers le premier tiers du XIVe siècle, et qui fournit ici une date précise, que viendrait confirmer le caractère des baies près desquelles se trouvent les figures, indiquerait, peut-être même, une reconstruction de tout ou partie des murs verticaux.

On trouverait certainement peu de chose à dire sur les collatéraux, si l'on n'avait à mentionner ici la présence des arcades que nous avons déjà signalées, et celle des voûtes en berceaux, qui sont probablement l'œuvre d'une reconstruction postérieure à l'époque de sa fondation. Il est encore assez vraisemblable de penser que les parois de cette partie de l'édifice avaient dû recevoir un genre de décoration qui les mettait en harmonie avec le reste de l'édifice, et qu'ils présentaient ainsi, soit des mosaïques ou des peintures.

Au delà des nefs et transversalement à celles-ci, se développait, sur toute la largeur de la basilique, une immense galerie rectangulaire, à laquelle on a donné le nom de *transsept*. Ce transsept formait une espèce de séparation entre les nefs et le sanctuaire, et il se divisait, par son agencement, en trois parties, délimitant, la plus large, toute l'étendue transversale des cinq nefs, et les deux petites, des appendices en saillie formant les extrémités des bras de la croix, qu'il décrivait en plan. Des arcades le mettaient, d'un côté, en communication avec les nefs ; et, de l'autre, avec l'apside ou sanctuaire. Mais le transsept offrait ici une particularité que nous devons signaler à nos lecteurs : nous voulons parler de l'existence de deux portes (**), situées à droite et à gauche de l'apside, dans les axes des premiers collatéraux, c'est-à-dire, absolument en face des portes *Guidonéenne* et *du Jugement*. Les trois divisions du transsept étaient formées par deux constructions verticales, placées aux extrémités dans le prolongement des murs des bas côtés, constructions qui reproduisaient exactement, en élévation, la disposition de la nef centrale, c'est-à-dire qu'elles présentaient des colonnes supportant un entablement, au-dessus duquel s'élevait un mur percé de quelques baies. Enfin, on doit présumer qu'une certaine portion des immenses parois qu'offrait cette partie de la basilique, fut naguère, soit à l'origine ou postérieurement, décorée de même que la nef centrale et les bas côtés, soit de mosaïques ou de peintures.

L'apside que nous venons de mentionner, était située dans l'axe de la nef centrale, et occupait la partie postérieure de l'édifice. Placée au-dessus du martyrium de Saint-Pierre (***), elle se composait d'un espace semi-cir-

(*) Voyez CIAMPINI, *Synopsis historica de sacris ædificiis a Constantino magno constructis*, etc.

(**) Cette disposition de portes, à la partie postérieure des basiliques, paraît avoir été quelquefois usitée, à une époque que nous ne saurions déterminer, dans les basiliques latines, car on la retrouve, de nos jours, dans celles de Sainte-Marie in Transtevere, de Saint-Paul-hors-les-Murs, des Saints-Nérée et Achillée, et de Saint-Chrysogone ; mais nous devons ajouter que certains auteurs suppriment ces portes sur leurs plans, parce qu'ils les considèrent probablement comme des issues ouvertes à des dates très-postérieures à l'érection de ces édifices, et, conséquemment, comme étrangères à la liturgie latine et primitive. Quoi qu'il en soit, Alfaranus, Ciampini, d'Agincourt et Knapp et Guttensohn indiquent ces portes sur leurs plans de Saint-Pierre, tandis que Pistolesi les retranche complétement.

(***) Nous avons dit, plus haut, que l'empereur Constantin avait ordonné de construire la basilique sur l'oratoire élevé par saint Anaclet. Nous ajouterons qu'on prit, à cette époque, des dispositions telles que ce lieu vénérable se trouva placé sous le sanctuaire, ainsi que nous le dirons plus loin, lorsque nous aurons à parler du riche mobilier qui décorait cette partie de l'édifice.

culaire, formé d'une construction décrivant cette figure, et couvert d'une voûte, ce qui lui donnait, à l'extérieur, l'apparence d'une moitié de tour accolée au monument. Son intérieur, qui était le lieu le plus auguste, avait reçu, comme on le pense bien, une décoration digne de sa sainteté. En effet, cette partie de l'édifice renfermait les principales richesses et les plus magnifiques œuvres artistiques qui furent offertes à la basilique du prince des apôtres. Toutefois, et pour ne nous occuper, en ce moment, que de sa décoration (car son riche mobilier sera décrit plus loin), nous devons dire qu'elle consistait surtout en un placage de marbres précieux et en une brillante mosaïque, représentant une vaste composition, au milieu de laquelle se voyaient la figure de Jésus-Christ, celles de saint Pierre et de saint Paul, etc.; composition qui devait, par sa nature et les éléments qu'elle contenait, faire un très-grand effet. On y remarquait, à la partie inférieure, un portrait du pape Innocent III ; ce qui indiquerait, soit une restauration, ou encore un renouvellement complet de cette mosaïque vers le commencement du XIIIᵉ siècle. Le sol de cette apside était, dit-on, élevé de plusieurs marches au-dessus de celui de la basilique.

Tous les historiens qui décrivent l'ancienne église de Saint-Pierre, parlent surtout d'un pavàge remarquable qui existait dans l'intérieur de l'édifice. Ce pavage consistait probablement en une espèce de mosaïque qui était employée pour cette sorte de revêtement. Il se composait assez vraisemblablement de petits fragments de marbres précieux agencés de manière à former des dessins et des combinaisons dans le genre de ceux qu'on distingue sur notre vue de l'intérieur de la basilique de Saint-Clément, à Rome.

Il convient de passer maintenant à l'examen de la partie supérieure, c'est-à-dire, à celle qui couvrait cet édifice. Le peu d'épaisseur qu'on donnait aux murs latéraux des basiliques latines, murs assez généralement construits en briques et dont la solidité, par conséquent, n'eût point pu résister à la pression verticale et latérale des voûtes, obligea, sans aucun doute, les architectes qui édifièrent l'église primitive, à choisir, pour toiture, l'emploi de ces charpentes en bois couvertes de tuiles, qui étaient particulièrement employées à cette époque dans ce genre de construction. Telle était donc l'espèce de couverture qui protégeait la nef centrale, les bas côtés et le transsept. La charpente était, au dire des historiens, d'une excellente qualité de bois qu'on tirait ordinairement de la Calabre, et elle se composait de pièces d'une longueur et d'une épaisseur considérables ; quant à leur décoration, on doit croire qu'elles étaient assez probablement revêtues, comme dans l'église de Saint-Miniato (*), de peintures et de dorures, et non de plaques de bronze, ainsi qu'on l'a cru longtemps par suite d'une fausse interprétation d'un passage d'Eusèbe, passage dans lequel on a sans doute appliqué à la charpente ce qui se rapportait évidemment à une autre partie. A une certaine époque, la toiture des parties principales de la basilique, c'est-à-dire, de la grande nef et du transsept, était ornée de tuiles de bronze doré, tandis que celle des collatéraux présentait seulement des tuiles communes. Les premières avaient été enlevées au temple de Jupiter Capitolin (**) : une certaine quantité des secondes appartenait au règne de Théodoric (***).

Nous venons d'étudier et de passer en revue les différentes parties architectoniques et décoratives qui constituaient la basilique de Saint-Pierre ; et, par cet examen, nous avons acquis la preuve que cet édifice

---

(*) Voyez la vue perspective et les fragments de charpentes que nous avons publiés. (*Monographie de Saint-Miniato.*)

(**) Ce fut seulement, on le sait, vers les derniers jours de la république qu'on introduisit. à Rome, dans la décoration des édifices sacrés , ce luxe extraordinaire de dorures dont il est fait mention dans l'histoire, et qui fit que les temples brillèrent alors d'un si grand éclat. Or, de tous les monuments religieux qui existaient à cette époque, on doit bien penser que le temple de Jupiter Capitolin fut celui qui reçut la plus large part. Aussi l'orna-t-on, dès ce moment et souvent encore dans la suite , avec la plus grande magnificence. Mais, parmi les divers ornements , plus ou moins riches, dont il avait été embelli, on remarquait surtout sa toiture ; elle était formée de tuiles de bronze dorées, genre de décoration qui lui valut, dans l'antiquité, le surnom de *Capitolium aureum*. Au Vᵉ siècle, lors du sac de Rome, une partie de ces tuiles fut enlevée par Genséric ; et le reste, qui demeura en place jusqu'au XIIIᵉ siècle, fut transporté alors, par ordre du pape Honorius III , à la basilique de Saint-Pierre, où elles furent employées à certaines parties de sa toiture ; nous disons certaines parties, parce que la basilique vaticane était très-considérable et le nombre des tuiles fort restreint depuis l'enlèvement de Genséric. On en couvrit seulement la nef centrale et le transsept. Ryckius , dans son ouvrage intitulé : *de Capitolio Romano* , dit avoir vu, à l'époque de la démolition de cette basilique, un certain nombre des tuiles de bronze dorées qui provenaient du temple de Jupiter Capitolin.

(***) Nous voulons parler ici de deux tuiles en terre cuite qui furent trouvées sur le toit d'un des collatéraux de la basilique, lors de sa démolition en 1606. A cette époque, on les déposa dans les archives de Saint-Pierre. Ces tuiles portaient chacune une inscription différente que nous reproduisons ici ; l'une : THEODORICO DOMINO NOSTRO FELIX ROMA ; et l'autre : THEODORICO BONA ROMA. — Sans aucun doute, ces tuiles, qui sont deux précieux monuments de la céramique du moyen âge, faisaient partie de celles qui furent employées dans les restaurations opérées à cette partie de la basilique sous le règne de ce prince, c'est-à-dire entre le Vᵉ et le VIᵉ siècle. Bonanni et quelques autres historiens en ont donné des reproductions par la gravure dans leurs ouvrages.

était un de ces monuments qui, quoique réparés et reconstruits à différentes époques, n'en avaient pas moins su conserver, malgré les remaniements et les reconstructions, et sa forme primitive et ses dispositions particulières, forme et dispositions qui diffèrent complétement, en quelques endroits, avec les éléments étrangers qui y furent ajoutés ou introduits aux dates postérieures. L'on comprend, nous n'en doutons point, de quel intérêt pouvait être, pour l'histoire de l'art et pour celle de l'architecture, un tel monument. Au reste, cette preuve que nous venons d'acquérir en examinant seulement la partie architecturale, nous allons la voir confirmée, en étudiant maintenant les diverses pièces de son riche mobilier.

Aux différentes époques de sa longue existence, depuis celle de sa fondation jusqu'à la fin du XVᵉ siècle, on avait déployé, dans la décoration tant extérieure qu'intérieure de cette basilique, toute la richesse du luxe et toute la magnificence de l'ornementation qui étaient usitées pendant le moyen âge. En effet, les historiens sacrés parlent souvent de meubles d'or et d'argent, incrustés de pierres précieuses, qui brillaient à l'intérieur, et se détachaient, d'une manière splendide, sur les riches parois de ses murs couverts de mosaïques ou revêtus de marbres aux couleurs les plus variées; tandis qu'à l'extérieur, mais dans l'atrium seulement, on avait distribué d'autres œuvres décoratives non moins dignes de ce temple auguste. Voyons maintenant en quoi consistait cet ameublement tant vanté par les historiens, et quels en étaient aussi les objets d'art les plus remarquables. Selon toutes probabilités, un très-petit nombre des meubles qui existaient encore u XVIᵉ siècle remontait à l'époque constantinienne; car ce monument, qui était déjà vieux de onze siècles, avait éprouvé bien des vicissitudes. Il est donc raisonnable de penser, et les faits au reste le confirment, que ce mobilier se composait alors d'un certain nombre d'œuvres, exécutées aux différents siècles du moyen âge, œuvres qui devaient offrir, conséquemment, les formes et les caractères propres à chacun de ces siècles. Toutefois, et avant de passer à leur examen, nous avons pensé qu'il serait convenable de faire connaître à nos lecteurs, si ce n'est par les monuments eux-mêmes, qui n'existent plus, au moins par la description qu'en ont laissée les auteurs sacrés, de faire connaître, disons-nous, quelle pouvait être, dans les premiers siècles qui suivirent la fondation de cette basilique, la magnificence de ce mobilier. Les lignes suivantes, qui sont extraites en partie du livre si intéressant d'Anastase le bibliothécaire, parlent surtout de la splendeur qu'on avait déployée dans la décoration de la confession et du ciborium de Saint-Pierre ; cet extrait (*) pourra donner une idée des richesses artistiques et matérielles que renfermait cette basilique à l'époque du pontificat d'Adrien Iᵉʳ, c'est-à-dire, vers la fin du VIIIᵉ siècle, qui est celui où vécut Charlemagne.

La Confession était précédée d'un portique de douze colonnes torses ou cannelées, de porphyre, d'albâtre ou de marbre précieux ; les entre-colonnements étaient fermés par une grille de bronze ; le sol, à partir de ce portique jusqu'au tombeau, était revêtu de lames d'argent du poids de cent cinquante livres; l'entablement qui surmontait cette colonnade était rehaussé de bas-reliefs en argent, représentant, d'un côté, Jésus-Christ entouré des douze apôtres; de l'autre, la vierge Marie accompagnée des saintes femmes ; enfin, le couronnement était formé de lampes et de candélabres d'argent, le tout pesant sept cents livres. L'argent avait été également employé à profusion dans la crypte. La grille qui entourait les tombeaux était faite de ce métal, ainsi que les candélabres qui l'éclairaient; enfin, les colonnes et les arcs étaient ornés de tentures précieuses et de chérubins d'or. A l'entrée, on voyait une croix d'or massif, du poids de cent livres, donnée par Bélisaire, qui y avait fait représenter ses victoires. Toute la crypte fut même revêtue de lames d'or par le pape Léon III. Pour le pavé seul, on employa quatre cent cinquante-trois livres de ce métal; sur ces lames, on avait sculpté divers épisodes empruntés à l'Ancien et au Nouveau Testament. Tout autour du caveau, il y avait très-anciennement des statues en argent du Sauveur, des apôtres Pierre et Paul, de saint André, et sans doute aussi des quatre évangélistes. Adrien Iᵉʳ remplaça ces statues d'argent par des statues d'or. Enfin, le tombeau proprement dit était un ouvrage de bronze doré, sur lequel s'élevait une croix d'or massif de cent cinquante livres pesant, donnée par Constantin. Ce n'est pas tout : l'autel de la basilique de Saint-Pierre fut revêtu par Adrien Iᵉʳ de lames d'or pesant cinq cent quatre-vingt-dix-sept livres. Le ciborium, d'abord d'argent, fut remplacé par un ciborium de vermeil, orné de quatre colonnes d'argent, le tout du poids de deux mille sept cent quatre livres et un quart.

Et maintenant, lorsqu'on reporte sa pensée vers ces siècles de foi et de ferveur, pendant un de ces moments où l'Église catholique, dans toute sa splendeur, officiait dans cette basilique, la première entre toutes celles de la chrétienté, on peut à peine se faire une idée de la magnificence du spectacle et de l'impression

---

(*) Voyez le savant et consciencieux ouvrage de M. L. Batissier, intitulé : l'*Art monumental*, pag. 371, 372.

que devaient produire, en cet instant solennel, et la hiérarchie de tout le clergé revêtu de ses plus riches vêtements, et l'éclat des vases sacrés, et la pompe et la majesté du culte, et par-dessus tout la beauté sublime de la demeure d'un Dieu de clémence, représenté ici-bas par l'humble successeur de Pierre, donnant sa bénédiction à toute cette masse de fidèles agenouillés, assistant, dans un recueillement silencieux, à cette auguste et imposante cérémonie !

Mais il s'en faut de beaucoup, avons-nous dit, que le riche mobilier de Saint-Pierre arrivât jusqu'au XVIe siècle dans une intégrité complète. Bien des événements, bien des circonstances y avaient porté atteinte et diminué le nombre des œuvres d'art qu'il possédait naguère. Quoi qu'il en soit, cet ameublement se composait encore, vers l'époque de la démolition de l'ancienne basilique, des principaux meubles qui étaient indispensables à la célébration des cérémonies du culte catholique ; mais ces meubles, par leurs formes et par leurs caractères, ne devaient, assez vraisemblablement, présenter aucune harmonie entre eux, car ils dataient sans aucun doute de différents siècles, et ils étaient conséquemment de styles différents. Toutefois, et quant à leur emplacement, il est, selon toute apparence, assez raisonnable de penser qu'ils occupaient encore, dans les derniers jours de la basilique, les mêmes lieux que ceux qui y avaient été disposés à l'origine, et dont la plupart avaient successivement été remplacés aux différentes époques de restauration de cet édifice. Les principaux meubles religieux de Saint-Pierre, car notre intention n'est point de décrire ici la série fort nombreuse des autels et des édicules qui avaient été élevés dans les nefs et ailleurs, les principaux, disons-nous, se composaient d'un autel, d'un ciborium, d'un siége épiscopal, d'une espèce de clôture, d'un ambon, d'un candélabre, enfin d'une cuve baptismale, de bénitiers et d'un orgue.

Disons maintenant quelques mots sur la forme, la destination et l'origine de chacun de ces objets, et commençons cette revue par ceux qui se trouvaient dans le sanctuaire, c'est-à-dire, dans l'intérieur de l'apside. L'autel était en marbre précieux et de forme rectangulaire ; quant à sa décoration, on l'ignore, car les auteurs n'en disent rien (*), comme ils se taisent aussi sur le nom du donataire. Au-dessus de l'autel s'élevait un ciborium qui devait présenter quelque analogie avec celui de la basilique de Saint-Georges, au Vélabre. Il se composait de quatre colonnes de porphyre surmontées d'une espèce de grande composition en argent doré. Derrière l'autel, et au centre de l'hémicycle, se trouvait le siége épiscopal, *cathedra*. Ce siége, qu'un grand nombre d'auteurs pensent avoir servi à saint Pierre, était en ivoire et orné de sculptures. Il fut, grâce à son emploi supposé, conservé par les papes, qui en ordonnèrent l'emploi dans la nouvelle basilique (**). A droite et à gauche du siége épiscopal, on avait établi, contre la paroi circulaire de l'apside, un banc en marbre, destiné aux divers membres de la hiérarchie sacerdotale qui assistaient aux cérémonies. Le sanctuaire était fermé, à sa partie antérieure, par une riche et magnifique clôture, composée de douze colonnes torses et sculptées ; colonnes dont on ne connaît pas exactement la provenance, mais qui avaient été tirées d'un monument antérieur à la basilique primitive (***). C'est entre l'autel et cette espèce de clôture qu'était situé l'emplacement du martyrium de saint Pierre, construit par ordre d'Anaclet. L'ambon avait été placé dans la partie centrale du transsept, à l'angle même que forme, du côté gauche de l'entrée, la grande nef avec celui-ci. Il devait être en marbre et couvert de mosaïques. Sa tribune offrait encore une forme circulaire, et on y montait au moyen de deux escaliers disposés latéralement. Au pied de l'ambon, mais du côté de l'apside, on voyait un grand candélabre destiné à supporter le cierge pascal ; et, en face de celui-ci, c'est-à-dire, de l'autre côté du transsept, existait une colonne à laquelle on avait donné le surnom de *sainte*, parce qu'on la croyait provenir de Jérusalem, et parce qu'on pensait que c'était près d'elle que Jésus-Christ avait prêché dans le Temple. Cette colonne, qui était décorée de sculptures, avait été entourée, à une certaine époque, d'une magnifique grille en fer. La cuve baptismale occupait l'une des extrémités du transsept, et consistait en une grande vasque circulaire d'albâtre sculptée. Deux bénitiers avaient encore été disposés dans la grande nef, vers l'entrée de la basilique, et enfin il s'y trouvait aussi un orgue remarquable dû au talent du célèbre Mosca (****).

(*) Nous ne parlons ici que des meubles qui se trouvaient encore dans la basilique à la fin du XVe et au commencement du XVIe siècle.

(**) Il en existe une copie qui est exposée aux regards des visiteurs, dans l'une des salles de la sacristie moderne.

(***) Alpharanus pense, d'après une ancienne tradition, qu'elles proviennent du temple de Salomon, d'où Constantin les avait fait enlever.

(****) Cet instrument, dont on vantait la beauté ainsi que l'excellente qualité, était un don du pape Grégoire VI. Il fut conservé et se trouve actuellement placé dans la chapelle de Saint-Grégoire.

— BASILIQUE DE SAINT-PIERRE, A ROME. —

Après l'énumération et l'examen de telles richesses artistiques, on doit évidemment se demander quelle a pu être, dans la suite, la destinée de ces différentes œuvres d'art. Hélas ! le silence presque complet des historiens ne laisse malheureusement aucun doute sur le triste sort que la plupart d'entre elles ont subies. En effet, à l'exception de l'autel (*), du siége épiscopal, de l'orgue et des colonnes qui faisaient partie de la clôture du sanctuaire (**), presque tout a été détruit. Sans aucun doute, si l'on en vient à établir une comparaison entre le mobilier dont parle Anastase et celui qui existait à la fin du XVᵉ siècle, évidemment la supériorité doit être accordée au premier ; mais enfin, à défaut de celui-ci, qui n'existait plus, le dernier, tel qu'il était à cette dernière époque, présentait encore un ensemble assez intéressant, qui méritait, certes, de trouver grâce devant ses juges. En vérité, lorsqu'on réfléchit au sort final qu'éprouvèrent jadis tant d'œuvres d'art dont la conservation eût été cependant si utile et pour l'histoire et pour l'archéologie, on ne peut s'empêcher de regretter les pertes innombrables en ce genre qui ont été faites à toutes les époques, pertes qui, il faut en convenir, sont autant le résultat de la cupidité et des événements politiques, que la conséquence des idées réactionnaires des siècles, ou celle encore d'une ignorance avérée en matière d'art et de goût. Toutefois, et pour en revenir ici au dernier mobilier qui décorait l'ancienne basilique de Saint-Pierre, il est d'autant plus permis de déplorer les pertes qu'il subit au XVIᵉ siècle, que ces pertes ne se sont pas seulement bornées à la destruction du ciborium, de l'ambon, du candélabre, de la clôture du sanctuaire, etc., mais qu'elles s'étendirent encore au riche trésor que possédait aussi cette vénérable église; et qu'ainsi fut perdue, à tout jamais, une grande quantité de fines et délicates œuvres d'orfévrerie du moyen âge, consistant surtout en calices, ostensoirs, châsses, reliquaires, crosses, etç., objets qui devaient y être en très-grand nombre, et provenaient de dons faits à toutes les époques par les papes, les empereurs, les princes, etc.

Tel fut, depuis son origine constantinienne jusqu'au milieu du XVᵉ siècle, le premier et le plus vénérable monument de toute la chrétienté. Cependant, vers l'an 1450, après une si longue existence à travers les différents siècles du moyen âge, la vieille basilique vaticane, tant de fois comblée de dons et de riches offrandes, si souvent entretenue, augmentée et embellie, grâce à la munificence des princes de l'Église et des rois de la terre, se trouvait, dit-on, malgré les réparations incessantes qui y avaient été apportées par les papes, dans un tel état de dépérissement, qu'il parut, dès ce moment, impossible de la sauver désormais d'une ruine imminente et prochaine. L'avis donc des hommes de l'art semble avoir eu, à cette époque, son résultat immédiat, car on pensa sérieusement, dès lors, à la construction d'une nouvelle basilique destinée à remplacer celle-ci. Il n'entre point dans notre intention d'émettre ici une opinion particulière sur ce fait : de savoir s'il y eut réellement urgence et nécessité de démolir l'ancienne basilique, ou si, comme le pensent quelques historiens, cette démolition n'avait pas plutôt pour cause, soit l'intérêt pécuniaire, ou bien encore le désir qui tourmentait alors les artistes de trouver une occasion pour faire du nouveau dans l'art et dans l'architecture en particulier; désir qui ne tendait à rien moins qu'à ramener le goût vers l'emploi des formes antiques, dites classiques, et qui devait produire une grande œuvre de ce style, tant vanté par les uns et si décrié par les autres, qu'on désigne sous le nom, peut-être impropre, de *Renaissance*. Quoi qu'il en soit, nous croyons utile de faire remarquer qu'à l'époque dont nous voulons parler, on était en plein XVᵉ siècle, alors que le style ogival, ce symbole artistique si éminemment chrétien, resplendissait au sein de toutes les grandes comme des moindres cités de l'Europe, Rome exceptée (***); car, pour le dire en passant, le sol

(*) Quelques historiens prétendent qu'il a été renfermé dans celui qui se trouve actuellement sous l'énorme baldaquin de bronze.

(**) Ces colonnes ont été employées, comme nous le dirons, dans la décoration de certaines parties de la basilique moderne.

(***) Entre la construction de l'ancienne basilique de Saint-Pierre et celle de la basilique moderne, survint, en Europe, un de ces événements qui ont sur l'art en général les plus grands résultats : nous voulons parler ici de l'emploi de l'ogive dans les monuments d'architecture, forme qui produisit bientôt tout un système plein de science, avec sa théorie et ses regles, et qui devait offrir aux architectes mille combinaisons nouvelles dans leurs travaux. Ce système, qui, dès son origine, fut employé dans presque toutes les nouvelles constructions du nord de l'Europe, ne put cependant s'introduire et s'acclimater complétement sur le sol de l'Italie. En effet, les édifices à ogives y sont peu nombreux, et la plupart de ceux qui y furent élevés présentent un caractère qui leur est propre, et qui a peu d'analogie avec les monuments de nos régions septentrionales, qui semblent cependant l'avoir inspiré. Toutefois, cet événement, qui fut si important pour l'art dans presque toute l'Europe, où il créa tant d'œuvres si remarquables et qui désignent cette époque comme une des plus fécondes, ne paraît point avoir eu de résultat notable sur la vieille basilique de Saint-Pierre ; car c'est à peine si l'on y observait çà et là quelques rares ogives ; et ce que nous disons ici à propos de cette église, on doit l'appliquer également aux autres édifices de Rome qui avaient été érigés pendant le cours du moyen âge, puisque la majeure partie d'entre eux n'offre guère que le plein cintre latin ou roman.

romain, ainsi que le goût et les idées de l'Italie, furent toujours peu favorables à la naturalisation et au développement de ce genre d'architecture. Plusieurs causes, dont la principale consiste, pense-t-on, dans la présence et la conservation des monuments antiques, paraissent avoir contribué à ce résultat. Acceptons ici cette opinion, qui semble plus ou moins confirmée et mériter plus ou moins de crédit; mais notons qu'au milieu du XVe siècle, et pendant que l'Europe septentrionale tout entière élevait partout tant d'édifices de tous genres et de destinations diverses dans le style à ogives, l'Italie, qui eut toujours peu d'affinité pour lui, quoiqu'elle ne le rejeta pas complétement, l'Italie, disons-nous, par suite d'un de ces changements et par suite d'une de ces phases ou transformations que subit l'art, entrait dans une voie nouvelle, et manifestait un nouveau symbole, dont la valeur et l'opportunité sont encore, pour les pays qui l'adoptèrent, une de ces graves questions si diversement jugées par la critique.

Ici se termine l'histoire de la première basilique, et commence, sous l'empire d'idées et de formes nouvelles, le récit des faits et des choses qui se rattachent au monument gigantesque dont nous allons nous occuper dans cette dernière partie de notre notice. Toutefois, et avant d'aborder ce sujet, nous avons pensé qu'il serait utile de faire connaître à nos lecteurs, au moins succinctement, quelques-unes des causes qui portèrent les esprits de cette époque vers ces idées nouvelles, idées qui amenèrent en Italie, pendant le XVe siècle, cette transformation générale dans les arts, les sciences et les lettres. Ce récit servira, d'ailleurs, comme d'une espèce de transition indispensable entre l'histoire d'un monument qui représentait l'art chrétien primitif dans son enfantement, et celle de cet autre édifice, fruit d'un autre art, prétendu aussi chrétien, mais qui n'en portait plus que le nom, après en avoir perdu et l'essence et la forme.

La sculpture et les lettres paraissent avoir jeté les premiers germes de cette réaction; et celle-ci fut continuée ensuite, grâce aux travaux des savants qui s'adonnèrent alors avec ardeur à la recherche des monuments, des manuscrits et des inscriptions antiques; travaux et recherches qui produisirent bientôt une masse de documents ignorés, pour la plupart, et dédaignés ou perdus de vue pendant le cours des siècles précédents. En effet, dès le commencement du XIIIe siècle, Nicolas de Pise, s'enthousiasmant tout à coup à la vue de quelques monuments de la sculpture antique rapportés par les Pisans de leurs possessions orientales afin d'en décorer leur ville, se mit aussitôt à étudier avec passion les secrets d'un art qui lui sembla supérieur, comme forme et comme exécution, aux œuvres de son époque. La vue de ces monuments fit, on doit le croire, une vive impression sur l'esprit de cet artiste, car leur comparaison avec les produits de la sculpture du moyen âge lui avait fait comprendre qu'il y avait là un pas à faire exécuter à l'art. Nicolas était un de ces hommes d'élite que la nature semble avoir doués des qualités qui sont nécessaires pour opérer de grandes choses; il avait aperçu, sous un certain point de vue, l'infériorité de son époque, et il voulut dès ce moment, par ses études, par ses efforts et par ses œuvres, faire rentrer l'art dans une voie que, selon lui, il n'eût jamais dû quitter. Mais Nicolas, avant de commencer son œuvre de régénération, avait-il calculé sérieusement l'importance de la tâche qu'il venait de s'imposer, et ne devait-il pas craindre encore qu'après sa mort l'art ne retombât de nouveau dans la route que lui avaient imposée les siècles antérieurs? Car ce sont là des pensées graves qui doivent, certes, venir à l'esprit de tous les novateurs. Quoi qu'il en ait été cependant, et pour ne parler ici que des œuvres de Nicolas lui-même, œuvres qui, on doit le dire, eurent une grande action sur les artistes, ses contemporains, et sur ceux qui lui succédèrent, il faut reconnaître que déjà le maître avait modifié l'art de la sculpture sous le double rapport de la composition et de la forme, quoique ses ouvrages, ainsi qu'il arrive toujours aux époques de transition, tenaient encore, par bien des points, à l'art antérieur; mais ceux-ci ne devaient disparaître complétement qu'à l'aide de la persévérance et des efforts des artistes des XIVe et XVe siècles, auxquels il était seulement réservé d'achever l'œuvre conçue et commencée par le maître. Cependant, l'impulsion qu'avait imprimée Nicolas de Pise reçut bientôt, de la part de la littérature, un puissant et salutaire concours. Vers la fin du XIIIe siècle parurent les œuvres de Dante; et, bientôt après, dans le siècle suivant, les poésies de Pétrarque et la prose de Boccace, qui portèrent les esprits vers l'étude des chefs-d'œuvre de la langue latine. Partout, à la même époque, on se mit avec empressement à la recherche des ouvrages qui pouvaient se rapporter aux arts; et ce même Pétrarque, qui se passionnait pour les œuvres de l'antiquité, mérita d'être cité dans l'histoire comme ayant été le premier qui forma une collection de médailles. La peinture ne voulut point rester en arrière dans ce mouvement : Giotto s'élançant, d'instinct, vers des régions inconnues à ses prédécesseurs, abandonna le faire hiératique de Cimabuë, son maître, et obtint de la postérité l'honneur d'avoir fondé une école nouvelle. Mais, nous devons le dire ici avec conviction, si les deux arts du dessin dont nous venons de parler, gagnèrent à ce changement sous le rapport de la forme et de l'exécution, il faut ajouter aussi qu'ils perdirent bientôt, dans les œuvres des successeurs de ces hardis novateurs, tout ce qu'ils présentaient d'originalité, de naïf mysticisme et de réellement chrétien aux époques précédentes. A la fin du XIVe et au commencement du XVe siècle, le mouvement alla grandissant, car la recherche des antiquités de tous genres était devenue alors une passion générale. Cyriaque d'Ancône, épris, sans aucun doute, des proportions qu'offrait, dans sa ville, l'arc érigé naguère en l'honneur de Trajan, ne se contenta plus de visiter les monuments antiques de Rome et de l'Italie; il dirigea bientôt ses explorations vers la Sicile, la Grèce, etc., et, à son retour, composa, dans l'intérêt de la science, un ouvrage déjà étonnant pour cette époque : *Epigrammata per Illyricum reperta*. De toutes parts on fouilla les bibliothèques pour y trouver des œuvres de l'antiquité ; et ces fouilles amenèrent la découverte de manuscrits qui ne furent pas moins utiles aux arts qu'aux lettres. Or, parmi ces restes exhumés d'un autre âge, le livre de Vitruve sur l'architecture parut aux investigateurs un des plus importants et des plus précieux. Dès ce moment, l'ouvrage de l'architecte romain fut traduit, expliqué et commenté par tous ceux qui s'occupaient d'antiquités ou d'architecture; et l'imprimerie, qui venait d'être récemment inventée et importée en Italie, en fit l'objet d'une de ses premières reproductions, ce qui le répandit aussitôt. Alors, dit d'Agincourt, l'influence des préceptes commença en quelque sorte la révolution qui allait s'opérer; celle des exemples l'acheva. On apprit enfin à regarder ce que, pendant si longtemps, on avait eu vainement sous les yeux. Les architectes de profession s'aperçurent qu'il était nécessaire d'étudier les principes de leur art, non-seulement dans les livres, mais aussi dans les édifices antiques ; et, de toutes les parties de l'Italie, ils vinrent en foule à Rome, à Naples et dans les environs de ces deux villes, examiner, mesurer et dessiner tous les restes séculaires que le temps et la main des hommes avaient respectés. Mais, après les études, vinrent les applications, c'est-à-dire qu'après s'être épris des préceptes et des exemples, les architectes voulurent appliquer, dans leurs nouvelles œuvres, et les leçons du maître et les résultats de leurs investigations ; or ces œuvres présentèrent, dans les premiers moments de cette transformation, un style étrange, qui ne manque pas d'une certaine originalité, et dans lequel on remarque les premiers essais qui furent tentés par les novateurs à cette époque intermédiaire entre un art qui finit et celui qui commence. Et ainsi fut accomplie, au XVe siècle, et par l'enseignement et par l'étude des monuments antiques, cette révolution dans l'histoire de l'art, révolution qui mettait à néant et rejetait sans pitié tout le monde des créations artistiques qu'avait enfanté, durant les siècles antérieurs, le fervent génie du catholicisme. Cette révolution, on le sait, fut en grande partie l'œuvre de deux hommes supérieurs, nés dans la même ville et à peu près dans le même temps, Brunelleschi et L. Alberti. Tous deux, en effet, ont contribué avec ardeur à ce retour vers l'art antique; mais le dernier joignit particulièrement les préceptes aux exemples, et devint, par ses écrits (*), le premier législateur de l'architecture chez les modernes. Toutefois, par suite de cette réaction et par suite de cet engouement qui avait gagné toutes les classes de la société, il semblait, dit un historien (**), que le présent devait s'effacer complétement devant les souvenirs des temps anciens, et que l'avenir n'avait d'espérance de gloire que dans l'imitation du passé. L'étude de la mythologie et des écrivains grecs et latins devint dès lors l'occupation favorite de tous les beaux esprits ; la Rome des papes disparut devant la Rome des empereurs et des consuls, et les Universités prirent à tâche de familiariser leurs élèves avec le monde de Jupiter, de César et de Brutus, beaucoup plus qu'avec la société chrétienne au milieu de laquelle ils étaient appelés à vivre. On rétrécit l'art au point de ne plus admettre qu'un seul genre de beauté dont il fallait étudier les éléments parmi les débris des temples du paganisme, et toute œuvre qui s'éloignait de l'imitation des anciens fut flétrie des épithètes de *gothique* et de *tudesque*. En même temps la peinture, vouée d'abord uniquement aux mystères chrétiens, se fit l'écho des impressions païennes; et le culte de la forme, de la beauté extérieure, devint la religion de l'artiste. La littérature se laissa influencer comme les beaux-arts, ou plutôt elle hâta même, elle activa cette transformation de la pensée sociale. La grande poésie du Dante fut abandonnée pour les pastorales mythologiques de Politien, et il ne fut plus possible de suivre d'autre modèle qu'Homère et Virgile. Tel était, à la fin du XVe siècle et au commencement du XVIe, l'état des esprits à Rome et dans certaines villes de l'Italie. A cette époque cependant, la condition sociale avait reçu de grandes améliorations ; le pouvoir pontifical n'était plus méconnu, et la réaction des arts et de la littérature avait transporté les esprits dans une sphère d'intérêts et d'idées complète-

---

(*) Ses principaux ouvrages sont : 1° un traité sur la sculpture : *Della Statuà* ; 2° un traité sur la peinture : *De Picturà*, etc. ; et 3°, le plus estimé de tous, son traité sur l'architecture : *De Re ædificatoriá*.

(**) DE LA GOURNERIE, *Rome chrétienne, ou Tableau historique*, etc. ; tome II, pag. 161 et suiv.

ment étrangère à la politique. Une modification analogue se manifesta dans la plupart des petits États de la Péninsule. Après avoir été longtemps ouverts, comme autant de champs clos, aux luttes de toutes les ambitions jalouses, ils devinrent, sous le gouvernement plus stable de leurs comtes et de leurs ducs, comme autant d'élégantes et de savantes académies, où aucune discussion n'était admise que sur la beauté d'une statue ou la grâce d'un sonnet. Mais, pendant que ces événements s'accomplissaient en Italie, l'énergie morale des autres peuples de l'Europe s'épuisait au contraire en luttes et en combats. L'Angleterre subissait les dissensions des York et des Lancastre; en France, l'honneur national se manifestait contre la domination étrangère. A l'autre bout de l'Europe, l'Orient courbait la tête sous le joug des invasions; l'Allemagne était divisée par des querelles intestines; et l'Espagne seulement voyait, sous le règne de Ferdinand et d'Isabelle, commencer pour elle une ère de gloire et de prospérité, fruit de l'expulsion des Maures et de la découverte du nouveau monde. Vers le même temps, une autre découverte agitait le monde, et faisait la joie et l'admiration de tous les hommes de science et d'étude. L'Allemagne s'émut à la vue des presses de Guttemberg; la France et l'Italie l'imitèrent, et partout on appela des ouvriers du nouvel art. Mais ce fut surtout en Allemagne que la découverte de l'imprimerie opéra une immense révolution. Toutes les têtes de la Germanie étaient alors agitées par une fièvre d'étude : partout on discutait, on raisonnait; ce n'étaient point des vers de Pétrarque ou de l'Arioste, que l'imprimerie devait reproduire chez ce peuple grave et penseur ; c'étaient des thèses ardues, des dissertations théologiques et passionnées ; Érasme était né, Luther aussi, et, dans quelques jours, les presses de Froben allaient vomir, par milliers, les pamphlets de la réforme.

Mais reprenons la suite de notre récit à l'endroit où nous l'avons arrêté, c'est-à-dire, à la fin de la partie historique qui se rapportait à l'ancienne basilique, et choisissons-le comme point de départ dans l'histoire du monument moderne dont nous allons nous occuper maintenant. Cette histoire, d'ailleurs, des événements, des hommes et des choses, forme, on le sait, une longue et intéressante histoire : car elle comporte non-seulement le narré des événements qui se rattachent à cette nombreuse suite d'architectes qui, du XVᵉ au XVIᵉ siècle, produisirent, en Italie, cette grande révolution dans l'art; mais elle renferme aussi l'exposé des idées nouvelles ainsi que l'énoncé des différents moyens ou procédés qui ont été successivement mis en œuvre par eux dans l'un de ces monuments qui résument, à peu près, tous les autres de la même époque; monument qui passe, aux yeux de quelques-uns, pour le *nec-plus-ultrà* du beau, quoique, en réalité, ainsi que nous le signalerons plus loin, quoique, disons-nous, pris dans son ensemble et analysé dans ses parties, cet édifice soit bien loin de mériter la colossale réputation qu'on lui a faite. Ce récit offrira donc à nos lecteurs le double avantage de pouvoir suivre, pas à pas, l'histoire de l'art en même temps que celle des hommes dont les idées modifièrent les formes architectoniques ; idées qui réagirent bientôt en Europe et y intronisèrent des principes qui finirent par prévaloir dans les monuments de tout genre.

Ceci posé, nous abordons l'histoire de la basilique moderne. Vers le milieu du XVᵉ siècle, avons-nous dit plus haut, le pape Nicolas V avait su attirer à Rome une réunion nombreuse de savants célèbres dans toutes les sciences, et nul prince en Europe ne présentait, sous ce rapport, une cour comparable à la sienne. On y remarquait l'historien Manetti, les grammairiens Guarini de Vérone et Théodore de Gaze, le savant Poggio, George de Trébizonde, Philelphe et Valla, les architectes Rossellino et Léon Alberti, et enfin le grand peintre Fra Angelico, de Fiesole. On comprend qu'au milieu d'un semblable entourage, l'élite des savants de l'époque, Nicolas, dont les goûts répondaient aux idées, devait nécessairement accomplir de grandes choses, de grands travaux. En effet, les jours de calme dont jouit la ville éternelle, pendant son pontificat, lui permirent de penser à l'exécution du projet qu'il avait formé de rétablir Rome dans sa splendeur, en s'occupant tour à tour de la restauration et de la reconstruction de ses principaux édifices; et, dans un tel projet, conçu par le chef suprême du catholicisme, il était naturel que son attention se portât d'abord sur le plus vénérable des édifices qu'ait élevés cette religion, c'est-à-dire, sur l'ancienne basilique de Saint-Pierre. A cette époque, la passion notoire de Nicolas V pour les monuments, et son goût prononcé pour les entreprises qu'il méditait, goût qui fut blâmé, dit-on, par quelques saints personnages, avaient attiré à Rome un certain nombre d'architectes qui étaient venus y faire des études ou chercher des travaux; or, ces artistes, dont les noms sont beaucoup moins célèbres que ceux qui vécurent dans le siècle suivant, méritent ici une mention particulière; car ce furent eux qui semblent avoir jeté les premiers germes de ce nouveau style d'architecture imitée des anciens, et ce furent eux aussi qui préparèrent les voies aux Bramante, aux Michel-Ange, etc., comme les idées de Nicolas V sur la reconstruction de Saint-Pierre et du Vatican firent sans doute naître dans la suite celles de Jules II et de Léon X. Après donc onze siècles d'existence, la vieille basilique vaticane parut dans un tel état de dégradation, et annonçait une ruine si prochaine, que Nicolas V, qui aimait à bâtir, mit une partie de sa gloire à ériger, au prince des apôtres, un nouvel édifice, dont les proportions fussent plus considérables que celui de Constantin, et qui pût, en splendeur, dit un historiographe, égaler le temple de Salomon. Plein de cette détermination, le pape fit appeler Bernardo Rossellini, son architecte favori, et Jean-Baptiste Alberti, tous deux artistes florentins, qui jouissaient alors d'une grande réputation ; il leur communiqua son projet, et, de concert avec eux, composa le plan et les dispositions principales du nouvel édifice. Toutefois, Bernardo Rossellini fut seul chargé de l'exécution des dessins ; ces dessins reçurent, on doit le croire, l'approbation du pontife, car, dès lors, on se mit à l'œuvre. Vers l'an 1450, on commença d'abord par démolir le monument qu'Anicius Probus, préfet de Rome, avait fait construire derrière l'apside de l'ancienne basilique, puis on entreprit les fondations d'un vaste chevet. Mais la mort de Nicolas V, arrivée en 1455, suspendit bientôt les travaux ; et, pendant un laps de temps considérable, cette entreprise fut abandonnée. En effet, aucun des papes, jusqu'à Jules II, ne les continua (*). Les motifs qui déterminèrent cette suspension peuvent être attribués à diverses causes : peut-être, trouva-t-on le projet de Rossellini beaucoup trop vaste, et l'état des finances s'opposait-il à son achèvement ; peut-être aussi, existait-il, à cette époque, d'autres besoins plus pressants qu'il fallait satisfaire. Quoi qu'il en soit, à l'époque de la mort de Nicolas V, une partie seulement du chevet s'élevait de quatre à cinq pieds hors de terre, et cette construction, on le comprend, ne pouvait, en cet état, donner une idée du plan, des dispositions et de la forme extérieure que devait offrir cet édifice. La mort du pontife anéantit donc les projets et les dessins de ce monument. Or la perte des dessins de ce projet semble, il faut le dire, d'autant plus regrettable pour l'histoire de l'art, que, s'ils étaient parvenus jusqu'à nous, on aurait peut-être pu y découvrir les germes des idées nouvelles qui occupaient alors les esprits, et qu'on remarque d'une manière évidente dans quelques-uns des projets qui furent exécutés sous le pontificat de Jules II. Mais, et comme pour nous compenser, s'il se peut, de leur perte, l'historien Gianozzo Manetti nous a laissé, dans la biographie de Nicolas V, une description, incomplète sans doute, du projet général de Rossellino. Encouragé par le génie de Nicolas, dit M. Quatremère (**), Rossellino conçut son projet avec ses accessoires dans des dimensions qui paraissent fort rapprochées de celles qu'offre l'ensemble du monument actuel, mais dont nous ne reproduirons pas le parallèle. On voit, par les écrits de Manetti, que l'église, composée sur le plan des anciennes basiliques, devait être précédée par trois grands vestibules. Entre celui qui tenait à l'église et le second était une cour environnée de portiques, et qui renfermait les logements des chanoines. Au milieu était une grande fontaine, couronnée par une pomme de pin (***). En avant de ce vestibule, élevé sur une grande esplanade à degrés, s'étendait une vaste place de cinq cents pieds de long sur cent pieds de large ; elle était environnée de colonnes (****). A cette place venaient aboutir trois rues formant la patte d'oie, et faisant partie du projet général qu'avait conçu Nicolas V de rebâtir à neuf tout le quartier *Borgo-Novo*.

Telle était, à l'origine de la réaction artistique qui s'accomplit à Rome vers le milieu du XVe siècle, et suivant les historiens contemporains, la composition de cette première tentative ; et l'on aperçoit aisément, après la lecture de la description de Manetti, qu'il y avait loin en effet de cette œuvre, qui tenait encore par ses dispositions à l'art antérieur, au monument qui fut en grande partie érigé pendant le cours du siècle suivant. Quoi qu'il en soit, et pour continuer ici l'ensemble des notions historiques qui se rapportent à cette réaction et à la basilique moderne de Saint-Pierre, nous croyons devoir dire quelques mots sur l'état des arts depuis la mort de Nicolas V jusqu'à l'avénement de Jules II, et parler ensuite d'un monument qui eut assez vraisemblablement une influence sur certaines parties des conceptions architectoniques dont nous parlerons bientôt. Les papes Calixte III et Pie II furent trop occupés par les guerres contre les Turcs qui envahissaient plusieurs parties de l'Europe, pour qu'ils aient pu s'occuper des arts. Le pontificat de Paul II leur fut plus favorable ; et c'est à cette époque qu'il faut placer la construction du palais et de l'église de Saint-Marc. Mais si le pape Paul II mérita d'être compté parmi les princes de l'Église qui encouragèrent les arts, on doit faire remarquer, d'un autre côté, que son règne marque dans l'histoire comme une époque qui devint extrêmement

(*) Toutefois, on dit qu'un de ses successeurs, Paul II, employa à la continuation de l'édifice une somme de 26,750 fr.

(**) *Dictionnaire d'Architecture*, article Rossellino ; tome II, page 391.

(***) Probablement celle du mausolée d'Adrien, qui avait été placée dans l'atrium de la basilique primitive, et qu'on voit aujourd'hui au Belvédère du Vatican.

(****) Première idée d'une colonnade extérieure qui fut exécutée, deux siècles plus tard, par le chevalier Bernin.

fatale aux monuments antiques ; car ce fut surtout à partir de ce moment, que se propagea ce déplorable système de destruction qui convertissait ces édifices en carrières propres à l'exploitation publique. En effet, Julien de Majano, dit un historien, employa à la construction du palais de Saint-Marc une grande quantité de matériaux qu'il avait fait enlever à l'amphithéâtre Flavien (*) ; et bientôt nous verrons de pareils actes de vandalisme se reproduire encore à différentes époques : ainsi Balthazar Peruzzi ne reculera point devant la mutilation du théâtre de Marcellus, le pape Sixte-Quint lui-même ordonnera la destruction des derniers restes du *Septizonium*, etc. A Paul II succéda Sixte IV, dont le côté le plus brillant fut surtout la protection qu'il accorda aux arts. On lui doit la construction de l'église de Sainte-Marie du Peuple, de l'hospice du Saint-Esprit, et enfin la célèbre chapelle Sixtine. Mais, disons-le, une des circonstances qui hâtèrent le plus le développement des beaux-arts à Rome fut certainement le retour, de plus en plus fréquent, du jubilé. A ces époques, la ville pontificale faisait tous ses efforts pour justifier, aux yeux des nombreux étrangers, son titre de capitale du monde chrétien, et les années qui précédaient ces temps d'indulgence étaient entièrement consacrées à des constructions ou à des réparations d'églises ; et non-seulement on élevait alors des édifices religieux, mais on y construisait aussi des monuments d'utilité publique, tels que ponts, hôpitaux, etc., monuments qui fournirent tout naturellement aux artistes, architectes, sculpteurs ou peintres, l'occasion de continuer, dans ces ouvrages, la réaction déjà commencée depuis un certain nombre d'années par leurs prédécesseurs. En 1492, Innocent VIII mourut d'apoplexie à la suite d'une frayeur que lui causa un coup de tonnerre qui abattit le clocher de la vieille basilique vaticane. Alexandre VI monta sur le siége pontifical. Ce pape, on le sait, s'occupa beaucoup de politique, et ses démêlés avec Charles VIII et Louis XII sont trop connus pour qu'il soit utile d'en parler ici. Mais ce que nous devons signaler, ce sont les travaux en peinture et en sculpture des Pollajuoli, des Mantegna, des Perugin, des Pinturrichio et des autres artistes qui se trouvaient alors à Rome, et qui répandaient, dans un grand nombre d'édifices, des œuvres où l'on remarque un incontestable talent. Cette époque est surtout celle de la recherche des antiquités et des manuscrits, et celle où l'art et la littérature deviennent entièrement païens ; le nouveau monde venait d'être découvert, et l'imprimerie inventée ; enfin, de grandes agitations et une effervescence extraordinaire qui se manifestaient par toute l'Europe, annonçaient l'explosion prochaine de graves événements.

Mais il faut interrompre un instant ce récit pour entretenir nos lecteurs d'un petit monument dont l'érection eut lieu quelques années avant l'explosion de ces événements : nous voulons parler de l'église des Augustins, fondée à Rome en l'an 1483, par le cardinal français Guillaume d'Estouteville, et dédiée par lui à l'éloquent évêque d'Hippone. Cet édifice présentait, dans son ensemble, une particularité bien digne de remarque pour cette époque : car, par son développement et par ses modifications, elle offrit bientôt aux architectes de nouvelles combinaisons qui amenèrent tout naturellement des formes nouvelles dans la disposition des monuments religieux. La particularité que nous voulons signaler ici consiste dans l'emploi ou l'agencement d'une coupole sur les arcades de la croisée de cette église. Or la coupole qui fut élevée à la partie supérieure de cette construction étant le premier exemple du genre parmi les édifices de Rome moderne, on doit penser que cette nouveauté dut avoir, sur les monuments postérieurs, une action beaucoup plus immédiate et plus importante qu'on ne l'a cru généralement jusqu'ici ; et ce qui viendrait militer en faveur de cette opinion, c'est qu'on remarque, dès lors, ce principe plus ou moins modifié dans toutes les constructions postérieures, ce qui n'existait point avant l'exécution de cette œuvre (**). Toutefois, et pour être juste, on doit dire que le germe ou la pensée première de cette disposition avait été conçu et enfanté bien antérieurement à cette époque par certains architectes du moyen âge dans des conceptions fort savantes et souvent très-hardies. Quoi qu'il en soit, cette nouveauté de construction mérite certainement, par son influence probable sur les monuments postérieurs, d'occuper une place notable dans l'histoire des dispositions architectoniques. Au reste, l'influence de cette nouveauté n'avait point échappé aux investigations de quelques antiquaires ; car Leroy, dans son *Histoire de la disposition et des formes différentes que les chrétiens ont données à leurs temples*, etc., lui consacre quelques pages, auxquelles nous allons emprunter les lignes suivantes, lignes qui nous paraissent marquées au cachet

---

(*) On est étonné du nombre des monuments qui ont été construits à Rome avec des matériaux extraits de cet amphithéâtre. On a déjà cité le palais de Venise ; nous y ajouterons l'église de Saint-Augustin, le palais Farnèse, le port Ripetta, etc.

(**) M. de la Gournerie attribue, nous ignorons d'après quel document, la construction de cet édifice à Baccio Pintelli ; M. Quatremère, qui résume, à propos de cet article, la biographie de Vasari, ne la mentionne cependant point au nombre des œuvres de cet artiste.

d'une saine critique et d'une juste observation. Après avoir déploré la perte des dessins du projet de Rossellini, et avoir dit que, s'ils nous étaient parvenus, peut-être on y verrait le germe des idées que l'on remarque dans quelques-uns de ceux qui furent faits sous Jules II, il continue en ces termes : « Un monument seul, échappé par son peu d'étendue aux remarques des curieux qui ont examiné Rome et qui ont écrit sur ses édifices, nous montre que les Romains tentèrent, après la mort de Nicolas V, de se frayer une nouvelle route dans l'art de couvrir le sanctuaire des églises. De la perfection que les Florentins avaient donnée à leurs coupoles, il n'y avait qu'un pas à faire pour imaginer les dômes portés sur les arcs de leurs nefs : les Romains le firent. Nous allons fixer l'époque d'une invention si heureuse, et qui a tant influé sur la disposition des plus beaux édifices qu'on ait construits depuis. L'édifice où le premier dôme a été exécuté n'est pas important par sa grandeur, puisque c'est la petite église des Augustins, située, à Rome, auprès de la place Navone ; il ne peut même pas être mis au rang des beaux monuments de l'Italie..... ; mais la place qu'il occupe dans la chaîne des idées par lesquelles les hommes ont passé avant d'arriver à la perfection de la partie du milieu de nos églises, le rend cependant très-intéressant, et c'est ce qui m'a déterminé à en prendre les mesures générales quand je passai à Rome, à mon retour de Grèce. En effet, si on avait déjà, à Constantinople et à Venise, fait porter des voûtes sur les arcs des nefs et sur les pendentifs qui les unissent, si Brunelleschi avait perfectionné à Florence la disposition de ces voûtes en construisant celles de Sainte-Marie (*), on n'avait cependant pas encore eu la hardiesse d'élever une tour de dôme complète sur les quatre arcs des nefs et sur les pendentifs qui les unissent : c'est aux Augustins, à Rome, que cette grande pensée a été exécutée pour la première fois. Le dôme de cette église, le premier de ce genre qui ait été construit, et à qui le peu d'expérience qu'on avait alors ne permit peut-être pas de donner toute la solidité nécessaire, a été détruit parce qu'il menaçait ruine, depuis mon retour d'Italie, et n'a subsisté qu'environ 380 ans ; l'architecte qui l'a bâti avait eu d'assez grandes difficultés de construction à surmonter ; si son diamètre n'était pas fort grand, les piliers qui le soutenaient étaient aussi très-peu considérables. L'inscription (**) qui est sur le frontispice de l'église.... fait voir qu'elle fut construite sous le pape Sixte IV...., environ 60 ans après que la construction de la coupole de Sainte-Marie des Fleurs fut confiée à Brunelleschi, et 20 ans avant que Jules II fît faire des projets pour rebâtir Saint-Pierre. Aussi voit-on, dans sa disposition ou dans sa décoration, ce que l'architecte qui l'a bâtie paraît avoir imité de Sainte-Marie, et ce qui a servi de modèle aux architectes qui ont travaillé à Saint-Pierre. On remarque particulièrement qu'elle a, au-dessous de la voûte de son dôme, huit croisées en œils-de-bœuf, précisément comme celles qui sont au-dessous de la voûte de Sainte-Marie ; et non-seulement la partie cylindrique dans laquelle ces croisées sont ouvertes, forme une tour de dôme complète, élevée sur les quatre arcs des nefs et les pendentifs qui les unissent, comme l'est la tour du dôme de Saint-Pierre, mais même les pendentifs de l'église des Augustins sont ornés, dans l'intérieur, de médaillons ronds, comme on en remarque à ceux de la première de ces églises ; et son plan forme une croix latine très-régulière, particularité qu'on observe encore dans cette fameuse basilique et dans différents projets qui en ont été faits. Nous sommes bien éloignés de prétendre, par ces remarques, diminuer la gloire des grands hommes à qui nous devons la plus magnifique église du monde ; il a fallu sans doute les plus savantes recherches et la plus grande hardiesse pour exécuter, dans un édifice aussi vaste, l'idée qu'offrait un monument très-petit ; mais enfin cette idée ne fut pas imaginée par les architectes du XVIe siècle, comme on l'a cru pendant longtemps, elle ne fut que développée et embellie par eux. » A ces remarques si justes de Leroi, ajoutons ici l'opinion de M. Quatremère ; mais faisons observer que, quoique ce dernier antiquaire ait reconnu la nouveauté de disposition que présentait l'église des Augustins, il lui échappa cependant d'y voir le rôle que joua, très-vraisemblablement, la coupole de cet édifice sur les monuments des siècles postérieurs. « Dans l'intervalle d'un siècle qui divise l'époque où se termina l'œuvre de Brunelleschi d'avec celle qui vit élever le chef-d'œuvre de Michel-Ange, nous ne trouverons à citer, dit-il (***), que deux monuments du genre des coupoles. L'un est celui de Saint-Augustin à Rome, dont on ne peut faire mention que comme d'un point chronologique, puisque, bâtie en 1483, elle fut détruite dans le siècle dernier, parce qu'elle menaçait ruine. Ce qu'on sait, c'est qu'elle aurait été la première qui, au lieu de porter immédiatement sur des pendentifs ou des murs montant de fond, se serait élevée sur une tour portée par des arcs et des pendentifs. » Nous n'en dirons pas davantage sur la coupole de l'église des Augustins ; car, après la lecture des judicieuses observations de Leroi et des

(*) Voyez la notice qui se rapporte à ce monument.
(**) Guillelmus de Estoutevilla Episc. ostien. card. Rotomag. S. R. E. Camerarius fecit. M.CCCC.LXXXIII.
(***) *Dictionnaire d'Architecture*, au mot *Coupole*; Tome II, pages 473 et 475.

lignes non moins catégoriques de M. Quatremère, on appréciera probablement, sans aucun doute, l'action incontestable que dut exercer ce monument sur les idées et sur les projets qui parurent aux époques postérieures. Mais, peut-être, trouvera-t-on que nous nous sommes étendus un peu trop longuement sur l'apparition de cette première coupole de Rome? Ce développement, qui nous a paru indispensable, trouvera, nous l'espérons, son excuse dans l'intérêt que présentent, en général, les questions d'origine ; et, à ce point de vue, l'église des Augustins nous a semblé d'autant plus intéressante, que nous y avons cherché, d'une part, l'origine d'une des questions les plus importantes dans l'histoire des dispositions architectoniques, et, de l'autre, le point de départ d'une combinaison nouvelle qui enfanta bientôt le type d'où émanèrent, depuis le XVIe siècle, tant d'œuvres et de projets divers.

Ce premier pas fait, nous allons voir cette conception se développer et prendre des dimensions considérables dans les travaux des deux hommes de génie qui se succédèrent, au commencement de la Renaissance, dans l'érection de la basilique moderne de Saint-Pierre. Mais, auparavant, il convient de reprendre notre récit historique et d'examiner dans quelles circonstances et au milieu de quels événements ces deux hommes parurent ; pour cela, donnons encore la parole à M. de la Gournerie (*), que nous avons pris souvent pour guide dans cette rapide analyse des choses qui se rattachent au monument dont nous nous occupons : « L'histoire de la Réforme, dit-il, est étrangère à celle de Rome chrétienne, et cependant, comment traverser l'époque glorieuse qu'on appelle le siècle de Léon X, sans songer que ce luxe, cette pompe des arts, ces mœurs faciles et élégantes, ce sensualisme de la pensée enfin, servirent de prétexte à une déplorable scission. Jamais peut-être Rome n'avait apparu plus grande au monde, et offert un plus majestueux ensemble que cette élite de nobles et beaux génies se pressant autour du trône pontifical. On eût dit que la ville des Césars voulait renaître de ses cendres, tant étaient nombreuses les constructions qui s'élevaient de toutes parts. Mais non : le passé n'était rien, pour la capitale de la chrétienté, auprès des grandes conceptions qu'elle rêvait et inspirait aux artistes. Aussi l'Europe avait-elle les yeux tournés vers ce pays. C'était, en effet, un spectacle bien digne d'intérêt que cette légion d'hommes célèbres, accomplissant avec ensemble, par leurs travaux, cette révolution artistique, qui est bien un des faits les plus importants de l'histoire moderne; et le pape, présidant lui-même à cette réaction, l'activait encore par des encouragements ou par ses largesses. Sans aucun doute, la postérité devrait au pontife une grande reconnaissance, si, au lieu de se soumettre aux caprices de l'art, il l'eût dirigé, et s'il se fût efforcé de le maintenir dans sa sainte mission. Malheureusement, l'étude de l'antiquité avait, de plus en plus, fait converger toutes les pensées vers les idées antiques, et les œuvres des artistes ne présentaient plus de mysticisme dans la pensée, ou de ces élancements de l'âme vers le ciel. La réaction avait eu lieu : mais à l'époque où nous sommes, on ne trouvait déjà plus cette naïveté dans l'art et la composition qui caractérisait surtout les premiers essais de cette réaction, et cet abandon annonçait dès lors une ère de décadence. Du reste, on vivait trop au dehors pour avoir des pensées fortes et intimes. On se jouait avec l'art, on l'aimait, on le cultivait pour lui-même, et non plus pour les sentiments dont il était l'expression. Une prodigieuse liberté d'esprit avait gagné jusqu'au sacré collège, jusqu'au trône pontifical. Les cardinaux étaient souvent beaucoup moins prêtres qu'érudits et lettrés; le souverain pontife était beaucoup moins pape que prince libéral et magnifique. La même impulsion agissait sur les couvents; on s'y délassait, avec les poëtes païens, de l'ennui que causait la lecture des Pères; l'élégance de la période de Cicéron y trouvait plus d'admirateurs que l'éloquence abrupte de saint Paul; on ne comprenait plus la rigueur de la règle depuis qu'on avait cessé de la suivre. Sans doute une réforme était nécessaire, une réforme qui sût allier à la fidélité religieuse le sentiment du beau et du noble en tout genre; mais où était Innocent III? où était Grégoire VII? Les Allemands qui venaient à Rome ne comprenaient rien à cette vie expansive, à ce culte extérieur; le point de vue dogmatique les préoccupait toujours, le point de vue poétique jamais; et, sans s'arrêter aux abus, ils condamnaient tout, beaux-arts, fêtes splendides; c'était pour eux de l'idolâtrie. Érasme cependant ne se laissa pas entraîner à ces excès : antiquaire, érudit lui-même, parlant la langue latine avec une élégance toute cicéronienne, il touchait par trop de points au monde brillant qui environnait Léon X, pour en condamner toutes les sympathies et les habitudes. Mais les moines n'échappèrent pas comme les érudits à sa mordante critique. Toutefois, après son séjour à Rome, Érasme alla plus loin; les cardinaux, le pape lui-même, avec lesquels il se trouvait en rapport si intime d'étude et de goûts, durent néanmoins s'entendre reprocher leur luxe, leur oisiveté, leur sensualisme. Luther était loin d'avoir l'esprit fin et délicat d'Érasme ; mais il avait une âme bien autrement ardente,

____

(*) *Rome chrétienne* ou *Tableau historique des souverains*, etc.; Tom. II, pag. 179 et suiv.

une volonté bien autrement décidée. Lorsqu'il vint à Rome, il était dans toute la ferveur du catholicisme ; les prières, les méditations remplissaient ses veilles, et, dans le pieux silence de son monastère, son imagination, exaltée par la retraite, ne rêvait que de pauvreté et d'apostolat. Qu'avait-il vu encore au monde? La cabane du vieux Hans, son père, qui lui recommandait de grandir dans la crainte de Dieu ; les rues étroites de Wittemberg et la bibliothèque d'Erfürth ! Voilà tout ce qu'il savait de la vie. La religion ne s'était encore révélée à lui que par des mortifications et par des thèses ; mais la poésie, mais les beaux-arts, mais cette émanation sublime de toutes les facultés de l'homme s'élevant comme l'encens vers le ciel, il n'y entendait rien. Aussi, tout l'étonne à Rome, sans éveiller en lui la moindre admiration. Lui, pauvre écolier, dit M. Audin (*), élevé si durement, qui souvent, pendant son enfance, n'avait pour oreiller qu'une dalle froide, il passe devant des temples tout de marbre, devant des colonnes d'albâtre, de gigantesques obélisques de granit, des fontaines jaillissantes, des villas fraîches et embellies de jardins, de fleurs, de cascades et de grottes. Veut-il prier, il entre dans une église qui lui semble un monde véritable, où les diamants scintillent sur l'autel, l'or aux soffites, le marbre aux colonnes, la mosaïque aux chapelles, au lieu d'un de ces temples rustiques qui n'ont, dans sa patrie, pour tout ornement que quelques roses qu'une main pieuse va déposer sur l'autel le jour du dimanche. Est-il fatigué de la route, il trouve sur son chemin, non plus un modeste banc de bois, mais un siége d'albâtre antique récemment déterré. Cherche-t-il une sainte image, il n'aperçoit que des fantaisies païennes, des divinités olympiques, Apollon, Vénus, Mars, Jupiter, auxquelles travaillent mille mains de sculpteurs. De toutes ces merveilles, il ne comprit rien, il ne vit rien. Aucun rayon de la couronne de Raphaël, de Michel-Ange, n'éblouit ses regards ; il resta froid et muet devant tous les trésors de peinture et de sculpture rassemblés dans les églises ; son oreille fut fermée aux chants du Dante, que le peuple répétait autour de lui.... Il était entré à Rome en pèlerin, il en sort comme Coriolan !.... Suivez maintenant cet austère rigoriste en Allemagne ; attendez quelques années pour voir ce qu'il y a au fond de cet ascétisme intolérant et frondeur ; le pinceau de Cranach vous représentera Luther sous les traits d'un prophète inspiré, et en effet, voyez comme il plane fièrement du haut de sa chaire sur toute l'Allemagne ; les imprécations contre Rome sortent à flots de sa bouche. La foule applaudit ; on brûle les bulles du pape, on abat les statues des saints, puis vous rencontrez le pieux réformateur, l'âpre censeur de la mollesse des cardinaux et de la poétique volupté des mœurs italiennes, bourgeoisement accoudé dans quelque taverne, devant un pot de bière d'Eimbeck ; il dépasse en hardis propos les écoliers de la Saxe, et lutte d'indépendance avec Ulrich de Hutten. »

Après avoir offert une esquisse rapide de l'état des esprits en Europe à l'époque qui nous occupe, poursuivons maintenant le récit des événements historiques qui se rattachent par leur nature à l'érection de la basilique moderne. Nous arrivons à l'avénement du cardinal Julien de la Rovère, vulgairement connu sous le nom de Jules II, au siége pontifical. Le règne de ce pape, l'un des plus brillants dans l'histoire de la papauté, se partage en deux parties, qui retracent à la fois et son caractère guerrier et son caractère libéral et magnifique. La première partie étant tout à fait étrangère à notre sujet, nous ne nous occuperons que de la seconde, afin de mieux contempler ici, comme le remarque un historien, cette magique efflorescence de tous les arts de la paix, qui, par un étonnant prodige, s'épanouissaient librement au bruit du canon de la Mirandole. Jules II avait une âme grande et le génie des grandes entreprises ; il était aussi doué d'une profonde pénétration qui n'appartient qu'aux hommes supérieurs ; son esprit actif et d'une trempe forte, au dire de Roscoe, répondait à celui de son siècle ; enfin la fortune l'éleva si haut, qu'il domina les plus puissants souverains. Cependant son ambition ne se rapportait pas à lui personnellement, et ce n'étaient point des intérêts temporels qui étaient les principaux mobiles de ses actions. Consolider l'autorité du saint-siége dans toute l'Europe; recouvrer les domaines de l'Église ; chasser de l'Italie les étrangers ou les *barbares*, comme on les appelait alors, telles étaient les grandes choses que poursuivait sa haute intelligence. Si Jules II n'avait été qu'un souverain temporel, la postérité n'aurait pas eu assez de louanges pour sa mémoire ; mais, dans une notice consacrée à l'un des plus grands édifices de Rome, dont il fut, pour ainsi dire, le fondateur, il n'est peut-être pas hors de propos de rendre justice à sa magnificence et à la hardiesse de ses pensées. A l'époque où il n'était encore que cardinal, on le vit appeler l'architecte Julien de San-Gallo pour la construction de la citadelle d'Ostie et pour celle du palais de Saint-Pierre-ès-liens ; mais, devenu pape, c'est Bramante qu'il préféra ; car il avait découvert en lui une ardeur égale à la sienne et cette fougue de la passion, cette effrayante audace, qui marquent les œuvres d'art d'un incomparable caractère. En signalant à nos lecteurs la

(*) Histoire de Luther, chap. II.

route qu'avaient suivie les deux artistes florentins qui provoquèrent cette révolution architectonique connue sous le nom de Renaissance, nous avons particulièrement attribué cette réaction à leurs études et à leurs recherches sur les monuments de l'antiquité. En effet, si Brunelleschi s'efforçait d'y retrouver les principes et les règles de ceux qu'il regardait comme ses maîtres, Alberti, de son côté, y trouvait le fond de son traité. Ces idées reconnues et proclamées, nous allons voir bientôt les fruits qu'elles portèrent. Puisant aux mêmes sources, Bramante et Michel-Ange voudront, dans leurs œuvres, pousser plus loin encore, et arriver à la reproduction de l'aspect et des formes de l'architecture gréco-romaine ; et, l'impulsion donnée, les disciples suivront avec persévérance l'exemple et les idées du maître. Dès ce moment, les destinées de l'architecture, redevenue antique ou classique, étaient fixées, et depuis lors tous les artistes italiens qui se succédèrent contribuèrent chacun pour sa part à sa vulgarisation. Or, parmi les architectes qui ouvrirent cette voie nouvelle et lui imprimèrent une action puissante, il faut surtout placer Bramante. Ses biographes, suivant d'Agincourt, ne disent point qu'il soit allé à Florence étudier les travaux de Brunelleschi et d'Alberti ; mais on sait, ajoute-t-il, que, comme architecte, il avait déjà donné des preuves de son talent. Ludovic Sforze, qui l'avait distingué, se plut à l'employer dans la construction de plusieurs édifices, où l'on remarque une certaine hésitation et un certain mélange que devait tout naturellement produire la combinaison bizarre du style qu'on abandonnait avec celui qui commençait dès lors à s'introduire. Mais il fallait, pour s'affermir dans les idées nouvelles, que cet artiste vît par lui-même ce qu'il voulait reproduire. Bramante se hâta donc de les aller étudier. Il se rendit à Rome pour les fêtes du Jubilé de l'an 1500, et là, au milieu des édifices antiques de tous genres, il se livra, comme Donatello et comme Brunelleschi, à leur étude. Cette ardeur à se pénétrer des règles et des proportions de l'architecture gréco-romaine, que manifestait Bramante dans un âge assez avancé, le fit connaître avec un tel avantage, qu'on s'empressa de toutes parts de l'employer. Les travaux qu'il exécuta alors ne furent point très-importants ; et ce ne fut réellement qu'à partir du moment où il entra en rapport avec Jules II que son talent parut grandir. En effet, la réunion de ces deux esprits supérieurs enfanta des conceptions imposantes. C'est d'abord un amphithéâtre d'où l'on peut assister à des jeux comme dans les anciens jours de Rome ; c'est une vaste niche, entourée d'une galerie circulaire, placée au sommet de la colline Vaticane ; ce sont les sévères constructions du Belvédère ; puis un temple périptère dont les formes rappelleront celles de l'antiquité classique, etc. Mais là ne s'arrêteront point les idées de plus en plus libérales de Jules II, et sa passion pour les grandes entreprises. Encore plein de vie et de santé, le chef de la papauté voulut faire ériger son tombeau ; et, pour l'exécution d'une telle œuvre, il appela, de Florence à Rome, le jeune Michel-Ange, qui passait alors pour le plus célèbre sculpteur de l'Italie ; Jules II le chargea de cette construction. Michel-Ange présenta bientôt au pontife un projet dans lequel il avait déployé ce grandiose qui caractérise généralement ses œuvres. Le projet, comme on le pense bien, reçut l'assentiment du pape, et il ne fut plus question que de trouver un emplacement convenable pour en commencer l'érection. Ce monument, dont l'ensemble devait être décoré de quarante statues, avait été dessiné et même commencé, quant à la sculpture, avant qu'on eût encore trouvé la place qu'il pourrait occuper. Toutefois, Jules II avait aussi chargé Michel-Ange de ce soin. Or, cet artiste rencontra, dans ses recherches, l'hémicycle commencé, du temps de Nicolas V, par Rossellino, et il en proposa l'achèvement. Le pontife manda sur-le-champ Bramante et San-Gallo, afin d'examiner la question ; et San-Gallo fut d'avis qu'un monument de l'importance de ce tombeau méritait une chapelle particulière. Mais bientôt, une idée en amenant une autre, on abandonna celle de la construction d'une chapelle attenant à l'édifice, et l'on émit l'opinion de démolir totalement l'ancienne basilique pour en construire une nouvelle. Cette idée réveilla, dans l'esprit de Jules II, le grand projet de reconstruction de Saint-Pierre, et le pape adopta sans peine des vues où l'on dit qu'*il entra, peut-être, quelque intérêt de la part de ceux qui le proposaient.* Dès ce moment, on ne songea plus qu'à reprendre, dans son entier, le plan de l'édifice dont l'hémicycle de Nicolas n'avait été qu'une très-petite partie. Jules II engagea immédiatement tous les architectes qui étaient alors dans Rome à s'occuper de projets dans lesquels on choisirait le meilleur. Parmi les architectes qui florissaient dans cette ville au commencement du XVIe siècle, les plus distingués étaient Julien de San-Gallo, Antoine, son neveu, Balthazar Peruzzi, Fra Giocondo, religieux dominicain, Bramante et Raphaël Sanzio, parent de ce dernier et son élève en architecture. Ces cinq artistes étaient tous bien capables de produire d'excellents projets ; mais, s'il faut en croire Vasari, Bramante aida ses talents d'un peu d'intrigue, afin de réussir près du pontife. Jules II, de son côté, feignit, dit-on, de consulter les plus habiles architectes, quoique, en vérité, la lutte n'existât réellement qu'entre Julien de San-Gallo et Bramante. Toutefois, ce fut ce dernier qui l'emporta; et, d'un grand nombre de projets qu'il fit, le pape choisit enfin celui d'après lequel Saint-Pierre dut être commencé. Et maintenant, on ne peut douter, comme on vient de le dire, que le tombeau de Jules II n'ait été la cause qui détermina l'érection de la nouvelle basilique (*), édifice dont les proportions et la magnificence devaient surpasser les plus grands monuments de l'Europe. A Jules II était donc réservé l'honneur de prendre l'initiative d'une telle construction !

Ce projet arrêté, on put songer à son exécution; mais, en cette circonstance, le pape rencontra autour de lui une grande opposition; il ne s'agissait rien moins que de renverser la vieille basilique constantinienne, pour laquelle la chrétienté avait tant de vénération. Néanmoins, malgré les réclamations des cardinaux, et malgré celles des fidèles, des ordres furent donnés pour qu'on commençât immédiatement les travaux. L'empressement de Bramante, en face d'une entreprise aussi considérable, semblait, disent les historiens, porté à son comble; il était jaloux d'achever seul son ouvrage; aussi agit-il avec une précipitation qu'on pourrait sérieusement blâmer. Dès qu'il put mettre la main à l'œuvre, la partie postérieure de l'ancienne basilique fut impitoyablement jetée à terre; et, à voir la célérité avec laquelle il procéda dans cette opération, on l'aurait pris, non pour un architecte, ami des arts, mais plutôt pour un Vandale ou un iconoclaste; car, à l'exception de quelques objets seulement, qui furent sauvés du naufrage, tout le reste, consistant en colonnes antiques, tombeaux des papes, statues, mosaïques et peintures, fut bientôt enfoui sous les décombres. Enfin le zèle de cet architecte fut tel, que, quelques années après l'adoption de son projet, on se trouvait déjà en état de pouvoir commencer le nouvel édifice, et dès lors on songea sérieusement à sa fondation. L'impatience du pape égalait, dit-on, celle de l'architecte. Jules II voulut donner à cet acte tout l'éclat d'une solennité. Le 18 avril 1506, il posa lui-même la première pierre (**), et des indulgences furent accordées à tous ceux qui voudraient, par leurs aumônes, coopérer à sa construction. A cette date, Bramante, qui avait environ soixante-deux ans, était déjà trop âgé pour pouvoir se flatter d'achever sa basilique; un tel ouvrage exigeait au moins un siècle de travaux assidus, et Bramante était à la fin de sa carrière. Cependant notre artiste conduisit cette construction avec tant d'ardeur, que bientôt on vit sortir de terre quatre énormes piliers. Les grands arcs qui les reliaient l'un à l'autre furent cintrés, et le chevet avançait aussi, quand tout à coup le poids des grandes arcades fit fléchir leurs supports, et apparaître de toutes parts de nombreuses lézardes (***). Ainsi, remarque M. Quatremère, l'édifice n'avait point reçu, dans les parties destinées à soutenir la coupole, ni l'élévation ni la charge qui devaient leur être imposées, et déjà il menaçait ruine : le trop de précipitation dans la bâtisse avait encore contribué à ces effets; car les matériaux ont besoin de l'action du temps pour éprouver successivement les tassements auxquels ils sont sujets (****). Enfin Bramante s'occupait du croisillon occidental du transsept, lorsque la mort de Jules II vint interrompre et suspendre momentanément les travaux de cette gigantesque entreprise; et, chose remarquable, comme si ces deux existences, qui eurent tant d'affinité l'une pour l'autre, devaient encore être inséparables même à l'heure de la mort, Bramante descendit dans la tombe, quelques mois seulement après son puissant protecteur. La cour pontificale rendit à sa dépouille les plus grands honneurs; on lui fit de splendides funérailles auxquelles assistèrent tous les artistes qui se trouvaient à Rome.

Disons maintenant quelques mots de l'œuvre conçue par cet artiste célèbre. Son projet se reconnaît à peine dans certaines parties du plan actuel de la basilique, et il ne s'y est conservé, comme le remarque M. Quatremère, que l'idée générale et ce qu'on doit appeler la conception première. Aussi, n'étaient les dessins qu'on en croit posséder, il serait aujourd'hui fort difficile de s'en rendre un compte (*****). En effet,

---

(*) C'est à Condovi qu'on doit la révélation de ce fait; et les détails qu'il nous donne à ce sujet, il les tenait de Michel-Ange lui-même, dont il fut et l'élève et l'ami.

(**) Elle fut posée au pilier de la coupole qu'on désigne sous celui de Sainte-Véronique.

(***) L'auteur du *Dictionnaire d'Architecture* fait, à propos de ce sinistre, une observation des plus justes, et qui nous semble digne d'être signalée à nos lecteurs. L'œuvre de Bramante, dit-il, avait été mal commencée par lui. Gêné par la vieille basilique, qu'on ne voulait point abattre en entier avant que la nouvelle ne fût très-avancée, il se mit à élever les grands arcs du dôme sur des piliers plus ou moins isolés, au lieu que leur construction n'aurait dû s'achever qu'avec les arcs des quatre nefs, qui auraient servi de contre-forts. Probablement, avec de telles précautions, toutes les masses se seraient maintenues ensemble, et il ne se serait point manifesté des lézardes dans les piliers.

(****) M. Léonce Reynaud observe avec raison que cet accident tendrait à faire croire que Bramante était plutôt un grand artiste qu'un savant constructeur. (ENCYCLOPÉDIE NOUVELLE, article *Bramante*.)

(*****) Les changements opérés par les successeurs de Bramante ont été tels, qu'à l'exception des quatre grandes arcades qui supportent le tambour de la coupole, il ne reste presque plus rien du projet primitif.

à la mort de Bramante, tous les papiers de cet artiste ayant été dispersés, il en résulta que leur dispersion entraîna, peut-être, la perte de son projet pour la nouvelle basilique. Or, cette perte constatée, si Bramante composa, ce dont on doute, quelque dessin de ce projet, on ne peut guère espérer d'en retrouver la pensée que dans le plan reproduit par Serlio (*), plan qu'il attribue à Raphaël, l'héritier de Bramante dans les travaux de la basilique, pour la continuation desquels celui-ci reçut probablement du maître des instructions particulières. Le plan donc, tel que le traça Raphaël, présentait la forme d'une croix latine avec nefs et croisillons circulaires au transsept; l'ordonnance générale était en pilastres; un portique, décoré de trois rangs de colonnes en profondeur, quoique inégalement espacées entre elles, précédait l'édifice; enfin tout cet ensemble devait être surmonté d'une immense coupole (**). Bramante s'était, on le voit, amplement inspiré, pour ce projet, des monuments antiques de Rome, et du Panthéon d'Agrippa en particulier, auquel il avait surtout emprunté l'idée de son portique et de sa coupole; seulement, il avait ajouté à cette dernière partie un rang de colonnes dont la pensée avait pu lui venir à la vue du temple de Vesta. Ce plan, ainsi conçu, avait quelque chose de simple et de grand à la fois; et sa distribution, qui répondait aux besoins du culte, ne s'écartait pas trop de celle des monuments chrétiens des époques antérieures. Les dispositions, le caractère du style et les éléments, imités de l'antique, étaient seuls changés.

C'est ici le moment d'entrer dans quelques détails sur les conséquences et les résultats que produisit inévitablement l'œuvre de Bramante dans l'art de bâtir. Nous avons mentionné plus haut ce concours qui fut provoqué par Jules II, concours auquel participèrent les artistes célèbres que le hasard ou les circonstances avaient réunis à Rome, et dans lequel ceux-ci devaient se disputer l'immortalité réservée à celui dont le talent assurerait la victoire; et nous avons dit aussi que Bramante obtint, par le choix que le pape fit de son projet, la gloire de triompher de tous ses concurrents. Mais, pour avoir pu l'emporter sur ses rivaux Bramante, il faut le dire, avait fait preuve de génie : il s'était proposé pour problème une construction dans laquelle il résolvait et les exigences du culte catholique et l'introduction des idées nouvelles en architecture. Il crut, pour arriver à ce résultat, devoir abandonner complétement les dispositions des anciennes basiliques, dont les frêles supports ne pouvaient soutenir qu'une toiture légère, et recourir aux exemples de construction et de décoration que présentaient alors aux études les édifices de Rome antique. En effet, il y trouva les éléments principaux à l'aide desquels son génie enfanta cette conception qui devait lui donner une si grande place dans l'histoire de l'art. Brunelleschi, dont les études antérieures et les efforts avaient eu particulièrement pour but le retour des idées vers l'emploi de l'architecture gréco-romaine, Brunelleschi, disons-nous, ne put, malgré ses désirs et ses intentions, élever à Sainte-Marie des Fleurs une coupole dans l'esprit, le caractère et le style de ces mêmes principes; car Arnolfo avait déjà construit ses nefs et préparé la partie inférieure de sa coupole; et, lorsque le réformateur dut compléter l'œuvre du moyen âge, il fut obligé, dans l'intérêt de l'unité et de l'harmonie, de se conformer, pour ainsi dire, au programme antérieur. Brunelleschi fit donc une coupole à peu près dans le style et le goût des nefs. Or, le style, l'ornementation et la décoration employés dans la partie antérieure de l'édifice, quoique fort différents de l'architecture ogivale, si généralement usitée alors, ne l'étaient pas moins des règles de l'architecture antique. C'est ce qui nous explique pourquoi Brunelleschi, qui fut l'un des promoteurs de la réaction à l'emploi des formes gréco-romaines, n'a pu introduire, dans la composition de sa coupole, ni le style, ni la forme, ni les ornements de cette architecture pour laquelle il s'était tant passionné ! Il était réservé à Bramante de réaliser cette pensée, d'accomplir cette transformation. La pratique, ou pour mieux dire, le grand nombre de constructions qui furent érigées en Italie d'après les idées nouvelles, avait procuré, depuis la mort de Brunelleschi, de nombreux moyens d'études, et l'on connaissait mieux alors la théorie de ce système que l'architecte florentin n'avait fait qu'entrevoir. Admirateur passionné de cette architecture, mais artiste et créateur néanmoins, Bramante voulut, tout en s'inspirant des monuments que Rome antique pouvait offrir à ses besoins, trouver une combinaison dans laquelle il coordonnerait à la fois et ses idées et les éléments de cette architecture. Partant de cette donnée, Bramante choisit probablement ses types, puis il en tira les parties qu'il voulait combiner; enfin, il les agença; et bientôt parut ce projet qui devait être le prototype de Saint-Pierre, et celui d'où émanèrent dans la suite tous les autres. Ici Bramante ne fut point gêné,

---

(*) Au livre III de son ouvrage.

(**) Bramante ayant voulu remplacer l'ancienne basilique de Saint-Pierre, dont les nefs à colonnes architravées étaient surmontées d'une toiture en charpente, par un immense édifice couronné d'une coupole, fut obligé de substituer les piliers aux colonnes, et de vastes arcades aux plates-bandes.

comme Brunelleschi , par des constructions antérieures ; les nefs furent faites pour la coupole , et celle-ci , à son tour, pour le reste de l'édifice. Il conçut la nef en grandes arcades avec pieds-droits ornés de pilastres corinthiens ; il reproduisit dans ses voûtes la méthode des caissons que plus d'un monument antique avait conservée ; il composa la décoration de l'extrémité des croisillons du transsept à l'aide de colonnes isolées ; enfin, il voulut que la vaste coupole, qu'il élevait au-dessus de la croisée, empruntât sa forme, son ordonnance, ses proportions et ses détails, aux grands édifices circulaires de l'antiquité. On comprend maintenant cette exclamation de Bramante s'écriant qu'*il placerait le Panthéon sur les voûtes du temple de la Paix* (*) ; et l'on conçoit aussi, en se reportant par la pensée aux idées de cette époque, l'enthousiasme avec lequel dut être accueilli le projet de cet édifice, le plus vaste qui ait été jusqu'alors exécuté en Europe. Nous n'examinerons pas ici, dit M. L. Reynaud, jusqu'à quel point cette réunion de deux temples païens était convenable pour former une église chrétienne ; si cette conception manque de virtualité, ce n'est pas à l'artiste que ce défaut doit être imputé, il faut remonter plus haut. Nous n'examinerons pas non plus si des coupoles supportées par des pendentifs doivent être approuvées par une saine architecture (**). Quels qu'aient été, au reste, le rôle que joua Bramante et l'action qu'il imprima surtout à l'architecture, l'historien de l'art est suffisamment autorisé à le considérer comme celui dont les travaux fixèrent définitivement l'emploi des éléments de l'architecture antique. Quant à ce prétendu perfectionnement, qui consiste dans la pureté des ordres et la correction des ornements, l'art ne l'obtint que plus tard , c'est-à-dire des Peruzzi, des Vignole, et surtout des Palladio (***).

Cependant, à l'époque où nous nous trouvons, l'art avait fait un pas en avant, et l'architecture était entrée dans une voie nouvelle. Les artistes cherchaient depuis longtemps un nouveau symbole ; Bramante le leur donna. Mais, ce symbole , tel qu'il le conçut, sentait encore trop l'emprunt ; et, quoi qu'il fit alors pour l'atténuer, on y reconnaissait toujours les réminiscences antiques.

On a fait à Bramante le reproche d'avoir mis souvent de la singularité et même de la recherche dans le style dans ses détails d'architecture, tels que bases, chapiteaux et moulures. Nous ferons remarquer, à ce propos, qu'on ne doit point oublier que ce fut plus ou moins le caractère particulier des artistes contemporains et de quelques-uns de ses successeurs, qui, travaillant encore sous l'influence d'un art intermédiaire, répandaient, dans leurs compositions, une variété d'ornementation fort éloignée sans doute des formes gréco-romaines. Une nouvelle transformation s'était, en effet, produite, entre l'art du moyen âge et l'art de Bramante ; art intéressant à étudier par l'emploi qu'il fit des petits ordres superposés, et dans lequel on avait conservé presque toutes les dispositions du style ogival. Les œuvres qui furent produites à cette époque méritent, selon nous, une sérieuse attention. L'art tente, essaye et tâtonne ; il n'ose pas encore, il cherche timidement. Il lui fallait un esprit supérieur pour qu'il pût être fixé ; mais, par malheur, Bramante lui donna une autre direction ; et tous les artistes qui lui succédèrent, au lieu de développer cet art dont nous venons de parler, ne firent, au contraire, qu'appliquer, avec plus ou moins de talent, les idées qu'avait émises cet artiste célèbre. C'en est donc fait : à partir de Bramante, l'art dit de la Renaissance et en grands ordres commence à s'établir.

Cette impulsion donnée, il ne s'agissait plus que de la diriger, de l'entretenir et de la développer : c'est, en effet, ce que les circonstances produisirent. Mais ici, comme en toutes choses, l'architecture parcourut les transformations diverses qui marquent sa naissance , son développement, son apogée et sa dégénérescence ; transformations qui tiennent à certaines causes, mais plus particulièrement aux exigences des siècles, et surtout aux idées des artistes, qui traduisent sur la pierre et le marbre le goût prédominant de leur époque.

C'est dans ces circonstances, et au milieu de cette nouvelle transformation de l'art, que Léon X parvint au trône pontifical. Ami passionné des sciences , des arts et de la littérature, le nouveau pape donna bientôt des ordres pour qu'on continuât les travaux de la nouvelle basilique, et pour qu'on poursuivît ce grand projet avec ardeur. A cet effet, il choisit Raphaël Sanzio, qui lui avait été désigné par Bramante à son lit de mort, et qui était alors occupé à peindre les fresques du Vatican ; puis il appela le père dominicain Giocondo , de

<hr>

(*) C'est à tort qu'on a attribué cette idée à Michel-Ange; ce dernier a eu seulement la gloire d'exécuter ce que l'autre n'avait fait que projeter.

(**) Encyclopédie nouvelle, article *Bramante.*

(***) Seroux d'Agincourt, Histoire de l'Art depuis sa décadence jusqu'à son renouvellement aux XVe et XVIe siècles ; *Partie de l'Architecture.*

Vérone, qui se trouvait dans la ville pontificale; enfin il manda Julien de San-Gallo, qu'il fît venir de Florence; et, en choisissant ces trois artistes, Léon les avait nommés, non-seulement pour qu'ils continuassent à diriger les travaux de la construction, mais aussi, et en particulier, afin qu'ils apportassent au plus tôt les plus prompts et les plus sûrs remèdes à l'œuvre défaillante de Bramante. Nous avons dit plus haut que ce dernier artiste n'avait point laissé de plan de son œuvre, et nous avons ajouté que nous pensions que Raphaël seul, qui était son élève, en avait eu connaissance. Léon X chargea Sanzio de le tracer immédiatement, afin qu'on pût désormais s'en servir pour la continuation de l'édifice. Or, ce plan, que Jules II avait approuvé, mais qui n'était que très-légèrement connu de ceux qui travaillèrent au monument, renfermait, à côté de parties brillantes, des défauts de la plus haute gravité. Lors donc que les nouveaux architectes purent, à l'aide du dessin de Raphaël, se rendre compte de l'œuvre de leur prédécesseur, et qu'ils eurent examiné la question, ils trouvèrent une disproportion évidente de rapports entre la coupole et les piliers destinés à la soutenir. Tous trois furent d'avis que leurs efforts, avant de poursuivre la construction, devaient tendre à consolider et à réparer ce qui avait été fait précédemment, et à trouver, au plus tôt, les moyens de donner plus de force aux piliers qui devaient supporter la coupole. Tous leurs soins concoururent donc à cet effet; et ils s'en acquittèrent, au dire des historiens, avec tant d'intelligence, que toutes les craintes qu'on avait sur leur instabilité se dissipèrent bientôt. Dans cette opération, on avait repris en sous-œuvre les fondements des quatre grands piliers, et on les avait fortifiés par des massifs et des arcades construits à une grande profondeur, afin d'assurer le sol qui les environnait. On sait, ajoute M. Quatremère, que les travaux qui furent exécutés à cette époque ont heureusement assuré à la base de cette construction une solidité inébranlable. Mais ces trois artistes n'eurent pas le temps d'en faire davantage; la mort, qui vint les surprendre à peu de distance l'un de l'autre, ne leur permit que de réparer les fautes commises par la précipitation de Bramante. Julien de San-Gallo, accablé de vieillesse, fut forcé, par ses infirmités, de regagner Florence, où il mourut en 1517. En 1519, Fra Giocondo, après avoir aussi quitté Rome, plus qu'octogénaire, vit arriver le terme de ses jours; et Raphaël, enfin, malgré sa jeunesse, termina sa brillante carrière pendant le cours de l'année suivante.

S'il faut en croire certains auteurs, Raphaël aurait non-seulement exécuté pour le nouveau Saint-Pierre le dessin dont nous avons parlé, mais aussi un modèle en relief, ainsi qu'il était d'usage à cette époque; fait que semblerait confirmer une de ses lettres au comte Balthazar Castiglione, dans laquelle il l'informe de sa nomination par le saint-père à la place d'architecte de cet édifice : « ... Ce qui me rassure, dit-il, c'est que le modèle que j'ai fait plaît à Sa Sainteté, et a le suffrage de beaucoup de gens. Mais je porte mes vues plus haut : je voudrais retrouver les belles formes de l'architecture antique..... Vitruve me donne sans doute de grandes lumières, mais pas autant qu'il m'en faudrait..... » On le voit, Raphaël, comme tous les artistes de son époque, s'était aussi passionné pour l'antique (*), et il cherchait à se rapprocher du caractère et des formes de cet art. Mais son goût délicat ne se contentait plus de Vitruve. Il sentait, par instinct, que l'architecture romaine avait un prototype; et, instruit, comme on l'était de son temps, par les réfugiés de Constantinople, qu'il le trouverait parmi les monuments de la Grèce, il fit tous ses efforts pour s'en procurer la connaissance. A cet effet, il envoya des dessinateurs, dit Vasari, dans l'Italie méridionale et même jusqu'en Grèce. Mais il ne put profiter du fruit de leurs recherches.

Après la mort de Raphaël, celui des trois successeurs de Bramante qui survécut à ses collègues, les travaux de la basilique de Saint-Pierre furent suspendus, faute d'argent. Les guerres entreprises par Léon X ayant épuisé le trésor pontifical, on fut obligé, pour pouvoir les continuer, d'avoir recours à un expédient qui a été diversement envisagé par les historiens : nous voulons parler ici des indulgences que le pape concéda, dans cette pénurie, à tous ceux qui voudraient, par leurs libéralités, concourir aux frais d'achèvement

---

(*) M. de la Gournerie fait remarquer qu'afin de condescendre de tout son pouvoir aux désirs de l'artiste, Léon X décréta que tous ceux qui découvriraient des débris antiques devraient les porter à Raphaël, sous peine d'une amende de 100 à 300 écus d'or. Ces antiquités furent généreusement payées des fonds du pape, et aussitôt une ardente multitude se prit à fouiller la terre pour lui faire rendre tous ses trésors. Les statues des dieux, les bustes des empereurs, les bas-reliefs, les urnes de marbre, les vasques de porphyre, arrivèrent pêle-mêle à la place Saint-Pierre. C'était comme une apparition du passé, comme une résurrection du génie antique. A cette vue, une nouvelle pensée se présente à l'esprit de Raphaël : il ne lui suffit plus de retrouver les plus beaux ornements de la ville d'Auguste et d'Adrien, il veut retrouver Rome elle-même, telle qu'elle était à cette grande époque de son histoire. A l'aide de quelques chapiteaux, il reconstruira des portiques; les entablements lui donneront les proportions des temples, et Pline lui indiquera l'emplacement de chaque théâtre, de chaque obélisque, de chaque palais. Cette pensée de Raphaël ne reçut point son exécution; la fin prématurée de sa carrière vint y mettre obstacle.

de cette grande et pieuse entreprise. Or, cette espèce de coopération, sollicitée par le pape à toute la chrétienté, coopération qui n'était, en fin de compte, que le renouvellement de la demande faite par Jules II, lors de la fondation du monument, souleva, par le mode ou la forme employée en cette circonstance ' une espèce de protestation funeste, de la part d'une fraction de l'Europe ; et Luther, qui cherchait, depuis quelque temps, une occasion ou un prétexte pour opérer définitivement une scission parmi les membres de la grande famille catholique, se récria incontinent sur la manière un peu fiscale avec laquelle certains agents pratiquaient la distribution de ces indulgences. Il cria partout que le pape vendait la rémission des péchés pour de l'argent. En parlant ainsi, il s'adressait, on le voit bien, aux susceptibilités. Ce cri, poussé avec intention, fit, on le sait, son effet ; et le désir du pape, concernant la reprise des travaux de la basilique vaticane, devint, par la nature de sa demande, une occasion de rupture, un des premiers actes de protestantisme, et le point de départ de cette réforme dans le nord de l'Europe, vers le commencement du XVIe siècle. A quoi tiennent quelquefois les destinées de l'humanité !... On comprend que des événements aussi graves, joints à l'épuisement du trésor pontifical, ne devaient guère permettre la continuation de la nouvelle église. Quoi qu'il en soit, Léon X, ayant probablement reçu des fidèles quelques fonds destinés à cette œuvre, donna des ordres pour qu'on y remît la main et pour qu'on reprît avec ardeur les travaux qui avaient été interrompus. Baldassare Peruzzi et Antoine de San-Gallo furent chargés par lui de diriger cette reprise de la construction. Mais l'état des finances dut, on le pense bien, amener des modifications dans les idées et les projets concernant ce monument. En effet, on trouva que le plan de Bramante, dessiné par Raphaël, exigerait, pour son achèvement, et un temps trop considérable et des dépenses excessives, dépenses auxquelles on craignait ne pouvoir jamais faire face. Dans cette conjoncture, Peruzzi conçut un autre projet, dans lequel il employait tout ce qui avait été fait par ses prédécesseurs. Jusqu'alors on avait eu l'intention de donner au plan de cet édifice la forme d'une croix latine, en souvenir, peut-être, de l'ancienne basilique ; Peruzzi proposa de le réduire, à cause des dépenses, à celle d'une croix grecque que présentait son nouveau projet. Or, d'après le dessin qui nous en a été conservé par Serlio, c'était une croix dont les quatre branches se terminaient en hémicycle. Entre chacune de celles-ci s'élevait, en dehors, et sur un plan quadrangulaire, une assez grande sacristie, et les masses de ces sacristies servaient de soubassement à autant de campaniles ; puis chaque hémicycle avait une porte qui s'ouvrait sous un portique semi-circulaire, d'où l'on entrait dans l'église. Le maître-autel se trouvait entre les piliers (*), qui portaient une coupole de 188 palmes de diamètre ; enfin cette coupole était accompagnée de quatre autres plus petites, de 65 palmes de diamètre, disposées avec art. Ce plan était conçu avec assez d'intelligence ; et, quoiqu'il n'ait point été exécuté, on doit cependant le citer comme une des meilleures conceptions architecturales de cette époque. Peruzzi, dit un historiographe de la basilique de Saint-Pierre, y donna la preuve que son génie était de niveau avec les plus hautes idées de l'architecture, et que celui qui avait su modifier ainsi le projet de Bramante était bien en état de lui succéder. Cependant, continue-t-il, soit que la fortune des grands talents en architecture dépende d'un certain concours de circonstances, soit que ces talents aient besoin d'un certain art de faire fortune, art que le caractère timide de Peruzzi ne lui permit pas d'apprendre, la construction de Saint-Pierre ne fit cependant que languir sous sa direction indécise.

Plusieurs événements vinrent, au reste, mettre obstacle à tous les projets, et amener, pendant un certain laps de temps, la suspension des travaux : la mort de Léon X, les troubles suscités par la faction des Colonni, et le sac de Rome par les troupes du connétable de Bourbon. L'un de ces événements, le dernier, occupe une trop grande place dans l'histoire de cette ville et dans celle des vicissitudes de l'art, pour que nous n'en disions pas ici quelques mots. On y verra, sous des couleurs assez sombres, un tableau de ces troubles politiques qui eurent lieu à cette époque, et le point de départ de ces guerres civiles pour cause de religion, qui ensanglantèrent la chrétienté pendant toute une partie du XVIe siècle.

Le pontificat du nouveau pape, Adrien VI, fut comme une espèce d'interrègne artistique, qui dura près de deux années ; car Adrien, qui était un homme de mœurs austères, s'occupa seulement à réformer un grand nombre d'abus. C'était à l'époque où Luther sortait de sa solitude de la Wartbourg, et au moment où il mettait, avec ses idées nouvelles, toute l'Europe en feu. Cependant, quoique le règne d'Adrien ne dura que vingt-deux mois, ce court espace lui suffit néanmoins pour ramener la tranquillité dans l'État romain. A sa mort,

(*) Il augmentait de plus d'un tiers les piliers de Bramante, et il y réservait un vide afin d'y pratiquer des escaliers en limaçon.

ce pieux pontife fut remplacé par un ami d'enfance de Léon X , par un autre Médicis. Clément VII semblait, par son caractère et ses goûts , devoir faire revivre bientôt des idées d'art, de luxe et de fêtes ; mais les événements contemporains, et les graves questions politiques et religieuses qui surgirent alors, lui en laissèrent peu le temps. Clément VII avait en face de lui Luther, Henri VIII et Charles-Quint. Les factions intestines profitèrent de cette position du pape. Les Colonni suscitèrent dans Rome un mouvement en faveur de Charles-Quint; et, dans cette tentative, ils allèrent même jusqu'à vouloir menacer le pontife, qui fut obligé de se renfermer et de se défendre dans le château Saint-Ange. Les troupes des Colonni, tenues en respect par les canons du fort, s'en prirent alors à la ville ; toute une partie de la rive droite du Tibre, le Vatican, la basilique de Saint-Pierre, et les maisons de la cité Léonine, furent dévastés et livrés au pillage ; une trêve intervint cependant entre le pape et les Colonni; suivant l'auteur de *Rome chrétienne* (*), Clément promit de quitter le parti de la Ligue, et les Colonni se retirèrent. Mais, au moment même où cette conclusion avait lieu, les Allemands de Frundsberg et les Espagnols du connétable de Bourbon descendaient de la Lombardie, où ils ne trouvaient plus de vivres, sur les provinces de l'Italie centrale, jusqu'alors épargnées par la guerre. Le pillage de Rome était surtout le but de leurs pensées ; de Rome, la ville des papes, qu'ils considéraient comme le réceptacle des trésors de toute la terre. Une certaine ivresse luthérienne animait en outre les Allemands; Frundsberg ne parlait que d'étrangler les gens d'église. Vainement le pape espéra-t-il conjurer l'orage, en traitant avec les ministres de l'empereur ; ces bandes indisciplinées ne connaissaient plus d'autre guide que leur passion, et le connétable de Bourbon ne parvenait à conserver une ombre de commandement qu'en cédant à tous leurs caprices. L'armée s'avança donc vers Rome, quoiqu'un armistice eût été signé avec Clément VII; et le 5 mai 1527, à quatre heures quarante-cinq minutes du soir, on put l'apercevoir du haut des murailles. Le pape dut aussitôt penser à la défense de la ville; privé de troupes , mais secondé par le concours des habitants, il combina néanmoins tous les moyens de pouvoir résister à l'ennemi. On dressa des batteries ; on prépara des fascines, ainsi que des pièces de bois et de la poix fondue qu'on devait jeter sur les assaillants. Néanmoins, malgré l'énergie de Clément et malgré le courage des Romains , quelques ennemis parvinrent à s'introduire dans la ville ; d'autres y pénétrèrent aussi à l'aide de l'escalade, après une lutte sanglante et acharnée sur les remparts , où le connétable et un certain nombre d'assaillants trouvèrent la mort. Mais tout à coup une terreur panique s'empara des assiégés qui défendaient les murailles; on abandonna la défense, et les troupes ennemies purent enfin s'emparer de la place. Alors des scènes de cruauté firent de la capitale de la chrétienté, de la reine des arts , une ruine et un tombeau... A chaque instant, on entendait la voix des mourants, la clameur des mères à qui on enlevait leurs filles, et le pétillement lugubre de l'incendie qui dévorait toutes les maisons dont les habitants avaient voulu se défendre. Bientôt la dévastation ne se borna plus à une seule rive du Tibre ; le pont Sixte fut emporté sans presque aucune résistance, et partout régnèrent le deuil et la terreur. Qui voudra connaître ce qui s'est passé dans ces jours néfastes devra le demander aux plumes contemporaines. Elles nous feront voir la joie fanatique des luthériens souillant les vases sacrés , barbouillant d'ordures les tableaux des artistes célèbres, dispersant sous leurs pieds les reliques des saints et violant les tombeaux dans les basiliques. Il n'est sorte de tourment qui ne fût inventé pour faire rendre aux habitants jusqu'à la dernière parcelle de leurs trésors. Enfin, lorsqu'ils furent las de tuer, de piller, ils se livrèrent à des bouffonneries grossières, où se manifestait souvent l'esprit haineux de la Réforme. Les lansquenets se coiffaient de chapeaux de cardinaux, revêtaient leurs longues robes , et parcouraient ainsi la ville, montés sur des ânes, etc. Or, cet état de choses ne dura pas seulement des jours, des semaines, mais des mois entiers. Les chefs, impuissants à empêcher le désordre, finirent par se retirer, et les stupides soldats demeurèrent livrés à eux-mêmes. L'histoire porte le chiffre du butin pris en cette circonstance à une valeur de dix millions en or et objets précieux, et les rançons à une somme beaucoup plus forte..... Les églises, la chapelle même du pape, avaient été transformées en écuries; les crucifix étaient criblés de balles, et les ornements des autels traînaient dans la litière, pêle-mêle avec les ornements des saints. Plusieurs fois Clément VII, renfermé au château Saint-Ange, voulut traiter avec les Impériaux; mais leurs exigences étaient telles, que tout accord semblait impossible. Clément finit néanmoins par se soumettre, deux mois après la prise de Rome, en souscrivant une convention..... La trêve qui suivit cet arrangement ne diminua pas les anxiétés du pontife ; car il avait accepté des conditions inexécutables, et tout l'or qu'il put se procurer par la fonte des vases sacrés restés entre ses mains était loin de réaliser la somme convenue. Sur ces entrefaites, survint

(*) M. DE LA GOURNERIE, Tom. II, pag. 267 et suiv.

un événement qui força l'ennemi à la retraite. Une violente épidémie, fruit des désordres de l'indiscipline, commença à sévir avec violence et à exercer ses ravages sur les Allemands et les Espagnols, qui périrent par milliers. Alors l'armée finit par trouver ce séjour trop dangereux; et, affaiblis par le fléau, les débris en furent chassés par les formidables bandes de Lautrec. — Parlerons-nous ici des désastres qu'éprouvèrent les arts pendant l'occupation de Rome par cette soldatesque en délire? Les monuments antiques subirent les plus graves outrages, et ceux du christianisme partagèrent le même sort. Que d'œuvres de la statuaire et de la plastique furent alors anéanties! La plupart des créations artistiques du moyen âge virent leur dernier jour, et les chefs-d'œuvre de l'orfévrerie, de la ciselure et de la broderie tombèrent sans pitié devant la barbarie sauvage de ces milices ignorantes et cupides. Quelles pertes à jamais regrettables l'art en général fit à Rome, pendant ces terribles jours!...

Cependant l'épuisement de l'Italie et celui des parties belligérantes finirent par ramener la paix ; et Clément VII faisait tous ses efforts pour cicatriser les plaies encore saignantes de cette occupation, lorsqu'un nouveau fléau vint, en 1530, aggraver encore son état. Une inondation du Tibre, sans exemple dans l'histoire, vint envahir toute une partie de Rome; inondation qui ramena la peste au sein de cette malheureuse cité. De tels événements avaient, on le conçoit, porté un coup funeste à l'art, et dispersé les éléments de toute cette génération de talents qu'avait réunis Léon X. Plusieurs d'entre eux avaient trouvé la mort; d'autres furent réduits à chercher leur salut dans la fuite; enfin, remarque un historien, on eût dit que la main de Dieu s'était appesantie sur cette ville, et qu'elle était condamnée sans retour. Eh bien, faut-il le dire? il y avait néanmoins une telle vie chez ce peuple, une telle séve dans les intelligences, qu'après toutes ces calamités on vit le travail, l'industrie et les beaux-arts couvrir de leur magnifique efflorescence les ruines et les blessures.

Les jours de malheur passés, Clément VII se souvint qu'il était un Médicis ; et, dans son œuvre de restauration, son goût pour les arts ne lui fit point oublier les artistes. La plupart de ceux qui avaient brillé naguère sous le règne de Léon X trouvèrent à sa cour un accueil empressé. Bientôt, le mouvement, imprimé par le pape, s'étendit à la ville ; partout on reprit les travaux, et ils furent confiés aux premiers talents de l'époque ; enfin, la construction du nouveau Saint-Pierre, qui était restée, non sans de notables préjudices, suspendue près de douze ans environ, fut continuée. Pendant ce laps de temps, Peruzzi n'avait fait autre chose qu'achever le chevet de l'édifice ; et, en 1536, il terminait sa carrière.

L'avénement de Paul III au siége pontifical annonçait une reprise générale des travaux de la nouvelle basilique. En effet, Antoine de San-Gallo, resté seul chargé de cette grande œuvre, par la mort de son collègue, reçut du pape des ordres à ce sujet. Tout présageait donc qu'il était réservé à cet architecte de mettre fin aux indécisions dont cette entreprise avait besoin de sortir. Paul III voulait d'ailleurs la terminer ; en conséquence, il commanda à San-Gallo l'exécution d'un modèle dont les dimensions et la dépense faisaient comprendre que le pape n'entendait plus qu'on marchât désormais sans un but définitivement arrêté. Ce modèle, qui nous est parvenu et qu'on voit aujourd'hui dans l'une des salles du Belvédère, fut exécuté en bois, sous la direction de cet architecte, par Antoine Labacco, son élève; et ce travail coûta, dit-on, la somme de 5,184 écus d'or. Sa longueur est de 35 palmes, sa largeur de 26, et sa hauteur de 20 et demie. De tous les projets qui furent faits pour l'érection de la nouvelle basilique, il n'y en eut point, selon nous, de plus compliqué, comme plan et comme décoration. En effet, San-Gallo, tout en réduisant, comme l'avait fait Peruzzi, la croix latine de ses prédécesseurs en une croix grecque surmontée d'une coupole, l'augmentait encore d'un immense vestibule. L'aspect extérieur de sa composition tenait beaucoup du style des premiers temps de la Renaissance, c'est-à-dire qu'il présentait la superposition des petits ordres, tandis que l'intérieur participait, seul et par nécessité, des dispositions nouvelles ; on y voyait l'emploi d'un ordre unique, destiné à former les immenses arcades qui devaient supporter la coupole (*). Ce projet réunissait donc les deux arts ou les deux manières de la Renaissance, celui des grands et celui des petits ordres. Mais, il est surtout une remarque que nous devons faire ici : nous voulons parler des divers éléments et des différentes parties qui constituaient ce colossal ensemble. Or, elles avaient presque toutes été copiées sur quelque monument antique de Rome, et agencées par San-Gallo pour en former sa basilique (**). Ainsi combiné, ce

---

(*) Bien que tous ces changements et tous ces projets ne se fissent que sur le papier ou en modèles, on ne peut s'empêcher de remarquer que les papes, ainsi que les architectes qui se succédèrent, n'étaient réellement occupés que d'une chose : élever une immense coupole qui pût faire oublier celles du Panthéon et de Sainte-Marie des Fleurs.

(**) On comprendra aisément ici la copie presque servile de ces éléments de l'art antique, et leur emploi dans un monument élevé sous le pontificat de Paul III, lorsque nous aurons dit que ce pape professait un culte tout particulier pour les antiquités de

projet ne put néanmoins trouver grâce devant la critique, qui avait d'autres idées ; et Vasari nous apprend que Michel-Ange, en l'examinant, lui appliqua la qualification de *gothique*, parce qu'il était composé, à l'extérieur, d'ordonnances sur ordonnances, de clochers et de pyramides ; composition qui rappelait, en effet, certaines dispositions de l'époque ogivale. Quoi qu'il en soit, on doit reconnaître que, sous le rapport de la construction, San-Gallo s'était montré, dans cette conception, un homme capable et d'un talent distingué. Cependant, malgré le jugement qu'en porta Michel-Ange, le modèle de San-Gallo n'en fut pas moins adopté par Paul III ; mais la mort, qui vint surprendre cet artiste quelque temps après, ne lui permit point d'en commencer l'exécution. Il mourut en 1546. La construction de Saint-Pierre ne fit que peu de progrès sous la direction de San-Gallo ; il fortifia encore, dans la vue de l'exécution de son projet, les piliers commencés par Bramante, et il y employa une quantité considérable de matériaux qui constituèrent à l'édifice cette assiette solide qui fut si utile à ses successeurs.

Il y avait déjà bien longtemps que la nouvelle basilique de Saint-Pierre était commencée, et l'on peut dire qu'il n'y en avait pas encore de plan arrêté ; aussi l'histoire de sa construction, depuis la mort de Bramante jusqu'à l'année 1546, n'offre-t-elle qu'une suite plus ou moins rapide d'architectes, de projets et d'essais. Les artistes, qui se succédaient dans la place de directeur des travaux, changeaient, à leur arrivée, les idées et les plans de leurs prédécesseurs ; en un mot, il se dépensait ainsi des sommes considérables, et l'ouvrage n'avançait pas. Tous ces changements ne faisaient, on le pense bien, qu'augmenter l'indécision ; et, ce qui était pis encore, c'est qu'une multitude d'abus s'étaient enracinés dans l'administration : chacun enfin ne pensait qu'à se perpétuer dans son emploi, et ne tendait qu'à rendre l'entreprise interminable. Dans ces circonstances, il était plus que nécessaire qu'un événement pût définitivement mettre fin à un tel état de choses. La mort de San-Gallo vint tout naturellement fournir cette occasion ; et, heureusement pour la basilique, son sort fut désormais fixé. Paul III jeta les yeux sur Michel-Ange, pour le tirer d'embarras. Buonarotti était, à cette époque, occupé à Florence dans le palais du grand-duc, où il exécutait des travaux assez importants. Le pape l'appela immédiatement à Rome pour lui confier la direction des travaux. Mais, par un de ces pressentiments qui n'appartiennent qu'aux hommes qui comprennent leur époque, Michel-Ange, que l'entreprise n'effrayait point, mais qui prévoyait tous les désagréments que lui susciteraient les partisans de San-Gallo, fit tout ce qu'il put, par lui-même et par ses amis, pour refuser l'honneur qu'on lui déférait. Ainsi, une distinction que tout autre eût briguée, n'éprouva de sa part, dit M. Quatremère, que refus et résistance ; il mit tout en œuvre pour fuir la faveur dont il prévoyait le fardeau. Il fit d'abord valoir son grand âge, puis il allégua que l'architecture n'était point l'art pour lequel il s'était senti le plus de dispositions ; mais, à la fin, vaincu par les pressantes sollicitations du pape, il consentit à exécuter un modèle, espérant, sans doute, que ce nouveau projet n'obtiendrait point son adhésion. Michel-Ange parle lui-même de ce modèle qu'il envoya au pontife, et ce modèle, sur lequel la nouvelle église de Saint-Pierre fut bâtie, était une critique de l'œuvre de San-Gallo. Il ne mit, à ce qu'il paraît, que quinze jours à le faire, et n'y dépensa que 25 écus. Ce projet, disait-il, comparé à celui de son prédécesseur, économisait cinquante années de travail et 300,000 écus. Pour le composer, il avait emprunté un peu partout : nous voulons dire, aux projets antérieurs ; mais il lui avait donné un caractère particulier qui lui appartient en propre, et il avait ramené l'ensemble du monument à un seul ordre d'architecture, auquel il rattachait toutes les parties de son colossal ensemble, fait capital dans l'histoire des dispositions architectoniques ; car, à partir de Michel-Ange, l'architecture entre dans une nouvelle transformation : elle abandonne définitivement les petits ordres usités pendant la première partie de la Renaissance, pour l'emploi exclusif des grands, c'est-à-dire, pour celui d'un ordre unique imité de l'antique. Quoi qu'il en soit, Michel-Ange, dans son projet, conservait au monument sa forme en croix grecque, que lui avait donnée San-Gallo ; il le surmontait aussi d'une coupole, mais elle était double, idée qu'il avait empruntée à celle de Brunelleschi, et enfin il faisait précéder l'édifice d'une façade ou portique, calqué sur le Panthéon d'Agrippa. Tel est, en quelques mots, l'ensemble de ce projet, qu'il espérait voir rejeter par le saint-père ; mais Buonarotti éprouva, en cette circonstance, le malheur qu'il redoutait le plus. Son nouveau projet plut beaucoup au pape, qui ne s'en tint plus, dès ce moment, aux sollicitations. Paul III employa son autorité pour le forcer à devenir architecte de Saint-Pierre. Malgré donc ses résistances, il fut enfin obligé de se rendre aux ordres du pape. Alors ce dernier, pour prouver à Michel-Ange la haute estime qu'il

Rome ; à cette époque, des ordres même furent donnés par lui pour qu'on les garantît de toute dégradation ; et il nomma aussi des inspecteurs qui étaient chargés de veiller à leur conservation.

faisait de ses talents, et la confiance qu'il avait en ses lumières, lui fit expédier, en 1546, un bref par lequel il le constitue architecte en chef de la nouvelle basilique, l'autorise à réformer et à détruire, selon qu'il le jugera à propos, tout ce qui avait été fait par ses prédécesseurs, lui laisse absolument la liberté d'admettre ou de rejeter tels ouvriers qu'il voudra, l'affranchit de toute dépendance des économes et directeurs ordinaires de la fabrique, et enfin défend à qui que ce soit, sous des peines très-sévères, de rien changer désormais au plan de Michel-Ange ; et, en agissant ainsi, Paul III ôtait, à tous ceux qui pourraient lui succéder, la liberté de s'écarter du modèle arrêté ; enfin le pape lui allouait en même temps 600 écus romains par an d'appointements. Dès ce moment, Buonarotti fit ses préparatifs de départ pour Rome ; mais, avant de quitter sa chère Florence, il voulut, dit-on, revoir encore une fois l'œuvre de Brunelleschi qui couronne Sainte-Marie des Fleurs ; et là, jetant un dernier regard sur la coupole de cette église, en face de laquelle il avait retenu son tombeau pour la voir même après sa mort, on rapporte que, dans ce moment de séparation, il s'écria avec cet accent qui tient de l'enthousiasme : « Adieu ! je vais essayer de faire ta sœur ; mais, à coup sûr, je n'espère pas faire ta pareille. » Lors de son arrivée à Rome, Michel-Ange fut reçu par le pape avec la plus grande distinction, et mis immédiatement en possession de sa charge. Tous ceux qui avaient travaillé à la basilique, pendant la direction de San-Gallo, firent au nouvel architecte un accueil empressé, accueil dans lequel il entrait beaucoup plus de dissimulation et d'intérêt que de sincérité ; ils donnèrent les plus grands éloges à son nouveau projet, cherchant ainsi à capter sa bienveillance ; mais Buonarotti, qui connaissait la bassesse et l'âme intéressée de ces flatteurs, et qui n'ignorait point aussi que chacun d'eux avait voulu s'enrichir aux dépens de la fabrique, voulut que le premier acte de son autorité fût un acte utile : il leur déclara franchement que nul d'entre eux ne travaillerait sous sa direction, et qu'en conséquence il les congédiait tous. Cette exclusion inattendue, qui anéantissait tout d'un coup les espérances de rapacité de tous ces gens, devint, comme on le pense bien, pour Michel-Ange, une source de chagrins incessants qui ne finirent qu'avec sa vie. Mais le célèbre artiste ne s'en tint pas là ; et, afin de mieux réformer encore les abus dont tous ces gens s'étaient engraissés, il donna une grande leçon de désintéressement, c'est-à-dire, l'exemple, en refusant le traitement annuel de 600 écus attaché à la place d'architecte en chef, abandon qu'il renouvela pendant les dix-sept années de sa gestion. L'acte qui le nomma fait mention de son refus d'accepter la moindre récompense, et exprime que ce fut lui qui sollicita l'insertion de cet article. Il ne fallait rien moins que les capacités de cet artiste pour mettre fin à toutes les difficultés qu'avait présentées la construction de la nouvelle basilique ; mais il fallait aussi un caractère fortement trempé pour triompher de tous les obstacles et imposer silence à toutes les passions mauvaises qui fermentaient du côté du parti de San-Gallo. Le désintéressement de Michel-Ange fut apprécié par Paul III, et l'artiste en fut récompensé par la confiance entière du pape, qui le laissa maître d'ordonner absolument de tout ce qui concernait les travaux de la construction. Buonarotti n'abusa point de la liberté qu'on lui avait donnée ; et, fort de cette autorisation, il ne songea qu'à mettre au plus tôt la main à son œuvre.

Michel-Ange s'était trop ouvertement expliqué sur le projet de San-Gallo pour qu'il pensât à y revenir. Il crut qu'il devait commencer d'abord par corriger les fautes de ses prédécesseurs ; en conséquence, il jugea nécessaire de raffermir encore les fondements de Bramante, en renforçant, pour la troisième fois, les piliers qui devaient supporter la coupole ; puis, s'emparant de l'idée qu'avait eue ce dernier pour le couronnement de son église, c'est-à-dire, de l'emploi d'un dôme, il voulut donner à cette partie tout son développement en l'exhaussant sur une partie cylindrique qui l'élèverait dans les airs ; enfin, et comme pour compléter l'ensemble de ce projet, il le faisait précéder d'un portique imité de celui du Panthéon d'Agrippa. Ce programme arrêté, Michel-Ange se mit immédiatement à l'œuvre ; car non-seulement il avait hâte de la voir en cours d'exécution, mais il était aussi vivement pressé par le pape, qui semblait impatient de la voir terminer. Les travaux furent donc poussés avec une telle vigueur et poursuivis avec une si grande activité, qu'en 1557 on pouvait déjà juger de son ensemble. En effet, après avoir détruit d'abord les parties élevées par San-Gallo, qui ne pouvaient concorder avec son projet, il avait ensuite entrepris à la fois toutes les parties de la basilique ; son but, on le comprend, était de mettre les choses dans un état tel qu'il n'y eût plus à craindre de changement, en cas de mort. Dans ce travail, il avait augmenté les piliers de la coupole, voûté les nefs, construit deux grands escaliers qui conduisent au sommet des voûtes, terminé le revêtement extérieur et fortifié d'un nouveau cintre en briques les arcs du dôme ; puis, il avait achevé le soubassement extérieur de la coupole, ainsi que le grand entablement intérieur. Durant le cours de cette longue et pénible construction, l'activité de Michel-Ange ne s'était point ralentie un moment, elle semblait augmenter ; enfin, l'édifice grandissait à vue d'œil, et son ordonnance extérieure et intérieure était définitivement fixée. Mais, pendant qu'il exécutait ces divers travaux, Paul III était descendu dans la tombe; et, sous son successeur, les partisans de San-Gallo avaient recommencé l'intrigue contre lui. On répandit surtout mille reproches sur son œuvre, reproches qui arrivèrent bientôt aux oreilles du pape. Jules III fit aussitôt examiner la question : le jugement des hommes de l'art fut complétement favorable à Michel-Ange, ce qui imposa silence à ses adversaires, et le pape, pour témoigner à Buonarotti sa satisfaction, lui envoya un nouveau bref qui confirmait celui de son prédécesseur. Enfin, dit M. Quatremère, malgré tous les changements de pontifes et au milieu de toutes les inquiétudes que ces variations ne cessaient de causer à l'architecte, la tour du dôme fut élevée; et si les fonds n'eussent pas diminué sous les règnes de Paul IV et de Pie IV, l'édifice eût bientôt été porté à sa fin. Un moment, Michel-Ange crut pouvoir se flatter de réaliser l'objet de tous ses vœux. Il avait poussé les travaux de la nouvelle basilique avec une telle vigueur, qu'il ne lui restait plus à exécuter que la coupole et la façade. Michel-Ange avait alors quatre-vingt-sept ans. Mais les éléments du reste de la construction n'étaient connus que de lui seul. Or, comme on craignait avec raison que, vu son grand âge, Buonarotti n'eût pas le temps de terminer ce qui restait à faire, on l'engagea à en donner un modèle sur une petite échelle, ce à quoi il consentit volontiers. Il le fit exécuter sous ses yeux, avec le plus grand soin et jusque dans les plus petits détails, par un artiste français, nommé maître Jehan. Ce modèle, qui obtint l'assentiment général, servit plus tard de guide, ainsi que nous le dirons. Arrivé au terme de sa longue carrière, Michel-Ange sentit la nécessité d'avoir un suppléant, et d'en avoir un surtout qui le comprît intimement dans l'exécution des travaux à ordonner. Cette prévoyance et cette nécessité de la part de Buonarotti fournirent une nouvelle occasion aux partisans de San-Gallo. Ils recommencèrent leurs intrigues, et parvinrent à faire nommer à ce poste un homme incapable, un nommé Nanni di Baccio Bigio. Après l'avoir employé quelques mois, pendant lesquels il commit différentes fautes, Michel-Ange dut aller trouver le nouveau pape afin de l'instruire de ce qui se passait. Pie IV renvoya immédiatement Nanni, et nomma à sa place Vignola et Pirro Ligorio, sous la condition expresse qu'ils ne changeraient rien au projet de Buonarotti. Il y avait dix-sept ans que Michel-Ange, avec une assiduité bien digne d'éloges, dirigeait la construction de Saint-Pierre, sans cesse tourmenté par les autres architectes, jaloux de son mérite et offensés de son désintéressement, souvent trahi par ceux mêmes qui auraient dû être ses plus zélés protecteurs; il avait atteint sa quatre-vingt-dixième année, lorsque enfin, en 1564, il termina une vie pleine de gloire, laissant Rome et Florence décorées de ses œuvres d'architecture, de sculpture et de peinture, une réputation que n'a jamais eue aucun artiste, et un nom que la postérité respectera toujours (*).

On ferait aisément un volume si l'on voulait réunir et grouper en faisceau tous les détails et toutes les particularités qui se rapportent à Michel-Ange, à ses œuvres et à l'influence qu'il exerça, dans les trois arts du dessin, pendant une durée de près d'un siècle; et l'on pourrait avec raison nous faire des reproches, si, dans un ouvrage d'architecture, l'on nous voyait, à propos de cet artiste, faire une invasion dans le domaine des deux dernières branches. Toutefois, comme Buonarotti, par ses travaux et sa longue existence, eut une action si grande sur la marche et la destinée de l'art, de la fin du XVe siècle à la fin du XVIe, nous avons pensé qu'il était indispensable de signaler ici ses tendances et les principaux résultats qu'elles produisirent à cette époque. Ces innovations consistent particulièrement, en ce qui concerne l'architecture, dans le rejet des petits ordres pour l'emploi exclusif d'un ordre unique, dans l'introduction et la copie des éléments de l'architecture gréco-romaine, et dans la disposition de la coupole de Saint-Pierre : trois sujets que nous allons traiter brièvement. Mais, avant d'aborder ces différentes questions, qu'on nous permette de mentionner en passant un fait qui, quoique ne se rattachant pas directement à la nouvelle basilique vaticane, n'en produisit pas moins un résultat funeste à l'art, et à l'architecture en particulier. Voici ce fait, tel qu'il est rapporté par M. Quatremère dans sa *Vie des Architectes* (**) : Le pape Pie IV chargea Michel-Ange de faire des projets pour les différentes portes de Rome; la seule toutefois qui ait été construite par lui fut celle qu'on nomme la *Porta Pia;* ce monument, quoiqu'il n'ait pas été entièrement achevé, n'en est pas moins propre à prouver que Michel-Ange, élève de son seul génie, non-seulement ne se régla point sur le goût et la manière de qui que ce soit, ni d'aucun pays, ni d'aucun âge, mais semblerait avoir affecté de ne s'assujettir à aucun système dans l'architecture, ce que prouverait, dans la *Porta Pia*, ce mélange de *formes consacrées* par les types reçus de l'art des Grecs et de formes

(*) L'abbé Mey, Temples anciens et modernes, pag. 237.
(**) Tome I, pages 254-255

qu'on pourrait appeler *extra-architectoniques*. On ne saurait se persuader que ces innovations aient été, de la part de Michel-Ange, le résultat d'un système, comme on le vit dans le siècle suivant. Mais son exemple n'en contribua pas moins à y porter les esprits ; et peut-être serait-il permis de dire que, par la Porta Pia, ont passé et se sont introduites toutes les bizarreries qui, plus tard, devaient ruiner l'architecture (*). Du reste, si Michel-Ange se laissa aller en quelque sorte à la manie d'innover, et surtout dans les petits détails de l'architecture, il ne faut pas conclure de quelques-unes de ces minuties qu'il aurait eu le talent de voir en petit. La basilique de Saint-Pierre, sur laquelle repose sa réputation comme architecte, nous montre qu'il fut, de tous ses contemporains, celui qui se trouva le plus capable.

Revenons maintenant à notre sujet principal : les idées nouvelles, préconisées par Michel-Ange dans sa principale œuvre d'architecture, et la part d'action qu'elles eurent sur son siècle et sur ses contemporains. En ce qui concerne la décoration en grand des édifices, c'est-à-dire, l'ordonnance, Buonarotti crut faire faire un progrès à l'art en n'y employant qu'un seul ordre, qu'il empruntait à l'antiquité ; et, en agissant ainsi, il avait en vue la loi de l'unité, car il ramenait à cet ordre unique toutes les parties, décoratives ou autres, de ses grandes compositions architectoniques. Fut-ce un bien ou un mal? C'est là une question où les avis sont encore partagés. Toutefois Michel-Ange, par ce fait, se mit en opposition ouverte avec les architectes italiens de l'époque de transition, qui, pendant la première partie de la Renaissance, usèrent et abusèrent quelquefois des petits ordres superposés. Mais, s'il est un devoir pour nous de signaler les écarts dans lesquels tombèrent aussi les prédécesseurs de Michel-Ange, nous sommes forcé d'avouer que ces derniers trouvèrent parfois, à l'aide de la disposition des petits ordres, des combinaisons heureuses, inspirées, nous le reconnaissons, des dispositions du style ogival, dispositions qui sont, à notre avis et quoi qu'on en dise, beaucoup plus convenables pour certains genres de monuments, et beaucoup plus agréables à l'œil que ces froides, sèches et insipides copies de l'art antique! Quoi qu'il en soit, avec Michel-Ange, l'architecture entra, par suite de ce fait, dans une voie nouvelle, et l'on en revint, pour la décoration tant extérieure qu'intérieure des édifices, à l'emploi d'un ordre unique, imité des anciens.

Ici vient tout naturellement se placer une de ces questions qui sont de la plus haute importance dans l'histoire de l'art et dans celle de ses transformations à travers les différents âges : nous voulons parler de cette imitation presque servile des formes antiques que les artistes introduisirent dans presque toutes les constructions qui furent élevées en Italie dès le commencement du XVIe siècle. — Jusqu'alors, les œuvres de la Renaissance, bien qu'empreintes et saturées de style gréco-romain, avaient souvent encore conservé l'aspect et le caractère des époques antérieures ; et, n'était l'emploi des éléments, qui rappelaient les formes antiques, on aurait pu les prendre pour des conceptions d'un autre âge. Telle était, du moins en Italie et particulièrement à Rome, la physionomie générale des monuments à la fin du XVe siècle et dans les premières années du XVIe. Mais, à partir de Bramante et de Michel-Ange, l'architecture se fraya une voie nouvelle ; on abandonna les petits ordres du commencement de la Renaissance pour les grands ; on renia tout un passé glorieux, et la manie du romain, de l'antique, l'emporta définitivement ; en un mot, ce fut, de tous côtés, un servilisme d'engouement presque incroyable, qu'on ne peut expliquer, il nous semble, que par les caprices et les idées de l'époque (**) ; conséquences immédiates de la découverte du texte de Vitruve et des œuvres de la plastique ancienne, de l'étude des vieux monuments romains, de la recherche des manuscrits, de celle des médailles, etc., enfin de tout ce monde philosophique, littéraire et scientifique qui n'était plus, mais que des circonstances fortuites avaient rendu tout à coup à la lumière, et auquel vint se combiner le travail général des idées qui agitaient alors l'Europe, et qui devaient amener, un peu plus tard, cette grande commotion sociale et politique, sur le point de révolutionner l'univers. Quoi qu'il en soit, à l'époque dont nous parlons, celle qui suivit la mort de Bramante, le désir du changement, le goût de plus en plus prononcé pour l'antique, et l'engouement excessif de ses formes, étaient, il faut le croire, bien grands et bien vifs chez les artistes de Rome, et tout à fait en harmonie avec les idées nouvelles du public en matière d'histoire, de philosophie, de litté-

<hr>

(*) Nous avons eu des raisons particulières, en citant ce fait de l'histoire de Michel-Ange. Notre intention a été de prouver qu'on a souvent eu tort d'accuser seul Borromini de ses excentricités en matière de composition et de détails architectoniques ; car, on le voit d'après ce que nous venons de rapporter, Michel-Ange, qui l'avait précédé dans la carrière, était évidemment le promoteur du genre. Ceci posé, nous devons reconnaître que Borromini, en surenchérissant encore sur les défauts et les extravagances de son prédécesseur, se jeta, par manie de l'originalité, dans tous les excès de ce genre.

(**) Ce n'était plus de l'appropriation antique comme au règne de Constantin et plus tard, parce que, à cette époque, il fallait construire en peu de temps, et parce que souvent encore on ne savait exécuter ; mais un servilisme de copie impardonnable.

rature, etc.; car ils en étaient arrivés à un degré tel, que cette manie leur avait fermé et les yeux et la raison. En effet, ces artistes, qui étaient essentiellement chrétiens, ne comprirent point ou ne voulurent point comprendre que des formes, qui avaient appartenu naguère aux civilisations païennes de la Grèce et de Rome, ne pouvaient logiquement être employés ensuite par le christianisme, puisqu'il y avait là dissidence complète et contre-sens. L'emploi de ces formes dans les monuments catholiques ne pouvait donc être admis que par une société telle qu'elle était composée alors, c'est-à-dire, par une société qui vivait plus peut-être des idées et des choses nouvellement exhumées que des traditions religieuses des siècles antérieurs; par une société, enfin, qui confondait, dans une même pensée, et les fables riantes de la mythologie et les austères prescriptions du christianisme. Ajoutons encore qu'il était d'autant plus difficile de comprendre ce mélange des deux civilisations, que le christianisme, diamétralement opposé par sa nature au paganisme, avait renversé, dans Rome même et ailleurs, un très-grand nombre de temples dédiés aux divinités qu'il avait condamnés ainsi que ses sanctuaires, sanctuaires et divinités que la religion nouvelle s'était donné pour mission de détruire et de remplacer. Or, et par ce fait, les artistes du XVIe siècle, plus enthousiastes sans doute de changement et d'idées nouvelles que fidèles observateurs des traditions de l'Église primitive, se mirent, on le voit, soit par ignorance, soit par caprice, en flagrant délit d'hérésie. Tout donc, en bonne logique, excluait ce servilisme; car, dans le cas contraire, il faudrait, par suite de ce prétendu progrès et pour être conséquent, accepter, si telle pensée venait à l'esprit d'un architecte, des monuments chrétiens construits en style massif de l'Égypte, en style troglodytique de l'Inde, etc. On comprend par ces quelques mots où mèneraient de telles aberrations! Mais, pour en revenir à notre sujet, ce qui surpasse et ce qui étonne surtout la pensée, c'est de voir la papauté elle-même, qui aurait dû, par essence, s'opposer à ce changement et mettre un frein aux idées des artistes, puisqu'elles étaient, par leur nature, en opposition flagrante avec le christianisme, loin, bien loin de diriger l'art qui s'écartait de sa route, c'est-à-dire, des formes catholiques qu'avaient successivement offertes les divers styles du moyen âge, subir, au contraire, les caprices du moment, en se laissant aller elle-même à l'engouement général, et en donnant, pour ainsi dire, au monde chrétien cet exemple choquant. Étrange opposition qui poussait les vicaires du Christ à renier tout un art chrétien qui lui était propre, pour en choisir un autre, récemment exhumé, il est vrai, mais dont l'ensemble représentait des croyances et une civilisation que le maître, à son apparition dans le monde, s'était donné pour mission de renverser. Cet aveuglement inconcevable montre ici, avec évidence, à quelles aberrations et à quelles anomalies les hommes sont sujets lorsqu'ils se laissent entraîner par l'engouement et les idées d'une époque! Toutefois, il est vrai de dire que la forme et la disposition des éléments gréco-romains ne furent point d'abord aussi frappantes qu'on pourrait bien le croire; et, dans le nouveau Saint-Pierre de Bramante, à l'exception du portique et de la coupole, il y aurait eu beaucoup à chercher pour y retrouver les dispositions principales des monuments antiques. Telle fut, à cette époque, la pensée des architectes; ils cherchèrent à employer les éléments, sans toutefois en reproduire complétement l'ensemble. Mais que dirons-nous, lorsqu'un peu plus tard nous verrons Palladio et ses disciples s'efforcer de nous offrir, dans les églises de Venise et d'ailleurs, des copies complètes et presque identiques de façades et d'intérieurs de monuments romains? A cette époque, nous ne saurons, en vérité, qui nous devrons blâmer le plus, ou de la tolérance du pape, qui oublie sa mission et son devoir, ou le sans-façon de l'artiste, qui, sans s'inquiéter du culte et de ses exigences, se permet des écarts qui sont en hostilité avec la divinité pour laquelle le monument fut construit. Alors, la façade d'un temple de Jupiter ou de Mercure constituera le portique du sanctuaire du Dieu des chrétiens, et les colonnades païennes lui serviront de décoration et d'enceinte!... Loin de nous, certes, l'idée de vouloir arrêter la pensée humaine dans sa marche ascendante : tout progrès réel et logique nous semble, au contraire, un bienfait qu'on ne peut blâmer. Mais, il est ici un fait sur lequel nous voulons appeler l'attention de nos lecteurs : c'est celui de savoir si l'architecture en grands ordres, telle que la conçurent Bramante, Michel-Ange et leurs successeurs, était réellement un progrès sur cette autre architecture qui employait les petits ordres, et qui lui était antérieure. Certes, c'est encore là une de ces questions sur lesquelles on peut différer d'opinion, mais dans laquelle, sans doute, la critique judicieuse et la saine raison prendront parti pour celui des deux arts qui offrira, dans son ensemble, et le moins de servilisme et le plus d'invention. Néanmoins, nous répétons ici qu'on possédait antérieurement une architecture réellement chrétienne et liturgique, qu'elle soit latine, byzantine (*), romane ou ogivale, et nous demanderons pourquoi

---

(*) Mot impropre, mais *consacré*.

l'on n'a point cherché de progrès dans l'un de ces différents styles, plutôt que d'avouer son impuissance en retournant à l'emploi des éléments architectoniques du paganisme. A Dieu ne plaise que nous prétendions que les divers styles qui furent créés par les artistes du moyen âge soient, sous le rapport de la théorie et des formes, supérieurs à ceux que présentent les édifices de l'antiquité païenne, c'est-à-dire, aux monuments grecs et romains ! Non. — Nous pensons seulement que, le christianisme ayant une architecture qui lui était propre, les artistes italiens des XVᵉ et XVIᵉ siècles devaient, soit en continuer l'emploi, ou trouver une nouvelle formule (*), et ne point se mettre en désaccord avec l'esprit et la lettre de cette religion ; en un mot, qu'ils ne devaient point retourner à l'architecture gréco-romaine. Ce fait, nous l'avons dit plus haut, ne peut, il nous semble, s'expliquer que par l'affaiblissement du dogme et la réaction provoquée par la recherche et la découverte des œuvres de l'antiquité, monuments et manuscrits de tout genre. A cette époque, tout devint classique, depuis le pape jusqu'au bourgeois ; partout on parlait latin, et la langue de Cicéron était à la mode. Or, on conçoit alors que, pour se mettre à l'unisson, les architectes trouvèrent les préceptes de Vitruve bien supérieurs aux théories des francs-maçons ; et bientôt cette réaction, qu'avaient commencée naguère les Brunelleschi et les Alberti, fut consommée en Italie par les œuvres élevées de la fin du XVᵉ au commencement du XVIᵉ siècle. Au reste, il faut le dire, car tout porte à le croire, cette prétendue renaissance n'était uniquement qu'une question de mode, qu'une question de changement. L'architecture avait parcouru les trois formes qui présentent des combinaisons architectoniques, et les œuvres nées de la ligne droite, du plein cintre et de l'ogive, avaient presque donné leur dernier mot. Les circonstances ayant remis par hasard en lumière le texte de Vitruve, la manie du changement, plus encore que le progrès, fit le reste. On examina, on s'éprit de ce qui n'avait point été compris et de ce qui avait été dédaigné ; et la mode, cette maîtresse si capricieuse, poussa le goût et les œuvres de la science et des arts dans la voie nouvelle. Ajoutons aussi que les idées de la société se modifiaient ; l'architecture et les arts qui en sont, pour ainsi dire, l'expression, devaient donc subir aussi une nouvelle transformation, une nouvelle phase qui les mit en harmonie avec elles. Maintenant, alléguerait-on qu'il s'agissait, lors de l'érection de Saint-Pierre, d'une question d'amélioration, soit dans la distribution des édifices religieux, soit dans la nouveauté des formes ; et cette amélioration était-elle sérieusement réclamée par le besoin du culte ou ceux de la société? Évidemment non, puisque l'un des styles précédents pouvait offrir aux artistes tout autant de combinaisons convenables, susceptibles d'être appropriées aux exigences nouvelles, et que le nouveau, comme dispositions d'utilité, ne présentait rien qui n'existât déjà dans les monuments antérieurs : nous voulons parler ici de la disposition intérieure des églises par rapport aux besoins des cérémonies du culte ; enfin voudrait-on objecter qu'à l'aide du nouveau style et par suite de ses combinaisons nouvelles, le monument de Bramante et de Michel-Ange offrirait un caractère plus en rapport avec sa destination? Encore une fois non ; puisque le nouveau style était l'antipode de l'art chrétien, qui est un art à part. Pour nous, il nous semble qu'ainsi combiné, c'est-à-dire, ainsi formé de parties empruntées aux arts de la Grèce et de Rome, la nouvelle basilique de Saint-Pierre présente l'œuvre d'un artiste catholique qui, reniant le passé de l'art chrétien, s'en va, hors du sein de l'Église, chercher un autre art qui lui est opposé, et en constitue un monument qui, loin de passer, ainsi qu'on le croit généralement, pour le premier et le plus vénérable parmi ceux de la chrétienté, doit, au contraire, être considéré, par les hommes sérieux, comme l'un des premiers actes de protestantisme en fait d'art, et le point de départ d'une manifestation hostile à l'Église, manifestation qui se traduisit un peu plus tard en une scission funeste parmi ses enfants.

Or, dans cette nouvelle formule, dans cette nouveauté, toute la question semble se réduire, de la part de Bramante, de Michel-Ange et de ses successeurs, à une tentative colossale de hardiesse comme dispositions, à une espèce de tour de force, si l'on peut s'exprimer ainsi. On voulait essayer la combinaison en grand de deux monuments imposés l'un sur l'autre. Mais d'abord, cette idée n'était point nouvelle ; les moyens même n'offraient presque rien de nouveau, l'échelle seulement faisait la différence. En effet, bien antérieurement à cette époque, les Romains avaient élevé dans les airs la coupole du Panthéon ; plus tard, les Byzantins, ou plutôt les Constantinopolitains, dépassant en hardiesse la science de leurs devanciers, établirent la leur sur des pendentifs. Vinrent ensuite les artistes de l'époque romane, et ceux de l'époque ogivale, qui varièrent à l'infini cette même disposition du dôme sur la croisée du transept ; enfin, restait à combiner et à agencer l'imposition de la coupole ou de ce même

(*) Ainsi qu'on l'avait fait à l'époque de la création des styles byzantin, roman et ogival.

dôme (*) sur une partie cylindrique, et là seulement se montrerait la nouveauté, le progrès, si on ne le retrouvait encore, à l'état élémentaire, et sur une plus petite échelle, dans certaines églises byzantines, romanes et ogivales, construites pendant le cours du moyen âge. Ici vient se placer incidemment une question qui nous semble capitale, celle de savoir si la coupole, telle que la conçurent les artistes classiques, convenait mieux, avec sa forme hémisphérique, pour couronnement des édifices religieux, que telle autre combinaison créée précédemment, soit par les artistes de l'époque ogivale, soit par ceux de l'époque de transition. C'est là, nous le pensons, une question à poser, et dans laquelle les opinions seraient certainement partagées, mais où, sans nul doute, l'avantage resterait à celui qui trouverait le moyen de se passer de cette lourde et disgracieuse machine. Nous demandons donc si le dôme de Saint-Pierre peut être mis en parallèle, pour son caractère religieux, son symbolisme, son élégance et sa légèreté avec telles flèches centrales de nos cathédrales à ogives ; et, pour notre part, nous lui préférons encore de beaucoup le couronnement qui surmonte l'église de la Chartreuse de Pavie, dont l'érection est presque contemporaine de la coupole vaticane? Que conclure maintenant ? — Est-ce à dire qu'il y avait là nouveauté, progrès? Progrès, peut-être, sous un certain rapport dans la construction ou l'agencement de telle partie de la coupole; mais comme forme, comme dispositions, nous en doutons encore. C'était seulement un essai en grand, tenté pour la première fois, puisque nous retrouvons les éléments et les idées premières des différentes parties de cette coupole dans les monuments antérieurs. Ce serait peut-être ici le lieu de dire quelques mots sur les dispositions particulières qui furent apportées dans l'agencement des dômes qui surmontèrent, à partir de cette époque, la plupart des grandes églises de l'Europe, et dont celui de Saint-Pierre paraît, après celui des Augustins, le point de départ. Mais ces détails trouveront beaucoup mieux leur place lorsque nous décrirons la coupole.

En résumé, il est ici des points qui sont maintenant acquis à l'histoire de l'art et à celle de la construction de la nouvelle basilique en particulier; c'est qu'avec Michel-Ange, nous entrons dans une nouvelle phase ou transformation de l'architecture, et que cette transformation comprend des parties qui caractérisent toute une époque : le retour définitif à la copie des œuvres de l'antiquité, l'emploi des grands ordres, l'adoption des coupoles comme couronnement des églises, une modification nouvelle dans la disposition de ces mêmes coupoles, et, enfin, le point de départ de certaines bizarreries en fait de compositions et de détails architectoniques; ajoutez à cela que Michel-Ange eut la gloire, si gloire il y a, d'avoir fixé définitivement la forme que devait présenter le plus grand monument religieux du catholicisme; qu'il professait avec un égal talent les trois arts du dessin; qu'il parcourut, de la fin du XVe siècle à la dernière moitié du XVIe, la plus longue carrière d'artiste; et l'on comprendra comment, resté seul, comme homme de talent et de génie, parmi ses contemporains, après la mort des artistes célèbres de la première période de la Renaissance, et l'on comprendra, disons-nous, comment il eut une si grande influence, et comment il acquit une si grande renommée!

Parvenu à cette partie de notre travail, c'est-à-dire, à cet endroit de l'histoire des faits qui concernent la construction du nouveau Saint-Pierre, nous entrevoyons enfin le terme de notre tâche; car le plus fort est accompli. En effet, le caractère et les dispositions principales de cet édifice sont désormais arrêtés, et il y aurait presque impossibilité, pour un nouvel architecte, à détruire cet ouvrage pour recommencer un autre projet. Buonarotti a donc accompli son œuvre et rattaché son nom au plus grand édifice de l'Europe. Or, les destinées de ce monument étant à peu près fixées, les autres architectes, qui doivent concourir à son achèvement ne feront que compléter, avec plus ou moins de conscience, l'œuvre de cet artiste. Aussi, comme les grandes questions d'art et de changement de style sont presque résolues, nous allons marcher maintenant d'un pas plus rapide, sans toutefois négliger d'indiquer à nos lecteurs les dernières transformations que cet art subit encore à l'époque de Bernin et de Borromini.

Buonarotti mort, Vignole et Pirro Ligorio coopérèrent, avec assez de fidélité, selon leur engagement, à la continuation des travaux de la basilique vaticane. Mais ce dernier, ayant voulu, malgré les défenses mentionnées plus haut, s'écarter du projet de Michel-Ange, se vit enlever son emploi par Pie V, qui le concentra alors sur son collègue. Vignole s'acquitta, lui, avec une exactitude scrupuleuse de la mission dont on l'avait chargé; et, pendant tout l'espace que dura sa gestion, il montra toujours le même zèle et le même soin à remplir les intentions de son prédécesseur. Sous sa direction, les travaux marchèrent avec len-

---

(*) Pour être juste, nous devons dire que cette coupole, qui était hémisphérique chez les Romains, reçut des artistes de la Renaissance une forme qui la rapproche de celle de l'ellipse.

teur, sans doute à cause des entreprises de Pie V contre les Turcs ; et l'on n'y exécuta que deux des quatre petites coupoles qu'avait probablement projetées Michel-Ange, coupoles qui devaient accompagner le dôme du milieu, et contribuer à l'effet pyramidal de son projet. Ces coupoles secondaires, dont la composition et le dessin appartiennent entièrement à Vignole, ont, en proportion, à peu près le tiers de la grande, et présentent, quant à leur ensemble, un style, un caractère et une décoration qui, quoique différents, s'harmonisent néanmoins avec l'œuvre de Buonarotti. Vignole continua aussi le revêtement, en pierre de travertin, de l'extérieur de l'édifice. A sa mort, arrivée en 1573, tout le corps du monument était achevé, et le tambour de la coupole n'attendait plus que son couronnement ; mais, pour des causes particulières, ce complément ne put recevoir son exécution qu'après un certain nombre d'années.

En arrivant au siége pontifical, le nouveau pape Sixte V résolut de comprendre cette grande entreprise dans le nombre des projets qu'il méditait pour l'embellissement de la métropole du catholicisme. Il nomma, à des époques diverses, comme architectes, pour l'exécution de cette œuvre, Jacopo della Porta, élève de Vignole, et Domenico Fontana, dont il avait apprécié le talent lors du transport et de l'érection d'un obélisque égyptien en face de la nouvelle église de Saint-Pierre, fait que nous signalerons un peu plus loin. Ces deux artistes, après s'être concertés, jugèrent à propos qu'il conviendrait de changer un peu la courbe de la coupole de Michel-Ange, c'est-à-dire de lui donner une forme un peu plus elliptique. Ils demandèrent donc au pape la permission de faire subir au projet de légers changements, ce qu'ils obtinrent ; et, forts de l'assentiment de Sixte, ils mirent au plus tôt la main à l'œuvre. Mais, de la Porte et Fontana durent, en cette circonstance, inventer des moyens nouveaux pour établir leur coupole. Ces deux architectes y employèrent seulement des combinaisons de cintres en charpente d'une grande étendue et d'une très-grande puissance. On commença la coupole le 15 juillet 1588 ; et, cette construction (*), à laquelle travaillèrent un très-grand nombre d'ouvriers, fut poussée avec tant de célérité, que le pape, qui activait encore le travail par sa présence, fut assez heureux pour y voir mettre la dernière pierre. Le 14 mai 1590, on célébrait cet événement par une messe solennelle, et au bruit des détonations de pièces d'artillerie, servies par les bombardiers du château Saint-Ange. Mais Sixte n'eut cependant pas la satisfaction de voir cette coupole complétement achevée. Il restait encore à élever le lanternon de couronnement, et celui-ci ne fut exécuté qu'un peu plus tard, et sous le pontificat de Clément VIII. Quoi qu'il en soit, malgré l'immensité du travail, on avait cependant construit cette coupole en l'espace d'environ deux années. A cette époque, l'opinion générale des hommes de l'art fut qu'une œuvre si considérable exigeait au moins dix années pour son exécution, et l'on n'y avait toutefois employé qu'un espace de temps bien inférieur. Aussi la plupart des architectes qui recherchèrent, plus tard, les causes qui avaient pu provoquer les dommages survenus à cette partie de l'édifice, les attribuèrent-ils à la grande précipitation avec laquelle cette coupole avait été construite.

A partir de ce moment, les différents travaux qui vont être successivement exécutés au nouveau Saint-Pierre pour son achèvement et pour sa décoration, s'écarteront complétement du projet et des idées de Michel-Ange ; et toutes ces modifications seront l'œuvre ou la résultante soit des volontés pontificales, soit de la mobilité du goût propre à chaque époque, modifications qui doivent faire de cet édifice un ensemble où manquent, comme nous le dirons, l'unité et l'harmonie.

A l'exception de la partie antérieure, la bâtisse de la nouvelle basilique étant à peu près terminée, on dut songer à la décoration de l'intérieur. Celle-ci fut confiée à l'un des deux derniers architectes, à Jacques de la Porte, qui achevait alors, et simultanément avec le nouveau Saint-Pierre, l'église de Jésus, commencée par Vignole, monument sur lequel nous aurons à nous étendre dans une autre notice, et qu'on regarde avec raison comme le point de départ d'un nouveau système en matière de dispositions et de décoration architectoniques. De la Porte, qui était particulièrement un ornemaniste et un stuccateur, ainsi qu'il l'a prouvé dans l'église dont nous venons de parler, au lieu de composer la décoration de Saint-Pierre avec goût et simplicité, y mit au contraire une surcharge et une recherche que les Jésuites n'ont encore fait que développer, mais qui n'étaient, en résumé, que la conséquence de la transformation des idées et de l'altération du goût en matière d'art. C'est à cette date qu'on doit placer l'exécution du pavage en marbre, ainsi que celle d'une partie des stucs dorés qui décorent la voûte de la nef centrale.

L'ensemble de cette construction était assez avancé pour qu'on pût, dès ce moment, entrevoir l'effet

---

(*) Sixte V fit abattre les derniers vestiges du *Septizonium*, et en ordonna l'emploi pour la construction de cette coupole.

qu'elle produirait un jour, et la pensée des papes en était enfin arrivée à songer aux divers genres d'embellissements qui pourraient lui convenir, à l'extérieur, comme entourage et comme accompagnement. Le goût de Sixte V pour les édifices de l'ancienne Rome, et pour les monuments antiques en particulier, servit à merveille en cette occasion. Que cette pensée appartienne en propre au pontife, ou qu'elle lui ait été suggérée, il n'importe (*); mais ce qui est certain, c'est que dès lors on résolut d'ériger, sur le vaste emplacement qui précédait la basilique, un de ces obélisques que les Romains avaient enlevés naguère à l'Égypte pour en décorer certaine espèce de leurs monuments (**). Il existait, en effet, dans l'ancien cirque de Néron, dont une partie avait été couverte par la basilique constantinienne dédiée à saint Pierre, un de ces obélisques, resté debout sur sa base, que le temps avait épargné, mais qui était enseveli en partie par les atterrissements du terrain. Cette pensée arrêtée, Sixte V s'adressa de toutes parts aux hommes les plus habiles; il proposa un concours pour l'exécution de cette entreprise, et bientôt un grand nombre de projets lui arrivèrent, soit à l'état de modèles, soit en dessins, soit encore par écrit et même de vive voix. Or, parmi les nombreux concurrents qu'avait provoqués cet appel du pape, se trouvait un Italien, nommé Domenico Fontana, que son génie et ses talents avaient rendu plus propre que tous les autres pour ce genre d'opération. Il proposa à Sixte, dit M. Quatremère (***), un modèle de machine qui opérait en petit sur un obélisque de plomb, lequel, par le jeu des poulies et des cabestans, s'abaissait et s'élevait à volonté. Il fit plus : avec le même procédé, il enleva un petit obélisque du mausolée d'Auguste, qui gisait rompu à terre. Après de longues discussions, la machine de Fontana fut approuvée; mais comme il ne jouissait pas encore d'un renom qui commandât la confiance publique, le pape chargea de l'opération Jacques de la Porte et Ammanati. Affligé de se voir enlever l'exécution d'un projet dont il était l'auteur, Fontana alla trouver Sixte, et lui représenta que personne ne devait être plus en état que l'inventeur d'une machine d'en assurer le succès. Le pape finit par comprendre ces raisons, et se détermina à lui confier l'exécution de l'entreprise. Après avoir achevé tous les préparatifs nécessaires, soit pour consolider le terrain sur lequel devrait passer l'obélisque, soit pour se procurer tous les genres de matériaux propres à la confection de sa machine, Fontana fit construire un immense châssis en charpente, à l'aide duquel il voulait opérer. Il s'agissait d'abord de soulever l'obélisque et de le retirer de dessus son piédestal, ensuite de l'incliner et de le coucher sur une espèce de chariot destiné à le transporter jusqu'à son nouvel emplacement; enfin, de le relever, et puis de le dresser sur un piédestal nouveau, toutes opérations dont il faut lire les détails dans l'ouvrage que Fontana a publié lui-même (****). Ce fut le 30 avril 1586 qu'eut lieu la première opération, en présence d'une foule innombrable de spectateurs que la curiosité avait attirés de toutes parts, et le 13 juin l'obélisque fut conduit au moyen de rouleaux et de cabestans, sur le lieu de sa destination. Mais le pape jugea à propos d'en renvoyer l'érection à l'automne, afin d'épargner aux ouvriers l'incommodité des grandes chaleurs; enfin, toutes les dispositions étant terminées, le 10 septembre fut choisi pour cette dernière opération, qui eut lieu avec un plein succès. Cette entreprise, terminée aussi heureusement, devint pour son auteur une source de faveurs de la part du pontife; et il lui dut, comme nous l'avons rapporté, sa place d'architecte-directeur, en collaboration avec de la Porte, dans les travaux d'achèvement de la basilique.

Pendant le règne assez court des trois papes qui succédèrent à Sixte V, les travaux de la nouvelle construction furent suspendus; et ils demeurèrent en cet état jusqu'à l'avènement de Clément VIII, qui fit exécuter le lanternon de la coupole. Son successeur, Paul V, voulut probablement avoir la gloire de terminer cette grande entreprise. A cette époque (1605), la basilique était à peu près au point où Michel-Ange en avait laissé la construction, c'est-à-dire que, d'après son projet, qui était celui d'une croix grecque, il ne restait plus à construire qu'un vestibule et la façade. Paul V, l'un des pontifes qui ont le plus contribué aux embellissements de Rome moderne, s'éprit vivement de cette idée; et, rejetant bientôt les plans de Michel-Ange, il demanda à neuf des principaux architectes de Rome, de Florence et de Naples, des dessins pour un nouveau projet de frontispice. De tous les dessins proposés alors, celui qui fut choisi avait été exécuté par un nommé Carlo Maderno, neveu de Dominique Fontana. Cet artiste, qui paraît n'avoir point fait, dans sa jeunesse, d'études de construction, était plutôt un décorateur-ornemaniste et un stucca-

---

(*) On rapporte qu'il avait été déjà question de placer un obélisque en avant de la nouvelle basilique, mais que la difficulté de l'entreprise en avait fait ajourner l'exécution.

(**) Voy., au STYLE GRÉCO-ROMAIN, le chapitre des *Cirques*.

(***) Histoire de la vie et des ouvrages des plus célèbres architectes, etc., Tome II, pages 71 à 74.

(****) *Del modo tenuto nel trasportare l'obelisco Vaticano.*

teur (*) qu'un architecte. Tel était l'homme que les circonstances avaient appelé à terminer l'œuvre de Michel-Ange. Or, il ne s'agissait, pour compléter cette œuvre, que d'exécuter le portique tel que cet artiste célèbre l'avait projeté. Mais, on doit le dire, Buonarotti, plus préoccupé, dans la composition de son projet, de l'effet matériel que des besoins du culte, s'était peu inquiété de ses exigences, et il avait ainsi négligé d'introduire dans son ensemble certaines constructions secondaires, dont les usages du culte catholique réclament l'existence. Il n'avait désigné, dans l'intérieur, aucun endroit pour la sacristie, pour le chœur des chanoines, etc. La forme qu'il avait donnée à son édifice ne permettait point, à l'extérieur, de tels appendices. Il avait voulu que le monument fût isolé de toutes parts, à l'exception du côté où il se rattachait au palais du Vatican. Dans ces conjonctures, il parut donc nécessaire, par suite des besoins précités, d'étendre le plan de la nouvelle basilique; mais cette extension ne pouvait plus, à cause de l'état avancé de la construction, avoir lieu que vers l'Orient, c'est-à-dire, du côté du portique. Le projet de Maderne avait donc pour but de répondre à ces besoins, et il consistait dans le prolongement de la branche orientale de la croix grecque donnée par Michel-Ange. La première pierre de cet agrandissement fut posée le 8 mars 1607. Déjà les fondations étaient hors de terre, lorsque de nouvelles considérations et lorsque de nouveaux motifs vinrent en arrêter l'exécution. On avait fait remarquer au pieux pontife que le nouveau projet ne couvrait point encore la totalité du terrain qu'occupait naguère l'ancienne basilique, terrain où reposaient les corps de plusieurs martyrs et de plusieurs évêques, ce qui exposait cette partie du sol à des profanations; on lui fit entendre aussi que, malgré son accroissement, le nouvel édifice, quoique très-vaste, ne l'était point encore assez pour contenir la foule qu'attiraient, à certaines époques, certaines cérémonies extraordinaires, telles que celles de l'année sainte ou *jubilé*, de l'intronisation des papes, de la canonisation d'un saint, etc. ; enfin, on émit cette pensée, qu'il conviendrait de disposer, en haut de la partie centrale de la façade, une espèce de tribune découverte (*loggia*), d'où le pape, selon l'ancienne coutume, donnerait sa bénédiction *à la ville et au monde* (**). Ces considérations durent, il faut le croire, obtenir l'assentiment de Paul V; car, dès lors, il fut décidé qu'il serait fait un nouveau projet en ce sens. Maderne reçut, en effet, du pape l'ordre de modifier et d'étendre son premier plan; et cette modification apporta, comme on le prévoit bien, de notables changements au projet primitif. Par ce seul fait, on sacrifia décidément l'œuvre de Michel-Ange. Maderne avait ainsi composé son appendice : il prolongeait la branche orientale de la croix grecque de Buonarotti, et il la formait de trois grandes arcades de la même hauteur et de la même ordonnance que celles des trois autres croisillons; puis il ajoutait des espèces de collatéraux donnant accès à des chapelles disposées parallèlement à l'axe de l'église, et en correspondance avec chacune des grandes arcades du prolongement; enfin il adopta, pour la voûte, les dispositions que présentaient celles des trois autres branches précédemment construites. Quant à l'extérieur, Maderne employa l'ordonnance en pilastres de Buonarotti ; il composa ensuite sa façade de manière à masquer toutes les parties latérales de la basilique, et il la disposa de façon à ménager, à la partie inférieure, un immense vestibule, et, dans le haut, certaines ouvertures qui pouvaient passer pour une tribune, d'où le pape donnerait la sainte bénédiction *urbi et orbi*. Ainsi composée, cette façade était tout à fait dans le style antique, et l'on y retrouvait en effet, à la partie médiane, un frontispice complet de temple gréco-romain; seulement, les colonnes, au lieu d'être isolées, se trouvaient engagées dans le massif de la construction. Toutefois Maderne avait agencé ce frontispice dans un ensemble couronné par l'attique qui régnait à la partie supérieure de la basilique. Cette modification au plan de Michel-Ange changeait, on le comprend, le dernier plan de Saint-Pierre, et elle détruisait conséquemment l'unité ainsi que l'harmonie qui devaient exister entre toutes les parties de l'œuvre de Buonarotti; car ce dernier avait conçu la nouvelle basilique en forme de croix grecque surmontée d'une coupole, en sorte que les quatre croisillons, qui étaient égaux, servissent de base au dôme, qui était, selon lui, la partie principale de sa composition et celle pour laquelle il avait tout coordonné. Or, on comprend que, par suite de la modification qu'allait subir l'édifice, cette combinaison était renversée et que le monument devait présenter une discordance de rapports entre ses parties. C'est en effet ce qui arriva. Et, dans ce changement, on ne sait réellement qui l'on doit blâmer, ou du pape qui avait des raisons valables pour augmenter l'édifice, ou de l'artiste qui a exécuté des ordres prescrits. Quoi qu'il en soit, les nouvelles dispositions ayant été agréées par Paul V, on se mit immédiatement à l'œuvre, et les travaux en furent poussés avec la plus grande acti-

(*) Maderne ne manquait point d'un certain talent en ce genre de travaux.

(**) Lorsque nous avons donné la description de la première basilique, nous avons parlé d'un édicule situé sur l'un des côtes de la façade, et d'où le pape donnait annuellement cette bénédiction.

vité. Mais Maderne, qui n'était point, on le sait, un architecte de profession, et qui n'avait point fait en sa jeunesse les études qui sont nécessaires à cette partie de l'art, manqua, pendant l'exécution des travaux, des lumières que donnent seulement et la science et la pratique. Il négligea surtout, avant de commencer son entreprise, d'examiner la nature du terrain qui devait supporter les constructions qu'il était chargé d'élever. Or, si nos lecteurs ont bonne mémoire, ils doivent se rappeler que nous avons déjà parlé de l'inconsistance et des mouvements du sol sur lequel fut élevée l'ancienne basilique, qui s'appuyait sur les ruines du cirque de Néron. A cette imprévoyance, Maderne en ajouta encore une autre : au lieu de faire des fondations avec un grand empatement, appareillées avec soin de pierres dures et renforcées de contre-forts en talus, il se contenta de massifs à pierres perdues, genre de maçonnerie bon pour des constructions ordinaires, et qui n'acquiert qu'avec le temps toute la solidité dont il est susceptible. De là résultèrent des avaries que Maderne aurait dû prévoir, et qui vinrent troubler sa joie au moment où cette construction touchait à son terme. Les fondements étaient trop étroits, dit un critique (*), pour un édifice aussi considérable, et ils portaient, en partie, sur un terrain mouvant, en sorte que l'extrémité méridionale du portique s'ouvrit tout à coup en plusieurs endroits et menaça ruine. Afin de prévenir sa chute inévitable, Maderne fit creuser, assez près des fondations, des puits qu'on remplit de chaux et de pierres, puits où devaient se retirer les eaux qui tombaient dans le vallon, pour se décharger dans le Tibre. Le terrain prit alors un peu de solidité, et l'on acheva le portique ; mais la suite fit voir que ces précautions tardives n'avaient point détruit la cause du mal. Ces fautes ne furent point malheureusement les seules que commit alors cet artiste, car il paraît qu'il se trompa aussi dans le raccordement ou l'alignement de son appendice à l'œuvre de Michel-Ange (**). La surface du sol sur lequel on devait opérer étant couverte des débris de l'ancienne basilique et des matériaux nécessaires à la construction de la nouvelle, Maderne perdit de vue l'axe de l'édifice, et il conduisit les fondations beaucoup trop vers le Nord. Tant qu'on travailla au-dessous du niveau du sol, la déviation parut peu sensible ; on s'en aperçut seulement lorsqu'on eut atteint ce niveau. Maderne fit alors tous ses efforts pour cacher son erreur et son inexpérience ; et, afin de corriger, autant que possible, cette nouvelle faute, il chercha à ramener sa construction sur l'alignement antérieur, mais sans toutefois élargir les fondations à cet endroit, qui est le côté du midi. Il arriva, en cette circonstance, que, de ce côté, à l'extrémité de la façade, la fondation n'avait, en dehors de la perpendiculaire, qu'un pied quatre pouces d'empatement ; fait qui fut constaté plus tard, ainsi que nous le dirons, lorsqu'on dut porter secours à cette partie de l'édifice. Au reste, des fautes si graves ne doivent point nous étonner de la part de Maderne ; et nous avons dit plus haut qu'il était moins capable qu'aucun autre de recueillir, dans ce travail, la succession de Michel-Ange, puisqu'il n'avait été jusqu'alors qu'un ornemaniste et un décorateur, et que l'architecture n'avait point été son premier état. Or, en confiant une telle entreprise à un homme qui n'était point spécial, et qui n'avait point les capacités nécessaires, on devait s'attendre inévitablement, de la part de cet artiste, à des fautes qui seraient le résultat de son inexpérience et de ses essais. Nous n'entrerons point ici dans des considérations plus étendues sur le caractère et la valeur de l'œuvre de Maderne ; toutefois, il nous a semblé indispensable de présenter, en quelques mots, le résumé des principaux reproches que lui a adressés la critique. Ils consistent dans l'extension donnée à la façade, dans la disposition des bas côtés et dans la forme des chapelles latérales. Au reste, toutes ces fautes n'ont rien, nous le répétons, qui doive nous étonner : les lettres étaient alors en pleine décadence en Italie ; la peinture suivait une route funeste sous le drapeau des Carraches ; enfin, les idées de la société se modifiaient aussi : il n'est donc pas étonnant que l'architecture, cette expression intime de la civilisation, qui traduit sur le marbre et la pierre les diverses phases de l'humanité, que l'architecture ait revêtu de nouvelles formes à l'époque où Maderne élevait sa misérable façade de Saint-Pierre.

Quoi qu'il en soit, après un travail de plus de cent années, mais souvent interrompu, la nouvelle basilique fut enfin terminée. Maderne eut donc la gloire d'achever le plus grand édifice de l'Europe moderne, et les modifications qu'il y apporta furent telles, qu'il mérita, dit-on, de donner son nom à une des parties de ce monument. Ainsi, quoiqu'un assez grand nombre d'architectes s'y soient succédé, la postérité n'a gardé la mémoire que de trois d'entre eux, savoir : celui de Bramante, auteur du premier projet ; celui de Michel-Ange, architecte de la coupole et de l'ordonnance extérieure, et celui de Charles Maderne, qui augmenta de plus d'un tiers, en longueur, l'étendue de la basilique, et en composa la façade.

(*) D'Argenville, Vies des plus fameux architectes depuis la Renaissance des arts, Tom. I, pag. 197.
(**) Quatremère de Quincy, Histoire des plus célèbres architectes, à la notice consacrée à *Maderne*.

— BASILIQUE DE SAINT-PIERRE, A ROME. —

A Paul V succéda Urbain VIII. A peine assis sur la chaire de saint Pierre, le nouveau pape, que son goût portait vers les grandes choses, prit la détermination de réaliser les projets qu'il avait conçus pour l'embellissement de Rome, et pour la basilique de Saint-Pierre en particulier. Or, il fit mander, pour leur exécution, un jeune artiste, nommé Bernin, dont il avait reçu, naguère, de son prédécesseur l'ordre de surveiller la jeunesse et de diriger les études. L'artiste fut reçu avec la plus grande distinction ; et le pontife se plut à lui communiquer alors ses idées de magnificence, et à lui en assurer l'exécution. Bernin, qui était déjà un esprit sérieux, voulut, avant toutes choses, se rendre digne d'une telle faveur ; il se mit aussitôt à étudier et à s'inspirer des statues et des monuments antiques, qu'il appelait ingénieusement, dit-on, *des maîtres payés pour instruire les jeunes gens.* Cette ardeur, de la part de Bernin, parut, aux yeux du pape, d'un excellent augure, et Urbain VIII ne s'était point trompé. En effet, depuis la mort de Michel-Ange, Rome n'avait point eu d'artiste qui en approchât plus que Bernin par la multiplicité des talents dans les trois arts du dessin. Né à Naples, il était à la fois peintre, sculpteur et architecte ; mais, il faut le dire ici, c'est à la sculpture qu'il doit surtout sa réputation. Aussi Urbain VIII, qui avait apprécié son talent, le chargea, pendant toute la durée de son pontificat, de travaux qui avaient plus particulièrement pour but l'embellissement de la nouvelle basilique vaticane. A partir du Bernin, une nouvelle ère commença donc pour cette église, ère de décoration, destinée à embellir, après l'achèvement de la construction, les différentes parties de cet immense édifice ; ce fut à dater de cette époque que les papes concentrèrent toute leur attention vers son ornementation intérieure. Ainsi, autels, baldaquin, chaire, tombeaux, mosaïques, stucs et dorures, tous ces travaux vont être commandés et placés successivement aux endroits les plus convenables de l'église. — Le premier ouvrage qu'Urbain VIII commanda au Bernin fut le baldaquin (*), qui devait surmonter le maître autel, sous lequel était la confession de saint Pierre (**). C'était, de la part du pontife, un grand acte de piété ; mais la composition de cet édicule présenta une difficulté grave : il s'agit de trouver un rapport de proportions convenable entre l'objet et l'endroit où il devait être élevé. Ce lieu était le centre de l'immense coupole. Bernin fut assez heureux pour en triompher. Cependant, tout en rendant ici justice à la manière dont l'artiste composa et sut exécuter son baldaquin, on ne peut s'empêcher de blâmer le nouvel acte de vandalisme que commirent, en cette circonstance, et le pape et l'artiste, qui ne reculèrent point devant une telle énormité. Ce baldaquin fut exécuté en bronze aux dépens du métal qu'on enleva au portique du Panthéon d'Agrippa. — Satisfait de cette première œuvre, Urbain VIII voulut continuer ses projets de décoration intérieure. A cet effet, il chargea Bernin de s'occuper immédiatement de celle des quatre énormes pieds-droits qui supportent la coupole. L'artiste se mit aussitôt à la besogne ; et bientôt parut un projet dans lequel il avait introduit la disposition de grandes niches ornées de statues colossales, et dans la décoration desquelles il avait combiné l'emploi de quelques-uns des matériaux provenant de l'ancienne basilique : nous voulons parler des colonnes torses qui formaient naguère sa riche clôture. Ce projet ayant été approuvé par le pape, Bernin en commença l'exécution. Malheureusement cette entreprise servit de prétexte aux envieux, qui cherchaient une occasion pour attaquer sa réputation ; mais elle était déjà au-dessus des clameurs des jaloux, et il n'y répondit que par d'autres travaux, propres à faire taire ces attaques. Une nouvelle munificence de la part d'Urbain VIII vint, tout naturellement, lui en fournir le sujet. Nous avons déjà parlé de ce siége en ivoire sculpté, qu'on pense avoir servi à saint Pierre, et qui avait été placé dans l'apside de la basilique constantinienne. Mû par ce sentiment de respect que commande un si vénérable souvenir, Urbain craignit pour l'avenir de cette précieuse relique du culte et des arts : il en supprima donc l'emploi, lors de certaines cérémonies, et donna encore à Bernin l'ordre de composer une grande décoration, digne en tout du sujet, c'est-à-dire, destinée à renfermer ce siége. Bernin répondit aux désirs du pape par une de ces conceptions dont il avait le secret, mais dans laquelle la critique et le bon goût trouveraient aisément à redire. C'est alors que fut exécutée cette grande décoration qui tapisse, du sol à la corniche, les parois intérieures de l'apside.

Après avoir fait exécuter, à l'intérieur, les principales décorations de la nouvelle basilique, Urbain VIII, qui rêvait sans cesse les grandes choses et les grandes entreprises, voulut mettre le sceau à sa réputation en complétant les dernières parties qui restaient à achever pour terminer le colossal monument dédié à saint Pierre. Il résolut d'en décorer l'extérieur. Mais, parmi ces différents travaux d'achèvement, il en était qui

---

(*) Ce meuble décoratif n'est autre chose, sous un nom différent, que l'antique *ciborium* des basiliques latines, dont il reproduit, à très-peu près, toutes les dispositions, à la différence de l'échelle.

(**) Nous avons dit, plus haut, qu'on donnait ce nom aux autels élevés sur les corps des martyrs.

devaient surtout être exécutés avant tous autres. Or, pour être conséquent, Urbain ordonna d'abord qu'on compléterait l'ensemble de la façade, en élevant, à la partie supérieure des extrémités, les deux campaniles qui entraient dans le projet de Maderne, et il chargea encore Bernin de cette nouvelle entreprise. Antérieurement à cette époque, Maderne n'avait donné un si grand développement à sa façade qu'afin de pouvoir y élever, comme aux églises du moyen âge, des clochers destinés à appeler les fidèles aux cérémonies religieuses, clochers qui eussent, par leur forme et leur disposition, enlevé la monotonie de son portique ; mais la faiblesse de sa construction l'avait empêché d'exécuter son projet, et personne, depuis lors, n'avait osé le reprendre. Il semblait même qu'on eût définitivement renoncé à l'emploi des campaniles. Plus hardi que son successeur, Bernin ne recula point devant les désirs de son illustre protecteur, et il crut devoir tenter ce qui avait effrayé Maderne. Mais, il faut l'avouer, Bernin commit, en cette circonstance, une faute très-grave : au lieu de s'assurer par lui-même de l'état du terrain et de la solidité de la construction qui devait supporter les campaniles, il s'en rapporta aux deux maîtres constructeurs qui, vers la fin du pontificat de Paul V, avaient exécuté les fondations de cette partie de l'édifice. Or, ces derniers avaient toutes raisons pour lui donner une réponse satisfaisante et lui faire un rapport infidèle. Cette affirmation reçue, Bernin fit commencer aussitôt l'ouvrage. Déjà deux des étages du campanile situé à la droite de la façade étaient achevés, et l'on allait mettre la main à son couronnement, lorsque la partie de la façade qui lui servait de soubassement, s'ouvrit en plusieurs endroits, et présenta de fortes crevasses. A la vue de ce sinistre, tous les rivaux de Bernin, qui étaient autant d'ennemis, saisirent cette occasion pour répandre mille bruits calomnieux ; et, parmi ceux-ci, Borromini parut, dit-on, un des plus violents. On alla même jusqu'à vouloir incriminer la pensée d'Urbain VIII, en alléguant que la préférence qu'il avait accordée au Bernin dans l'exécution de tous les ouvrages publics était injurieuse pour Rome, où il ne manquait pas d'habiles artistes qu'on laissait dans l'obscurité pour élever un seul homme. Leurs clameurs parvinrent, on le pense bien, jusqu'aux oreilles du pape ; mais il feignit de ne rien entendre. A en croire les détracteurs, le campanile menaçait d'une ruine complète, qui entraînerait inévitablement celle d'une partie du portique. Bernin protesta de son mieux ; mais on doit avouer qu'il avait une très-mauvaise cause à soutenir. Toutefois, les plus habiles ne jugèrent point le sinistre d'une manière aussi absolue. Ils reconnurent alors que Bernin ne pouvait point être accusé d'une faute qui remontait tout directement à Maderne ; faute, d'ailleurs, qui n'était point sans remède ; et, dans cette conviction, ils émirent l'opinion suivante : qu'il suffirait, pour remédier à cette catastrophe, de reprendre en sous-œuvre et de renforcer les fondations de cette partie, puis de rachever le campanile commencé et de construire son pendant. Très-vraisemblablement il en eût été ainsi, et Bernin aurait triomphé de ses ennemis, si la mort d'Urbain VIII, qui lui enlevait un puissant protecteur, n'eût aussi arrêté l'entreprise.

Sous le pontificat de son successeur, Innocent X, Bernin perdit toute sa faveur, et il se vit remplacé, dans sa place d'architecte de Saint-Pierre, par celui de ses rivaux qui était le plus acharné, par Borromini. On ajoute même que ce dernier profita de sa nouvelle position pour susciter toutes sortes de chagrins et de tracasseries à un artiste dont il était, en quelque sorte, l'élève, mais dont il n'égalait pas, à beaucoup près, le mérite. Borromini réveilla les vieilles jalousies des mécontents ; les clameurs malveillantes recommencèrent ; enfin ce fut bientôt une guerre ouverte et acharnée, conduite par des hommes aussi ignorants que malintentionnés. Dans cette conjoncture, Bernin demanda qu'on fît examiner la question ; et le pape, pour mettre un terme à tous ces bruits, crut devoir s'éclairer des lumières des hommes de l'art. Il nomma une commission afin d'étudier, sous un double point de vue, la conduite de l'artiste et l'état de la construction. Ce fut alors que se manifestèrent, dit un critique (*), et l'inattention de Maderne et l'imprudente crédulité du Bernin. Les architectes qui visitèrent à cette époque les fondements du portique, du côté du midi, les trouvèrent presque entièrement dégradés par les eaux courantes qui, les inondant de toutes parts, en avaient emporté les ciments et produit partout des cavités. En conséquence, ils proposèrent, comme remède, de faire quelques suppressions dans la composition du campanile afin d'en diminuer le poids, et de fortifier la base de la façade. Telle était aussi l'opinion des amis de Bernin. Mais le parti opposé voulait sa destruction, et il l'emporta. Le campanile fut donc détruit en 1647.

Sous Innocent X, on continua les décorations intérieures de la basilique. Les piliers furent incrustés de marbres précieux et ornés de médaillons soutenus par des figures d'anges ; les autels furent aussi décorés de colonnes et de bas-reliefs. Mais dans ces différents ouvrages, on y sent une transformation nouvelle

(*) Temples anciens et modernes, par l'abbé MEY, pages 2 à 261.

qui tient particulièrement à l'action de Borromini et aux travaux de l'Algarde. En effet, avec Borromini, l'art, et l'architecture en particulier, le premier de tous les arts, était encore entré dans une phase nouvelle. Mais Bernin, par la sagesse de son jugement, sut se préserver des principaux écarts de son rival, qui cherchait, avant tout, la réputation dans l'originalité et l'excentricité de ses compositions.

Vers cette époque, la fortune, qui, depuis la mort de Paul V, avait été si peu favorable au Bernin, allait de nouveau lui sourire. Des jours plus heureux devaient luire pour cet artiste, et son talent, qui était incontestablement supérieur à celui de tous ses contemporains, était à la veille de recevoir une nouvelle distinction. Innocent X venait de descendre dans la tombe; et le cardinal Chigi, qui lui succéda sous le nom d'Alexandre VII, était un grand ami et un zélé protecteur des arts. A peine assis sur le siége de saint Pierre, le nouveau pontife voulut contribuer aussi à l'embellissement de la basilique vaticane. Il manda Bernin; puis, il lui fit part du projet qu'il avait conçu de décorer, d'une manière splendide et neuve, la partie antérieure de l'édifice, et il ajouta qu'il avait jeté les yeux sur lui, comme sur le plus capable pour le seconder dans l'exécution de cette œuvre. Alexandre VII réparait ainsi envers cet artiste l'ingratitude et l'injustice de son prédécesseur. Bernin reçut avec empressement les ordres du nouveau pontife; et, dès ce moment, il consacra tous ses instants à la composition de cette nouvelle œuvre. La basilique allait donc recevoir ce complément antérieur, cette décoration, unique dans son genre, qui devait lui servir comme de portique, et même d'*atrium*, s'il nous est permis de nous exprimer ainsi. Le corps de l'édifice et sa décoration, tant extérieure qu'intérieure, avaient seuls occupé, jusqu'ici, et la bienveillante sollicitude des papes et les diverses combinaisons des architectes qui s'étaient succédé dans l'érection des différentes parties de ce colossal ensemble. L'avénement d'Alexandre VII devait faire cesser cet état de choses. Bien qu'il n'entrât point dans les projets primitifs de donner à la partie antérieure de Saint-Pierre un tel luxe décoratif, ce complément n'en parut pas moins, à une certaine époque, une nécessité qui passa dans la pensée des papes; complément qui devait, un jour, recevoir son exécution. Mais il était réservé à Alexandre VII de prendre l'initiative de cette décoration, et d'être aussi, parmi les successeurs de Pierre, celui qui devait voir s'accomplir enfin cette immense entreprise. Bernin, avons-nous dit, fut l'homme qu'il choisit pour son exécution. Cependant, nous devons ajouter qu'à diverses époques d'autres projets avaient été déjà faits (*) pour arriver à un embellissement des abords de la basilique, et que ces projets comprenaient à la fois et la décoration antérieure du monument et son raccordement avec les quartiers environnants; mais ils ne furent point exécutés. Certes, ce n'était point une chose facile que de donner à la disposition et à la décoration de cet immense accessoire un caractère tel qu'il pût se raccorder avec la construction de Maderne, et il ne fallait rien moins que le talent et la fécondité de Bernin pour arriver à un résultat satisfaisant. Deux conditions étaient, selon M. Quatremère, nécessaires à remplir (**): la première, de trouver, entre les portiques accessoires et la masse principale de la basilique, un rapport de proportions assez juste pour que l'un n'en parût que plus grand, et que les autres n'en fussent pas trop rapetissés. Mais le second point, peut-être plus embarrassant, était le raccordement de ces galeries avec l'ordonnance architecturale du péristyle, composé de masses de colonnes et de pilastres adossés, à laquelle des galeries en colonnades à jour n'auraient pu venir se relier sans une disparate assez sensible. Bernin imagina une construction intermédiaire, ornée de pilastres, qui tenaient, par la forme, de la composition de la façade, et, par l'ordre et les dimensions, de la décoration antérieure, formant ainsi une liaison qui présentait un rapport réciproque entre les parties diverses. Tel fut, en quelques mots, l'ensemble de cette décoration. Elle se composait donc de deux parties : l'une antérieure, qui présentait une colonnade à jour, disposée en forme d'ellipse, et l'autre, intermédiaire, composée de deux galeries ascendantes qui allaient se relier à la basilique. Ces dispositions arrêtées (***), le pape ordonna qu'on se mît immédiatement à l'œuvre, et bientôt sortirent de terre les portiques qui n'ont point de rivaux dans tout le reste de l'Europe. La pensée d'Alexandre VII, exécutée par Bernin, venait clore enfin la série des travaux qui furent exécutés pour la construction de cet immense édifice; et ces deux noms, que nous plaçons ici sur la même ligne, terminent, à l'exception de quelques

(*) Michel-Ange avait conçu, dit-on, le projet de faire précéder son église par des espèces de portiques dont il emporta l'idée dans la tombe; et plus tard, l'Algarde et François Renaud firent aussi plusieurs dessins pour une décoration analogue.

(**) Vie des principaux architectes; Tome II, pages 167-168.

(***) S'il faut en croire les historiens, Bernin aurait présenté quatre projets différents au pape, qui choisit celui d'après lequel la colonnade fut érigée.

constructions secondaires, la nombreuse liste des papes et des artistes qui concoururent, depuis la fin du quinzième siècle, à l'érection de la nouvelle basilique.

Maintenant, quiconque examine sérieusement l'action qu'eut Bernin sur les destinées de cet édifice, ne peut nier qu'elle lui fut plutôt favorable; car le genre borrominesque, qui s'allie fort difficilement avec le style de Michel-Ange, et au moment de faire invasion dans l'édifice par la nomination de son auteur à la place d'architecte en chef, fut heureusement, pour l'harmonie générale du monument et par le retour de Bernin à son poste, réduit à une très-faible proportion. Quoi qu'il en soit, et pour en revenir ici à la coopération de ce dernier artiste dans les travaux de la basilique, on croirait, dit M. Quatremère, que celui-ci aurait été formé tout exprès, à l'époque où il parut, pour raccorder et harmoniser toutes les parties de Saint-Pierre et du Vatican, parties qui, produites par des artistes divers, ne semblaient pouvoir jamais se soumettre à un plan régulier. Il eut l'art de réordonner le vestibule de l'église ainsi que l'escalier extérieur de telle sorte que tout cela parut être le résultat d'une combinaison préméditée. Il plaça aussi aux deux extrémités du vestibule les statues de Constantin et de Charlemagne, dont l'une sert de décoration au perron du grand escalier qui conduit à l'intérieur du palais du Vatican. On peut, cependant, faire à Bernin le reproche d'avoir, dans ces différents travaux, déployé beaucoup plus de faste que de correction. En effet, Bernin, entraîné par l'influence qu'exerça sur tous les arts le goût de la peinture décorative, dont l'architecture jésuitique fit un si grand emploi dans les églises de Rome, s'attacha malheureusement plus aux grands effets, dans sa composition, qu'à la pureté des formes.

En continuant ici l'histoire abrégée des différents travaux d'embellissement qui furent chronologiquement exécutés à la nouvelle basilique de Saint-Pierre, tant pour son ornementation extérieure que pour sa décoration intérieure, nous sommes tout naturellement amenés à vous parler des mosaïques qu'on a répandues à profusion dans toutes les parties de cet immense édifice, et qui font encore aujourd'hui l'étonnement des visiteurs et des étrangers. Deux artistes célèbres en ce genre de travail, Paolo Rossetti et Francesco Zucchi, exécutèrent, au commencement du XVIIe siècle, celles qui décorent l'intérieur de la coupole; et, vers la même époque, à peu près, Jean-Baptiste Calandra fit celles des pendentifs. Mais une circonstance toute particulière vint donner bientôt une nouvelle et plus grande extension à l'emploi de la mosaïque, comme système ou moyen de décoration intérieure de cet édifice. Plusieurs causes locales ayant fait remarquer que les peintures à fresque et à l'huile, exécutées par les artistes célèbres de la Renaissance, commençaient à être attaquées par l'humidité, le pape prit immédiatement la résolution, afin d'en assurer la conservation à la postérité, de les remplacer par des copies exécutées en mosaïques. On remplaça donc par des reproductions de ce genre tous les tableaux qui y avaient été antérieurement placés : on ne peut donner ici que des éloges à cet acte intelligent de la prévoyance pontificale, qui conservait aux générations futures les œuvres de ces artistes dont la place est si grande dans l'histoire de l'art.

A partir de cette époque, la nouvelle basilique peut être considérée comme à peu près terminée; car il ne reste plus à mentionner, pour son entier achèvement, que quelques travaux tout à fait secondaires, et qui n'en sont pour ainsi dire que des appendices. En effet Pie VI, voulant définitivement donner à cet édifice l'une des pièces qui sont indispensables aux besoins des monuments religieux du catholicisme, la sacristie, fit exécuter ce qui n'avait été au pouvoir d'aucun de ses prédécesseurs. En conséquence, cette construction, pour laquelle on traça tant de projets, fut commandée et confiée à l'architecte Carlo Marchioni, qui, de 1776 à 1784, en dirigea l'exécution. Elle fut construite sur le flanc gauche et en saillie de l'édifice; disposition qui ne nous semble point heureuse, en ce qu'elle vient interrompre, sur une des parties extérieures, les abords du monument.

C'est aussi à cette date qu'il faut placer la pose des horloges tant à l'extérieur qu'à l'intérieur de l'édifice.

Telle est, même en abrégé, l'histoire des faits et des événements qui, par leur nature, se rattachent plus particulièrement à la construction de la nouvelle basilique de Saint-Pierre. Mais, comme cette histoire était à la fois et celle de l'art et celle des architectes ou des artistes qui coopérèrent, par leurs idées et par leurs travaux, à révolutionner cet art lui-même, nous avons pensé qu'il serait convenable d'entrer ici, à propos de ce monument et à propos de la construction de ses différentes parties, dans des détails un peu plus étendus et un peu plus circonstanciés, que nous ne l'avons fait pour les autres édifices; et cela, parce que l'Italie ayant eu, à certaines époques, une telle influence sur l'art de toute l'Europe, il était nécessaire de faire connaître, non-seulement le point de départ et les phases diverses de ces révolutions là où elles prirent naissance, mais aussi l'action qu'eurent les novateurs eux-mêmes par les œuvres auxquelles ils donnèrent le jour.

— BASILIQUE DE SAINT-PIERRE, A ROME. —

Après avoir offert dans ce qui précède un résumé historique des principaux faits qui ont trait à la construction de la dernière basilique, nous allons maintenant aborder la description de ses différentes parties. Toutefois nous devons dire ici que, dans cet examen, nous ne suivrons plus l'ordre chronologique, mais bien celui du parcours, c'est-à-dire, celui des différentes parties qui se présentent successivement à toute personne qui visite ce monument. Cependant, avant d'aborder ce sujet, il nous semble indispensable de dire ici quelques mots des dépenses qu'exigea cet édifice, et d'indiquer brièvement aussi ses principales dimensions.

Relativement aux dépenses, une grande partie des archives de la basilique ayant été bouleversée à diverses époques, il est presque impossible d'établir aujourd'hui, d'une manière rigoureuse, les sommes considérables qui furent employées à la construction de ce vaste monument. Quoi qu'il en soit, d'après un calcul approximatif, qui fut fait au XVIIe siècle par Carlo Fontana, on serait, pense-t-on, arrivé à en fixer, à très-peu près, le chiffre. Suivant ce calcul, la dépense s'élevait alors à la somme de 46 à 47 millions d'écus romains (251,450,000 fr.), auxquels il faut ajouter encore les 900,000 écus (4,815,000 fr.) qu'a coûté depuis lors la construction de la sacristie, et ce qu'on a payé aussi pour l'exécution des mosaïques et des dorures dont la basilique a été enrichie postérieurement. Le total que donnerait l'addition de ces divers chiffres représente, à peu de chose près, l'ensemble des dépenses.

Passons maintenant à ses dimensions; et là encore les chiffres vont nous étonner, car ce monument est le plus considérable parmi ceux de la chrétienté. Mais, par une fatalité bien regrettable, les différents historiographes qui ont décrit la nouvelle basilique ne sont point d'accord sur les proportions. Or, dans cet embarras, nous avons cru devoir nous en rapporter au dernier plan qui a été publié, c'est-à-dire, à celui de Pistolesi (*); et c'est à l'aide du travail de cet auteur que nous établirons les principales mesures.

Longueur de la basilique, hors œuvre, environ. . . . . 225 mètres.
Longueur du transsept, hors œuvre. . . . . 155 —
Largeur sur les nefs, partie antérieure, hors œuvre. . . . . 80 —
Hauteur de l'édifice, depuis le sol jusqu'au sommet de la croix d'amortissement. . . 135 —

De tels chiffres et de telles proportions parlent assez haut pour qu'il soit nécessaire d'en dire davantage.

Ces renseignements posés, nous allons commencer un examen rapide des différentes parties qui composent ce colossal monument.

Tout voyageur qui arrive à l'entrée des deux colonnades de Saint-Pierre, et qui embrasse d'un même coup d'œil et la basilique et les galeries, éprouve d'abord un sentiment d'étonnement, provoqué par l'énormité des proportions des différents objets qu'il a devant lui : mais bientôt, l'esprit, plus calme, cherche à se rendre compte de l'œuvre; et alors, faut-il l'avouer, lorsqu'à l'étonnement succède l'analyse, en ce moment tout perd aussitôt son prestige. Telles sont, en effet, les premières impressions qu'éprouvent la plupart des voyageurs en face du plus grand monument de la chrétienté. Au prestige, causé par le grandiose, succède l'examen, et cette analyse y fait découvrir tour à tour et la pesanteur d'aspect de la basilique et la monotonie des galeries. Quoi qu'il en soit, parvenu à cet endroit, l'espace immense qui se développe aux regards se divise en trois parties qui semblent former comme autant de plans : c'est d'abord la colonnade elliptique, constituant une espèce d'*atrium* ou de place circulaire; puis, l'aire trapézoïdale, qui s'étend jusqu'à la basilique, et enfin, sur l'arrière-plan, la basilique elle-même, dont on n'aperçoit encore que la disgracieuse façade de Maderne, coupant toute la partie inférieure du dôme de Michel-Ange, qui paraît d'une grande lourdeur, privé ainsi de son soubassement.

La place circulaire est circonscrite par deux galeries curvilignes, disposées à droite et à gauche de l'axe de l'édifice. Chacune de ces galeries se compose d'une construction présentant un ordre unique, et formée de colonnes et de pilastres doriques que couronne un entablement orné de balustrades et de statues colossales. Quatre rangées de colonnes constituent, pour chaque galerie, trois allées distinctes, dont celle du milieu est assez large pour y permettre l'accès aux voitures. Des espèces de corps avancés, avec ou sans frontons, ont été distribués aux extrémités et au centre de chaque galerie; enfin, la partie supérieure, qui est plate et sur laquelle on peut facilement se placer lors des cérémonies et des fêtes, offre, dans l'allée centrale, une voûte sur-

(*) Dans son *Vaticano descritto ed illustrato*; Tom. I, pl. V.

baissée, tandis qu'à droite et à gauche, ce sont des plafonds horizontaux, décorés d'énormes caissons, occupant toute la largeur de l'entre-colonnement.

Au milieu de cette aire immense s'élève l'obélisque égyptien dont nous avons parlé, et dont l'érection sous le rapport des procédés mécaniques, fit tant d'honneur à l'architecte Fontana. Nous devons ajouter ici que cet obélisque est complétement dépourvu de figures et de caractères hiéroglyphiques, et qu'il rentre ainsi dans la classe de ceux que les Romains faisaient transporter en Italie dans leur état brut, avec l'intention de les décorer ensuite d'une manière si grotesque et si anormale ; notion dont on est redevable à la science moderne, et grâce à l'importante découverte de notre illustre Champollion. L'une des faces de la base de cet obélisque porte une inscription rappelant la dédicace qui en fut faite par Caligula à Auguste et à Tibère, lorsqu'il le fit ériger dans son cirque, dont on changea plus tard le nom en celui de Néron.

Sur les côtés de l'obélisque, et transversalement à l'axe de ce colossal ensemble, sont deux fontaines assez élevées, dues aux talents de Maderne et de Bernin. Elles fournissent continuellement un très-grand volume d'eau, qui retombe de vasque en vasque dans un large bassin situé à leur partie inférieure. Ces deux fontaines complètent l'ensemble de la décoration de cette place circulaire.

Nous mentionnons, en passant, le pavage de cette immense aire.

Au delà commence cette place trapézoïdale, qui s'étend depuis l'extrémité des galeries circulaires jusqu'à la façade de la basilique. La forme de cette place est déterminée par l'établissement de deux galeries divergentes, dont la destination particulière a pour but de relier les deux constructions entre elles et avec le palais du Vatican. La décoration extérieure de ces galeries consiste en un ordre composé de pilastres doriques avec entablement, balustrades et statues ; enfin, de larges baies sont ouvertes dans les murs afin de livrer passage à la lumière destinée à éclairer cet endroit.

Vers le milieu de cette place se développe un immense escalier, à l'aide duquel on parvient à une espèce de plate-forme, qui donne accès à la basilique. D'assez mauvaises statues de saint Pierre et de saint Paul décorent les extrémités inférieures de cet escalier (*).

Avant de pousser plus loin l'examen des parties, nous avons pensé qu'il conviendrait de dire ici quelques mots du plan de la basilique : toutefois, ce plan étant le résultat de plusieurs combinaisons successives, nous avons cru qu'il n'y avait point lieu à chercher, dans cette œuvre hétérogène, une idée arrêtée ou un symbolisme quelconque. Nous n'en parlerons donc que très-sommairement. Ce plan, tant de fois modifié, présente, en dernier lieu, la forme d'une croix latine ; il est composé, dans sa longueur, d'une nef centrale avec collatéraux parallèles, coupés transversalement vers le milieu par un transsept dont l'extrémité des croisillons décrit, ainsi que la partie postérieure du chevet, une figure semi-circulaire. Les dispositions intérieures qui résultent de cette combinaison, ou plutôt de cet ensemble de combinaisons, rappellent, en grande partie, celles des monuments religieux des époques précédentes dont elles offrent les éléments principaux ; mais elles méritent ici une mention particulière, à cause de l'influence et de l'action qu'elles eurent sur la composition des grands édifices religieux qui furent élevés en Europe depuis le commencement du XVIIe siècle, édifices dans lesquels on reconnaît, malgré les modifications apportées par les architectes, une idée mère et un modèle imité, qui n'est autre que le plan de Saint-Pierre, à Rome.

Cela dit, continuons, ou mieux, abordons l'analyse de la nouvelle basilique, et commençons par un examen des parties qui en composent l'extérieur ; après quoi, nous poursuivrons notre étude en pénétrant à l'intérieur.

Parvenu sur la plate-forme qui constitue la partie supérieure du grand escalier, on a devant soi une immense façade ou composition architectonique, revêtue en pierre de travertin, composition dont nous allons essayer de donner une description. On peut, selon nous, la définir ainsi : un frontispice de temple gréco-romain, encastré dans un massif de constructions, composées de manière à pouvoir se raccorder avec le chevet et les faces latérales. En effet, cette composition, dont les parties secondaires étaient déterminées par les travaux antérieurs, répète, à très-peu près, les données de l'apside et des côtés. Elle se compose donc d'un ensemble architectonique et décoratif, se divisant en deux zones ou lignes horizontales. L'inférieure présente un ordre unique, et la supérieure un attique, surmonté d'une balustrade et de statues colossales. Au centre

---

de la zone inférieure se trouve le frontispice, imité des temples romains, dont nous avons parlé; mais ce détail est tellement défiguré par les constructions dont on a chargé ses entre-colonnements, et il présente si peu de saillie, qu'il semble là un hors-d'œuvre et un non-sens que peut, à bon droit, réprouver toute bonne critique. On doit en dire à peu près autant de cette espèce de décoration en placage qui coupe, avec ses malheureuses lignes de baies et de niches, l'ordre composant la partie inférieure de cette façade; et il en est de même aussi de cet attique qui masque le soubassement de la coupole centrale. Quelle que soit, au reste, la valeur de composition de cette façade, nous ne devons point omettre d'ajouter que Maderne dut y ménager une espèce de tribune, d'où le pape devait, à une certaine époque de l'année, et suivant une antique coutume, donner d'une manière ostensible sa paternelle bénédiction *urbi et orbi*. Or, parmi les nombreuses baies distribuées sur sa surface, celle qui surmonte la porte centrale a été destinée à cet usage. Nous n'entrerons point ici dans l'énumération d'une foule de petits détails répandus, comme décoration, sur les différentes parties de cette composition architectonique (*); mais nous compléterons ce que nous nous proposions d'en dire en mentionnant encore l'inscription de dédicace qu'y fit placer, en 1612, la piété du pape Paul V.

De la façade, on passe, au moyen d'arcades ménagées aux extrémités de sa partie inférieure, sur l'aire laissée libre et qu'on a réservée autour du monument. Ici l'observateur peut à son aise examiner ce colossal ensemble, qui, vu de cet endroit, présente de nouveaux points d'études : l'examen du chevet et des faces latérales, produites par Michel-Ange et Maderne; la coupole du premier, modifiée par Vignole et Pirro Ligorio, et enfin les coupoles secondaires. Pour procéder avec ordre et méthode, nous considérerons d'abord le chevet, les croisillons et les faces latérales, puis la coupole centrale, et, en dernier lieu, les petites coupoles.

La première chose qui frappe lorsqu'on examine la composition architectonique du chevet et des faces latérales, c'est la pensée de Michel-Ange, substituant aux petits ordres des premiers temps de la Renaissance l'emploi d'un ordre unique, imité des anciens, idée qui ramenait conséquemment avec elle l'usage d'une grande partie des éléments de l'architecture antique. Ce parti pris fit tomber Michel-Ange dans une grande faute. Nous voulons parler ici de cette distribution apparente de deux rangs de baies superposées, placées dans les entre-colonnements de son ordre, superposition qui indique, à l'extérieur, deux étages qui n'existent réellement point à l'intérieur. Cette innovation, qui semble appartenir surtout à Michel-Ange, qui la mit en pratique, loin de nous paraître heureuse, nous semble, au contraire, fort inférieure, sous beaucoup de rapports, au mode employé par les architectes du moyen âge dans la décoration des surfaces planes. Enfin, et pour compléter ici l'ensemble de notre pensée concernant la composition de cette grande décoration extérieure, nous dirons que la corniche de l'entablement manque de saillie et que l'attique est couronné d'une manière bien misérable. — C'est ici le lieu d'appeler l'attention de nos lecteurs sur un autre genre d'innovation dont nous avons déjà dit quelques mots : il s'agit de signaler l'apparition de formes nouvelles que la manie et la recherche de l'originalité poussa Michel-Ange à introduire dans la composition de certains éléments architectoniques, tels que baies, niches, lucarnes, etc., dans lesquels règne un goût peu compatible, il nous semble, avec l'architecture antique que cet artiste prenait pour modèle. Notre gravure, représentant l'élévation latérale de l'édifice, offrira à nos lecteurs les différents exemples de particularités que nous venons de signaler. — Ceci posé, il n'y a aucun compte à demander à Maderne pour la reproduction de la composition des faces latérales, ainsi que pour l'emploi des formes conçues par Michel-Ange; la loi de l'unité et de l'harmonie commandait impérieusement la copie.

Nous arrivons à l'examen de la partie la plus importante de cette construction, c'est-à-dire, à la coupole qui couronne l'édifice. Or, parler de cette partie, c'est rappeler aussitôt trois noms célèbres qui nous semblent inséparables : Bramante, qui la conçut; Michel-Ange, qui la modifia, et enfin Sixte-Quint, qui la fit exécuter. — Précédemment, nous avons dit que la nouvelle basilique de Saint-Pierre était, en dernier lieu, le résultat hétérogène de la combinaison de Michel-Ange, modifiée par Maderne, et dans laquelle on employa, comme moyens et comme genre de décoration, les procédés et les éléments, plus ou moins altérés, de l'architecture gréco-romaine. Quoi qu'il en soit, la coupole de Saint-Pierre est élevée sur quatre énormes piliers, établis, de fond, sur un plan à peu près octogonal, et sur quatre immenses arcades entre lesquelles se développent des pendentifs, dont le but est de ménager une transition et de racheter un plan circulaire sur un plan octogone. La forme

(*) On comprend que nous ne pouvons entrer, à propos de cet édifice, dans le détail d'une description minutieuse qui nous mènerait trop loin. Notre intention a plus particulièrement pour but d'envisager et de faire ressortir les idées générales ainsi que les conceptions, plus ou moins heureuses, des différents artistes qui ont été successivement appelés à coopérer, par leur génie, à l'érection de cet immense édifice.

de ces pendentifs ne présente ici, comme système de construction, aucun moyen entièrement nouveau. Toutefois, il faut le dire, ce n'est plus le pendentif tel qu'on le voit chez les Romains, à Sainte-Sophie et dans certaines églises du moyen âge, mais c'en est un cependant dont la construction repose sur le même principe, quoiqu'il ait reçu une légère modification. En effet, au lieu de surgir d'un angle saillant ou rentrant, et de se développer sur une ligne courbe, celui-ci prend naissance sur un large plan rectiligne et s'élève d'une manière conique (*). Ces principes posés, la partie qui fut construite au-dessus des arcades, et à laquelle on a donné, prise dans son ensemble, le nom de *coupole*, trouve son prototype dans les monuments circulaires des Romains. En effet, comme ceux-ci, elle est divisée en deux parties qui se correspondent de tous points. Supposez, par la pensée, la décoration de Michel-Ange, c'est-à-dire, sa disposition de baies et de colonnes à la partie inférieure du Panthéon, et supposez encore l'imposition de la coupole, légèrement modifiée, de cet édifice, et vous aurez, à très-peu près, la construction qui couronne la croisée du nouveau Saint-Pierre. On le voit donc, les artistes de l'époque dite de la Renaissance, tout en voulant conserver aux monuments religieux une disposition traditionnelle, n'en cherchaient pas moins, depuis la remise en honneur des préceptes de Vitruve, à changer la forme de ces édifices auxquels ils donnaient, par goût du changement et sans y réfléchir, peut-être, un certain air de polythéisme antique qui s'alliait, logiquement, assez mal avec le christianisme. Ce n'était plus ici l'appropriation d'un inoffensif monument antique tel que la basilique gréco-romaine, transformée par les architectes chrétiens en un édifice religieux, ou bien encore l'emploi forcé d'un temple antique, dans une localité où manquaient, à l'origine du christianisme, et les constructeurs et les matériaux nécessaires à la construction d'une basilique; c'est un édifice construit exprès et de toutes pièces par des hommes éclairés, par des catholiques, avec des parties et des éléments empruntés aux temples païens, et dont l'ensemble avait pour but de constituer le plus grand et le plus vénérable édifice de la catholicité. A cette époque, on continuait encore l'emploi, quant au plan, des dispositions principales des églises du moyen âge, mais le goût du changement et la passion des monuments de l'antiquité poussaient à l'application de ces éléments et de ces parties dans la construction des édifices religieux. Or, cette combinaison produisit, on le sait, cette singulière anomalie du catholicisme célébrant ses cérémonies dans des temples, sous des voûtes et derrière des frontispices construits à l'imitation des monuments païens.— Rien donc, et pour en revenir à la disposition architectonique de la partie supérieure de la croisée de Saint-Pierre, rien, disons-nous, n'était nouveau dans la composition et l'artifice à l'aide desquels on élevait la coupole, si ce n'est la différence des proportions, et si l'on se rappelle qu'au siècle de Bramante et de Michel-Ange on ne faisait d'études en architecture que d'après les monuments antiques. Aussi, pour se rendre compte des œuvres de cette époque, faut-il évidemment étudier les dispositions, les formes et les procédés que présentaient alors les édifices ainsi que les ruines de cette même antiquité, et la clef, ou l'introduction nécessaire à la connaissance de l'architecture dite de la Renaissance, est, avant tout, l'étude des monuments gréco-romains. En effet, lorsqu'on examine attentivement les productions italiennes de la fin du XVe et du XVIe siècle, on y reconnaît aisément les types, les formes et les éléments divers qui ont été copiés, agencés et combinés par ces artistes, afin d'en constituer des compositions qui, tout en conservant encore certaines prescriptions traditionnelles et caractéristiques, n'en présentaient pas moins, par suite de l'emploi des dispositions, des formes et des éléments antiques, la preuve évidente d'une pensée qu'on croyait de novation. Ici viendrait, peut-être, se placer une question qui ne nous semble point avoir encore été abordée d'une manière sérieuse par la critique et par les historiens de l'art. Cette question est celle-ci : A l'époque où s'opéra, en Italie, cette transformation de l'architecture, époque qui était, dans les parties septentrionales de l'Europe, celle du règne de l'arc brisé, dit ogival; à cette époque, disons-nous, l'insuffisance de ce dernier système, sous le rapport de la solidité et des combinaisons qu'il pouvait offrir pour les distributions intérieures des édifices religieux ou pour les dispositions extérieures, avait-elle été reconnue; et cette insuffisance avait-elle été signalée sérieusement, à une date qu'on puisse désigner, par quelques-uns des architectes qui, la trouvant telle, furent forcés d'avoir recours à un autre système de construction, soit, je suppose, au style gréco-romain, qui offrait, avec ses arcs en plein cintre, un système plus solide? Pour nous, il nous semble que la préférence donnée à l'arc plein cintre sur l'arc brisé entre pour très-peu dans la question du retour à l'emploi de l'architecture antique, puisque ce retour prit naissance en Italie, pays où les cons-

---

tructions du moyen âge furent presque toujours exécutées en plein cintre, et dans lequel on n'éleva que très-rarement, durant cette période, des édifices construits sur le système de l'arc brisé. Toute cette question paraît donc se réduire à cette donnée : qu'à l'époque où Nicolas V prit la résolution de bâtir une nouvelle basilique, le timide Rossellino, probablement à l'imitation des architectes romains du moyen âge, et malgré les travaux de Brunelleschi et d'Alberti, composa encore son projet sur un plan basilical, mais sur de plus vastes proportions; qu'un peu plus tard, l'étude des monuments antiques ayant pris, avec le goût général, un plus grand développement, la hardiesse de Bramante crut pouvoir se permettre, dans la composition de son œuvre, l'agencement et la disposition de certaines parties empruntées aux monuments romains; et qu'enfin, Michel-Ange eut, lui, le pouvoir et la faculté d'exécuter, mais avec des modifications, ce que l'un de ses prédécesseurs avait antérieurement conçu. Nous ne pensons donc point que, dans cette transformation de l'architecture, dans ce changement de style, les artistes du XVᵉ siècle, et, après eux, Bramante et Michel-Ange, aient eu pour motif l'insuffisance de tel style, mais seulement le désir d'appliquer, sur une grande échelle, ce que l'étude de l'antiquité et du texte de Vitruve avait remis en honneur, et ce que Brunelleschi, Alberti et leurs successeurs avaient déjà tenté, d'une manière plus ou moins heureuse, plus ou moins complète, dans leurs nouvelles œuvres architectoniques. Cependant, cette opinion, qui semble résulter de l'étude des faits historiques et des travaux de cette époque, quant à la partie méridionale de l'Europe, ne paraît pas devoir s'appliquer de même en ce qui concerne le Nord; car, pendant que l'Italie accomplissait cette transformation, la France, l'Allemagne, etc., en étaient encore au règne de l'ogive. Mais bientôt les guerres de Charles VIII, de Louis XII et de François Iᵉʳ dans la péninsule italique, firent connaître les productions du nouvel art; et, au retour de ces princes, on en tenta immédiatement l'application chez nous. Toutefois, on doit dire que les premiers essais ne portèrent d'abord que sur des constructions privées ou civiles. Les artistes septentrionaux continuèrent, par respect ou par tradition, l'emploi, dans les monuments religieux, du vieil arc brisé consacré; et l'on eut alors le singulier spectacle de deux arts marchant parallèlement, l'un traditionnel et spécial aux édifices du culte, en arc brisé, et l'autre, imité de l'art antique et nouvellement importé d'Italie, approprié seulement aux constructions civiles, en arc plein cintre. Or, ce spectacle présente un grave enseignement : nos artistes du Nord étaient meilleurs observateurs de la règle et plus logiquement catholiques que le pape et les artistes italiens; car, notez qu'on continue pendant toute la première partie du XVIᵉ siècle l'emploi de l'arc ogival dans l'édification des monuments religieux, et remarquez que ce ne fut que plus tard, lorsque la société, modifiée par le travail des esprits et l'action produite par la connaissance de tout ce monde antique, eut changé ses mœurs septentrionales, qu'on voit les artistes occidentaux substituer, dans les édifices sacrés, le système d'arc en plein cintre du polythéisme au système en arc brisé du catholicisme. — Quoi qu'il en soit, et pour terminer ici ce paragraphe, disons en quelques mots toute notre pensée sur l'emploi, la forme et la disposition des coupoles dans les monuments religieux du catholicisme. Lorsqu'on examine attentivement la marche des moyens et des procédés à l'aide desquels on érigea des coupoles, depuis celles qui surmontent les monuments circulaires de l'antiquité, et lorsqu'on passe en revue les différents essais qui ont été faits en ce genre pendant le cours du moyen âge, on arrive tout naturellement à l'époque de Brunelleschi et d'Alberti, époque qui sert comme de transition et qui nous conduit, par une série de tâtonnements plus ou moins heureux, à la coupole de Bramante modifiée par Michel-Ange. Le résultat de ces recherches mesure, on le voit, la distance parcourue. On comprend alors les essais et les efforts qui ont été tentés à chaque époque; et c'est alors aussi qu'on se rend plus facilement compte de la part d'invention qui revient à ces derniers artistes, ainsi que des idées qu'ils ont pu puiser dans les œuvres antérieures. En résumé, la coupole de Bramante et de Michel-Ange procède partie des édifices antiques et partie des constructions du moyen âge, le tout agencé par ces deux artistes selon les idées de leur génie, d'après les monuments divers qu'ils avaient été à même d'étudier, et sur lesquels ils se sont inspirés pour la composition de leur œuvre.

Ces réflexions faites, il nous paraît assez inutile d'entrer ici dans les détails minutieux d'une description que chacun de nos lecteurs peut aisément faire en examinant celles de nos gravures qui représentent la coupe et l'élévation latérale de ce monument. Nous les renverrons donc, pour tout ce qui concerne sa forme, sa convenance et son aspect, à ce qui en a été dit précédemment dans la partie historique.

Il nous reste à mentionner brièvement les deux coupoles de Vignola, dont la pensée remonte, dit-on, à Michel-Ange, qui les destinait à contribuer à l'effet pyramidal et à servir d'accompagnement à son immense dôme. Ces petites coupoles affectent en plan une forme octogonale.

Indiquons, aussi, très-succinctement les dispositions principales que présente la sacristie moderne. Dans les premiers temps qui suivirent la construction de la nouvelle basilique, une des chapelles de Saint-Pierre fut affectée à cette destination : mais, l'exiguïté de ce lieu s'étant fait sentir, le pape Pie VI donna des ordres pour qu'on élevât un édifice spécial et dont les proportions répondissent aux besoins et aux exigences de ce service. La nouvelle sacristie est donc, sous le rapport des dimensions, une œuvre assez importante ; mais elle a peu de valeur comme composition architectonique. Cependant il serait injuste de ne point y reconnaître des distributions assez bien combinées. Elle communique avec la basilique au moyen de deux galeries assez basses, au delà desquelles s'élève le corps de l'édifice. Cette construction se compose de trois parties principales : la partie antérieure, c'est-à-dire, celle qui touche à l'église, présente l'aspect d'une espèce de cour ; la deuxième comprend les trois sacristies : au centre, la grande *sacristie commune*, couronnée par une coupole, à droite et à gauche, celles des chanoines, des bénéficiers et des clercs, plus une salle capitulaire ; enfin, la troisième partie est spécialement affectée au logement des chanoines.

Ici se terminent l'examen et l'étude des différentes parties de Saint-Pierre, parties qui constituent, à très-peu près, dans leur ensemble, les principaux points de construction du nouvel édifice. Maintenant, nous allons pénétrer à l'intérieur de la basilique et établir ainsi notre analyse sur un nouveau terrain, celui de sa décoration et de son ameublement. Mais, pour ce faire, il faut, par la pensée, nous transporter au point qui fut celui de notre départ lors de notre analyse de l'extérieur, c'est-à-dire, à la plate-forme, enfin, qui s'étend au pied de la façade.

De cet endroit, on pénètre, par cinq portes de différentes dimensions, sous un immense vestibule ou *narthex*, qui précède l'intérieur de l'édifice ; et, de même que dans les anciennes basiliques, cette partie est disposée transversalement à l'axe de la construction. L'ordonnance de ce vestibule se compose d'une suite de pilastres ioniques entre lesquels s'ouvrent les portes. Au-dessus de ces pilastres règne une architrave où prend naissance l'immense voûte qui en forme la partie supérieure. Cette voûte présente une richesse de décoration qui tombe ici dans la surcharge et sent bien l'époque à laquelle elle fut exécutée, celle du goût exagéré des stucs, des dorures, et de toute cette exubérance décorative qui constitue un des caractères particuliers à l'art dit jesuitique, dont les ornements de cette voûte rappellent les principales formes. Au-dessus de la porte centrale, mais à l'intérieur, on voit la célèbre mosaïque de Giotto, qui existait naguère dans l'atrium de l'ancienne basilique. Les statues équestres de Constantin et de Charlemagne occupent les extrémités de ce vestibule, et en complètent la décoration.

Aux cinq issues pratiquées à la partie inférieure de la façade, correspondent, de l'autre côté, cinq autres portes qui donnent entrée dans l'intérieur de la basilique. Toutefois, l'une d'elles, celle qu'on nomme la *Porte-Sainte*, parce qu'on n'en permet l'accès que pendant le temps du jubilé, est presque constamment fermée, et seulement ouverte aux fidèles tous les vingt-cinq ans. Des quatre autres, la porte centrale est la plus ornée. Elle possède les vantaux de bronze, enrichis de bas-reliefs, qui avaient été exécutés pour l'ancienne basilique par Antoine Filarète et Simon, frère de Donatello. Ces bas-reliefs, d'une exécution médiocre, représentent divers sujets religieux ou autres, tels que le martyre de saint Pierre et de saint Paul, plusieurs faits relatifs à la vie du pape Eugène IV, etc. Les autres portes ne présentent aucune particularité bien remarquable.

En franchissant l'une de ces portes, on pénètre dans l'intérieur de la basilique. Ici, des sensations nouvelles attendent le visiteur ; mais ces sensations sont plutôt le résultat du prestige que celui de la beauté. En effet, deux choses frappent alors : l'immensité du vide où l'on se trouve, et la richesse ainsi que la surcharge des détails qui s'étalent devant vous. Pour le premier cas, on sent la pensée de Nicolas V, exécutée par ses successeurs, qui voulait faire de cet édifice un monument qui surpassât les plus grands de la chrétienté ; et pour le second, on reconnaît l'action et les phases diverses de l'art, qui traduit, avec la pierre et les métaux, les idées plus ou moins heureuses de chaque époque. Tout voyageur qui pénètre donc dans l'intérieur de cette basilique, afin d'en apprécier le mérite, éprouve comme une espèce d'étourdissement, causé par l'énormité des proportions et la richesse des détails, étourdissement que l'examen des parties fait bientôt cesser, et que l'analyse ramène à sa juste valeur. On subit d'abord le prestige, mais la raison fait justice du reste ; et alors tombe sans pitié tout ce papillottage de marbres variés, de stucs, de dorures, etc. Ajoutez à cela les travaux de sculpture, qui sont d'assez mauvais goût et l'œuvre d'une mauvaise époque, et l'on aura une idée exacte du mérite, si ridiculement vanté, de ce colossal ensemble. Enfin nous dirons, pour exprimer ici toute notre pensée en quelques mots, qu'à l'intérieur de Saint-Pierre on a tout sacrifié à l'effet et à la décoration, cherchant ainsi à égarer l'esprit à l'aide de moyens captieux. Quant au caractère religieux de cet intérieur, nous n'en parlerons point; nous invitons seulement ceux de nos lecteurs qui voudraient connaître ce que pouvait l'art de la Renaissance, à aller examiner l'intérieur de l'église de Saint-Eustache, à Paris.

La partie antérieure de la basilique est divisée en trois nefs, formées par deux rangées d'arcades, au nombre de huit, au-dessus desquelles règne un entablement. Une voûte en berceau s'étend sur toute la longueur de la nef centrale. L'ordonnance de cette nef répète, à très-peu près, celle de la partie postérieure de l'édifice, c'est-à-dire celle de Michel-Ange, qui s'inspira sur certains monuments antiques. Ce sont de grandes arcades, supportées par d'énormes piliers, décorés de pilastres et de niches avec figures. Des statues colossales occupent les tympans de ces arcades. Les faces latérales des piliers sont incrustées de marbres variés et ornées de sculptures exécutées d'après les dessins du Bernin. Enfin, la décoration de la voûte se compose de caissons, d'arabesques et de cartouches renfermés dans des compartiments.

Si, de la grande nef, on se transporte à droite ou à gauche, on se trouve dans les collatéraux, qui sont aussi l'œuvre de Maderne. Là, s'offre toute une série de chapelles et de monuments, dont nous allons offrir une description succincte. En parcourant le bas-côté septentrional, le visiteur rencontre d'abord, contre l'extrémité du vestibule, la *chapelle de la Pitié*, ainsi nommée parce qu'on y voit sur l'autel un groupe en marbre, dû au ciseau de Michel-Ange, représentant la Vierge tenant sur ses genoux le corps inanimé du Rédempteur. — Au delà, et lorsqu'on descend du côté du chevet, paraît la *chapelle de Saint-Sébastien*, qui a reçu ce nom parce que la mosaïque qui en décore l'autel reproduit l'épisode de la mort de ce martyr. La partie supérieure de cette chapelle est ornée de travaux en mosaïques, exécutés d'après les dessins de Pierre de Cortone. — Vient ensuite la *chapelle du Saint-Sacrement*, dont les parois sont décorées avec la plus grande magnificence. Une grille en fer, ornée de bronzes dorés, lui sert de clôture. A l'intérieur, un riche tabernacle, exécuté par Bernin, s'élève sur l'autel; enfin, des bas-reliefs en stuc doré garnissent toutes les parties de la voûte. — De cet endroit, on passe, par une ouverture, dans une autre chapelle, dite *Grégorienne*, ou *de la Vierge;* elle fut construite, d'après les ordres du pape Grégoire, par l'architecte Jacques de la Porte. La décoration de cette chapelle est très-riche. On y remarque, au-dessus de l'autel, une vieille peinture, attribuée à un artiste du XIIe siècle, représentant la mère du Christ. Une des quatre petites coupoles, dont deux seulement furent exécutées, occupe la partie supérieure; et les mosaïques qui en décorent l'intérieur présentent les attributs de la Vierge combinés avec les figures de quatre docteurs de l'Église.

Parvenu à cette extrémité du collatéral, il faut traverser la nef centrale pour entrer dans le bas-côté méridional. Alors, on a devant soi la *chapelle Clémentine*, qui reproduit, à très-peu près, celle de Grégoire, qui lui fait face; on la nomme ainsi parce qu'elle doit sa construction au pape Clément VII. — En descendant le même collatéral, du côté de la façade, la première des trois chapelles qu'on rencontre est celle dite *du Chœur.* C'est là qu'officie quotidiennement le chapitre de la basilique. Aussi, cette partie du monument a-t-elle été plus spécialement appropriée au culte. On y trouve, en effet, tout un ameublement complet : autel, stalles, etc., tout y est disposé pour les besoins. Comme la chapelle du Saint-Sacrement, à laquelle elle correspond, celle-ci est fermée par une grille en fer décorée d'ornements en bronze doré. L'intérieur, qui présente une grande richesse, est presque entièrement couvert de mosaïques, de bas-reliefs, de marbres et de stucs dorés. Le célèbre orgue de Mosca, placé naguère dans l'ancienne basilique, fait partie du mobilier de cette chapelle. — On passe ensuite devant la *chapelle de la Présentation*, qui n'offre, comme composition ou décoration, aucune particularité remarquable. — Enfin, la dernière chapelle est celle dite *des Fonts baptismaux.* L'objet le plus important qu'on y voit est le réservoir qui contient l'eau baptismale. Les historiographes de Saint-Pierre prétendent que c'est le couvercle, retourné, du sarcophage de l'empereur Othon II, mort en Italie pendant le cours du Xe siècle, et dont le corps reposa dans un tombeau sous l'un des portiques de l'atrium de l'ancienne basilique.

Un assez grand nombre de monuments funéraires, parmi lesquels il en est plusieurs d'un certain mérite, sous le rapport de la composition ou de l'exécution, se trouvent distribués, à des endroits divers, sur toute la longueur de ces deux collatéraux.

Passons à la décoration intérieure de la coupole. Chacun des quatre piliers qui la supportent présente une ordonnance de pilastres cannelés, entre lesquels Bernin disposa des niches et des édicules. — Les niches, ouvertes à la partie inférieure, renferment les statues de saint André, de saint Longin, de sainte Véronique et de sainte Hélène. — Les édicules construits à la partie supérieure forment comme autant de petits ensembles architectoniques, composés d'un fronton circulaire que soutiennent deux colonnes torses provenant de la clôture de l'ancienne basilique. Au milieu se trouve une porte surmontée de bas-reliefs; enfin, une balustrade, ou balcon en saillie, complète cette composition. Bernin, en créant ce motif de décoration, voulut, assez vraisemblablement, qu'il servît à deux fins : à orner, d'une part, les faces des piliers, et, de l'autre, à exposer à la vénération des fidèles, pendant certains jours de l'année, plusieurs reliques des plus célèbres par leur origine. Des escaliers, ménagés à l'intérieur de la construction, donnent accès aux ecclésiastiques spécialement chargés d'accomplir cette pratique. — Au-dessus de cette composition commence tout un autre système décoratif, système qui, combiné aux dispositions architectoniques, fait de cette coupole la partie la plus riche et la plus brillante de la basilique : nous voulons parler ici des mosaïques que le pape Clément VIII répandit à profusion, vers le commencement du XVIIe siècle, sur toutes les parois intérieures de ce dôme. Pour en avoir une idée exacte, il suffira de jeter les yeux sur notre gravure représentant la coupe longitudinale. On y verra d'abord les figures colossales des quatre évangélistes, qui occupent la partie centrale des pendentifs ; puis, sur la frise de l'entablement, une grande inscription en caractères romains, rappelant par ces mots : TV ES PETRVS, ET SVPER HANC PETRAM ÆDIFICABO ECCLESIAM MEAM, etc., l'origine et l'institution de l'Église catholique ; enfin, la partie supérieure de la coupole, sur les parois de laquelle les artistes mosaïstes ont pu déployer leur talent et toutes les ressources de leur art. Cette partie est évidemment la plus splendide. Là, sont reproduites, au milieu de compartiments de différentes formes, des dorures et des stucs, les figures de Jésus-Christ, de la Vierge, des apôtres, des saints, des anges, etc., le tout couronné par le grand morceau du lanternon représentant l'Éternel au milieu de sa gloire. L'ensemble de cette composition est sans contredit une des plus grandes pages de l'art de la décoration intérieure, puisque l'édifice qui la renferme est aussi le plus vaste parmi ceux de la chrétienté. Nous laisserons à d'autres le soin d'apprécier le mérite et la valeur du dessin de toutes ces figures.

A droite et à gauche de la coupole s'étendent les deux croisillons du transsept, qui, dans l'origine, n'étaient que deux des quatre bras de la croix grecque composant le plan de Michel-Ange. Leur ordonnance n'est autre que la répétition, ou mieux, que le prototype des arcades de la nef centrale, terminé par une construction semi-circulaire dans laquelle on a ménagé la place de plusieurs autels. Il en est de même de la voûte, qui ne présente de différence qu'à ses extrémités, c'est-à-dire, à la partie curviligne.

On pénètre ensuite dans le troisième croisillon, celui qui constitue le chevet ; mais là, il n'y a, comme architecture, aucune particularité nouvelle à signaler à nos lecteurs ; car, à l'exception des monuments divers qui y ont été érigés à certains endroits, la composition reproduit identiquement celle des deux précédents croisillons dont nous venons de parler.

Après avoir fait connaître à nos lecteurs les principales dispositions, tant extérieures qu'intérieures, de cette basilique, après leur avoir indiqué les différentes œuvres de décoration, nous devons, pour compléter notre étude, aborder maintenant l'examen d'une autre partie qui en est, pour ainsi dire, le complément indispensable. Nous voulons parler des différents édicules qui ont été érigés, soit pour les besoins du culte, soit pour la décoration du monument. Quelques mots suffiront pour décrire ce qu'on appelle le mobilier.

La nouvelle basilique fut, ainsi que nous l'avons dit, élevée sur l'emplacement de l'ancienne ; et la crypte (*) qui existait sous cette dernière a été comprise intégralement sous les voûtes de Michel-Ange et de Maderne. Or, dans cette première crypte, se trouvait le *martyrium* ou *confession*, qui renfermait le corps vénéré de saint Pierre ; et, dès l'origine de la basilique primitive, la piété du pape Silvestre fit probablement ériger sur cet endroit un de ces petits édicules connus sous le nom de *ciborium*. Plusieurs fois modifié ou restauré pendant le cours des âges, souvent refait en tout ou partie, ce petit monument périt lors de la démolition de l'ancienne basilique. Quoi qu'il en soit, si l'édicule vit alors ses derniers jours, l'idée s'en perpétua ; car, aussitôt que l'état de la nouvelle basilique le permit, Urbain VIII donna des ordres pour qu'on érigeât, au-dessus de la confession, un autre monument honorifique, et Bernin, comme nous l'avons rapporté, fut l'artiste que le pape chargea de fournir le dessin de cette composition. Mais, l'art s'étant, dès cette époque, écarté de sa voie liturgique, il en résulta que la forme de l'antique ciborium éprouva alors les vicissitudes et les influences du goût dominant, et qu'il sortit de la tête du Bernin après avoir subi d'assez notables modifications. Toutefois, comme la nouvelle basilique présentait des proportions beaucoup plus considérables que l'ancienne, le nouvel édicule dut être mis en rapport avec elle ; ce ne fut plus l'humble ciborium des basiliques latines, mais bien une grande décoration colossale dans un monument gigantesque. Qu'on juge de ses dimensions : sa hauteur dépasse trente mètres ! Ce ciborium, qui est entièrement en bronze doré, se compose de

---

(*) Nous ne pouvons entrer ici dans une description de cette partie de la basilique. Nous renvoyons donc nos lecteurs aux ouvrages spéciaux qui ont été composés sur cette partie de l'ancien et du nouveau monument.

quatre colonnes torses et sculptées, que surmontent des figures et un amortissement formé de corniches, de volutes, etc. Un autel occupe la partie intérieure.

La deuxième grande décoration, et celle qui frappe le plus vivement après le ciborium, est cette composition qui s'étend sur toute la paroi intérieure du chevet, et à laquelle on a donné le nom de *chaire de saint Pierre*. C'est un grand ensemble présentant, à la partie inférieure, les statues colossales de quatre pères de l'Église grecque et latine, soutenant une espèce de caisse destinée à contenir et à renfermer cette fameuse *cathedra* sur laquelle la tradition veut que saint Pierre se soit assis. La partie supérieure est composée d'une immense gloire, formée de nuages, d'anges et de rayons, au milieu de laquelle on a placé une figure du Saint-Esprit. Toute cette composition est aussi en bronze doré. Nous ne parlerons point de sa valeur artistique : la critique, depuis longtemps, en a fait bonne justice.

A Saint-Pierre, l'orgue et la chaire à prêcher ne sont point, comme dans les autres églises, fixés à certaines parties de l'édifice : ils sont entièrement mobiles, et peuvent, selon les besoins, être facilement transportés auprès des chapelles où se célèbrent les offices. C'est encore à Bernin qu'on est redevable de l'invention de cet orgue mobile. — Mentionnons enfin les bénitiers qui se trouvent encastrés dans les deux premiers piliers de la nef centrale, bénitiers colossaux, mais dont les proportions furent déterminées par les dimensions de la basilique elle-même.

Malgré notre vif désir de ne rien omettre des différents objets qui constituent la décoration intérieure du nouveau Saint-Pierre, il nous est impossible d'entrer ici dans le détail des nombreux monuments funéraires qui ont été distribués dans les diverses parties de l'édifice, et qui forment comme un de ses principaux ornements. L'examen de ces tombeaux s'écarte, au reste, de notre sujet principal : l'étude de la basilique.

Reste donc, pour compléter notre travail, à ajouter quelques mots sur la décoration en général qui fait, de l'intérieur de cette construction, un des exemples, sinon les plus remarquables sous le rapport de l'art, au moins un des plus somptueux et des plus riches parmi ceux de la chrétienté. — Tous les arts contribuèrent, chacun pour leur part, à l'ornementation de ce monument. Ainsi, la sculpture, la peinture, la mosaïque, les bronzes, les marbres et les dorures, tous ont concouru à former, par leur ensemble, cette riche et éblouissante décoration qui n'a aucune égale dans le monde. Mais, faut-il l'avouer? les différentes œuvres d'art qui la composent présentent, entre elles, par la variété de leurs dates d'exécution, une hétérogénéité qui forme une certaine disparate avec la basilique elle-même. Or, ces œuvres décoratives affectent, comme on doit le penser, des caractères particuliers qui étaient propres aux époques pendant lesquelles elles furent exécutées, et nul de nos lecteurs ne niera qu'il existe une énorme différence entre l'art du siècle de Michel-Ange et celui du temps de Bernin. Ce serait, sans doute, le lieu d'aborder ici une grande question d'esthétique sur les formes diverses que revêtit successivement cet art depuis l'établissement définitif du style dit vulgairement de la Renaissance, jusque vers le milieu du XVIIe siècle; mais cette digression, qui demanderait quelque développement, nous jetterait de nouveau dans des longueurs que nous devons éviter. Nous voulons finir.

Il y a longtemps, et trop longtemps qu'on répète, à propos de la nouvelle basilique de Saint-Pierre, tout le répertoire des formules laudatives qui ont été chantées, de siècle en siècle, sur tous les tons, par le vulgaire; et la chose est tellement enracinée, qu'on parviendrait difficilement à réduire à leur juste valeur et la véritable part d'éloges et celle de blâme qui reviennent à ce monument, parts qui s'adressent plus encore aux idées et au goût des siècles qu'aux artistes qui subirent leur influence plutôt qu'ils ne l'imposèrent. — En résumé, la nouvelle église de Saint-Pierre, malgré la participation des artistes célèbres des XVIe, XVIIe et XVIIIe siècles, nous paraît, comme art, une œuvre pesante, et, sous le rapport des dispositions, bien inférieure aux grandes cathédrales à ogives. C'est une masse énorme, où tout est ramené aux formes rectilignes et froides de l'antiquité gréco-romaine, masse qui étonne par ses dimensions et la richesse de ses ornements, mais dans laquelle on cherche vainement ce cachet et ce caractère essentiellement chrétien que présentait l'art au moyen âge. A Saint-Pierre, enfin, l'architecture y est aussi lourde que l'ornementation est massive, et tout y sent l'œuvre d'un artiste plus préoccupé de l'effet que de l'harmonie.

Ce n'est point sans une certaine hésitation que nous avons abordé la partie esthétique de notre résumé ; car, nous ne nous dissimulions point et notre inanité et notre insuffisance pour juger une telle œuvre ; puis, nous ajouterons que, placé entre les deux camps qui divisent le domaine de l'art, il devenait fort difficile, sinon impossible, de pouvoir concilier des prétentions rivales. Toutefois, pénétré de cette pensée, qu'une critique loyale et juste serait écoutée avec bienveillance, nous avons poursuivi notre œuvre. Loin de nous donc cette pensée de vouloir, pour être agréable aux classiques, emboucher en ce moment la trompette et

— MONUMENTS DES XVIᵉ, XVIIᵉ ET XVIIIᵉ SIÈCLES. —

entasser force éloges, ainsi qu'on l'a fait jusqu'à ce jour, fermant ainsi les yeux sur des défauts que tout critique doit sérieusement blâmer ; mais, plus loin de nous encore cette autre pensée, de ne trouver bien et convenable, en matière d'art, que les formes et les éléments de l'architecture du XIIIᵉ siècle, imitant en cela les artistes modernes, qui passent quelquefois à côté de la question sans la résoudre. Cette dernière était ici fort complexe : en effet, il s'agissait d'abord de savoir quel devait être le caractère de l'architecture qui était le plus convenable à donner à la nouvelle basilique de Saint-Pierre ; puis, d'apprécier la part d'action qu'exerça chacun des architectes qui concoururent à son édification ; il fallait ensuite reconnaître quels furent, à cette époque, les procédés mis en œuvre et les moyens employés par ces mêmes artistes, et quelles furent aussi, pour les autres parties de l'Europe, les conséquences de ces innovations ; enfin, il convenait de déterminer quelles étaient, dans cet édifice, les parties plus ou moins dignes d'éloges, c'est-à-dire, celles qui, sous le rapport de l'art et sous celui de la construction, méritaient une mention particulière. C'est ce à quoi nous avons essayé de répondre.

Et maintenant que nous sommes arrivé au terme de notre travail, après avoir tenté de coordonner les nombreux et intéressants matériaux qui ont été publiés sur cette basilique, maintenant, disons-nous, qu'on veuille bien nous excuser si, trop hardi, nous n'avons point reculé devant l'immensité de la tâche que nous nous étions imposée. Nous demandons pardon à nos lecteurs des erreurs dans lesquelles nous sommes, à notre insu, tombé, erreurs qui étaient inévitables à ce premier travail d'ensemble. Un autre, plus compétent et plus capable, viendra, sans nul doute, reprendre un jour toute cette immense question et la traiter d'une manière beaucoup plus satisfaisante. Pour nous, nous avons borné seulement notre ambition à réunir et à classer, pour la première fois, cette masse de documents disséminés dans ce nombre assez considérable de livres écrits à toutes les époques ; essayant aussi, pour la première fois, de faire marcher l'histoire de ce monument avec celle de la civilisation. Nos lecteurs ont dû apprécier nos efforts et notre bonne volonté ; nous finissons en réclamant leur indulgence.

— BIBLIOGRAPHIE. —

1° Vasari (Giorg.). *Le Vite de' piu eccellenti Pittori, Scultori ed Architetti*. In Firenze, Giunti, 1568, 3 vol. in-4°. — Il en existe une bonne traduction française, par MM. Léclanché et Jeanron.

2° Van Aells (N.). Les sept Églises privilégiées de Rome. Rome, 1589, in-8°.

3° Severano (J.). *Memorie sagre delle sette chiese di Roma*. Roma, 1630, in-8°, pl.

4° Costaguti. *Architettura della basilica de S. Pietro in Vaticano, opera di Bramante Lazzari*, etc. Roma, 1684, in-fol., pl.

5° Ciampini. *Synopsis historica de ædificiis a Constantino magno constructis*. Romæ, 1693, in-fol , pl.

6° Fontana (C.). *Il Tempio Vaticano e sua origine*. Roma, 1694, 2 v. in-fol., pl.

7° Bonanni. *Templi Vaticani historia*. Roma, 1715, in-fol., pl.

8° Chattard. *Nuova Descrizione del Vaticano e della basilica di S. Pietro*. Roma, 1762-67, in-12.

9° Dumont (G. M.). Détail des plus intéressantes parties d'architecture de Saint-Pierre de Rome. Paris, 1763, in-fol., pl.

10° Le Roy. Histoire des dispositions et des formes différentes que les chrétiens ont données à leurs temples. Paris, 1764, in-8°, pl.

11° *Sacrarum Vaticanæ basilicæ Cryptarum monumenta*, etc., a *Philippo Laurentio Dionysio commentariis illustrata curante Angelo de Gabrielis*, etc. Romæ; 1773, in-fol., pl.

12° Mey (l'abbé). Temples anciens et modernes, ou Observations historiques et critiques sur les plus célèbres monuments d'architecture grecque et gothique. Paris, 1774, in-8°, pl.

13° D'Argenville. Vies des fameux architectes depuis la renaissance des arts, etc. Paris, 1787, in-8°.

14° Terrade (le chevalier de). Parallèle de Saint-Pierre de Rome et des cathédrales de Paris et de Strasbourg. In-8°, pl.

15° Vasi. *Itinerario istruttivo di Roma*, etc. Roma, 1777, 2 vol. in-12, pl.

16° Ferrabeschi. *Architettura della basilica di San Pietro in Vaticano, opera di Bramante Lazzari, Michel-Angelo Buonarotti, ed altri celebri architetti, con una succinte dichiarazione compilate da Monsignor Filippo Gitil.* Roma, 1812, in-fol., pl.

17° Gutensohn et Knapp. *Deukmale der christlichen Religion, oder Sammlung der œltesten christlichen Kirchen oder Basiliken Roms*, etc. Rome, 1822, in-fol., pl.

18° Quatremère de Quincy. Dictionnaire d'Architecture ; — et Histoire de la vie et des ouvrages des plus célèbres architectes. Paris, 1830, 2 vol. gr. in-8°, pl.

19° Nibby (A.). Itinéraire et description de Rome. Rome, 1826, 2 vol. in-12, pl.

20° Platner, Bunsen, Gerhard et Röstell. *Beschreibung der Stadt Rom*. Stuttgard, 1829—39, 3 vol. in-8°.

21° D'Agincourt (Seroux). Histoire de l'Art par les monuments, depuis sa décadence jusqu'à son renouvellement au XVIᵉ siècle. Paris, 18.., 6 vol. in-fol.

22° Les principales églises de l'Europe. Milan, 18.., in-fol., pl.

23° Fea (C.). *Nuova descrizione di Roma antica e moderna*, etc. Roma, 1820, 3 vol. in-12, pl. (Il en existe une traduction française ; Rome, 1825, 2 vol. in-8°, pl.)

24° Pistolesi. *Il Vaticano descritto ed illustrato*. Roma, 1829—38, 6 vol. in-fol., pl.

25° Canina (L.), *Richerche sull'Architettura più propria dei tempj cristiani*, etc. Roma, 1843, in-fol., pl.

26° Fontana (Giacomo). *Raccolta delle migliori chiese di Roma e suburbane expresse in tavole*, etc. Roma, 1833, in-fol., pl.

27° Valentini (Agostino). *Le Quattro principali basiliche di Roma*. Roma, 4 vol. in-fol., pl.

28° Bunsen. *Die Basiliken des Christlichen Roms*, etc. München, 1840, in-4°, pl.

29° Kugler (F.). *Handbuch der Kunstgeschichte*. Stuttgard, 1842, 1 vol. in-8°.

30° Letarouilly. Monuments de Rome moderne. Paris, 18.., in-fol., pl.

Basilica de San Pedro en Roma. *Italia*

BASILIQUE DE S.T PIERRE, A ROME.

Basilica de San Pedro, en Roma (Vista interior)

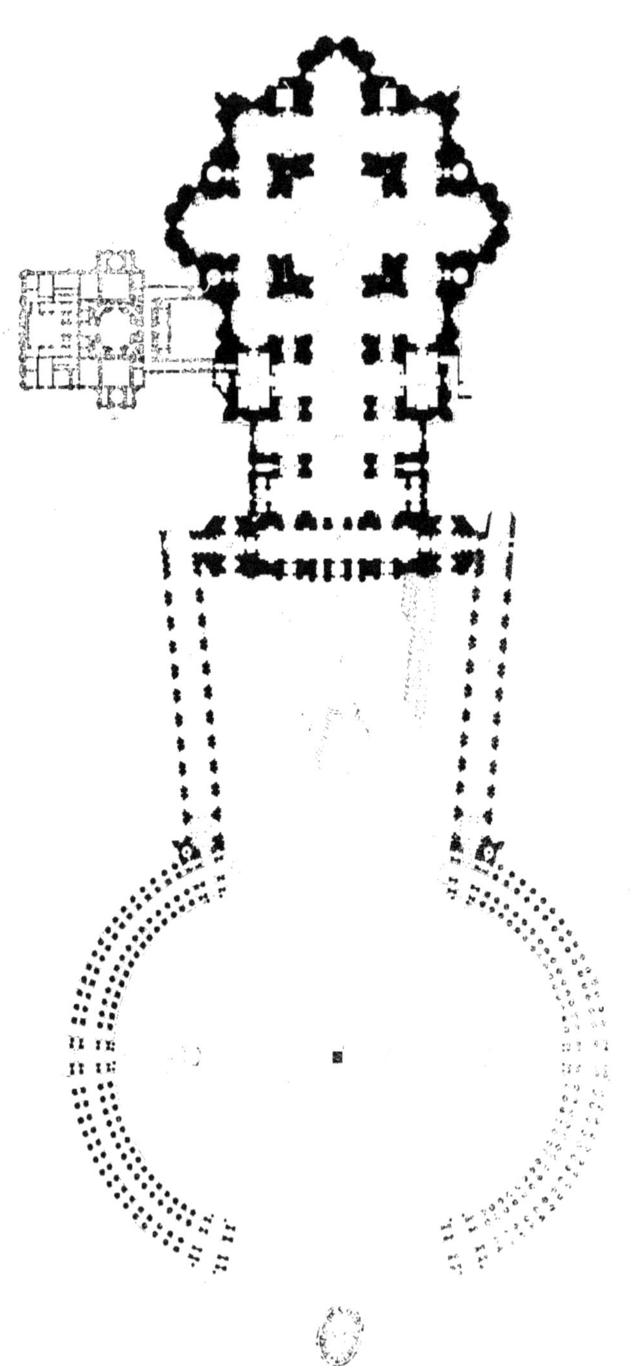

Basílica de San Pedro en Roma. *Plan.*

BASILIQUE DE St PIERRE À ROME.

Basilica di San Pedro en Roma (Corte longitudinal)

BASILIQUE DE ST PIERRE A ROME.
Elévation latérale.
Basilica di San Pietro in Roma.
Elevazione laterale.
basilica de San Pedro, en Roma. Elevacion lateral

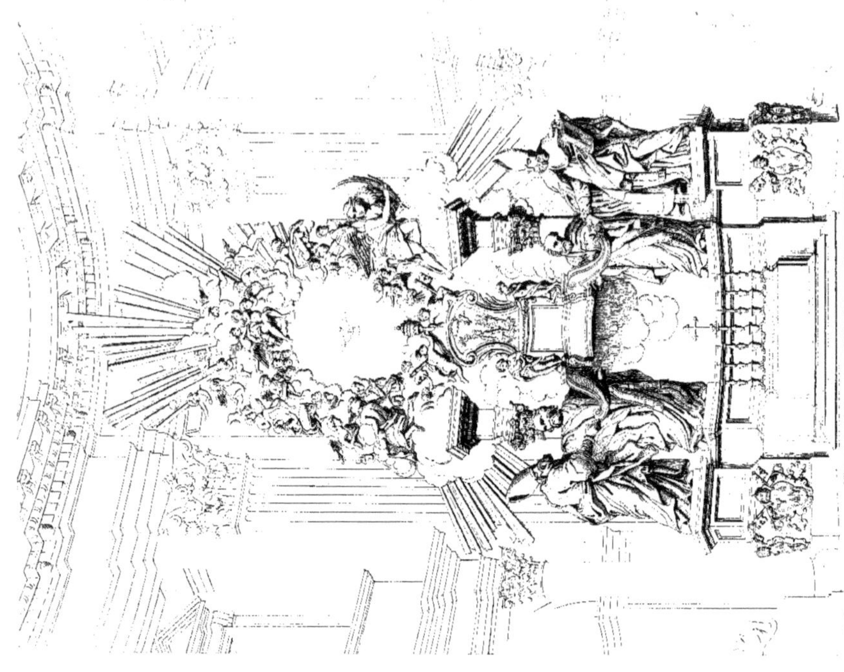

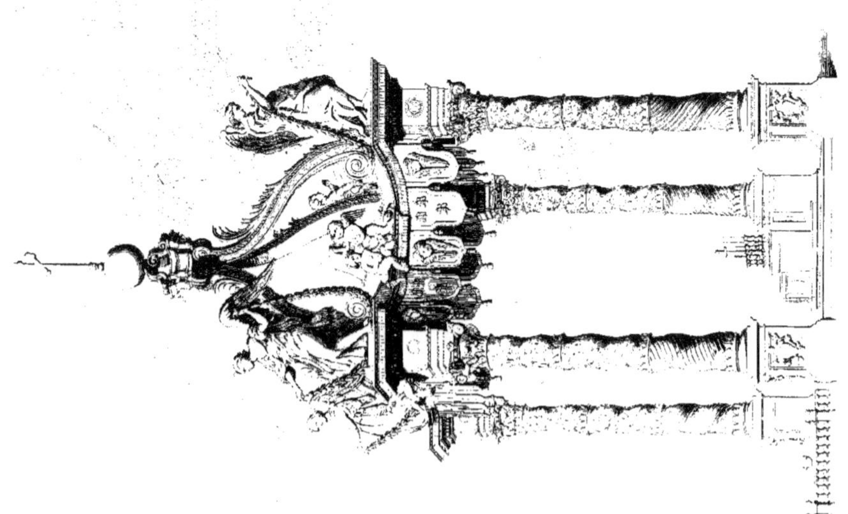

BASILIQUE DE ST PIERRE À ROME

Basílica de San Pedro en Roma *(Culto y Púlpito)*

ÉGLISE DU RÉDEMPTEUR, A VENISE.

En 1576, la ville de Venise ayant été affligée d'une peste terrible, qui décima, dit-on, plus de 40,000 habitants, le sénat fit vœu, au moment où le fléau faisait les plus grands ravages, d'élever, afin d'en obtenir la cessation, un monument d'action de grâces qu'on dédierait au Christ rédempteur du monde. Cette épidémie passée, la république prit aussitôt des mesures pour réaliser sa promesse; elle chargea l'architecte Palladio, dont la réputation était alors fort en crédit, de tracer le plan de cette église; toutefois, dit Scamozzi, on exigea de lui que l'architecture en fût simple, et Palladio lui donna, pour cachet particulier, la pureté des formes. L'emplacement qu'on choisit pour son érection fut le centre d'une petite île nommée *Spina-Lunga*, et qui porta aussi la dénomination de *Giudecca*, parce que ce fut là que se réunirent les premiers juifs lorsqu'ils vinrent s'établir dans les lagunes. Il n'y avait alors, dans cette île, qu'une petite chapelle appartenant aux capucins. Pour répondre au choix du sénat, Palladio apporta un soin tout particulier à l'exécution de cette construction; et il mit même tant de promptitude dans les travaux, qu'avant sa mort, arrivée le 19 août 1580, l'église était déjà élevée jusqu'à la toiture. On termina promptement l'édifice, puis on en fit la dédicace. Mais il fut décidé, dit un historien du pays, que, comme complément de ce vœu et en mémoire de la cessation du fléau, le doge, accompagné de son conseil, des ministres, des ambassadeurs étrangers et des sénateurs, visiterait solennellement chaque année cette église le troisième dimanche du mois de juillet, qui était le jour où se célébrait la fête du Rédempteur du monde.

A l'époque où nous nous trouvons, Palladio avait déjà construit, à Venise, l'église de Saint-Georges le Majeur et la façade de celle de Saint-François de la Vigne. Or, ce sont des monuments dans lesquels il avait émis, sous le rapport du plan, de la composition et de la décoration, certaines idées nouvelles en matière de construction d'églises, idées dont il ne s'écarta guère dans sa nouvelle œuvre. En effet, pris dans leurs dispositions générales, ces édifices présentent entre eux un certain air de famille et de parenté incontestable; et l'on remarque, à leur examen, les phases successives et diverses d'une idée qui naît et se modifie, selon les études de l'auteur, mais à laquelle l'artiste va donner enfin tout son développement dans une nouvelle création, le Rédempteur. La seule manière d'apprécier le mérite de cette dernière œuvre, c'est de l'étudier au point de vue des idées classiques, c'est-à-dire dans les rapports qu'elle présente avec les règles théoriques des monuments de l'architecture romaine que Palladio s'était proposés pour modèles et qu'il avait choisis pour guides dans ses études et dans ses compositions. Examiné à ce point de vue, l'édifice admet ici une critique qu'il ne saurait supporter si l'on envisageait la question de convenance, celle de l'appropriation des formes et des éléments de l'art païen appliqués à la construction des monuments du christianisme.

Ces réserves faites, passons à la description et à l'analyse: l'église décrit, en plan, la figure d'une croix latine, composée d'une seule nef flanquée de chapelles latérales; d'un transsept avec coupole et croisillons semi-circulaires; d'une apside renfermant un sanctuaire, et de deux sacristies contre lesquelles viennent s'appuyer deux petits campaniles (*). — Sa longueur, hors œuvre, est d'environ 35 mètres; sa largeur, prise sur la nef et les chapelles, de 14 à 15 mètres; la longueur du transsept de 16 mètres, et la hauteur de la nef, du sol au sommet de la voûte, d'un peu plus de 10 mètres (**).

L'édifice présente, à l'extérieur, tous les éléments, plus ou moins heureusement combinés, de l'architecture antique; et sa masse repose sur un soubassement décoré d'un appareil à bossages, à l'exception du côté de la façade, où l'architecte disposa, pour lui donner plus d'élancement sans doute, un assez haut escalier. La composition de cette façade constitue, à très peu près, une imitation gréco-romaine. Son ensemble se compose d'une partie centrale, reproduisant l'aspect antérieur d'un temple, dans les entre-colonnements duquel on a élevé une construction avec porte, niches, etc., et de deux ailes dessinant, à droite et à gauche, la position des chapelles latérales. Des constructions supérieures, les unes servent de contre-forts, et les autres indiquent le comble de la toiture; enfin l'ordre d'architecture que Palladio choisit pour la décoration de cette partie fut le composite. On le voit donc, notre architecte, toujours fidèle à son goût pour l'art romain, développait encore ici l'idée émise antérieurement à la façade de Saint-Georges le Majeur et à celle de Saint-François de la Vigne. En effet, on y remarque un grand ordre unique avec fronton correspondant au comble de la

---

(*) Ce plan, assez caractéristique en lui-même, et qui semble dériver de celui d'Alberti à la cathédrale de Modène, inspirera, un peu plus tard, l'architecte Vignole, qui le modifiera encore au Jésus de Rome, où il sera pris, au XVII⁰ siècle, comme type d'un grand nombre des églises de cette époque.

(**) Une erreur assez importante s'est glissée dans l'établissement des échelles qui accompagnent notre *Planche de détails*, celle du plan est de vingt-cinq mètres, et celle de coupe de dix mètres seulement.

grande nef, et des portions rampantes de frontons qui correspondent aux pentes de la toiture, ce qui donne à la partie antérieure de l'édifice chrétien l'apparence d'un temple du polythéisme ; mais tels étaient, à cette époque, la force des choses et le goût dominant, qu'on s'inquiétait peu et du symbolisme et de l'orthodoxie : l'idée du siècle passait bien avant la question de convenance. Au reste, il ne faut pas rendre Palladio responsable d'une erreur qui lui est antérieure ; celui-ci ne fit que développer, à Venise, la pensée qu'Alberti avait émise, bien des années auparavant, lorsqu'il éleva la façade de la cathédrale de Modène. — Les faces latérales participent du frontispice, et elles ne se recommandent guère par leur décoration.

L'intérieur est, avons-nous dit, formé d'une seule nef flanquée de chapelles latérales, d'un transsept couronné d'une coupole, enfin, d'un sanctuaire. Comme à la façade, on reconnaît ici un parti pris par Palladio, c'est-à-dire l'emploi d'un grand ordre unique que surmonte un entablement, au-dessus duquel s'étend la voûte où s'élève la coupole. Des ouvertures ménagées, à droite et à gauche, dans les murs latéraux de la nef, donnent accès aux chapelles, qui communiquent encore entre elles par un étroit passage disposé dans les clôtures de séparation. Ces chapelles, ainsi que l'intérieur de la nef, sont éclairées par des espèces de lucarnes dont la disposition est encore un nouvel emprunt fait à l'architecture gréco-romaine.

Il y a peu de chose à dire de la décoration intérieure, qui est simple et selon les vœux du sénat ; elle consiste en colonnes accouplées, dans l'entre-colonnement desquelles on a placé des niches ornées de statues, et en un entablement qui règne et court sur tout le développement de l'édifice ; quant à la voûte, elle ne présente qu'un vaste berceau dépourvu de toute ornementation.

Sous le rapport de la construction et de la décoration, le transsept et la coupole ne renferment rien de bien saillant. Toutefois, il est, dans le chœur ou l'apside, une particularité du genre qui, nous le pensons, n'a probablement point échappé à l'examen de nos lecteurs : nous voulons parler de la disposition d'une espèce de clôture séparant à la fois et le chœur et l'arrière-chœur, disposition qui convenait parfaitement à une église conventuelle, destinée à un double usage. Cette église, que desservaient les capucins, dont elle avait remplacé la modeste chapelle, était, probablement aussi, fréquentée par des fidèles laïques ; or, cette disposition ou cette interposition de colonnes, érigées à la partie postérieure et délimitant, avec la clôture, un emplacement réservé aux religieux et complétement éloigné du reste des fidèles qui suivaient les offices, nous semble une idée nouvelle et assez heureuse en elle-même. — Mentionnons encore la disposition que Palladio voulut donner aux issues des sacristies : des passages, ménagés dans la partie semi-circulaire des croisillons du transsept, permettent aux prêtres de se rendre aux chapelles sans avoir à traverser l'église parmi les fidèles.

Suivant l'opinion des hommes de l'art, la construction de cette église mérite les plus grands éloges ; et sa solidité résulte de la science avec laquelle l'architecte sut calculer et l'épaisseur des murs et celle des contre-forts destinés à soutenir la poussée des voûtes. Les murs, les voûtes et la coupole sont construits en briques, ainsi que les chapiteaux intérieurs ; tandis que les portes, les baies, les imposts, les entablements, les bases, les tailloirs et toute la façade sont en pierre d'Istrie.

Telle est, aussi brièvement que possible, la description du Rédempteur, ce *nec-plus-ultrà* du classicisme moderne. L'étroit espace qui nous est accordé ne nous permet guère d'aborder plus longuement la partie critique ; toutefois, nous ajouterons que, comme toute pensée engendre presque toujours des idées mauvaises, nous allons voir bientôt l'œuvre de Palladio subir certaines modifications et devenir le point de départ d'un autre genre de constructions religieuses où la lourdeur va prendre la place de la simplicité et où la surcharge des ornements de tout genre remplacera la sobriété qu'on remarque dans cette église. Or, nous verrons alors ce monument servir, non pas de type, puisqu'il y eut modification, mais d'inspiration, mais de transition à cette autre architecture formulée en Italie vers la fin du XVIe siècle et pratiquée dans tout le nord de l'Europe pendant le XVIIe, sous le nom de *Style jésuitique* ou *des Jésuites.* C'était là un point qu'il nous a paru convenable d'indiquer ici comme étant celui du départ de créations nouvelles, en matière de composition d'églises, et le type d'où elles émanèrent assez probablement.

— BIBLIOGRAPHIE. —

1° Vasari (Giorg.), *Le vite de' piu eccellenti pittori, scultori ed architetti* ; Firenze, 1568, 3 vol. in-4°.

Sansovino, *Venezia, citta nobilissima, etc.*; Venezia, 1604, in-4°.

3° Corner, *Notizie istoriche delle Chiese della citta di Venezia*; Venise, 1749 et suivantes, 14 vol. in-4°, pl.

4° D'Argenville, Vies des fameux architectes et sculpteurs, etc.; Paris, 1787, 2 vol. in-8.

5° Quatremère de Quincy, Dictionnaire d'architecture et Histoire des plus célèbres architectes.

6° *Fabbriche piu cospicue di Venezia*; Venise, 1816, 2 vol. in-fol., pl.

7° Quadri, Huit jours à Venise ; 1822, in-18.

8° Kugler, *Handbuch der Kuntsgeschichte*; Berlin, 1848, in-8°.

9° Magrini (l'abbé), *Memorie intorno la vita e le opere d'Andrea Palladio*; Padova, 1845, in-4°.

Iglesia del Redentor en Venecia. (Italia)

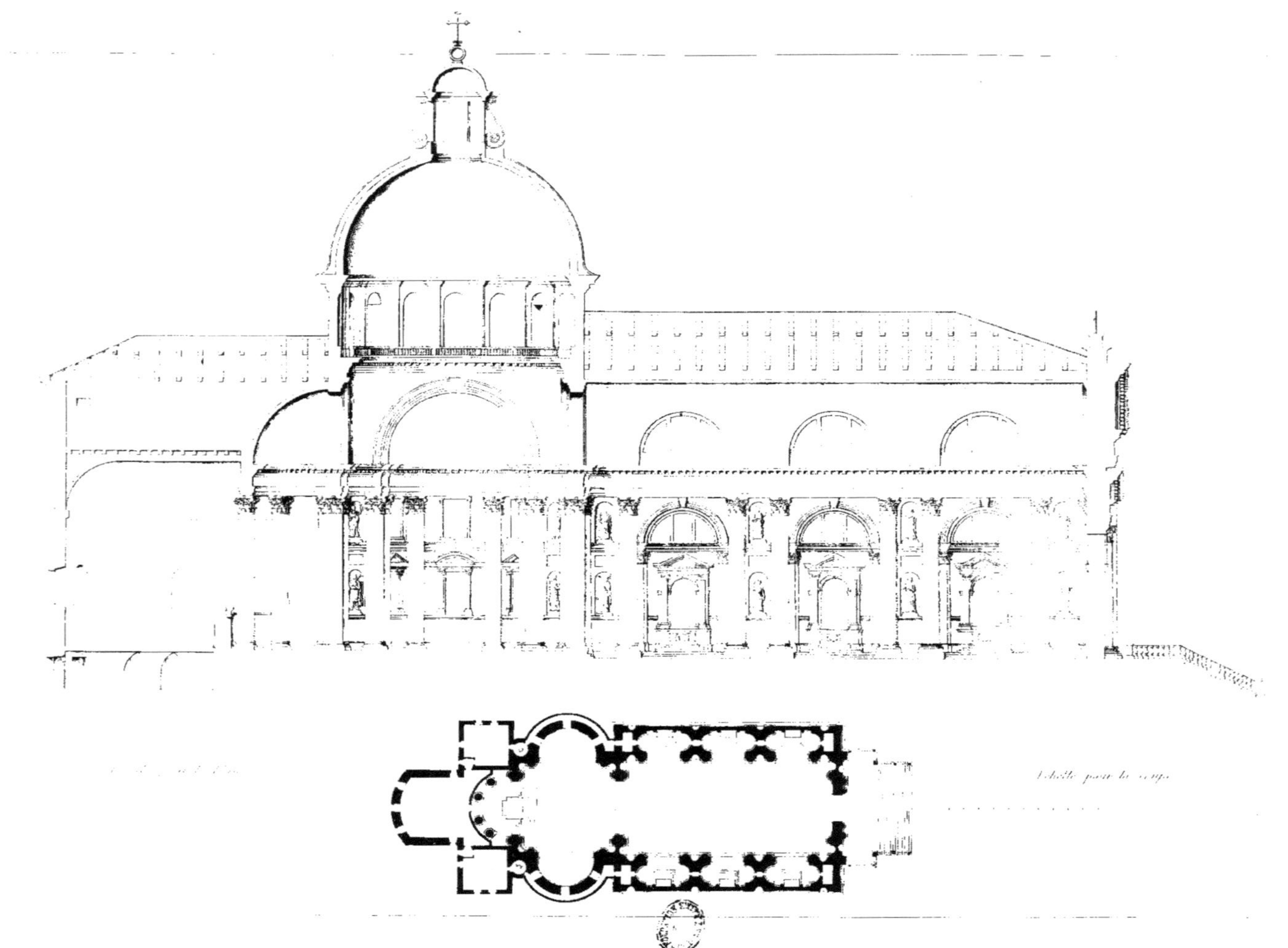

ÉGLISE DU RÉDEMPTEUR À VENISE.

Iglesia del Redentor en Venecia. *Palladio*

ÉGLISE DE GISORS ^(*).

La petite ville de Gisors, située sur la rive droite de l'Epte, à mi-chemin de Paris à Rouen, était autrefois la capitale du Vexin normand et le chef-lieu d'un bailliage auquel elle donnait son nom. Elle existait dès le Xe siècle, car les historiens rapportent qu'en 940 elle fut démembrée du domaine royal par Louis II, et donnée par lui à Guillaume, duc de Normandie ; mais elle ne commença à devenir célèbre que vers la fin du XIe siècle, lorsque Guillaume le Roux, aussi duc de Normandie, voulant fortifier sa frontière, y fit élever, d'après les plans de Robert de Bellème, célèbre ingénieur de ce temps, le château dont on peut admirer encore aujourd'hui les ruines imposantes et pittoresques.

En 1130 il y eut à Gisors une entrevue entre Henri Ier, roi d'Angleterre, et le pape Calixte II, dont un schisme avait nécessité la présence en France, et qui s'offrit comme médiateur afin de faire cesser la guerre entre les deux pays. En 1158 Louis le Jeune réunit Gisors à la couronne ; mais trois ans après, sa fille Marguerite porta cette ville en dot au roi Henri II d'Angleterre. Ce dernier augmenta beaucoup la force du château en l'agrandissant et en y faisant faire de nombreuses réparations.

C'est près de Gisors qu'en 1188, sur la nouvelle de la prise de Jérusalem par Saladin, eut lieu la conférence entre Philippe-Auguste et ce même Henri II, à la suite de laquelle la France et l'Angleterre se croisèrent pour arracher la Palestine aux Sarrasins. Ayant successivement appartenu aux comtes de Vexin, à l'abbaye de Saint-Denis, aux ducs de Normandie, aux rois d'Angleterre et aux rois de France, Gisors resta définitivement en la possession de ces derniers, en conséquence de la paix conclue entre Philippe-Auguste et Richard Cœur de Lion, l'an 1195.

La ville de Gisors renferme deux monuments qui sont chacun d'un haut intérêt : l'église et le château. Celui-ci, dont la masse remonte au XIIe siècle, est un des plus curieux et des plus importants de la province. Il se compose d'une enceinte extérieure munie de tours, et d'un donjon élevé sur une seule motte artificielle et entouré d'une seconde enceinte qui lui est propre. L'église est dédiée à saint Gervais et saint Protais ; anciennement, alors que Gisors possédait trois couvents d'hommes et quatre de femmes, elle était la seule paroisse. Elle date de deux époques distinctes : le chœur appartient au XIIIe siècle ; la nef et la façade occidentale sont du XVIe. Cette dernière partie, dont nous donnons l'élévation et les détails, est d'une grande richesse, et passe avec raison pour une des plus belles qui aient été élevées par la renaissance. C'est d'ailleurs une construction privée de symétrie et d'unité ; elle est en effet formée de deux parties, chacune incomplète, et n'ayant entre elles aucun rapport de lignes, de plan ni de style, à ce point qu'on croirait voir deux portions de façades d'édifices différents, entées l'une sur l'autre par l'effet du hasard et non par celui d'une volonté d'artiste. Ces deux parties sont sans doute postérieures l'une à l'autre, comme l'indique leur caractère ; mais la disposition biaise de la tour inachevée du midi (Voir le plan) n'en est pas moins une excentricité fort peu explicable, et dans tous les cas que rien ne peut justifier.

Le portail est formé par une grande arcade en plein cintre, ébrasée ; au centre est un trumeau orné d'une statue de la Vierge. Au-dessus de cette statue se trouvaient celle de Jésus-Christ, et dans les niches latérales celles de David et d'Isaïe. Dans le tympan de l'arc on voit un bas-relief représentant le songe de Jacob. Au-dessus du portail est un espace couvert de sculptures dont il ne paraît pas que les figures aient une signification hiératique ; puis, comme couronnement, vient un petit portique à trois arcades qui ne manque pas d'élégance, mais qui, bien loin d'avoir sa raison d'être, cache au contraire la grande fenêtre de claire-voie du mur de face de la nef. Des niches sont pratiquées dans les deux contre-forts qui flanquent le portail, et des statues leur servent d'amortissement.

La tour du nord-est est fort élégante. L'étage qui renferme le beffroi est percé sur chaque face de deux baies en plein cintre, dans lesquelles on a placé un réseau du goût le plus singulier. Les statues qui ornent les contre-forts de cet étage, ses médaillons à figures, sa balustrade divisée par des acrotères, contribuent à lui donner un aspect très-pittoresque ; il est surmonté d'un autre, octogone en plan, dont l'amortissement, fort caractéristique, mais peu monumental, conviendrait mieux, comme tous ceux de cette espèce, à un vase qu'à une construction en pierre ; la tour du midi, qui s'ajuste si mal avec le reste, est tout à fait dans le goût classique ; elle est formée de trois ordres placés l'un sur l'autre. Suivant la règle, l'ordre inférieur est dorique, le second ionique, et vraisemblablement le troisième, resté incomplet, aurait été corinthien.

A l'intérieur, l'église de Gisors est également digne d'attention. Les bas côtés étroits, comme cela est commun au XVIe siècle, ont des nervures compliquées et formant différents dessins. Plusieurs piliers sont contournés en hélice et chargés de sculptures. Ainsi, sur le premier, à droite en entrant, on voit des tanneurs qui se livrent à leurs travaux; sur un autre, curieux par ses formes prismatiques qui ne sont pas sans analogie avec des cristallisations, et qui paraissent avoir eu surtout pour but de donner une haute idée des connaissances en stéréotomie de l'appareilleur, on observe des attributs de pèlerin; sur un troisième sont des dauphins. Ces différents emblèmes, dont on retrouve de nombreux exemples à la même époque, prouvent ce que l'histoire établit d'ailleurs, c'est que souvent chaque partie d'une église était le résultat particulier des libéralités de seigneurs, de bourgeois ou de corporations d'ouvriers, dont on récompensait le zèle en leur permettant de placer leurs armoiries sur la partie de l'édifice dont ils avaient fait eux-mêmes les frais.

On voit encore dans l'église un bas-relief représentant un cadavre qu'on a souvent, quoique probablement à tort, attribué à Jean Goujon, et l'on y remarque aussi un magnifique porte-orgue de style composite, dont les colonnes sont cannelées en hélice.

— **BIBLIOGRAPHIE.** —

1° **Millin.** Antiquités nationales. Paris, 1790-1798, in-4".

2° **Taylor et Ch. Nodier.** Voyage pittoresque dans l'ancienne France : Normandie; 2 vol. in-fol., pl.; Paris, 1820.

Catedral de Gisors. Fachada

Catedral de Gisors — Parte central de la portada

Catedral de Gisors. *Detalles.*

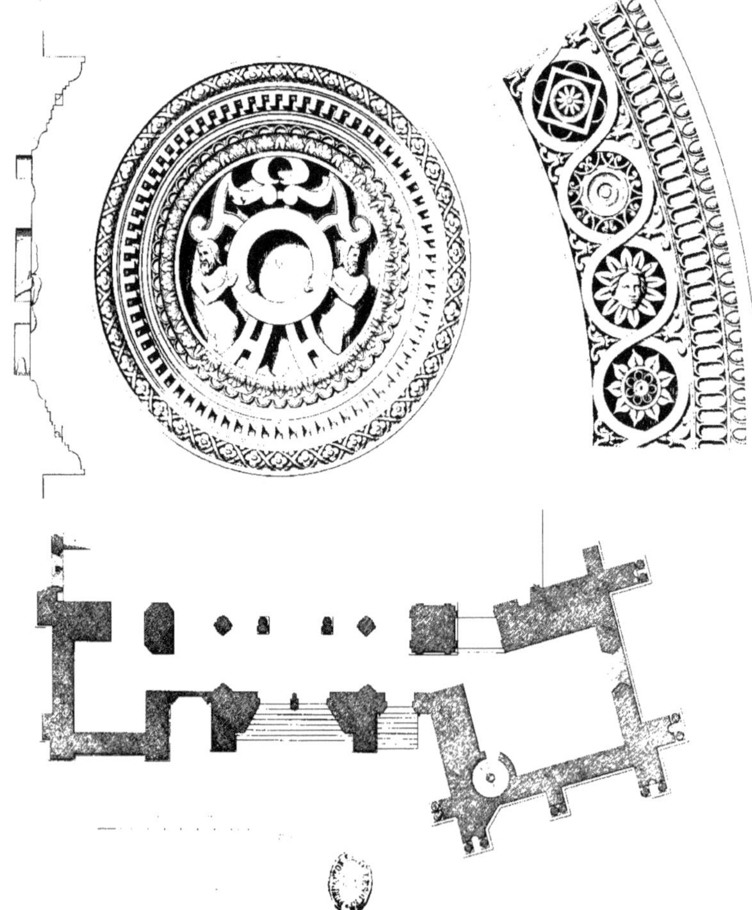

Catedral de Gisors

Sustentáculo del órgano de la Catedral de Gisors *Francia*

malgré cela abandonné définitivement vers la fin du XVI° siècle, pour satisfaire à une niaise manie d'élever des portiques à la manière antique, dont le moindre inconvénient est de n'abriter en aucune façon ceux qui s'y réfugient. Et, à ce sujet, nous ferons observer que ceux qui créèrent le premier style de la renaissance, tout en se laissant aller à l'engouement, né de l'esprit de courtisanerie et de pédantisme, avec lequel furent accueillis les types de l'art italien, furent loin de se montrer aussi absurdes que ceux qui leur succédèrent. Sans doute, ils eurent un tort immense en s'efforçant de greffer sur un art complet et magnifique les ornements d'un autre qu'il ne pouvait absolument comporter, mais au moins ils ne perdirent pas de vue les grands principes qui doivent avant tout régir la science de l'architecture, c'est-à-dire, l'appropriation des édifices à leur destination, la compatibilité des matériaux avec le système de construction, la solidité. Aussi remarque-t-on que, lorsqu'ils se décidèrent à bâtir des églises dans le nouveau style, qu'ils réservaient de préférence pour les constructions civiles, ce qui prouve assez qu'il n'était pour eux qu'une affaire de mode, ils se gardèrent d'employer les entablements droits, qui ne se soutiennent qu'à la condition d'être monolithes ; mais ils restèrent fidèles aux arcs et aux voûtes à nervures, qui offrent de si immenses avantages sur les autres. Ils ne construisirent pas non plus de toits obtus, comme cela peut convenir dans les contrées où le ciel est toujours pur, mais ils firent, comme auparavant, des combles élevés, afin de faciliter l'écoulement des eaux pluviales de nos longs hivers; ils ne dressèrent pas des murs sans appui, à l'imitation de ceux des temples antiques, qui ne portaient rien, mais ils continuèrent l'emploi des arcs-boutants, qui assurent la durée des voûtes ; ils ne songèrent point enfin à modifier les plans d'édifices religieux qu'un long et saint usage avait consacrés, mais ils les conservèrent respectueusement, peu soucieux de faire ressembler une église placée sous l'invocation de la Vierge, à un monument dédié à Vénus ou au dieu de la luxure. Telle fut, au contraire, l'ambition de ceux qui vinrent après eux ; on sait quels résultats elle a produits.

— **BIBLIOGRAPHIE.** —

Nous ne connaissons aucun ouvrage où se trouvent des renseignements sur l'église de Vetheuil; nous devons ceux que nous avons donnés à l'obligeance de M. le curé de la paroisse, qui les a extraits en partie des archives de la fabrique. Lui en laissant le mérite, nous lui en laissons également la responsabilité.

Iglesia de Vethenil.

Iglesia de Vétheuil

ÉGLISE DE SAINT-ETIENNE DU MONT, A PARIS.

Vers le commencement du VIe siècle, Clovis ayant fait construire, sur le *Mons Lucotitius,* une petite basilique, dédiée d'abord aux apôtres saint Pierre et saint Paul, puis à sainte Geneviève, cette fondation attira, dit-on, en cet endroit, un certain nombre de Parisiens et de campagnards circonvoisins, qui professaient pour la vierge de Nanterre une grande dévotion. Les environs du monument religieux se couvrirent ainsi, peu à peu, de constructions civiles ; et bientôt l'accroissement de cette population devint tel, qu'on dut penser à lui donner un pasteur. Mais il paraîtrait que ce ne fut d'abord, et pendant un certain temps, qu'un simple prêtre qui administra les sacrements, et que le lieu consacré aux assemblées était alors la crypte de la basilique dont nous avons parlé. L'origine de cette église fut donc, comme celle de beaucoup d'autres, un modeste oratoire. Les choses demeurèrent probablement en cet état pendant le règne des Mérovingiens et celui des Carolingiens ; et la crypte, durant ce laps de temps, suffit aux besoins du petit nombre de fidèles qui habitaient la montagne. Ce fait, au reste, s'explique par les désastreuses incursions des Normands qui vinrent, à plusieurs reprises, pendant le IXe siècle, piller et incendier l'abbaye de Sainte-Geneviève. Toutefois, lorsque, par suite de traités, on se vit à l'abri de leurs déprédations, la population vint de nouveau s'établir sur cet endroit abandonné, et les cérémonies du culte recommencèrent à avoir lieu dans la crypte de l'église abbatiale. Cela dura jusqu'à la fin du XIIe siècle (1190), époque à laquelle Philippe-Auguste fit construire la nouvelle enceinte de Paris. Protégés par cette clôture, les Parisiens se portèrent en foule sur les terrains inoccupés de la montagne, et y établirent leurs demeures. Cet accroissement s'étant ainsi effectué tout à coup dans une proportion assez considérable, on se vit contraint de bâtir, pour ses besoins religieux, un monument spécial ; et c'est à cette époque, sans aucun doute, que remonte la fondation de l'église actuelle. Dans cette conjoncture, on fit aux religieux de Sainte-Geneviève une demande de terrain pour réaliser ce projet. L'abbé concéda une portion de terrain qui était contiguë à l'église du monastère, et l'on construisit une petite chapelle qui fut placée sous le vocable de saint Étienne ; mais les historiens ne sont pas d'accord sur la date précise de cette construction, qui parait avoir eu lieu vers l'an 1220. Quoi qu'il en soit, cette chapelle se trouvait, par sa position, complétement sous la dépendance de l'abbaye et dans son enceinte ; et l'on ne pouvait même y entrer que par une issue ouverte dans l'un des murs de l'abbatiale. La chapelle de Saint-Étienne resta, pendant plusieurs siècles, sous l'autorité du monastère ; mais toutes les parties du mont ayant pris, durant cette période, un très-grand développement, par suite de l'établissement successif des colléges, de la Sorbonne, des maisons princières, etc., il en résulta que les besoins de toute cette population réclamaient un monument religieux plus vaste que le petit édifice. En 1491, les marguilliers de la paroisse présentèrent donc aux religieux de l'abbaye une requête à l'effet d'obtenir le terrain nécessaire à l'agrandissement de la chapelle ; ils sollicitèrent encore la permission d'avoir une porte particulière ; enfin, d'élever un clocher et d'y placer des cloches. Une partie de ces demandes leur furent accordées : le chapitre donna le terrain ; il permit aussi la pose des cloches et l'élévation du clocher, mais à la condition toutefois que ce dernier ne serait point terminé par une flèche ; quant à la porte particulière, on la refusa positivement. En échange de ces concessions, les marguilliers de Saint-Étienne s'obligèrent à payer annuellement une redevance de dix livres au monastère, et les paroissiens, à offrir tous les ans à l'abbé, le jour de la fête du patron de la paroisse, une livre de bougie rouge. L'autorisation sollicitée par les marguilliers était obtenue, et l'on allait mettre la main à l'œuvre, lorsqu'on comprit, probablement, qu'il valait beaucoup mieux construire immédiatement une nouvelle église, plutôt que de se contenter de l'agrandissement projeté. On s'arrêta donc à cette dernière opinion, qui prévalut, et l'on prit des mesures en conséquence ; mais, soit par des motifs pécuniaires ou tout autre, la construction ne fut commencée qu'un peu plus tard, c'est-à-dire, dans les premières années du règne de François Ier. A cette époque, on entreprit d'abord les constructions orientales de l'édifice, c'est-à-dire, le chevet et le sanctuaire ; puis on éleva une grande partie de l'aile et des chapelles situées au nord ; enfin, vers le milieu du XVIe siècle, les travaux furent poussés avec une telle activité, qu'en 1541 l'évêque de Paris put y envoyer l'évêque de Mégare pour y faire la bénédiction des autels de la portion achevée de l'édifice. Cependant l'église n'était encore qu'élevée en partie, et déjà l'on manquait d'argent pour en poursuivre la construction. L'évêque de Paris vint, en cette circonstance, au secours de l'œuvre en accordant aux marguilliers, afin de hâter l'achèvement de la nouvelle église, le montant des offrandes données par les paroissiens pour obtenir, pendant le carême, l'usage du lait et du beurre ; permission qu'il réitéra, dans le même but, en 1552 et en 1563. Ces dates, mises en rapport avec certaines parties de l'édifice, prouvent, d'une manière irrécusable, que la construction se continua pendant le cours du XVIe siècle. La composition de la partie inférieure de la façade semble, par son style d'architecture, appartenir aux dernières années de ce siècle et aux premières du XVIIe, époque à laquelle on accorda pour la première fois à cette église une entrée particulière, et indépendante de l'abbatiale. Marguerite de Valois, première femme de Henri IV, donna, dit-on, une somme de 3,000 livres pour la bâtisse de tout ou partie de ce frontispice. Le XVIIe siècle vint compléter la construction. En l'an 1600, on entreprit les travaux du jubé ; et, en 1606, la suppression d'une portion du cimetière, existant à la partie occidentale, nécessita l'établissement de charniers, qu'on plaça en arrière du chevet. De 1610 à 1617, on termina la façade et l'on construisit le petit porche disposé en saillie sur le flanc septentrional ; enfin, les travaux paraissent n'avoir été complétement achevés qu'en 1626. En effet, François de Gondi, premier archevêque de Paris, en fit seulement la dédicace solennelle le 15 février de cette année ; et les fonts baptismaux, qui, jusqu'à cette époque, se trouvaient à Sainte-Geneviève, furent transportés alors dans la nouvelle église. La chapelle de la Vierge, qu'on a placée derrière le chœur, est un appendice qui fut ajouté vers le milieu du XVIIe siècle (1661) ; elle a été érigée aux frais de la fabrique.

L'édifice, placé sous le vocable de saint Étienne, est un de ces monuments d'architecture religieuse qui fut élevé à une époque de transition, lorsque déjà les artistes avaient adopté, pour les constructions civiles, les idées nouvellement importées d'Italie. C'est aussi un de ces édifices, encore assez nombreux, qui offrent, dans leur ensemble, cette particularité d'un assemblage hétérogène de deux styles différents, styles qu'on regardait alors, l'un, qui était ancien, comme consacré, et le seul qui présentait traditionnellement un caractère religieux ; et l'autre, le nouveau, comme plus en harmonie avec les idées de l'époque, et comme plus approprié aux progrès de la civilisation. En effet, cette église, dont les premières constructions ne remontent pas au delà du règne de François Ier, renferme ce mélange des deux styles, ainsi que les traces des différentes phases que subit l'architecture pendant le XVIe siècle et le commencement du XVIIe. Les dispositions de cet édifice sont encore toutes dans le système du style ogival ; les formes et les éléments de certaines parties ont seuls été changés. Le chevet, le sanctuaire et les voûtes tiennent complétement au premier art ; les nefs, les chapelles, certaines baies, les galeries et la façade, appartiennent au nouveau style.

Le plan de cette église est assez simple, et il ne mériterait guère d'être signalé à l'attention de nos lecteurs, si l'on n'y remarquait deux particularités, assez faciles à expliquer, qui consistent dans une obliquité de construction donnée à l'aile septentrionale et à la façade. La première de ces deux dispositions, celle de l'aile, résulte de l'existence des murs de clôture de l'abbaye, qu'on ne voulut point abattre lors de la construction de l'édifice ; et la seconde tient particulièrement à la nécessité où l'on fut de laisser un passage convenable entre le cimetière et l'église.

Pris dans son ensemble, le chœur de Saint-Étienne comporte cette forme allongée qui est particulièrement propre à cette partie des monuments religieux de la dernière période du moyen âge. De grandes arcades ogivales, coupées, vers le milieu de leur hauteur, par une galerie continue, formant comme une espèce de ceinture aérienne, limitent et circonscrivent cette portion de l'édifice. Les piliers qui supportent ces arcades, piliers qui nous semblent avoir été remaniés, ne sont autres, depuis cette retouche, que de longues colonnes ou fûts cylindriques, dépourvus de chapiteaux, mais d'où partent des doubleaux et des nervures d'arêtes qui vont décorer la voûte. Un jubé assez remarquable sépare le chœur des nefs, et lui sert de clôture antérieure.

Au delà du pourtour, on ne trouve plus aujourd'hui de ces chapelles apsidales qui rayonnaient si souvent autour du sanctuaire des monuments du moyen âge ; et, à l'exception de celle qui fut érigée postérieurement à la Vierge, on n'y voit maintenant qu'une sacristie et quelques lieux dont on a pu, toutefois, changer la destination primitive. Cette partie postérieure comprend, à très-peu près, l'ensemble des premières constructions de l'édifice.

A la seconde période de construction appartiennent le transsept, les nefs et une partie des chapelles latérales. Ces différents morceaux présentent, en effet, un tout autre caractère, qui indique un changement d'idées dans l'art de bâtir. Le plan et les dispositions restent les mêmes ; mais les éléments ont changé de forme. Aussi, à partir du transsept, toutes les baies et les arcades, à l'exception de celles qui s'ouvrent dans la voûte, présentent-elles une forme circulaire, au lieu de celle en arc aigu.

Les nefs sont formées par deux files d'arcades, disposées parallèlement à l'axe, que soutiennent de hauts piliers cylindriques, se raccordant, quant au jeu des lignes, avec les dispositions du chœur. Ces espèces de colonnes, munies de bases classiques, reposent sur des piédestaux ; du sommet de ces piliers, et au-dessus des chapiteaux, naissent des doubleaux et des nervures d'arêtes qui vont décorer les différentes parties de la voûte. Nous pensons que l'architecte qui fit exécuter cette partie de l'édifice voulut probablement, pour se raccorder avec les données du chœur, faire usage de colonnes qui auraient été trop faibles comme soutien. si elles n'eussent été maintenues, vers le milieu, par une construction spéciale ; disposition insolite qui forme comme une espèce de galerie, rappelant à la pensée, mais d'une façon bien modifiée, les anciennes dispositions du gynécée et du triforium des monuments religieux du moyen âge. L'agencement de cette espèce de galerie ou cette interposition d'arcades est donc une particularité du genre, particularité dont on ne connaît qu'un très-petit nombre d'analogues, soit à la mosquée de Cordoue, dans l'église abbatiale de Charroux, dans plusieurs églises romanes et ogivales de la France et de l'Angleterre, et à Saint-Paul à Londres : ces divers monuments sont presque les seuls où nous ayons retrouvé cette disposition employée, d'une manière plus ou moins complète, dans tout ou partie de l'édifice. Tout nous porte à croire que c'est à l'époque de la construction de cette galerie des nefs de Saint-Étienne qu'on doit reporter l'exécution de celle du sanctuaire. Des traces assez évidentes semblent accuser qu'on y relança postérieurement, dans un but d'harmonie générale, cette construction secondaire, assez bien prouvée d'ailleurs par la forme des balustres, dont le style s'écarte complétement de celui du chœur. Quant à la destination de ces galeries, elle semble n'avoir d'autre but, selon nous, qu'un motif de soutènement décoratif, forcé par le parti pris de l'architecte des nefs (*). Leur exiguïté ne permet point, d'ailleurs, une circulation facile, et elle n'indique guère une intention d'utilité. Quoi qu'il en soit, cette disposition particulière donne à l'église de Saint-Étienne du Mont un certain intérêt que n'aurait certes point offert son style d'architecture, assez misérable en lui-même ; et nous devons la considérer comme un de ces exemples assez rares et curieux parmi les nombreux motifs que surent trouver les architectes, toujours à la recherche d'une combinaison nouvelle.

Cet édifice renferme encore une autre particularité de construction qui mérite d'être signalée à nos lecteurs. Nous voulons parler ici de la clef pendante qui se détache de la voûte au point central de la croisée. Il nous faut renoncer à décrire en détail, sans l'aide de la gravure, cette partie vraiment extraordinaire du monument, tant elle offre de variété et de formes différentes dans les ornements divers qui la composent : contentons-nous donc de dire que l'ensemble de cette clef présente comme une espèce de réseau, formé d'arêtes et de nervures, parmi lesquelles se jouent de nombreux sujets de sculpture. Nous laissons à notre savant ami, M. Albert Lenoir, le soin de reproduire un jour, dans sa splendide *Statistique monumentale de Paris*, ce curieux morceau de l'art de la stéréotomie.

Les voûtes de l'édifice n'offrent en elles-mêmes aucune particularité remarquable. L'ogive de la dernière époque règne dans le sanctuaire et son pourtour, de même que dans la nef centrale, tandis que les collatéraux seulement sont en plein-cintre.

Des chapelles latérales, celles de l'aile septentrionale paraissent les plus anciennes ; les baies et les voûtes sont en arc aigu. Les chapelles correspondantes sont éclairées, de l'autre côté, par des fenêtres cintrées.

Notre but n'étant point de décrire ici l'ameublement ou les accessoires dont cet édifice religieux a pu être décoré à différentes époques, nous ne faisons que mentionner, en passant, l'existence du jubé et celle d'une Déposition au Tombeau, qui provient d'une autre église de Paris. Toutefois nous ne pouvons passer sous silence les vitraux remarquables qui ornent encore un certain nombre de baies, et dont l'exécution appartient aux talents de Nicolas Pinaigrier, de Jean Cousin, et de plusieurs autres peintres-verriers célèbres de la Renaissance. Indiquons encore la chaire, le buffet d'orgues et les bénitiers, qui appartiennent au XVIIe siècle.

Nous avons hâte d'arriver à la façade, qui constitue la troisième époque de construction de cette église. Cette partie nous semble, par sa composition et par son caractère, mériter ici l'attention de nos lecteurs ; car nous croyons y voir une de ces œuvres de transition, œuvres qui présentent, pour la plupart, tant d'intérêt à l'observateur, en ce sens qu'on y remarque, d'une part, les dernières traces d'un art qui s'éteint, et, de l'autre, l'enfantement ou les tentatives, encore timides, de celui qui lui succède. Il est bien entendu que nous ne parlons ici que de la partie centrale et non des ailes, ou de ces murs lisses dans lesquels on a ouvert des portes latérales, des baies, etc. ; toute cette partie est hors de cause, et ne joue qu'un rôle très-secondaire dans la composition. — L'époque de cette construction est la fin du XVIe siècle et le commencement du XVIIe. A cette date, tous les grands artistes français étaient en majeure partie descendus dans la tombe ; et l'Italie venait encore de formuler une nouvelle phase architectonique. Or, depuis que ces idées

(*) Il semblerait que l'artiste ait voulu se débarrasser ici du développement des larges piliers à moulures combinées de l'époque précédente, et le remplacer par des fûts cylindriques plus grêles, qui donneraient à l'édifice plus d'air et de lumière : fait que nous avons déjà signalé dans notre notice sur l'église de Saint-Zacharie, à Venise.

s'étaient produites, l'art de la Renaissance marchait à grands pas vers sa décadence, courant à la réalisation d'une pensée qui devait bientôt se produire et se résumer dans ce qu'on est convenu d'appeler aujourd'hui le *style jésuitique*, c'est-à-dire, dans cet art qui consiste particulièrement en une surcharge extraordinaire d'ornements, dans l'emploi immodéré des consoles et des volutes, dans la superposition des ordres, dans l'agencement des frontons circulaires et triangulaires, dans le mauvais caractère de sculpture que Bernin répandit à Rome, dans cette copie presque servile des ordres gréco-romains, et enfin dans la combinaison de la façade des temples antiques appropriés aux monuments religieux du catholicisme; conséquences du goût et du classicisme de l'époque, formulé et résumé, à Rome, dans l'église de Jésus. Or, la façade de Saint-Étienne du Mont nous semble comme une espèce de transition, chez nous, entre les œuvres du style de la Renaissance, par la partie inférieure, et le style dit jésuitique, par sa partie supérieure; et nous la considérons comme un point intermédiaire entre la construction de certaines parties de Saint-Eustache (*) et l'exécution des façades de Saint-Gervais et de Saint-Paul-Saint-Louis, à Paris. En effet, la partie inférieure rappelle, par l'emploi des colonnes à bossages ornés, etc., les œuvres de Philibert de Lorme et des autres artistes du XVIe siècle, soit aux Tuileries, au Louvre et ailleurs, et elle tient encore, par son caractère et son style, aux travaux de la Renaissance; tandis que la frise, les frontons, et toute la décoration de la partie supérieure, tendraient à les attribuer, par sa disposition et la surcharge des ornements, à une époque postérieure et presque contemporaine de cette phase jésuitique, qui employait particulièrement une telle surabondance d'ornementation. Toutefois nous devons ajouter que ces ornements, malgré leur lourdeur, nous semblent d'un meilleur goût que ceux de l'église de Jésus, et qu'ils trahissent comme un certain air de parenté, abâtardie, il est vrai, avec ceux du XVIe siècle, dont ils procèdent. — Après avoir fait comprendre, en quelques mots, la place que doit occuper la façade de l'église de Saint-Étienne dans l'histoire de l'architecture, il convient de signaler quelques-unes des particularités que renferme cette partie antérieure de l'édifice; particularités qu'on ne peut attribuer, il nous semble, qu'à une époque de décadence ou à des nécessités commandées par la bizarrerie de la construction. Nous appellerons, par exemple, l'attention de nos lecteurs sur l'existence des modillons de différentes formes et de dimensions diverses qui surmontent les niches de la zone intermédiaire, de même que sur ceux de la partie centrale du fronton circulaire, qu'on fut obligé de racheter par d'autres modillons qui n'existent qu'au-dessus de la rose. (Voy. pl. de détails, fig. 5.) De telles particularités méritaient certes ici une mention spéciale; car il n'existe peut-être pas un grand nombre d'autres exemples d'une disposition analogue.

En résumé, l'église de Saint-Étienne du Mont offre, dans sa façade, une des dernières lueurs d'un style qui s'éteint, mais qui jette encore un certain éclat en rendant son dernier soupir. On dirait qu'à son déclin, l'art, cherchant à se ranimer, veut, au moment d'être anéanti par le mauvais goût de son siècle, faire un dernier effort pour lutter encore, et prouver, par quelque œuvre méritoire, et sa supériorité et l'aveuglement de ceux qui vont le laisser dans l'abandon et l'oubli. C'en est donc fait; à partir de cette époque, qui clôt celle de la Renaissance, le style du XVIe siècle est vaincu. L'œuvre de Vignole, altérée par son élève De la Porte, va se faire sentir dans tous les monuments religieux de l'Europe jusqu'au règne de Louis XIV, époque où l'art, allant de nouveau puiser ses inspirations et emprunter ses formes aux ruines de l'antique Rome, saura, sous la pensée des Mansart, des Perrault, etc., retrouver, pendant la durée du grand siècle, quelques années de gloire et des moments de splendeur.

.·. Nous ne parlons point de la façade, qui fut accolée au XVIIIe siècle.

— **BIBLIOGRAPHIE.** —

1° Dubreul (F.). Le Théâtre des antiquitez de Paris. Paris, 1612, in-4°.
2° Malingre (Cl.). Annales de la ville de Paris. Paris, 1640, in-fol.
3° Sauval (H.). Histoire des antiquités de Paris. 1724, 3 vol. in-fol.
4° Félibien et Lobineau. Histoire de la ville de Paris. 1724, 5 vol. in-fol.
5° Piganiol de la Force. Description de Paris.
6° Jaillot. Recherches critiques, historiques et topographiques sur Paris.
7° Brice (Germ.). Description nouvelle de Paris, etc. 1728, 4 vol. in-12.
8° Dulaure. Histoire de Paris.
9° Saint-Victor. Tableau histor. et pittor. de Paris. Paris, 1824, et atlas.
10° Roquefort. Dictionnaire des monuments de Paris. Paris, 18.., in-8°.
11° Legrand et Landon. Description des monuments de Paris. 2 v. in-8°.
12° De la Borde (Alex.). Monuments de France. In-fol., pl.
13° De Gaule. Nouvelle histoire de Paris et de ses environs. Paris, 1839.
14° Turpin de Crissé. Souvenirs du vieux Paris. In-fol., pl.
15° Dusommerard. Les Arts au moyen âge.
16° Le Magasin pittoresque, tome X.
17° De Malastrie et Faudet. Notice sur l'église de St.-Étienne du Mont.
18° Pascal (l'abbé). Les églises de Paris, etc.

Iglesia de San Estévan des Monte, Paris — Francia

ÉGLISE DE St ÉTIENNE-DU-MONT À PARIS.

Iglesia de San Estévan del Monte, Paris. *Detalles*

CATHÉDRALE D'AUCH (*VITRAUX*).

La ville d'Auch, aujourd'hui chef-lieu du département du Gers, est une des plus anciennes de France. Lorsque la Gaule fut envahie par les Romains, elle s'appelait *Climberris*, et était la capitale des *Ausci*. Ces peuples n'essayèrent point de résister aux armes de César; ils se rendirent volontairement à Crassus, un de ses lieutenants, dont il est parlé dans la guerre de Vercingétorix. A son retour d'Espagne, l'empereur Auguste laissa à Climberris une colonie à laquelle il accorda les priviléges des municipes; elle prit alors le nom de *Augusta Auscorum*, d'où lui est venu celui qu'elle porte actuellement. Au VIIIe siècle, les Vascons s'étant emparés de la Novempopulanie, Eause, ruinée, cessa d'être la ville principale de ce pays qui commença à s'appeler Gascogne, et dont Auch devint la capitale. Elle fut ensuite celle de l'Armagnac, lorsque cette province fut réunie au Fezensac, c'est-à-dire en 1130 (*).

La première église construite à Auch fut élevée par saint Sernin, évêque de Toulouse, et martyrisé dans cette dernière ville, l'an 252. Se rendant à Eause pour y prêcher, il passa par Auch, et y fit bâtir un oratoire en l'honneur de saint Pierre.

Vers 275, saint Taurin, évêque d'Eause, obligé de fuir devant les ravages des Barbares, vint se réfugier à Auch, apportant avec lui des reliques de la Vierge et un autel qui lui avait été consacré par saint Sernin et saint Paterne. Saint Taurin établit son siége dans une église dédiée à saint Jean, laquelle, jusqu'au VIe siècle, fut la seule paroisse d'Auch. Il fit ensuite élever en l'honneur de la Vierge une autre église, origine de la cathédrale, et jusqu'au IXe siècle réservée exclusivement pour les prêtres. Il périt en 294, scellant sa croyance de son sang. On peut reporter à cette époque l'établissement d'un évêché dans la ville d'Auch.

Au commencement du VIe siècle, Clovis fit construire, près de ses murailles, une église « d'une merveilleuse grandeur », dit un acte des archives du diocèse, et il la dédia à saint Martin. A cette église Clovis fit joindre un monastère où les prélats résidèrent jusqu'en 1100, date de l'érection du palais épiscopal par Raymond II. Auparavant les archevêques n'allaient à la cathédrale que le jeudi saint, pour consacrer les saintes huiles.

Trois cents ans après la fondation de Clovis, Taurin II, voyant que l'église d'Eause, sa métropole, détruite par les Sarrasins dans le siècle précédent, ne se relevait pas de ses ruines, réunit les deux diocèses en un seul, ayant son siége à Auch, suivant une décision du concile tenu à Clermont en 829. C'est à cet évêque, aidé des libéralités de Totilus, duc de Gascogne, qu'est due la construction de la première cathédrale. Elle fut commencée en 845, dédiée sous le même vocable, et construite sur le même emplacement que l'église élevée par saint Taurin en l'honneur de la Vierge; on y plaça le précieux autel que ce dernier avait rapporté d'Eause.

Quoique Taurin II eût réuni sous sa seule autorité les deux diocèses d'Eause et d'Auch, il ne porta point le titre d'archevêque. Le premier qui revêtit cette dignité fut Aymard, cinquante et unième évêque; elle lui fut concédée par le pape Jean VIII.

Vers 1040, Raymond Ier, avec le secours de son neveu Astanove, comte de Fezensac, fit bâtir la maison claustrale. Il dota aussi les chanoines, de manière qu'ils ne fussent plus, comme auparavant, à la charge de l'archevêché. C'est sous ce prélat que fut opérée la réforme du clergé de la cathédrale, qui, de séculier qu'il était, devint régulier et embrassa la règle de Saint-Augustin. Les chanoines, jusqu'à l'époque du concordat conclu en 1517 entre Léon X et François Ier, possédaient le droit d'élire leur archevêque; ils se montrèrent toujours très-difficiles sur le choix de leurs collègues : pour être admis parmi eux, il fallait être noble de race ou d'éducation, *vel sanguine, vel litteris.* A partir du règne de François Ier, les archevêques furent nommés par le roi; ils portèrent jusqu'en 1789 le titre de primats d'Aquitaine.

Raymond Ier établit aussi la liberté de sépulture dans son église, voulant soustraire de cette façon son clergé à l'obligation où il était, de temps immémorial, de faire enterrer ses morts dans le cimetière de Saint-Orens, le seul qui existât à Auch. Mais cette mesure, qui portait atteinte aux priviléges des moines de Saint-Orens, fut vivement attaquée par eux. Il résulta de ce conflit un procès devant le pape, procès qui fut décidé d'abord en faveur des moines, et dans la suite contre eux. Un rescrit du pape Calixte, daté du 15 avril 1120, ayant tranché la question dans ce dernier sens, l'archevêque, qui était Bernard IIe du nom, fit immédiatement la consécration de son cimetière. Il en résulta une scène scandaleuse : les moines, furieux, eurent l'audace de pénétrer à main armée dans la cathédrale et de tirer à coups de flèches sur le clergé, pendant qu'un évêque de Bigorre

(*) Les armoiries de la ville d'Auch étaient : parti, au premier, de gueules à un agneau d'argent portant la croix d'or, en l'honneur de saint Jean, patron de son ancienne paroisse; au second, d'argent à un léopard lionné, rampant, de gueules, qui est d'Armagnac.

célébrait la grand'messe. « Une flèche, dit D. Brugelles, perça les corporaux sur l'autel, une autre les souliers du prélat, une autre blessa mortellement un laïque qui, ayant été mis derrière l'autel, fut peu après guéri miraculeusement par la sainte Vierge, qui lui apparut. Enfin les moines, voyant qu'on fermait les portes, mirent le feu à l'église, qui aurait été embrasée si on n'avait eu soin de l'éteindre vivement. » Une plainte fut portée contre les moines au concile de Toulouse, et les moines furent condamnés ; mais le procès ne se termina définitivement qu'en 1141.

En 1121, le 12 février, l'archevêque fit la consécration de la cathédrale, qu'il dédia sous le vocable de sainte Marie.

En 1170, l'archevêque Gérard de la Barthe étant en guerre avec Bernard IV, comte d'Armagnac, celui-ci s'empara de la cathédrale et renversa le palais ARCHIÉPISCOPAL. Peu de temps après, il détruisit un côté de l'église. A la suite de ces violences, l'archevêque et les chanoines furent réduits à errer pendant deux ans.

En 1356, Armand d'Albert commença à rebâtir la cathédrale. L'historien qui nous fournit ces renseignements ne dit pas ce qui en avait amené la destruction, mais il laisse entrevoir qu'elle eut lieu pendant les guerres que se faisaient entre eux les comtes de Foix, d'Armagnac et les Anglais. Quoi qu'il en soit, les travaux furent long-temps abandonnés, car ce n'est qu'en 1439, sous l'archiépiscopat de Philippe de Lévis, qu'on s'y remit avec activité. Il paraît que ceux qu'on avait exécutés précédemment n'étaient que bien peu de chose, puisque les chanoines, dans une procession qu'ils firent, purent bénir les fondations. Le plan primitif de l'édifice semble avoir été changé alors, car à la même époque le chapitre fit abandon d'une partie de son cloître et de son cimetière, qu'il avait si laborieusement acquis, afin qu'ils ne fussent pas un obstacle à l'agrandissement du monument.

En 1439, une bulle du pape accorde des indulgences à ceux qui aideront à la construction de la cathédrale.

En 1469, le feu du ciel l'embrase. Pour réparer le dommage, par lettre du 10 août de la même année, Jean Maru, prieur d'Eause, grand vicaire, accorde des indulgences de dix années à ceux qui contribueront aux travaux nécessités par l'incendie. En 1474, un nouveau désastre de même nature provoque une nouvelle émission d'indulgences.

En 1512, François de Savoie fait faire les belles stalles du chœur, qui existent encore aujourd'hui, et les vitraux achevés en 1513. En 1525, son successeur, François de Clermont-Lodève, voit terminer le chœur.

En 1610, Léonard de Trapes (*) fait fouiller les trois tombeaux placés dans la crypte, et qu'on suppose avoir renfermé les corps de saint Taurin, de saint Léothède et de saint Austinde ; on y trouva des débris de pallium et de crosses. En 1626, il fait exécuter les vitrages du chœur et le rétable du grand autel. Il avait précédemment fait don d'une somme de douze mille livres pour être employée aux travaux.

En 1646, Dominique de Vic fit placer les vitres blanches de la chapelle de la nef ; les peintures qui bordent ces vitres sont l'ouvrage de Deneis.

Enfin, en 1664, Henri de Lamothe Houdamont fit bâtir le jubé ainsi que le porche et les tours. On lui doit donc l'achèvement du monument, achèvement qu'il paraissait avoir à cœur, car il laissa après sa mort les sommes nécessaires à la construction des orgues et de la tribune qui les soutient. Ces orgues, terminées en 1664, passent pour être le chef-d'œuvre de Joyeuse, fameux organiste de ce temps.

La cathédrale consiste en un vaste vaisseau formé d'une nef principale, flanquée de collatéraux qu'accompagne, de chaque côté, une rangée de chapelles ; elle est terminée à l'orient par une apside à cinq pans, qui s'ouvrent dans autant d'apsidioles en forme de polygones irréguliers, et à l'ouest par un porche en avant-corps. L'édifice est coupé en deux dans le sens de sa longueur par le transsept, qui ne fait point saillie au dehors ; le plan général est d'une régularité parfaite, mais lourde. Le monument a de longueur 106 mètres et de largeur 37 environ.

La façade, qui est la partie la plus moderne, est formée d'un ordre inférieur de style corinthien, présentant trois arcades correspondant aux trois nefs. Au-dessus s'élèvent les deux tours, d'égale hauteur, et divisées en deux étages, dont l'un est de style composite, et l'autre est orné de pilastres attiques. Une plate-forme, munie d'un garde-fou à balustres, termine les tours.

La nef est divisée en cinq travées par des piliers ronds, élevés sur des socles, et garnis de filets, derrière

(*) Il voulut qu'on mît cette singulière inscription sur son tombeau : *Leonardus de Trapes, archiepiscopus Auxitanus, vermis et non homo, opprobrium hominum et abjectio plebis.*

transformation des moulures prismatiques du XVe siècle ; ils portent des arcs ogives. Au-dessus règne une galerie, dont les baies, écrasées, sont munies d'une balustrade et fermées chacune par un arc surbaissé dont l'intrados s'appuie sur quatre meneaux ; agencement maladroit et laid, qui semble plutôt un étaiement qu'une disposition architectonique. Le troisième étage est formé par les fenêtres de la claire-voie, divisées en trois jours, et dont le réseau est remarquable par son mauvais goût. Les maîtresses-voûtes, de même que celles des bas-côtés, sont d'arête, avec croisées d'ogives, arcs doubleaux et formerets ; elles s'élèvent à près de 27 mètres au-dessus du sol. En entrant dans la nef, on passe sous la tribune de l'orgue, qui est voûtée, couronnée d'une balustrade, et soutenue par des arcades dont les pieds-droits sont ornés de pilastres corinthiens. Cette tribune occupe toute la première travée.

Le transsept offre à chacune de ses extrémités une porte divisée en deux par un trumeau, et richement sculptée. On lit sur celle du midi une inscription qui indique que c'est François II de Clermont qui l'a fait élever. La façade de chaque croisillon est flanquée de deux tours carrées qui se terminent en dôme, et sont surmontées d'une boule posée sur un piédouche. Elles renferment des escaliers qui conduisent aux galeries extérieures et intérieures de l'édifice.

Le chœur présente, en élévation, une disposition semblable à celle de la nef ; mais il n'a que quatre travées dont la dernière est plus étroite que les autres. Un jubé est placé à l'entrée, et le ferme complétement. Ce jubé consiste en un ordre corinthien, à colonnes accouplées, de marbre de Languedoc. Au milieu est une porte en avant-corps, sur le sommet de laquelle sont les statues des évangélistes assis près d'une table. Au-dessus de la corniche est une balustrade en marbre rouge d'Italie, dont les acrotères portent les statues de la Vierge, de saint Jean, de David et de Josué. Mais ce qui, surtout, rend le chœur fort curieux, c'est, d'abord, une suite de magnifiques stalles en chêne, disposées sur deux rangs, couvertes de figurines, de panneaux, de feuillages, et pouvant rivaliser, par la richesse de leur ornementation, avec les plus remarquables de l'époque ; ce sont ensuite les célèbres vitraux, qu'il faut classer parmi les œuvres d'art les plus importantes qu'ait produites la Renaissance.

On sait la marche qu'a suivie l'art du peintre-verrier. Les vitraux ne furent d'abord formés que d'un assemblage de morceaux de verre teint dans la pâte, dont on composait des mosaïques, dans lesquelles les détails étaient sacrifiés à l'ensemble, de telle sorte qu'il en résultait une harmonie admirable, qui ne nuisait nullement à l'éclat des couleurs. A l'époque où furent exécutées les verrières d'Auch, il en était tout autrement. L'usage des émaux appliqués au pinceau, qui s'était propagé au XVe siècle, avait fait prendre à l'art une voie qui pouvait le séduire d'abord, mais qui devait le mener à sa perte. L'analogie des nouveaux procédés avec ceux de la peinture à l'huile avait peu à peu suggéré l'idée de viser à produire des effets semblables à ceux qu'on obtient par cette dernière. De là l'emploi des tons clairs, le modelé rigoureux, les lointains en perspective, toutes choses que ne comporte pas la peinture sur verre. Il résulta de ce système que si jamais les couleurs n'avaient été plus pures, plus étincelantes, les verrières avaient néanmoins perdu l'aspect grave, saisissant, qu'elles avaient trois siècles auparavant. Ceci a probablement dû contribuer, au reste, à rendre fréquent l'usage des vitraux dans les constructions civiles, où le demi-jour des anciennes églises eût été inutile et même nuisible. Ce qui est certain, c'est qu'au XVIe siècle les vitraux de couleur étaient partout extrêmement communs. « Une chose surprenante, dit Pierre Levieil dans son Traité, c'est la quantité prodigieuse des ouvrages de peinture sur verre de ce temps, dont furent garnis non-seulement les palais de nos rois, les églises, les maisons des grands, mais encore les lieux d'assemblées publiques dans toutes les villes, les oratoires, les cloîtres des monastères, les salons des riches, les appartements des simples particuliers, etc. » Or, comme une pareille multitude de verrières ne pouvait être exécutée que par un grand nombre de peintres, et que, d'un autre côté, les renseignements sur les artistes de la Renaissance ne sont pas trop rares, il est assez singulier qu'on ne connaisse pas mieux les auteurs des innombrables vitraux exécutés alors. On ne peut en citer, en effet, qu'un petit nombre ; et sur tous, à l'exception de Jean Cousin et de Bernard de Palissy, qui ont dû leur célébrité à autre chose, les notions biographiques manquent. Ainsi on ignore complétement quelle fut la patrie de celui qui dota la cathédrale d'Auch des vitraux qui font son principal ornement ; on ne sait pas davantage de qui il fut élève, en quelle année il naquit, quand il mourut ; tout ce qu'on connait de lui, c'est son nom, qu'une inscription, ainsi conçue, a sauvé de l'oubli :
« Lo xxv de juhn mil v cens xiii fon acabades las presens berines en aunour de Diou et de Nostd. » Arnaud de Moles (*).

(*) Cette inscription, écrite, ainsi qu'on voit, en patois gascon, se lit sur un vitrail situé dans la première chapelle du collatéral droit du chœur.

— STYLE DE LA RENAISSANCE. —

Ce qui signifie : Le 25 juin 1513 furent achevées les présentes vitres en l'honneur de Dieu et de Notre-Dame.

Nos planches reproduisent les trois spécimens les plus intéressants des verrières d'Auch. Sur la première est représentée la rose occidentale, qui se trouve placée au-dessus de l'orgue. Cette rose, dont l'architecture appartient au style flamboyant dégénéré de la Renaissance, et dont les peintures paraissent postérieures à l'époque d'Arnaud de Moles, forme trente-deux principaux compartiments, occupés par dix-sept figures d'anges en prières, huit chérubins personnifiés par des têtes d'enfants garnies d'ailes, et sept figures de femmes, également en prières, mais dont le caractère hiératique n'est pas bien indiqué. Au centre se trouve le buste de la Vierge, qui est nimbée, et entourée de rayons lumineux qui lui constituent une sorte d'auréole.

L'autre planche contient deux fenêtres : dans l'une, la plus étroite, qui se trouve dans la chapelle de Saint-Louis (*), on voit trois figures principales, se détachant sur une draperie soutenue par des anges. Ces figures, ainsi que l'attestent des inscriptions, sont celles des prophètes Jérémie et Naum et celle de la sibylle Agrippine ; elle est armée d'un fouet, parce qu'elle a prédit la flagellation, laquelle est représentée au-dessous. L'autre fenêtre fait partie de la chapelle Saint-Jacques (**). Elle est divisée en quatre jours remplis chacun par un grand personnage en pied. Le premier à gauche est Abraham revenant de combattre quatre rois ; le second est Melchisedech venant au-devant du vainqueur lui offrir le pain et le vin ; le troisième est l'apôtre saint Paul ; enfin la quatrième figure est la sibylle de Samos, portant un berceau, parce qu'elle a prédit la naissance de Jésus-Christ. Au-dessous sont quatre sujets analogues : deux représentent le sacrifice d'Abraham, le troisième la conversion de saint Paul, et le quatrième figure la Crèche. On lit sur ces panneaux les inscriptions suivantes ; sur le premier : « NOLI TRUCIDARE MANU TUA PUERUM TUUM ; » sur le troisième : « SAULE, SAULE, QUID ME PERSEQUERIS ? » et sur le quatrième : « VINGT ET QUATRE ANS EUT SIBYLLE SAMIE QUAND ELLE DIS. »

L'œuvre d'Arnaud de Moles a toutes les qualités et tous les défauts des verrières du commencement du XVIe siècle. Les couleurs sont étincelantes, mais l'ensemble manque d'harmonie ; le dessin est large, mais lourd ; les formes savantes, mais maniérées ; l'exécution habile, mais la conception dénuée de grandeur. On y chercherait vainement des traces du sentiment religieux et grandiose du XIIe et du XIIIe siècle. Il y a là de fastueux seigneurs, de coquettes châtelaines, de riches bourgeois, de florissants chanoines et de vigoureux soudards, mais il n'y a pas d'apôtres, pas de vierges, pas de martyrs, pas de bourreaux aux inspirations sataniques : art singulier vraiment, et bien caractéristique d'une époque de décadence, qui, prenant ses types dans une nature vulgaire, ne sait ni les colorer d'une teinte poétique ni leur laisser leur simplicité.

(*) Cette chapelle est formée par la première des apsidioles, au midi.
(**) La troisième du collatéral nord du chœur.

— BIBLIOGRAPHIE. —

1° D Louis-Clément de Brugelles. Chronique ecclésiastique du diocèse d'Auch. Toulouse, 1740, in-4°.

2° Le Viel (Pierre). Traité de la peinture sur verre. Paris, 1774, in-fol. et in-4°.

3° Alex. De Laborde. Monuments de la France classés chronologiquement. Paris, 1816-1836. 2 vol. in-f°, pl.

4° G. Lettu. Description de l'église métropolitaine du diocèse d'Auch. Auch, 1835, in-f°, pl.

Catedral de Auch

Catedral de Auch

CATHÉDRALE D'ÉVREUX (BOISERIES).

L'histoire des anciennes cathédrales est généralement féconde en récits de dévastations et d'incendies; mais nulle peut-être n'a eu plus à souffrir des ravages des hommes que la cathédrale d'Évreux, qui, du IXe au XIVe siècle, n'a pas été détruite moins de cinq fois, et toujours à la suite de guerres. Elle n'était heureusement pas destinée à périr, car toujours rebâtie, plusieurs fois même par ceux qui l'avaient renversée, elle s'élève encore aujourd'hui plus majestueusement que jamais sur le lieu même où cinq fois elle a cessé d'exister.

L'origine de la cathédrale d'Évreux est complétement inconnue, car il n'existe seulement pas de tradition qui s'y rapporte. Le plus ancien fait historique qui en établisse l'existence ne date que de l'invasion des Normands, par lesquels elle fut incendiée. Cet événement, arrivé vers la fin du IXe siècle, fut bientôt suivi d'une reconstruction de l'édifice, reconstruction qui eut lieu par l'ordre du fameux Rollon, auquel, comme on sait, Charles le Chauve avait cédé la Neustrie. Ruinée de nouveau, la cathédrale d'Évreux fut rebâtie vers le milieu du XIe siècle, et la dédicace en fut faite en 1072 par les archevêques de Cantorbéry et d'York, sur la prière de Gislebert, alors évêque. En 1119, elle fut brûlée par le roi d'Angleterre Henri Ier, qui en 1125 la fit réédifier, et avec tant de générosité, que cette nouvelle église fut considérée comme la plus belle de la Normandie. Sa beauté et sa réputation ne trouvèrent néanmoins pas grâce devant l'ambition de Philippe-Auguste. Ce monarque l'incendia le jour de la Pentecôte 1194. Elle fut relevée de ses ruines par l'évêque Robert de Price.

En 1351, du temps de Charles le Mauvais, comte d'Évreux et roi de Navarre, les Anglais la détruisirent encore une fois. Après quoi, on se prit à la rebâtir. C'est de cette époque que datent le chœur actuel et ses collatéraux, ainsi que ceux de la nef et toutes les chapelles qui entourent l'église. Ces travaux furent exécutés aux frais des rois Jean le Bon et Charles V, des évêques d'Évreux, du chapitre, des comtes d'Évreux et de quelques autres personnages de distinction.

La lanterne et le clocher à jour qui la surmonte, le croisillon méridional, la chapelle de la Vierge, les deux sacristies, la bibliothèque, les voûtes des collatéraux de la nef avec les relancis pratiqués dans les piliers, et d'où naissent les nervures des voûtes, furent exécutés sous Louis XI, de 1464 à 1471; le croisillon nord et le portail qui le ferme furent élevés sous l'épiscopat d'Ambroise le Veneur, de 1511 à 1532. Le portail occidental, la grosse tour du nord jusqu'à l'étage où se trouvent les cloches, les murs et les fenêtres des chapelles apsidales, furent construits sous l'évêque Gabriel le Veneur. Ces travaux étant terminés en 1547, on considéra l'église comme un nouvel édifice, et on répéta les cérémonies de la dédicace.

La tour septentrionale du grand portail fut construite aux dépens du chapitre et de la fabrique, vers le milieu du XVe siècle. La grosse tour ne fut achevée que vers la fin du XVIe. Un prêtre chapelain de la cathédrale, nommé M. Martin, en fit les frais. C'est également du XVe et du XVIe siècle que date en général la façade principale; mais on y distingue des parties plus anciennes. Ainsi les arcs-boutants de la nef avec leurs colonnettes monolithes datent du XIVe siècle, ainsi que les contre-forts de ces mêmes arcs-boutants, auxquels furent plus tard ajoutés des pinacles. Il existe même des arcades romanes dans la nef; ce sont celles qui servent à soutenir le buffet d'orgues.

Formée ainsi de parties appartenant à diverses époques, la cathédrale d'Évreux offre de nombreux sujets d'études architectoniques à l'archéologue; elle possède de plus de magnifiques vitraux colorés en grisaille, dont malheureusement le plus grand nombre sont en mauvais état; une châsse magnifique et célèbre, monument d'orfévrerie du XIIIe siècle, celle de saint Taurin; enfin de très-nombreuses boiseries du XIVe au XVIe siècle, parmi lesquelles les plus précieuses sont les stalles du chœur, appartenant au premier de ces deux siècles, et conséquemment remontant à une époque où elles deviennent rares.

Soit parce que le bois, matière assez facilement corruptible, n'a qu'une durée limitée, soit plutôt parce que l'art de la menuiserie était peu cultivé alors, il n'existe que fort peu de boiseries de l'époque romane, et toutes, à quelques exceptions près, telles que les portes de Sainte-Marie du Capitole, à Cologne, ne présentent que peu d'intérêt, ne consistant qu'en des fragments où l'ornementation est presque nulle. Ce n'est guère qu'à partir du XIIIe siècle que les ouvrages de menuiserie, en devenant plus communs, tout en restant encore fort rares, ont laissé des restes assez nombreux pour qu'on puisse commencer à se rendre compte de l'état de la sculpture sur bois à cette époque. Déjà habilement traitée, elle paraît être restée à peu près exclusivement dans le domaine de l'ornementation architectonique, reproduisant les moulures et les feuillages habituels de la sculpture sur pierre, et appelant à son aide la peinture ainsi que la serrurerie. La seconde moitié du XVe siècle et la première du XVIe sont les époques les plus brillantes pour la menuiserie; elle atteignit alors les dernières limites de la richesse, de l'élégance et de l'habileté d'exécution. Les innombrables boiseries qui furent exécutées alors, stalles, buffets d'orgues, jubés, clôtures, retables, bancs, bahuts, crédences, panneaux, etc., révèlent une singulière richesse d'imagination de la part de leurs auteurs, et par leurs formes ravissantes font singulièrement honte à nos fabricants de meubles modernes. Ces boiseries, au reste, sont parfaitement connues de tout le monde, car elles encombrent les cabinets d'amateurs, et l'on en découvre chaque jour dans les campagnes, consacrées aux usages les plus vulgaires. L'art de la sculpture sur bois, de même que l'art de la serrurerie, s'il a suivi le mauvais goût qui n'a pas cessé d'empirer depuis le XVI⁰ siècle, dans tout ce qui touche à l'architecture, a été néanmoins fort habilement traité jusque dans le milieu du XVIII⁰. Les monuments publics sont pleins d'œuvres capitales en ce genre. C'est encore là un art qui est mort, et qu'a remplacé une misérable industrie, celle du plaqué et du carton-pierre.

Nos planches représentent différents spécimens des clôtures des chapelles de la cathédrale. Ces boiseries magnifiques doivent avoir été exécutées dans la première moitié du XVI⁰ siècle. On y retrouve la fécondité de motifs, le goût et l'habileté qui caractérisent l'école normande de la Renaissance, et la placent si haut dans l'histoire de l'art français.

— **BIBLIOGRAPHIE.** —

1° Taylor et Charles Nodier. Voyage pittoresque en l'ancienne France : Normandie. Paris, 1818-25 ; 2 vol. in-fol., pl.

2° Revue de l'architecture et des travaux publics. Paris, in-4°, t. II.

3° De Caumont. Cours d'antiquités monumentales, vi⁰ partie. Paris. 1841 ; 1 vol. in-8°.

Enmaderamientos de la Catedral de Évreux

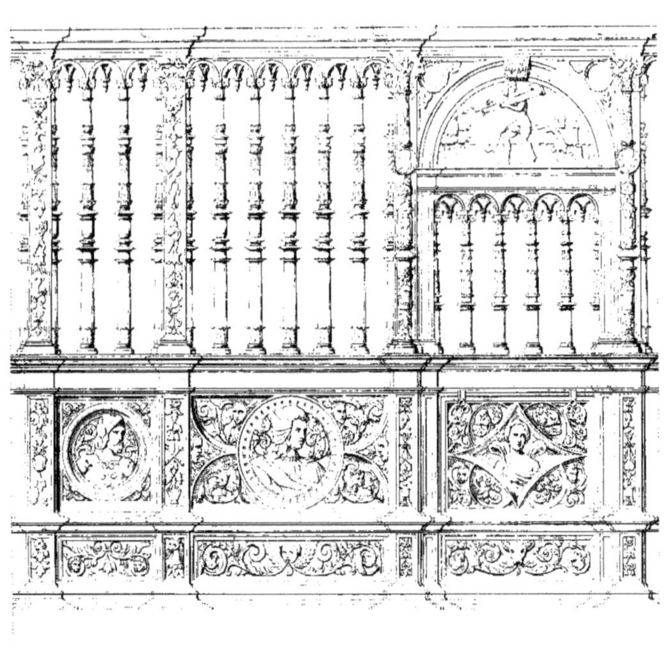

Enmaderamientos de la Catedral de Evreux (Elevaciones)

Enmaderamientos de la catedral de Évora

LE PALAIS STROZZI, A FLORENCE.

Vers la fin du quinzième siècle, il y avait bientôt deux cents ans qu'un art national s'était formé et développé dans la république de Florence. Ainsi que la vie politique de cet État, à partir de la seconde moitié du quinzième siècle, l'art, et surtout l'architecture, était devenu civil, et cela avec un caractère tout national. Les grandes tempêtes et les fortes luttes au sein de la république étaient passées, la littérature avait gagné un terrain tout particulier et elle s'y tenait; les arts du dessin aussi avaient su conquérir, dans des monuments publics de tous les genres, une satisfaction complète et propre à récréer l'imagination. Il s'agissait maintenant de s'en tenir aux bornes qu'on avait fixées, de développer davantage ce qu'on avait acquis, de continuer ce qui était commencé, d'agir, en un mot, avec toutes les ressources qu'on s'était créées. Dans une telle époque de réflexion, où l'on calculait mathématiquement toutes choses, les dénominations de Guelfes et de Gibelins durent nécessairement perdre de leur autorité; le temps des Dante, des Cimabue, des Giotto et des André Cione, était passé; l'histoire s'adressa alors aux Brunelleschi et aux Ghiberti, aux Ghirlandajo, aux Marsuppini et aux Leonardo Bruni.

Ce n'est pas le moment d'expliquer ici comment les artistes florentins résolurent, par rapport à la noble grandeur du XIVᵉ siècle, ce problème en apparence si prosaïque, d'une manière cependant tout à fait poétique. Il suffira de faire remarquer en ce lieu que l'architecture du quinzième siècle se fraya un milieu dans sa manifestation matérielle, entre l'architecture toute militaire du XIVᵉ siècle et les édifices somptueux dans le goût antique pur du XVIᵉ; et c'est ce qu'elle fit en se manifestant dans ces palais de citoyens puissants par leurs grandes richesses, palais qui réunissaient dans eux autant de commodités et de luxe que pouvaient et voulaient en demander les républicains florentins de l'époque.

C'est vers la fin du XVᵉ siècle que Filippo Strozzi, fils de Matteo, commença un palais qui devait faire passer son nom avec celui de Florence à la postérité. D'autres lui avaient frayé le chemin pour son entreprise : la famille des Médicis avait déjà enrichi la via Larga et ses alentours de monuments splendides; de l'autre côté de l'Arno, les Pitti avaient fait élever un édifice colossal; les Antinori et les Tornaquinci avaient bâti autour de San-Gaetano, comme les Rucellai autour de Saint-Pancrace. Le motif qui empêcha pendant les vingt dernières années du XVᵉ siècle la construction de grands et riches palais particuliers, c'est qu'après la mort de Brunelleschi, de Michelozzi et d'Alberti, il y eut pénurie d'architectes capables et distingués; car, après la mort de Giuliano da Majano, Laurent le Magnifique écrivit au duc de Calabre de lui indiquer un autre architecte; « car, dit-il, quoique je passe en revue tous les architectes de cette ville, je trouve qu'il n'y en a aucun qui égale Giuliano en talent, etc. » D'un autre côté, il y eut des luttes intestines contre le parti républicain, que Laurent ne put dompter, malgré toute son astuce diplomatique. Mais lorsque ce Médicis eut conduit le vaisseau de l'État dans un port sûr et à l'abri des tempêtes, que son étoile, quoique près de son déclin, répandit son éclat sur toute l'Italie, que les luttes que Savonarole et ses ennemis réveillèrent au sein même de la ville, et que, enfin, les calamités que les Français amenèrent sur l'Italie ne purent être pressenties d'avance, le moment semblait venu pour Filippo Strozzi d'exécuter un projet qu'il avait médité depuis longtemps. Et cependant, quel soin n'eut-il pas à déployer pour tenir ce projet favori secret, pour le mûrir dans la solitude, pour l'abandonner même, en prétextant d'innombrables difficultés à vaincre, pour ensuite le reprendre avec d'autant plus de sollicitude, en affectant de l'économie, en redoutant les dépenses, afin que les architectes eussent à le pousser à une entreprise grandiose et colossale. Si Côme l'Ancien, le moins mauvais de tous les Médicis, fut encore animé de sentiments trop républicains pour oser exécuter le palais dont Brunelleschi lui avait présenté le modèle, parce qu'il craignait exciter l'envie de ses concitoyens, Filippo Strozzi osa, mais à la vérité dans un temps plus avancé et quelque peu changé déjà, exécuter insensiblement un édifice imposant sous les yeux de ses concitoyens envieux et jaloux.

Lorsque Filippo Strozzi l'Ancien eut enfin résolu de bâtir son nouveau palais, il en fit faire le modèle par Benedetto de Maiano, architecte âgé de quarante-cinq ans et connu par de nombreux travaux. C'est le 16 juillet 1489 qu'on jeta les fondements de l'édifice; mais à la mort de Filippo, arrivée en 1491, on n'était monté qu'à la hauteur des anneaux en fer du rez-de-chaussée; l'on n'avait pas même atteint encore jusqu'à l'élévation des grandes lanternes. Benedetto continua la façade jusqu'à l'entablement supérieur; alors il quitta Florence pour aller à Rome. Simone Cronaca, de Florence, fut chargé de continuer les travaux. Simone donna les dessins pour l'architecture et la disposition de la cour; il est aussi l'auteur de l'entablement qui couronne la façade principale. Vasari dit dans la vie de Simone Cronaca : « On ne pouvait rien faire ni rien désirer de plus beau. » Le Cronaca l'avait copié d'après un fragment antique qui était à Rome, auprès de l'église de

Santa-Maria in Campo Carleo. L'artiste en augmenta les proportions pour l'usage auquel il le destinait, et cette métamorphose, on peut dire, équivaut à une création. Ces sortes d'emprunts réussissent d'ordinaire à peu de gens; car il ne suffit pas d'avoir copié et dessiné de beaux modèles, il faut encore savoir établir avec jugement tous les divers rapports de goût, de mesure, de proportion et de caractère, qui résultent du monument que l'on veut élever. Le Cronaca apporta un tel soin et une telle perfection dans l'appareil et la liaison des blocs dont il forma son gigantesque couronnement, qu'on ne peut rien imaginer de mieux et de plus solide. Les mêmes soins ont présidé au reste de la construction du palais, si bien que, jusqu'à un certain point, il paraît non un assemblage de pierres, mais comme taillé dans un seul bloc. Simone entoura la cour d'un portique à deux étages : le premier est d'ordre dorique, le second d'ordre corinthien. Dans toutes les parties de cette vaste construction, l'architecte fit preuve d'une parfaite connaissance des principes de la construction, comme de grandes et nobles idées, et un goût fin et malgré cela sévère. Pour la façade, on a employé le genre de bossages, si fréquemment usité dans les constructions florentines; on en a gradué l'effet en diminuant leur saillie à chaque étage. Ce système aide à l'effet de la perspective, et semble donner plus d'élévation à l'édifice.

La façade de notre palais est d'une grande simplicité. Elle a 37^m,70 de longueur; du sol au-dessus de l'entablement, l'on compte 30^m,90; la corniche de couronnement a une élévation de 2^m,21. La grande porte du rez-de-chaussée offre de l'élégance dans sa sobriété architectonique. Les deux cordons qui séparent les étages sont d'un effet heureux, lorsque le soleil de Florence fait ressortir leurs saillies et leurs ombres. Dans la partie circulaire de cinq des dix fenêtres du premier étage, et sur l'axe de la colonne centrale, l'on voit trois croissants adossés; ces croissants font partie des armoiries de la famille Strozzi, qui porte d'or à la fasce de sable chargée de trois croissants tournés d'argent. Le sculpteur, en donnant aux croissants des Strozzi la disposition que nous voyons dans les fenêtres dont nous venons de parler, a altéré leurs armes : il en a fait trois croissants mal ordonnés, les deux de la pointe adossés, comme on dit en héraldique; c'est ainsi qu'ils se voient dans les armoiries de la famille Banes, du Dauphiné. Les cinq autres fenêtres du premier étage nous offrent, au lieu des trois grands croissants, l'écu des Strozzi inscrit dans une couronne de feuillage, et où le blason est régulièrement figuré. Aux fenêtres du second étage, il y en a seulement quatre qui portent les croissants tels qu'ils sont sculptés au premier. Là, ils alternent avec une rosace à dix feuilles.

Les belles lanternes octogones ornées de corniches, de colonnes, de chapiteaux, posant sur des consoles et soutenues sur un pied, qu'on voit aux angles de notre édifice, sont en fer forgé et sculpté, et l'ouvrage de Niccolo Grasso Caparra, serrurier florentin. Après avoir raconté plusieurs anecdotes sur Caparra, Vasari dit qu'il n'en a fait mention que parce qu'il fut unique dans son art. Il a été et sera toujours, dit-il encore, sans rivaux, comme le prouvent les magnifiques ornements du palais de Strozzi. Cette remarque ne devait sans doute s'appliquer qu'à l'époque où travaillait Caparra; car il y a encore d'autres ouvrages de serrurerie en France, en Allemagne et en Angleterre, qui surpassent en science et en goût les œuvres de notre serrurier florentin. Nous voyons les huit faces des lanternes du palais Strozzi couronnées par les trois croissants des armes de la famille, et là leur ajustement produit l'effet le plus heureux.

On dit que le droit d'avoir de ces lanternes aux façades était un honneur tout particulier, accordé seulement aux familles qui s'étaient illustrées par l'épée, et que celles d'une moindre illustration ne pouvaient qu'illuminer les créneaux des tours de leurs habitations. Mais nous ferons remarquer que nous ne rapportons ici qu'une simple tradition locale, dont nous ne pouvons garantir la vérité sur des documents certains. Une autre tradition dit que Lucca Pitti voulut bâtir un palais dont les fenêtres devaient être aussi grandes que la porte d'entrée du palais Strozzi; en comparant les dates, il est aisé de comprendre qu'il ne s'agissait pas du palais que nous avons sous les yeux.

— BIBLIOGRAPHIE. —

1° *Vies des peintres, sculpteurs et architectes*, par Giorgio Vasari, traduites par Léopold Leclanché, et commentées par Jeanron et Léopold Leclanché. Paris, 1811; 10 vol. in-8°.

2° *Kunst-Blatt. Achtzehnter Jahrgang* 1837. *Herausgegeben von Dr Ludwig Schorn.* Stuttgart et Tubingue, 1837, n. 67, 68.

3° *Letters of an architect from France, Italy and Greece, by Joseph Woods.* Londres, 1828, 2 vol. in-4° avec pl.

4° *Carteggio inedito d'artisti dei secoli XIV, XV, XVI, publicato ed illustrato con documenti puri inediti, dal dottore Giovanni Gaye, con fac-simile.* Florence, 1839 et 1840, 3 vol. in-8°.

Palacio Strozzi en Florencia. Italia.

MAISONS A ROUEN.

L'architecture civile du XVIe siècle n'indique pas seulement une transition de style entre l'architecture domestique du moyen âge et celle de nos jours ; elle révèle également une transition dans les usages et les besoins des populations chez lesquelles elle s'est développée ; elle nous est d'ailleurs connue d'une manière assez satisfaisante, car les maisons qui en ont conservé le caractère sont assez communes, et dans quelques villes même on trouve des rues et jusqu'à des quartiers entiers qui ont conservé presque intacte la physionomie de la Renaissance. Un des motifs qui ont sans doute contribué à faire parvenir jusqu'à nous un certain nombre de maisons du XVIe siècle, c'est que, jusqu'à des temps fort rapprochés de nous, ces maisons pouvaient servir d'habitations aux classes pauvres tout aussi bien que celles construites beaucoup plus récemment. L'observation des principes d'hygiène, et la commodité de la distribution dans les maisons peu importantes, ne datent guère que du XIXe siècle. Antérieurement à la révolution, la bourgeoisie aisée pouvait seule atteindre au confortable dans ses habitations.

Au XVIe siècle, la très-grande majorité des maisons des villes n'étaient encore construites qu'en pans de bois. Seulement, à ce qu'il semble, le luxe d'ornementation n'y était pas rare. En effet, dans les anciennes villes, c'est quelque chose de très-fréquent que de rencontrer des maisons, ayant d'ailleurs perdu presque entièrement leur aspect primitif, dont les poteaux corniers, les poteaux d'huisserie ou les poitrails sont encore chargés de moulures, d'arabesques ou de figurines. Au reste, la sculpture n'était pas seule employée comme décoration ; on se servait également, dans le même but, de combinaisons de briques, et quelquefois aussi de carreaux en terre cuite, couverts d'émaux ou vernis de diverses couleurs.

Les deux maisons dont nous donnons l'élévation, sont construites en charpente, et situées rue de la Grosse-Horloge, à Rouen ; ce sont les plus riches et les plus élégantes de ce genre que renferme la ville, et il serait fort difficile d'en trouver ailleurs de plus splendides. Elles sont, comme on voit, entièrement couvertes de sculptures, et ne constituent certainement pas un des moindres chefs-d'œuvre de cette capitale normande, si pleine encore de monuments précieux. La première de ces maisons, qui forme les n°s 115-117, est d'un travail très-remarquable par son fini ; elle porte sur un de ses murs la date de 1523, qui se rapporte parfaitement à son style. On ignore la date de la seconde, qui forme les n°s 129-131 ; on a supposé qu'elle était antérieure à l'année 1520, car c'est cette même année qu'il fut défendu, pour la première fois, de construire en encorbellement sur la voie publique, et cette maison présente un second étage en saillie sur le premier. Cette disposition devait être tolérée antérieurement, car il en existe de nombreux exemples. On croit qu'elle avait pour destination, en rendant les étages supérieurs plus vastes, d'abriter les passants dans la rue, où tombaient alors sans obstacle toutes les eaux pluviales des toits, dépourvus de gouttières. Afin de mieux atteindre ce but, on disposait également les maisons en *avant-soliers* ou galeries, qui permettaient de circuler également défendu contre la pluie et le soleil. Ces galeries, dont nous trouvons encore un exemple à Paris dans les Piliers des halles, avaient plus d'une analogie avec nos modernes passages.

— BIBLIOGRAPHIE. —

1° Delaquerrière. Description historique des maisons de Rouen. 2 v. in-8°.   2° Willemin. Monuments français inédits. Paris, in-fol., pl. 1821-41.

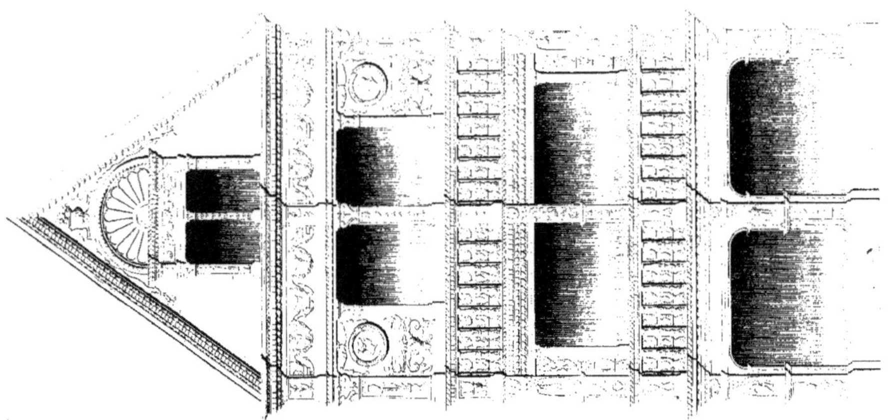

HOTEL DE VILLE DE COLOGNE.

Cologne, l'ancienne ville romaine *Colonia Agrippina*, si célèbre et si intéressante pour l'artiste et l'antiquaire, par le nombre et la beauté de ses monuments de tous genres et de toutes dates, a vu fleurir dans son sein, pendant le moyen âge, les sciences, les arts et le commerce d'une manière toute particulière, et qui en firent incontestablement la ville la plus riche et la Venise du Rhin. Ainsi qu'une quantité considérable de villes d'Allemagne, elle a conservé son hôtel de ville, où on a vu se débattre, sans doute, une partie des grands intérêts de la ligue hanséatique, dont Cologne était une des principales cités.

L'hôtel de ville de Cologne n'est point un monument isolé, comme dans la plupart des villes. Il est situé au centre de la ville et non loin du Rhin. Il est en outre enclavé dans un groupe de maisons, et ne présente que deux façades. L'une, la façade principale et occidentale, sur laquelle se trouve l'entrée de l'édifice, donne sur la place de l'hôtel de ville; l'autre, la façade orientale, s'aperçoit sur le Marché Vieux (Altmarkt), place offrant un carré long et planté d'acacias.

L'hôtel de ville de Cologne est situé non loin de l'emplacement de l'ancien prétoire de la ville romaine. Les parties souterraines et le rez-de-chaussée nous offrent des restes de constructions des XII⁰ et XIII⁰ siècles. C'est sur la façade principale, celle de l'occident, comme nous l'avons dit, qu'on aperçoit le beau portique en marbre dans le style de l'architecture de la renaissance, commencé en l'année 1569 et terminé en 1571.

Cinq élégantes arcades à plein cintre forment le rez-de-chaussée, et l'on en voit un égal nombre au premier étage. Ces arcades sont formées par des pilastres et des colonnes isolées de l'ordre corinthien et d'archivoltes élégantes ayant clef saillante. La frise de l'entablement de l'étage supérieur contient des consoles qui supportent la corniche. Un avant-corps peu saillant en dessine le centre, qui est couronné par une sorte de portique à fronton et à niche, figurant presque l'aspect d'une lucarne. Dans cette niche, l'on voit une statue de la justice. Des piédestaux d'une grande richesse d'ornementation supportent toutes les colonnes de notre portique. La frise des cinq arcades du bas, ainsi que celle des deux arcades d'épaisseur ou en retour sur le côté, sont ornées au-dessus des colonnes de petits médaillons représentant des empereurs romains.

La balustrade de la galerie supérieure ou du premier étage n'est point à jour, elle est pleine. Elle offre à l'extérieur de jolis bas-reliefs et des inscriptions en l'honneur de Jules César, d'Auguste, d'Agrippa, de Constantin, de Justinien et de Maximilien, empereur d'Allemagne. Le bas-relief de l'avant-corps central représente un combat assez singulier pour l'époque du monument qui le contient. L'on y voit un homme combattant un lion. Nous ne sommes point ramenés cependant à Hercule ou à Samson; c'est un fait qui s'est passé au moyen âge, que notre bas-relief nous retrace avec naïveté. Voici l'histoire abrégée de ce fait, qui intéressera certainement nos lecteurs. L'évêque Angilbert II, ayant engagé une lutte acharnée avec la bourgeoisie de Cologne, invita un jour le bourgmestre, nommé Gryn, à venir le visiter chez lui dans son palais, pour convenir des bases d'une réconciliation. Mais Gryn fut exposé à une lâche trahison de la part de l'évêque furieux. Notre magistrat fut donc conduit par deux chanoines à travers une petite porte située près de la porte dite *des Prêtres*, et là il se vit tout à coup introduit dans la cage d'un lion et face à face avec ce superbe et puissant animal. Grande fut sa surprise, comme l'on peut penser; mais, loin d'être effrayé et sans perdre la tête, il se mit à combattre courageusement l'ennemi terrible dans la présence duquel on venait de le pousser d'une manière si lâche. Cependant le magistrat resta vainqueur du lion, et aussitôt que ses concitoyens apprirent le danger auquel il venait d'échapper, ils accourent pour le faire sortir de sa prison momentanée. L'origine de cette légende, que nous rapportons, sans la garantir, bien entendu, la ferait remonter jusqu'au milieu du XIII⁰ siècle. Angilbert II est connu dans l'histoire de la ville de Cologne pour ses démêlés violents et sanglants avec la bourgeoisie.

Il était donc bien naturel que, lors de la construction de notre beau portique vers la fin du XVI⁰ siècle, l'architecte eût l'idée heureuse et patriotique de faire reproduire par le statuaire un fait éclatant tout à l'honneur d'un des premiers et anciens magistrats de la ville de Cologne. Le combat de Gryn et du lion est encore reproduit dans un bas-relief au-dessus de la porte d'entrée de la tour de l'arsenal de Cologne.

La grosse tour du beffroi que l'on voit à la gauche de l'hôtel de ville, quand l'on est placé devant la façade occidentale, a été commencée en l'année 1407 et achevée en 1414. Elle se compose de cinq étages. Le bas est carré; les deux étages supérieurs sont octogones. Les statues ainsi que la balustrade supérieure qui ornaient cette tour ont disparu. On a été obligé de les enlever à cause de leur vétusté. La belle porte d'entrée du beffroi, ainsi que les fenêtres avec leur riche et élégante ornementation, constatent suffisamment la date qu'on assigne au monument. Le beffroi de l'hôtel de ville de Cologne est un précieux exemple de l'architecture du commencement du XV⁰ siècle. Son ensemble et tous ses détails surtout sont d'un goût fin et parfait. Ils mériteraient un travail spécial de la part d'un architecte habile, qui devrait ensuite offrir aux amateurs une monographie de notre édifice, conçue sur une échelle plus grande que le travail que nous livrons actuellement, notre format et notre plan ne nous permettant pas de nous étendre davantage.

Il serait à désirer que nous eussions une publication qui embrasserait les hôtels de ville les plus intéressants de l'Allemagne encore existants aujourd'hui. On pourrait faire une belle et complète série de cette catégorie de monuments dont nous ne noterons que les principaux, savoir : les hôtels de ville de Brünn, d'Ollmütz, de Brieg, de Breslau, de Hanovre, d'Aix-la-Chapelle, d'Ulm, de Prague, de Leitmeritz, de Ratisbonne, de Brunswick, de Francfort-sur-le-Mein, de Nuremberg, de Lübeck, etc.

La seule chose remarquable à l'intérieur de l'hôtel de ville de Cologne, c'est une grande salle au rez-de-chaussée, dite Salle hanséatique, où l'on voit neuf magnifiques statues du XIII⁰ siècle, représentant les protecteurs de la fameuse ligue des villes rhénanes, formée en l'année 1247, et confirmée en 1255 par Guillaume de Hollande. Ces statues offrent des vestiges précieux de peinture, sous l'épaisse croûte de badigeon blanc dont on les a couvertes. Elles sont placées sur de riches piédestaux et couronnées de baldaquins ornés complétement et avec une imposante simplicité, dans le style majestueux de l'architecture du XIII⁰ siècle.

C'est dans l'hôtel de ville de Cologne que l'on conserve la précieuse collection de dessins, d'estampes, et la bibliothèque de Ferdinand-François Wallraf, mort à Cologne en 1824. Ce généreux citoyen légua à la ville de Cologne tout ce qui lui appartenait. La collection se composait de 1616 tableaux, 3875 dessins, 38254 gravures, 3765 gravures sur bois.

— **BIBLIOGRAPHIE.** —

1. *Die wichtigsten Städte am Mittel und Niederrhein im deutschen Gebiet, enthaltend Schilderungen von Mainz, Wiesbaden, Frankfurt, Coblenz, Bonn, Cöln, Aachen und Düsseldorf, von Wilhelm Füssli.* Leipzig, 1846, 2ᵉ édition, 1 vol. in-8°.

2. *Rheinreise von Strassburg bis Düsseldorf mit ausflügen nach Baden, Heidelberg und Frankfurt, an die Bergstrasse, durch die Rheinpfalz, die Taunusbäder, das Nahe-Ahr-und Wupperthal und nach Aachen.* 4te Ausgabe von J. A. Klein. Coblentz, 1843, 1 vol. in-8° avec carte et plans.

Casa de la Ciudad en Colonia. Fachada

Casa de la Ciudad en Colonia

Casa de la Ciudad en Colonia — *Detalles lám. 2*

NOUVELLES PROCURATIES *(PROCURATIE NUOVE)*

SUR LA PLACE DE SAINT-MARC, A VENISE.

On a vu, dans la notice qui fut consacrée à la Bibliothèque de Saint-Marc, que Sansovino n'en avait élevé que les seize premières arcades, et que, par suite de la mort du célèbre architecte, cette construction était restée inachevée pendant un assez long espace de temps. Mais enfin, les besoins impérieux, joints aux sentiments de magnificence qui animaient, à cette époque, la noble et opulente république, ne permirent point d'ajourner plus longtemps l'achèvement de cet édifice. Quatorze années donc après la mort de Sansovino (en 1584), le sénat décréta la continuation des travaux commencés à la Bibliothèque, et cette mission fut confiée à Scamozzi (*), qui, bientôt, conçut un autre projet, projet dont le plan, ainsi qu'on va le voir, était beaucoup plus vaste : il ne s'agissait plus, d'après ce nouveau plan, de terminer la partie qui regarde le Palais Ducal, mais bien de compléter la décoration de la place de Saint-Marc elle-même, qui n'avait, alors, qu'un seul de ses côtés construit, celui qu'on appelle le bâtiment des *Procuratie Vecchie*, élevé, depuis peu de temps, par les architectes Buono et Lombardi ; et, dans son idée, Scamozzi ne voulait rien moins que relier, à l'aide d'une construction nouvelle, la bibliothèque à l'église de San-Geminiano, située vis-à-vis de Saint-Marc, ce qui eût formé un ensemble de constructions servant de décoration aux trois côtés de la place. Pour arriver à ce résultat, Scamozzi présenta un nouveau dessin qui réunissait tous les changements et toutes les constructions qu'il avait conçus ; il fit même exécuter un modèle en bois de tous les corps de bâtiments, et il sut tellement bien faire ressortir les avantages de son projet, qu'il obtint aussitôt et l'approbation du doge Grimani et celle des procurateurs.

Mais il advint alors, dit M. Quatremère de Quincy, ce qui arrive presque toujours aux entreprises qui sont l'ouvrage de temps et d'artistes successifs. La régularité et la symétrie de la place de Saint-Marc auraient exigé que le nouveau corps de bâtiment, destiné à se trouver en regard avec celui qui existait déjà, en répétât exactement l'ordonnance ; il n'en fut point ainsi. Scamozzi, ne tenant aucun compte des dispositions de ses prédécesseurs, prétendit que deux étages ne sauraient suffire pour établir, dans cet édifice, huit habitations aux procurateurs qui devaient y être logés, et il prit le parti d'élever un troisième ordre. Il en résulta donc, comme l'observe avec raison M. Selva, l'accolement disgracieux et irrégulier qu'on remarque en face du Campanile, des portions supérieures de deux constructions différentes, irrégularité que Scamozzi, dit-on, condamna lui-même, dans ses écrits, mais en disant que *cela fut fait sans son consentement*

(*) Si l'on en croit les notions recueillies par Temanza sur cet architecte célèbre, il aurait eu, pour premier maître, Dominique Scamozzi, son père, connu à Vicence, sa patrie, comme bon constructeur, employé encore comme ingénieur habile à lever les plans des villes et des terrains, et qui, par ces diverses ressources, s'était acquis une existence honorable, accompagnée d'une aisance qui le mit à même de bien élever sa famille. Cela suffit pour indiquer comment le fils de Dominique Scamozzi se trouva porté naturellement à l'étude de l'architecture.

Mais le pays où il vit le jour, et le temps où il naquit, expliquent tout aussi bien comment il put devenir un des plus grands architectes de son siècle. L'architecture était en effet alors singulièrement en honneur dans sa patrie. C'était l'époque où une impulsion générale portait tous les riches, tous les hommes en dignité à se distinguer par des habitations propres à témoigner après eux de leur goût et de leur amour pour les beaux-arts. L'État de Venise était devenu le chef-lieu de l'architecture civile San Micheli, Sansovino, Palladio y avaient transporté, si l'on peut dire, l'école pratique et théorique de cet art. Ce fut là que fut appelé à se former Vincent Scamozzi.

Déjà quelques essais, fruit de ses premiers travaux, avaient annoncé en lui un continuateur du goût de ces grands maîtres, un sujet qui devait leur promettre un digne successeur. A l'âge de dix-sept ans, il avait fait, pour les comtes Alexandre et Camille Godi, le projet d'un palais de sa composition, qui, à la vérité, ne fut pas exécuté, quoiqu'il aurait mérité de l'être. Mais le jeune Scamozzi comprit qu'il avait à recevoir encore quelques autres leçons : je parle de ces leçons pratiques, faute desquelles l'architecte, simple théoricien, court le risque ou de faire des projets inexécutables, ou de se voir réduit à faire exécuter ses idées par ceux qui, ne les ayant point conçues, ne sauraient en rendre l'esprit. C'est pourquoi il se rendit à Venise, où beaucoup de monuments des premiers maîtres du temps étaient alors en construction. Lui-même il nous apprend qu'il s'étudia à saisir, sur le chantier, les procédés qu'ils mettaient en œuvre. On ne saurait douter qu'il n'ait dû beaucoup apprendre dans les ouvrages de Palladio ; que surtout le style et la science de ce grand architecte n'aient exercé sur son goût

Bien que Sansovino, lors de l'érection de la Bibliothèque, se soit déjà écarté, quant à son ordonnance, de celle des *Procuratie Vecchie*, ce qui devenait presque un précédent favorable à la détermination prise par son successeur, il chercha cependant à en racheter le peu de hauteur, en exhaussant de beaucoup le couronnement de son second ordre, et en donnant, à l'ensemble de sa construction, la même élévation qu'au monument qui lui était opposé; et, en agissant ainsi, il prévoyait alors que son édifice devait être, un jour, continué sur tout un côté de la place, ce à quoi Scamozzi, dans son nouveau projet, ne voulut point se soumettre.

On voit donc, d'après ce que nous venons de dire, qu'il n'existait réellement aucun motif raisonnable pour excuser Scamozzi de l'addition de son troisième ordre, et qu'on ne doit attribuer cette modification au dessin de Sansovino qu'à un sentiment d'orgueil mal compris, qui le portait à ne point vouloir être l'imitateur servile du projet d'un prédécesseur, dans la croyance où il était, sans doute, que l'aspect de son œuvre pourrait faire oublier l'irrégularité qui devait en résulter.

Quoi qu'il en soit de notre opinion, et sans vouloir entrer plus longuement ici dans une appréciation que le lecteur trouvera plus loin, l'œuvre de Scamozzi présente à l'analyse du critique deux parties caractéristiques et bien distinctes, la première, qui consiste dans l'achèvement de la Bibliothèque commencée par Sansovino,

une grande influence. Rien d'ailleurs ne le prouve mieux, quoiqu'il ait pris à tâche de dissimuler cette sorte d'obligation, que ses propres travaux, ce qui ne doit pas nous empêcher d'y louer ce qu'ils offrent de louable sous le rapport de l'art.

Dans tout art, il se donne une époque où le génie étant arrivé à une certaine hauteur, l'orgueil de ceux qui surviennent, leur suggère des moyens différents pour arriver à la réputation. Quelques-uns se persuadent que la seule route à prendre est celle de l'innovation, et que, pour égaler la gloire des anciens ou s'élever au-dessus, il ne s'agit que de faire ou plus ou autrement qu'eux : c'est là le principe le plus habituel du mauvais goût et de la bizarrerie. D'autres, arrivés sans peine, grâce aux efforts faits avant eux, à une hauteur dont ils ont trouvé les chemins frayés et aplanis, s'approprient le mérite d'un talent dont ils doivent une grande partie aux ouvrages qui les ont précédés. L'amour-propre leur conseille alors de paraître dédaigner ce qui s'est fait; et, bien qu'ils restent imitateurs d'autrui, ils s'efforcent de cacher leur imitation pour ne paraître les obligés de personne. Ce dernier genre de travers fut celui de Scamozzi. L'histoire qui nous l'a révélé, nous apprend que, tout en étudiant et en épiant les secrets du génie de Palladio dans ses œuvres et dans les pratiques, il avait affecté de n'avoir aucun rapport avec lui, ni avec les autres maîtres habiles de son temps, dans la crainte, nous dit-on, de donner à soupçonner qu'il eût appris d'eux quelque chose. Le même sentiment domine dans ses écrits sur l'architecture, où il se montre malintentionné contre Palladio, et porté à dépriser sa manière. Toutefois n'ayant à parler ici que du talent et des œuvres de Scamozzi, nous nous croirons dispensé de scruter davantage le motif intime de cette façon d'agir et de penser. Quand l'excès d'une émulation mal entendue aurait produit, dans ses sentiments et ses opinions sur le mérite de ses prédécesseurs, quelques écarts peu honorables, nous devons dire que fort heureusement ses ouvrages ont donné le démenti et à ses sentiments supposés et à ses discours. Aucun architecte, en effet, n'a mieux montré comment on peut marcher à la suite des grands maîtres, et les imiter sans être leur copiste; aucun ne s'est approché plus près que lui du goût de Palladio.

Il ne tarda point à se faire une réputation par quelques travaux qui dénotèrent en lui l'homme ingénieux et le constructeur intelligent. L'église du Sauveur, à Venise, venait d'être terminée par Tullio Lombardo, lorsqu'on s'aperçut, après coup, qu'elle manquait d'une lumière suffisante. Scamozzi, appelé pour remédier à ce défaut, y réussit heureusement sans rien ôter à l'effet majestueux de son intérieur. Il se contenta d'ouvrir par en haut, en les surmontant d'une lanterne, les trois coupoles de l'église, et le vaisseau reçut de ces ouvertures le jour qui lui manquait.

A ces premiers travaux il joignit plus d'un genre d'études, qui devaient l'initier à toutes les connaissances de l'architecture antique. Il se livra à l'interprétation de Vitruve, à la lecture des meilleurs auteurs et de l'histoire grecque et romaine, et à la pratique de la perspective; en sorte qu'à l'âge où l'on est encore élève, il aurait pu enseigner plus que son art. Le palais du comte Francesco Trissini, qui s'éleva alors sur ses dessins à Vicence, pendant qu'il était à Rome, parut être l'ouvrage d'un artiste qui n'avait plus rien à apprendre. Mais Scamozzi en savait déjà trop pour ne pas croire qu'il lui restât encore beaucoup à apprendre. Dans le fait, pour un homme qui aspirait à l'originalité, il lui restait à achever de former son talent, non plus sur les ouvrages des maîtres de son époque, mais sur ces grands modèles de l'antiquité qui avaient formé ces maîtres, et qui sont en quelque sorte devenus, pour l'architecture, ce que la nature est pour les autres arts, l'exemplaire le plus complet des principes et des règles du beau et du vrai. Il alla donc à Rome, et il y mesura tous les restes des monuments antiques. Il passa six mois à Naples et dans ses environs, se livrant aux mêmes recherches. Lui-même, il nous apprend que pendant les deux années qu'il employa à ces travaux, il profita plus qu'il ne l'avait fait dans les dix ans de ses premières études.

Il revint en 1580 à Vicence, sa ville natale; mais Vicence ne lui offrait pas cette perspective de grands ouvrages auxquels il se sentait appelé par ses études et par les connaissances dont il avait fait une si ample provision. La riche et puissante Venise était devenue alors le seul théâtre propre à son talent. Palladio était mort depuis peu. Il y avait un grand héritage à recueillir. Un ouvrage important vint bientôt mettre au grand jour et faire connaître celui à qui il devait échoir. Il était question d'ériger au doge Nicolas del Ponte un magnifique mausolée dans l'église de la Charité, en face des mausolées des doges Barbarighi. Scamozzi en fut chargé : c'est assez dire que l'architecture était appelée à en faire particulièrement les frais. Cet ensemble, on le sait, a toujours passé pour être une des plus belles compositions de ce genre.

Scamozzi dut au crédit que lui donna cet ouvrage d'être préféré à deux très-médiocres artistes pour construire le Musée des

et la seconde, dont il est l'auteur, formant une suite de constructions, nommées *Procuratie Nuove* pour les distinguer des vieilles (*Vecchie*).

De ces deux parties ou de ces deux monuments, un seul nous occupera dans cette notice, nous voulons parler du dernier; de celui qui a principalement fait la réputation de Scamozzi, de celui qui passe, avec justice, pris isolément, pour l'un des chefs-d'œuvre de l'architecture civile à l'époque de la Renaissance.

La partie de l'œuvre qui forme, en ce moment, l'objet de notre examen, présente, dans son ensemble, une façade de plus de cent trente-cinq mètres de développement, s'étendant, ainsi que nous l'avons dit, sur tout un des côtés de la place, et se retournant ensuite à angle droit, vers la partie qui est opposée à la célèbre basilique de Saint-Marc, jusqu'au portail de l'église de San-Geminiano. Cette immense façade se compose de trente-six arcades, en commençant à la quatrième de la place, formant une ligne droite, et de sept autres en retour d'angle, qui relient les *Procuratie Nuove* à l'église précitée. Sa décoration particulière offre, dans les diverses parties de son élévation, trois ordres superposés, dont deux rappellent, à très-peu près, l'ordonnance employée par Sansovino à la Bibliothèque; ce sont, en effet, les mêmes dispositions pour le rez-de-chaussée et le premier étage, les mêmes types de figures et les mêmes motifs qui servent d'ornementation; aussi, faut-il l'œil exercé de l'architecte ou de l'antiquaire, pour saisir, au premier aspect, les différences qui peuvent s'y trouver. Cet édifice doit être considéré, du reste, comme une des plus grandes constructions qui aient encore été faites en ce genre, et l'un des plus grands monuments d'architecture qui aient été confiés et exécutés par un architecte moderne.

Scamozzi, comme on vient de le voir, et imitant, en cela, son prédécesseur qui l'avait employé à la Biblio-

Statues Antiques, qui sert d'avant-salle à la Bibliothèque de Saint-Marc, et en même temps le vaste édifice des *Procuratie Nuove*, destiné à former la seconde aile de la grande place, en avant de la basilique. Mais, plus d'un incident devait faire diversion à l'achèvement de ces travaux. Ainsi, Grégoire XIII ayant été remplacé sur le siége papal par Sixte V, la république envoya féliciter le nouveau pontife par quatre personnages, qui désirèrent emmener avec eux Scamozzi. Il arriva dans Rome au moment où l'on s'occupait des moyens propres à dresser le grand obélisque qui décore la place de Saint-Pierre. Scamozzi s'intéressa beaucoup à cette entreprise, et, l'opération terminée, il retourna avec les ambassadeurs à Venise.

Palladio étant mort avant d'avoir pu finir, dans l'intérieur du théâtre Olympique de Vicence, cette partie des théâtres antiques que jadis on appelait la scène, et comme il n'avait laissé aucun dessin de son architecture, on jeta les yeux sur Scamozzi, qui fut assez heureux, grâce à ses études sur l'antiquité, de pouvoir le terminer avec succès. Vers cette époque, une grande construction était en projet à Venise, et occupait tous les esprits. Il s'agissait de remplacer en pierre le pont de bois qui établissait la communication entre les deux parties de la ville que divise le grand canal. Scamozzi fut invité à présenter ses idées. Il fit deux projets, l'un d'une seule arche, l'autre de trois. L'économie, à ce qu'il paraît, contribua à faire donner la préférence au projet d'Antonio del Ponte. Scamozzi éprouva encore un plus grand désagrément dans l'entreprise du monastère et de l'église de *Santa Maria della Celestia*. Le projet de notre architecte ayant été approuvé, avait reçu un commencement d'exécution; mais bientôt, on ne sait pourquoi, le travail fut suspendu, et après plusieurs années le tout fut détruit. Scamozzi fut cependant plus heureux auprès de Vespasien Gonzague, qui lui fit construire un théâtre dans le genre de celui de Vicence; mais le sort ne voulut point encore qu'il nous fût conservé : nous n'en avons l'idée que par les dessins que l'auteur en a laissés.

Le sénateur Pierre Duodo, qui avait pour lui une amitié particulière, ayant été en Pologne pour présenter à Sigismond les hommages de la République, invita Scamozzi à l'accompagner. Celui-ci saisit avec empressement l'occasion qu'on lui offrait de mettre à profit un voyage qui étendrait ses idées, et multiplierait les connaissances dont il avait besoin pour le grand ouvrage dans lequel il se proposait d'embrasser l'histoire universelle de l'architecture et des monuments de tous les pays. Il accepta donc la proposition du sénateur, et il visita avec lui un grand nombre des principales villes de l'Allemagne.

De retour de Venise, il bâtit pour son illustre protecteur un palais près de *Santa Maria Giubanica*. On ne saurait dire ce qui empêcha qu'il ait exécuté, sur le grand canal, son projet d'un palais pour le cardinal Frédéric Cornaro, palais qui devait faire pendant à celui que Sansovino avait construit pour un sénateur du même nom. Enfin, et pendant qu'il élevait de charmantes habitations près de Castel Franco, pour les frères Jean et George Cornaro, et à Loregia pour Jérôme Contarini, Venise le réclama tout entier, à l'effet d'achever les salles du Musée, mais surtout, les Nouvelles Procuraties de la place de Saint-Marc. Après un aussi remarquable ouvrage, qui sans doute est le chef-d'œuvre de Scamozzi, il semble qu'il serait assez inutile, du moins pour sa gloire, de passer ici en revue les nombreux édifices qu'il construisit dans le Vicentin, sur la Brenta et à Venise. On peut voir, sinon des dessins rendus, au moins des esquisses de la plupart de ces constructions, dans son ouvrage sur l'architecture, telles que les palais Feretti, Pruili et Goddi. Partout ce sont des plans fort réguliers, des élévations sages, des ensembles élégants et variés, dans lesquels il s'est montré digne successeur de Palladio, sans qu'on puisse dire pourtant qu'il ait égalé ce grand maître pour la pureté du goût, pour l'invention des plans, et cette heureuse fécondité d'idées aussi variées qu'ingénieusement appropriées à chaque entreprise. Il est arrivé à plusieurs des productions de Scamozzi d'être, comme on l'a déjà vu, privées, dans l'exécution, de la direction de leur auteur. Avide de gloire et infatigable, il eût mieux aimé succomber sous le poids des commandes de travaux qu'il recevait de toutes parts que d'en refuser une seule. A tant de soins et d'occupations, se joignait aussi le désir de publier son grand ouvrage de l'*Architecture universelle*. C'était ou ce devait être une sorte d'encyclopédie de l'art, où se seraient trouvés réunis aux préceptes et aux règles les exemples de tout ce que l'Europe renfermait alors de

thèque, orna, de même que lui, son rez-de-chaussée d'un rang de portiques en arcades, décorées de demi-colonnes d'ordre dorique ; de grandes figures, sculptées en bas-relief, en remplirent les tympans, et une tête ou mascaron saillant servit de clef aux archivoltes ; puis, des sujets symboliques et variés couvrirent les métopes de la frise. Au-dessus de la corniche, s'éleva un stylobate coupé par les balcons en balustres des fenêtres du premier étage, lesquelles consistent aussi en arcades, mais d'une moindre ouverture que celles d'en bas. L'ordre de cet étage, comme à la Bibliothèque, fut aussi l'ionique, et cet emploi, observe M. Quatremère, offre ici une progression sensible d'élégance et de richesse. Indépendamment de cet ordre, adossé aux pieds droits des arcades, également ornées de figures et bas-reliefs dans leurs tympans et de têtes saillantes comme clefs dans les archivoltes, de plus petites colonnes du même ordre supportent l'imposte des arcades. La frise qui surmonte cet ordre fut décorée d'un délicieux bas-relief présentant un très-gracieux motif d'enroulement continu. Enfin, la partie supérieure, et qui constitue le deuxième étage, celui qui fut particulièrement l'œuvre de Scamozzi, se compose d'un ordre corinthien qui complète la série de ceux employés par Sansovino. Des demi-colonnes engagées décorèrent les trumeaux des fenêtres, qui furent couronnées de frontons alternativement circulaires et triangulaires, soutenus par des petites colonnes d'un même ordre. Un entablement, qui règne sur toute l'étendue de cette longue ligne, couronne cette immense élévation.

Ce troisième étage, dit M. Quatremère, est celui dont on a fait un reproche à Scamozzi, comme établissant

monuments remarquables en tout genre. Scamozzi ne pouvait réaliser son projet qu'en visitant personnellement les pays dont il voulait faire connaître les édifices. Dans cette vue, il cultivait avec soin l'amitié des principaux sénateurs de Venise que le gouvernement envoyait en ambassade chez les différentes nations de l'Europe, et c'est à ces liaisons qu'il dut plus d'une fois de faire, sans que ce fût à ses frais, de fort grands voyages dont la dépense eût été au-dessus de ses moyens. Ce fut ainsi qu'il fit quatre voyages à Rome et deux à Naples ; qu'il visita deux fois l'Allemagne, en revint la dernière fois par la Lorraine, et vit la capitale de la France, d'où il revint à Venise, tenant minutieusement, et jour par jour, registre de tout ce qu'il voyait.

Tous ces voyages contribuèrent à répandre de plus en plus la renommée de Scamozzi et de son talent hors de sa patrie ; aussi lui demanda-t-on de toutes parts des projets et des modèles de palais. Mais il paraît qu'on ne fut pas toujours fidèle aux plans qu'il envoyait. On trouve de ceci une preuve certaine dans le palais de Robert Strozzi, à Florence, et dans le palais Ravaschieri à Gênes. Plus heureux à Bergame, il réussit, pendant le séjour qu'il y fit, à y élever, par l'ordre du podestat Jules Contarini, un des plus beaux palais qu'il ait composés, et qui est celui du Gouvernement. Il eut encore, à Bergame, l'occasion de présenter un projet de reconstruction pour la cathédrale, mais il ne fut pas exécuté. Cependant l'érection d'un monument religieux beaucoup plus considérable était réservée au génie de Scamozzi. L'archevêque de Salzbourg, voulant faire reconstruire la cathédrale de cette ville, l'invita à se rendre auprès de lui ; Scamozzi prit aussitôt la route de Trente, et arriva pour arrêter le plan du monument projeté. Après avoir pris sur les lieux toutes les instructions nécessaires, il revint à Venise, où il passa trois années à en mûrir le projet ; et Temanza, qui en possédait les plans, coupes et élévations, ne tarit point d'éloges sur cette composition, qui fut enfin réalisée, mais ne reçut son dernier achèvement qu'après la mort de son auteur.

Son *Idea dell' Architettura universale* l'occupa à toutes les époques de sa vie. Il avait établi d'abord son plan sur une division en douze livres, qu'il restreignit depuis à dix. Encore faut-il dire que, lorsqu'il annonçait dix livres dans le frontispice qu'il mit à la tête de son ouvrage, en 1625, dans le fait, chacune des deux grandes divisions n'en comprenait que trois livres. On croit bien qu'il avait effectivement composé les quatre autres ; mais il est vraisemblable que, d'une part, le désir de les améliorer, et de l'autre, l'impatience de la publicité, lui firent mettre au jour cette production incomplète, et que la mort ne lui permit pas d'achever. Si Scamozzi, par l'importance qu'il semble avoir mise à cette œuvre, fonda sur son exécution un de ses premiers titres à la renommée, il lui sera arrivé, comme à beaucoup d'autres, de s'être mépris sur la nature propre de son mérite. La postérité n'a point du tout ratifié l'opinion qu'il avait conçue d'un travail également au-dessus et en dehors de sa capacité. D'Aviler nous semble en avoir très-bien jugé, et il a rendu à Scamozzi un vrai service, dans l'abréviation qu'il a faite de la partie de son traité, qu'on peut regarder comme classique, je veux parler du VIe livre, qui traite des Ordres, et dont il jugea encore nécessaire de supprimer beaucoup de choses superflues. Toutefois, on ne saurait refuser à Scamozzi d'avoir été un des plus savants architectes des temps modernes, et on doit le mettre au petit nombre de ceux qui ont fait autorité dans leur art. Le grand Blondel ayant à choisir, ainsi qu'il le dit, parmi les modernes, les trois architectes qui ont laissé les préceptes les plus conformes aux exemples de la belle antiquité, et qui ont reçu l'approbation universelle, a concentré son choix sur Scamozzi, Vignola et Palladio. On remarque même qu'outre cet honorable témoignage, il lui donne encore souvent le pas et la préférence sur tous.

Scamozzi s'était familiarisé, par l'étude de Vitruve, à ces recherches d'antiquité qu'un architecte lettré peut faire chez les écrivains latins. Ainsi, nous trouvons de lui des dissertations appuyées d'exemples et de faits puisés dans l'histoire ancienne sur les habitations des Grecs et des Romains. Nous ne dirons pas que sa dissertation sur les *Scamilli impares* de Vitruve ait éclairci entièrement ce que ces mots auront, peut-être, toujours d'obscur ; mais ce genre de recherches prouve à quel point Scamozzi avait eu l'ambition d'embrasser toutes les parties de l'art auquel il s'était livré, et nous n'en donnerons qu'une dernière preuve en signalant l'essai de restitution qu'il fit de la maison de Pline le Jeune au Laurentum.

Enfin, sentant sa fin prochaine, quoique encore d'un âge peu avancé, et ne laissant point d'héritiers directs, il dicta à l'un de ses amis un acte testamentaire, où il a promulgué, de la manière la plus expresse, et ses sentiments habituels, et la haute opinion

une irrégularité de mesure en hauteur avec le bâtiment des *Procuratie Vecchie* auquel il fait pendant. Toutefois, continue le docte antiquaire, il n'est aucun critique qui ne soit obligé de convenir que cet étage est le plus beau de tous, et on peut dire le plus noble, le plus riche, le mieux ordonné qu'on puisse citer dans quelque édifice que ce soit. Plus sévère dans ses jugements, mais non moins juste, selon nous, dans ses appréciations que le critique précédent, M. Selva soumet, lui aussi, chacune des parties de cet étage à une rigoureuse analyse qu'il termine ainsi : Il est juste d'avouer, dit-il, qu'on y reconnaît un habile architecte, car son troisième ordre est d'un grand mérite, et les fenêtres qui le décorent sont très-belles. On désirerait seulement, poursuit-il, un plus grand caractère dans l'entablement qu'il a mutilé, auquel il n'eut pas le courage de donner même le quart de la hauteur de la colonne, tandis que l'entablement, placé sous l'ordre ionique, a près du tiers, défaut qui, du reste, a été reconnu par l'auteur lui-même, puisqu'il a, sans aucun exemple qui puisse le justifier, omis la frise afin d'augmenter l'architrave et la corniche qu'il a surchargées de trop de membres.

A l'exception des Procuraties situées aux deux extrémités du nouveau bâtiment, les six autres étaient, quant à leurs dispositions intérieures, conformes au même plan. Le rez-de-chaussée et les étages supérieurs étaient aussi divisés de la même manière. Le côté situé sur la place de Saint-Marc servait d'appartements de cérémonies ; l'autre, sur le canal et tourné au midi, était employé à l'usage privé. Sept de ces Procuraties avaient leur entrée par le portique sur la place, et la huitième par celui de la Bibliothèque. Le canal, qui passe derrière et arrive de la lagune, leur donnait en outre, à chacune, une porte d'eau.

Telle est, en peu de mots, la description du projet que Scamozzi conçut et exécuta dans l'intention de compléter, sans toutefois régulariser, la décoration de la place de Saint-Marc.

Cependant, si, à part toute considération, l'on examine et l'on apprécie en lui-même le vaste édifice des *Procuratie Nuove*, on doit avouer qu'il mérite d'être mis en tête des plus beaux ouvrages que l'architecture ait produits ; et l'on peut même affirmer que Scamozzi sut en faire un des plus beaux modèles de palais qui ait existé auparavant, et qu'il n'a été produit, depuis, aucun corps d'édifice d'une aussi grande étendue, plus complet dans son ensemble, mieux ordonné dans ses parties, plus noble dans sa décoration, plus simple et plus vrai tout à la fois. Scamozzi y employa les trois ordres, dans les meilleures proportions, avec le plus de régularité, de goût et de richesse que puisse comporter leur disposition quand on veut l'adapter à des ouvertures et à des chambranles. Mais, si l'on doit à Scamozzi un juste tribut d'éloges pour son œuvre, il n'est cependant pas excusable, comme le remarque fort bien M. Selva, d'avoir altéré, dans sa façade, le dessin de Sansovino, en y ajoutant un troisième ordre, qui nous semble inutile, pour augmenter les habitations des procurateurs, puisqu'il pouvait élever l'édifice à volonté, sur le canal, et à l'exposition toujours préférable du midi.

Enfin, et pour compléter l'ensemble des particularités qui concernent ce monument, nous ajouterons qu'il eût été à désirer, comme le dit M. Quatremère, que, moins distrait par des travaux multipliés qui le forçaient d'être, si l'on peut dire, en plusieurs lieux à la fois, il eût pu suivre par lui-même, et jusqu'à la fin, cette vaste entreprise ; car les connaisseurs y distinguent facilement les parties dont il dirigea personnellement l'exécution, et telles sont les treize premières arcades, dont on croit qu'il faut encore soustraire les trois qui forment le commencement de la Bibliothèque, et qu'on attribue à Sansovino. On sait encore que, depuis, le bâtiment fut dirigé par des constructeurs, hommes de métier plutôt qu'artistes, tels que Francesco Bernardino, Marco della Carita et Balthazar Longhena ; aussi, un œil attentif saisit-il, en suivant cette continuité d'arcades ou de portiques, des variations sensibles dans les détails ; on y découvre même une progression de négligence, qui annonce un déclin survenu dans la manière de faire les ornements et de traiter les profils, bien qu'on ait fidèlement observé les proportions et l'eurythmie du dessin général. Ces observations critiques, on le comprend, ne s'adressent ici qu'à des circonstances indépendantes du mérite de l'architecte, et ne sauraient en rien diminuer l'opinion qu'on doit avoir de son talent.

qu'il avait de son mérite, et le désir que son nom se perpétuant, la gloire qui y serait attachée devînt l'entretien des âges à venir. Dans cet acte, après avoir relaté, énuméré et développé les titres qu'il s'est acquis à la célébrité par ses écrits et par les monuments qu'il a élevés dans tous les États de l'Europe, il se choisit, n'ayant point d'enfants qui puissent propager son nom, un fils adoptif, auquel il légua tous ses biens, sous la condition expresse cependant que celui-ci portera le nom de Scamozzi.

Cet illustre architecte survécut très-peu de temps à la rédaction de ses dispositions testamentaires. Il fut enterré, selon qu'il l'avait désiré, dans l'église de Saints Jean et Paul, et avec toute la pompe que lui méritaient et sa réputation et son mérite.

(Extrait de l'*Histoire de la vie et des ouvrages des plus célèbres architectes*, par M. QUATREMÈRE DE QUINCY.)

— STYLE DE LA RENAISSANCE. —

— BIBLIOGRAPHIE. —

1° *Temanza* (Tom.) , *Le Vite de' piu celebri architetti e scultori Veneziani che fiorirono nel secolo XVI; Venezia*, 1778, 2 vol. in-4°.

2° *Topografia Veneta, ovvero descrizione dello stato Veneto; Venezia*, 1787, 4 vol. in-fol., planches.

3° *Cicognara, Storia della Scultura , dal Risorgimento in Italia*, etc. ; *Venezia*, 1813-1818, 3 vol. in-fol., planches

4° *Le Fabbriche piu cospicue della città di Venezia*, etc. ; *Venezia*, 1815, 2 vol. in-fol., planches.

5° Quadri, Description des édifices de la place Saint-Marc à Venise.

6° Quatremère de Quincy , Dictionnaire d'Architecture, articles : *Sansovino, Scamozzi* et *Places publiques*.

7° Quatremère de Quincy , Histoire de la vie et des ouvrages des plus célèbres architectes, etc. ; Paris, 1830, 2 vol. gr. in-8°, planches.

Procuraduria nueva en Venecia. *Italia*

les plus petits comme dans les plus grands monuments du moyen âge en Italie. L'étude et l'enthousiasme pour les chefs-d'œuvre de l'antiquité romaine introduisirent dans l'architecture des souvenirs du paganisme, dans nos églises surtout ses mythes voluptueux et séduisants. Selon quelques critiques, ce fut la dépravation de l'art, inspiré et né du christianisme. D'autres, au contraire, appellent ces innovations la renaissance de l'art de sa longue barbarie. Nous ne pouvons adopter aucune de ces opinions. L'art chrétien a eu son caractère, son originalité, sa grandeur. Il est arrivé une époque où il fut détourné de la direction qui lui était propre, et il prit un nouvel essor. La foi manquait aussi bien aux masses, au public, qu'aux artistes. Les monuments d'architecture cessent de parler un langage alors que l'époque ne le comprend plus. Mais il n'est pas exact de dire qu'il y eut renaissance. Pour cela il faudrait admettre qu'il y eut mort, absence ou décadence. L'histoire prouve le contraire pour les deux premiers cas, et quant au troisième, justice enfin a été rendue à l'art du moyen âge et par la foule des artistes et par les antiquaires les plus éclairés comme doués du plus exquis sentiment du beau dans chacun de ses genres. On peut ne pas aimer l'architecture du moyen âge, de cette époque de mélancolie pour ainsi dire. L'anathème dont le christianisme frappa la chair ne devait être que relatif ; il ne représentait qu'une réaction forcée contre la brutalité des mœurs de la civilisation polythéiste. Le polythéisme n'offre qu'une violente et longue victoire de la force sur l'esprit, de la matière sur l'intelligence. Le catholicisme perpétua cette lutte malheureuse en ne marchant pas avec le développement et les progrès de l'intelligence et de la liberté ; et la souffrance se prolongeait dans la vie des peuples du moyen âge, jusqu'à ce qu'au XVIe siècle on commença à proclamer qu'elle ne devait point être éternelle. La doctrine du péché originel, inventée au Ve siècle par saint Augustin, n'a pas peu contribué à assombrir les esprits pendant le moyen âge. De là ce caractère mélancolique, de tristesse, qui est le cachet de toutes les œuvres d'art de l'époque qui sépare l'antiquité des temps modernes. Les arts grecs, consacrés aux divinités anthropomorphiques, sont gais, joyeux, sensuels. Ce sont ces caractères que ressaisirent les arts de la Renaissance, lorsque l'intelligence se développa et que la foi aux choses surnaturelles s'amoindrit insensiblement, pour faire place aux riantes beautés de la nature, aux joyeuses et libres conceptions de l'imagination, guidée, non plus par l'idée religieuse, mais par le développement de la raison et de l'intelligence. Il n'y a donc pas eu renaissance aux XVe et XVIe siècles, mais transformation d'idées et puissante progression. Mais en cherchant son public, l'art se rapetissait, et il est encore aujourd'hui dans ces conditions. C'est un corps qui se meut sans âme, ou plutôt avec une âme engourdie qui cherche à se réveiller pour revenir à la vie et à l'existence.

Quant à la proportion de la Loge des Lances, nous ferons remarquer qu'elle est donnée par le triangle équilatéral. La distance du centre d'un pilier à un autre est la même que de la base et du centre du pilier, au point de centre de l'arcade ; de sorte qu'on a trois triangles équilatéraux placés sur une même ligne et formant la longueur de l'édifice. Prenant la distance d'un point de centre à l'autre des arcades, et la plaçant perpendiculairement sur un des points de centre, nous aurons la hauteur du monument. Ces proportions sont-elles dues au pur hasard ? Nous ne le pensons pas.

Le détail du bel entablement que donne notre planche nous dispense d'en faire la description. Il est d'une grande simplicité, et présente un mélange surprenant, mais heureux, de détails du moyen âge avec des modillons et des consoles antiques. Les six vertus théologales ou cardinales, qui se voient à l'extérieur entre les arcades, sont d'Andrea di Cione et, en partie, de Jacopo di Pietro.

Parmi les écussons qui ornent la frise, nous remarquons celui du pape, alors Innocent VI, Étienne d'Albert de Limoges, représenté par les deux clefs en sautoir ; les armoiries du peuple, à champ d'argent et croix de gueule ; les armes des Guelfes, à champ d'argent et fleur de lis de gueule ; l'écusson des d'Anjou, d'azur aux fleurs de lis d'or sans nombre, etc., etc. C'est sous les arcades de la Loge des Lances qu'on voit le célèbre Persée en bronze, de Benvenuto Cellini (*), avec son magnifique piédestal, orné de Jupiter, de Mercure, de Minerve et de Danaé ; la Judith et Holopherne, également en bronze, de Donatello ; un groupe en marbre blanc, appelé l'Enlèvement des Sabines, et le combat d'Hercule et du Centaure, par Jean de Bologne. A l'entrée de l'édifice, il y a deux lions en marbre blanc : l'un est antique, l'autre est de Flaminio Vacca.

(*) Il faut lire dans les curieux mémoires de cet artiste toutes les difficultés qu'il eut à combattre et à surmonter pour arriver à l'exécution finale de cette statue, critiquée par quelques-uns, et louée à juste titre par tant d'autres. Voyez les Mémoires de Benvenuto Cellini, liv. III, ch. 2 et suivants. C'est le grand-duc Cosme I de Médicis qui commanda, en 1545, la célèbre statue du Persée au grand artiste florentin.

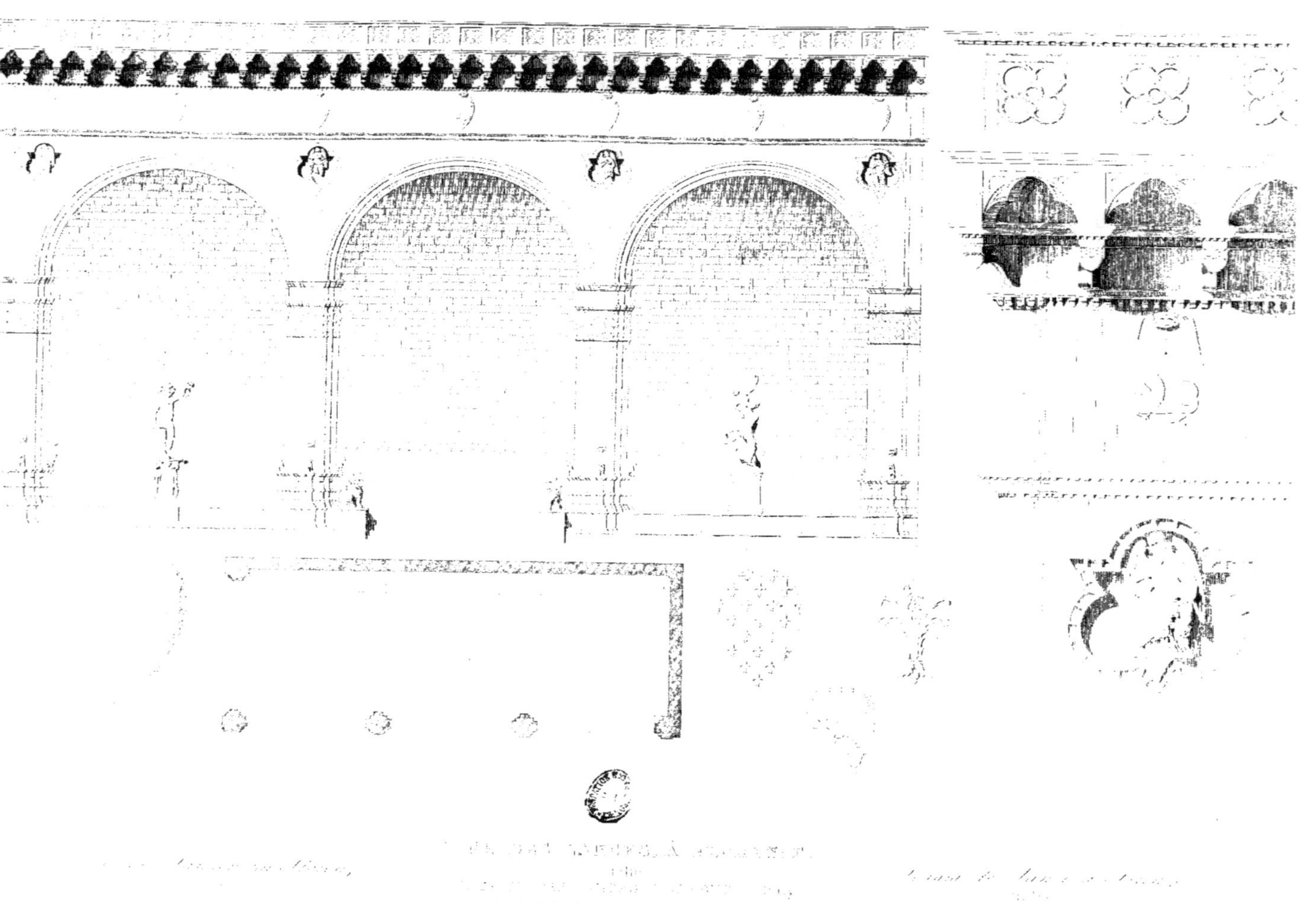

Lonja de las Lanza en Florencia (Italia)

BIBLIOTHÈQUE DE SAINT-MARC A VENISE.

En 1360, Francesco Petrarca, et, un siècle plus tard, le cardinal Bessarion, successivement archevêque de Nicée et patriarche de Constantinople, firent, à la république, le don de livres rares et curieux ; ce dernier avait été, dit-on, porté à cette donation parce qu'il croyait qu'aucun lieu n'était alors plus commode et plus sûr que la ville de Venise pour conserver ce qu'il avait recueilli d'ouvrages grecs sur toutes les sciences, après tant de peines, de soins et de dépenses, mais surtout parce qu'il voulait particulièrement prouver sa reconnaissance à la grande cité qui lui avait fait l'honneur de l'inscrire parmi ses nobles. Riche de ces trésors, déposés depuis bien des années dans un local provisoire, la république prit enfin, en 1536, la résolution de faire construire un monument digne de recevoir cette précieuse collection, et, dès ce moment, elle s'occupa du choix d'un architecte habile. Jacques Sansovino (*), qui avait succédé, après la mort du titulaire, à la surin-

(*) Jacques Tatti naquit à Florence en 1479. Dès ses plus jeunes années, il montra un goût si prononcé pour les arts du dessin, que son père, empressé de seconder ses heureuses dispositions, le proposa pour élève à un habile sculpteur, André Contucci, surnommé *Sansovino*, parce qu'il habitait la montagne de ce nom. Le maître, pensant à la gloire qui pourrait rejaillir sur lui-même, en cultivant un talent dont il prévoyait déjà les succès, lui prodigua les soins les plus assidus ; de là naquit, entre André Contucci et Jacques Tatti, un attachement pareil à celui qu'un père porte à son fils, et ce fut ce sentiment, devenu alors public, que l'opinion se plut à consacrer, en substituant au nom de la famille de Jacques, le surnom de son maître. Une liaison d'amitié unit bientôt André del Sarte à Sansovino ; et les deux amis, animés d'une ardeur commune, quoique dans deux arts différents, se livrèrent ensemble à l'étude assidue du dessin.

Il n'entre point dans notre intention d'envisager ici les nombreux travaux de sculpture que Sansovino produisit dans sa jeunesse et qui le placèrent au premier rang parmi les artistes de son époque, nous nous proposons seulement de réunir en quelques lignes, les principaux faits relatifs à la vie et aux ouvrages de cet homme célèbre, faits que nous emprunterons à l'excellente notice de M. Quatremère de Quincy.

La grande pratique du dessin, qui contribua tant aux progrès de Sansovino comme sculpteur, dut aussi lui communiquer le goût de l'architecture. Ce goût ne put qu'augmenter par la liaison que le hasard fit naître entre lui et Julien de San Gallo, qui se trouvait alors à Florence ; ce dernier l'emmena à Rome, où Bramante, dont il devint l'ami, lui donna de nombreuses occasions de connaître et d'étudier l'antique, et de se livrer à des travaux de tous genres. Mais l'excès du travail lui occasionna une maladie qui le força de regagner Florence, où l'air natal lui rendit la santé.

En 1515, l'entrée du pape Léon X dans cette ville devint, pour les artistes, le sujet d'une multitude de travaux de décoration, et Sansovino dut à cet événement de se trouver initié aux inventions de l'architecture. On le chargea de faire des dessins d'arcs triomphaux ; mais il se distingua surtout par une œuvre décorative plus importante, qu'il partagea avec André del Sarte, son ami ; c'était une façade temporaire de l'église de Sainte-Marie des Fleurs, façade qu'on exécuta en bois. Ce travail plut tellement au pape qu'il le chargea d'exercer de nouveau son talent dans un autre projet de façade pour l'église de Saint-Laurent, mais qui ne reçut point son exécution par suite de la jalousie de Michel-Ange. Sansovino s'étant fixé à Rome pendant quelques années, exécuta plusieurs statues, et se fortifia dans l'architecture par des travaux qui commencèrent sa réputation. Le soin de rétablir sa santé lui prescrivit encore une fois de retourner à Florence, qu'il ne quitta que pour se rendre à Venise. Là, deux circonstances concoururent particulièrement à le retenir dans cette ville, qui devint pour lui une seconde patrie : la haute protection du doge Gritti et sa liaison avec Pierre Arétin et le célèbre Titien.

Mais bientôt arrive la mort de Buono, et Sansovino obtient la place et les émoluments dont avait joui l'architecte des vieilles Procuraties. C'est à cette époque qu'il faut placer la réparation qu'il fit aux coupoles de l'église de Saint-Marc. A partir de ce moment, les grandes entreprises vont lui fournir l'occasion de déployer tout son talent. On le charge, en 1532, de terminer le bâtiment de la confrérie de la Miséricorde ; puis il commence, sous les auspices du doge Gritti, la construction de l'église de Saint-François de la Vigne. L'ancien bâtiment de la Monnaie menaçait ruine, et il fallait en construire un nouveau ; ce fut sur Sansovino que tomba le choix du conseil pour cette exécution. Pendant le cours de l'année 1532, un incendie ravage une partie du palais du procurateur Cornaro ; et bientôt, à la place de ces ruines, il élève un grand et magnifique monument. Enfin paraît ce décret qui ordonne la construction d'une bibliothèque pour servir de lieu de dépôt à la précieuse collection de livres donnée à la république par Francesco Petrarca et le cardinal Bessarion ; le sénat voulant témoigner sa satisfaction à l'architecte de la Monnaie, le charge de lui présenter un projet qu'il approuve, et c'est à la sagesse de son plan, à la beauté de ses dessins et au génie de sa conception qu'il doit l'honneur d'ériger le monument qu'on regardera désormais comme son chef-d'œuvre.

Tant de beaux ouvrages propagèrent au loin sa réputation, et Rome, qui avait vu naître son talent dans l'architecture, aurait voulu le posséder de nouveau. De son côté, la ville de Florence, où il avait débuté dans la sculpture, le sollicitait aussi. Mais Sansovino, voulant mettre la dernière main à toutes les grandes entreprises qu'il avait commencées, sut résister à ces instances. De nouveaux travaux vinrent encore le retenir ; c'est ainsi qu'il se chargea successivement de la construction d'un magnifique palais pour Jean Delphino, ainsi que de celle de l'élégante *Loggia*, qui orne le pied du Campanile, puis de l'achèvement de l'église du Saint-Esprit, et de celle de Saint-Fantin.

Mais la fortune ne voulait point sourire toujours à Sansovino. Un funeste revers, qu'il éprouva pendant qu'il s'occupait des derniers travaux de la Bibliothèque, le conduisit en prison, d'où il ne sortit qu'avec peine et grâce à la protection d'un ambassadeur et au dévouement de ses amis.

Dans l'impossibilité de nous étendre ici dans une longue énumération des monuments qui furent élevés par cet architecte, et qui sont tous plus ou moins remarquables par un mérite particulier, nous nous contenterons de signaler encore l'école *San Giovani degli Schiavoni*, l'église de Saint-Martin, près de l'arsenal, et celle des Incurables ; les *Fabbriche Nuove* sur le grand canal, et l'église de Saint-Geminiano, au fond de la place Saint-Marc.

tendance d'inspection de l'église Saint-Marc et des constructions adjacentes, et dont la réputation commençait à grandir, fut celui sur lequel on jeta les yeux pour l'exécution de cette entreprise. Mandé par le sénat, il fut donc chargé de fournir un projet; et, le dessin qu'il lui présenta ayant reçu son approbation, l'architecte se mit immédiatement à l'œuvre. Le lieu qu'on choisit pour l'emplacement de cette bibliothèque fut celui qui s'étend en face du Palais Ducal, se terminant d'un côté, vers la mer, contre la Monnaie, et, de l'autre, s'arrêtant auprès du Campanile, situé vis-à-vis de l'église de Saint-Marc.

Lorsque Sansovino conçut le dessin de la façade de son monument, il crut, non sans raison, qu'il devait être continué sur toute l'aile gauche de la place Saint-Marc; aussi lui donna-t-il la même hauteur qu'aux *Procuratie Vecchie*, qui lui font face, voulant ainsi produire une régularité convenable et une élévation proportionnée avec la place intermédiaire. Mais, s'il prit pour point de départ la hauteur de l'œuvre de Buono et de Lombardi, il n'entendit cependant pas accepter leur ordonnance, car, au lieu des trois étages qui forment l'ensemble de leur construction, Sansovino composa le sien de deux ordres seulement, qu'il surmonta, pour racheter la différence, d'une large frise décorée de sculptures et d'une balustrade comme couronnement. En agissant ainsi, cet architecte consentait bien à concourir, pour sa part, à l'exécution d'un ensemble de travaux qui concorderaient avec ceux antérieurs, mais dans lesquels, toutefois, il voulait marquer son passage et sa coopération par des idées qui lui appartinssent en propre et où il pût faire briller le cachet de son génie. Telles sont, du moins, après l'inspection des choses, les conclusions qu'on en peut tirer; et l'on regrettera toujours, pour la régularité, que Scamozzi, qui acheva l'œuvre de Sansovino après sa mort et compléta la place Saint-Marc en élevant ses magnifiques *Procuratie*, n'ait tenu aucun compte de la prévision de son prédécesseur.

La construction de la bibliothèque de Saint-Marc est toute en pierre d'Istrie. Son ensemble, élevé sur trois gradins, présente, au rez-de-chaussée, un développement en longueur de vingt et un portiques, situés sur la *Piazzetta*; un retour de trois autres semblables, embrassant toute sa largeur, forme ses deux extrémités. Toute cette partie, qui est d'ordre dorique, se compose d'arcades soutenues par des colonnes adossées aux piliers; des mascarons ornent la partie centrale des archivoltes, et de grandes figures allégoriques, sculptées en relief, servent de décoration dans les tympans. Au-dessus règne un entablement qui offre une particularité dans l'histoire de l'art, et dont il sera parlé plus bas. L'étage supérieur est d'ordre ionique, et les arcades qui le décorent sont formées de fenêtres cintrées, rétrécies par de plus petites colonnes ioniques elles-mêmes; le reste de la décoration offre, comme au rez-de-chaussée, des colonnes adossées, des clefs ornées de sculptures, et des tympans remplis de figures allégoriques; des balcons occupent la partie inférieure de ces ouvertures. Ces deux étages sont surmontés d'un entablement dont la frise est sculptée avec la plus grande délicatesse, et où l'on a trouvé un moyen ingénieux de placer de petites baies, en forme de cartels, sans cependant nuire à l'harmonie de l'ensemble; le champ de cette frise est, du reste, rempli d'une multitude de petits génies soutenant des guirlandes, et séparés par les baies et des mascarons qui se trouvent mêlés avec beaucoup de goût à cette composition. Une balustrade, décorée de pyramides et de statues représentant des divinités de la fable, dues au ciseau des principaux élèves de Sansovino, mais particulièrement de Thomas Lombard et de Danese Cattaneo, entoure le bord du toit et sert de couronnement à cette partie, couronnement qui n'aura été probablement placé que dans le but de cacher d'en bas la vue d'un comble fort exhaussé que l'intérieur du local avait nécessité.

On se rappelle que Sansovino, en concevant cette façade, avait eu l'intention de se raccorder en hauteur avec les *Procuratie Vecchie*, déjà depuis longtemps construites, c'est-à-dire, ajoute M. Quatremère, que prévoyant l'achèvement de l'aile gauche de la place de Saint-Marc, qui devait faire suite aux portiques de sa bibliothèque, il s'était imposé la sujétion d'une élévation déjà donnée, ainsi que de la dimension qui aurait dû faire la loi. Il nous semble, continue le judicieux critique, que ce fut la véritable raison qui engagea Sansovino à donner aux entablements de ses deux ordres la hauteur qu'on y remarque. En effet, l'entablement de son ordre dorique a, en hauteur, le tiers de la colonne, et celui qui couronne l'ordre ionique a plus de la moitié. Tout annonce donc, et la balustrade qui termine l'élévation le donne encore à penser, que l'architecte eut le besoin de porter celle-ci jusqu'à un certain point obligé. Toutefois, le talent de l'artiste fut d'avoir fait disparaître le résultat de cette sujétion, par la beauté et la variété des ornements dont il embellit sa façade. Les archivoltes et les tympans de toutes ses arcades sont remplis de figures sculptées. Rien de plus riche que la frise dorique, si ce n'est celle qui règne au-dessus de l'architrave ionique. C'est ici surtout que se manifeste

On doit encore à Sansovino beaucoup d'autres ouvrages non moins importants : tels sont, parmi les mausolées qu'il exécuta, le tombeau de l'archevêque de Chypre, dans l'église de St-Sébastien, et celui du doge Veniero, dans l'église de Saint-Sauveur; enfin, nous devons mentionner les belles portes de bronze dont il donna les dessins, et qu'il exécuta pour la sacristie de Saint-Marc.

Sansovino mourut à l'âge de 91 ans, le 27 novembre 1570.

avec évidence le dessein dont on a parlé d'exhausser l'élévation de cette façade. La frise dont il s'agit a presque autant de hauteur que l'architrave et la corniche ensemble.

Cette remarque n'est point, au reste, la seule particularité que présente la façade de cet édifice ; elle est encore célèbre par une prétendue difficulté architectonique dont Sansovino voulut occuper les architectes de son époque, et dont il crut avoir trouvé la solution : il s'agit du problème qu'il proposa de *faire tomber juste une moitié de métope dans l'angle de la frise dorique*. Nous savons, par son fils (*), que cette difficulté ayant été connue dans toute l'Italie, beaucoup d'architectes envoyèrent des dessins, et que le cardinal Bembo lui-même et monsignor Tolomei encouragèrent cette recherche. Mais, laissons encore parler ici M. Quatremère, ce juge si éclairé en matière de science et d'art, et qui nous semble avoir complétement résumé la question. Les Grecs, dit-il, dans les colonnades doriques de leurs temples, en terminaient les angles par un triglyphe qui ne tombait pas exactement à l'aplomb de l'axe de la colonne d'angle, et ils élargissaient graduellement l'espace des métopes aux extrémités de la frise. Les Romains ayant beaucoup modifié les proportions et le caractère de l'ordre dorique, au lieu de terminer l'angle de sa frise par un triglyphe, trouvèrent plus analogue à leur nouvelle disposition d'y établir une demi-métope, et c'est ainsi que Vitruve l'enseigne en se servant du mot *semi-metopa* (**). Maintenant, les architectes modernes et les commentateurs, au lieu d'entendre cette demi-métope dans un sens qui exprimât une mesure approximative, et par le fait une métope coupée en deux parties égales de chaque côté de l'angle, s'imaginèrent qu'il fallait qu'elle fût dans toute sa rigueur mathématique la moitié précise de la métope courante dans la frise, ce qui ne peut pas être, dès qu'on fait tomber l'angle de l'architrave à l'aplomb du nu de la colonne. Sansovino, opérant ici, non sur une ordonnance de colonnes isolées, mais sur des demi-colonnes adossées à des pieds-droits, imagina de donner non à la colonne d'angle, mais à un pilastre d'angle, le supplément d'un corps en retraite, ce qui lui permit d'allonger l'entablement, et, par conséquent, d'élargir l'espace de sa métope d'angle. Voilà toute la solution de ce problème dont on fit alors du bruit, mais qui, comme on le voit, ne méritait ni d'être proposé ni d'être résolu.

L'arcade du milieu, sous la galerie située sur la *Piazzetta*, et qui sert d'entrée à l'intérieur, est ornée, sur ses jambages, de deux cariatides colossales, œuvres d'Alexandre Vittoria ; cette porte donne accès à un magnifique escalier (***), divisé en deux rampes, et dont la voûte est richement décorée de stucs et de peintures (****) ; cet escalier conduit à une antichambre, autrefois destinée aux leçons publiques des professeurs de philosophie et de lettres grecques et latines, et devenue depuis Musée des statues et objets antiques (*****), par suite de dons successifs offerts par le cardinal Dominique Grimani, Jean Grimani, patriarche d'Aquilée, et Frédéric Contarini, procurateur de Saint-Marc. Le changement de cette antichambre en musée est l'ouvrage de Scamozzi. Quoique l'espace fût exigu et qu'il présentât peu de ressources, on doit cependant avouer qu'il fit preuve d'une rare intelligence dans cette nouvelle disposition ; car il avait à lutter contre plus d'une irrégularité produite par des dispositions antérieures. Il parvint donc à établir, avec beaucoup d'accord, une ordonnance de pilastres corinthiens ; puis, il convertit les fenêtres en niches, placées entre les pilastres qui soutiennent l'entablement où la voûte prend naissance, diminuant leur ouverture sans rien changer à l'harmonie extérieure de l'édifice. Quant à la disposition intérieure du local, dans son rapport avec les objets de sculpture

---

(*) *Venezia, Citta nobilissima ec. lib.* VIII, pag. 205.

(**) Il est probable que Sansovino établit sa recherche sur le passage du livre IV, chap. III, où Vitruve dit : « *Triglyphis ita* « *collocatis, metopæ, quæ sunt inter triglyphos, æque altæ sint, quam longæ ; item in extremis angulis semi-metopa sint* « *impressa, dimidia moduli latitudine.* »

(***) Plusieurs exemples montrent qu'une grave responsabilité pesait sur les artistes du XVIe siècle, et rendait parfois, ainsi que nous allons le voir, leur condition bien rude. Vers l'an 1545, dit M. Quatremère, Sansovino s'occupait de terminer les grands travaux du monument de la bibliothèque, et il ne s'agissait plus que de voûter de l'autre côté la partie occupée par les bureaux des trois procuraties ; mais la voûte, à peine terminée, s'écroula. On attribua cet accident à diverses causes. Selon les uns, c'était incurie et mal-façon de la part des ouvriers ; c'était, selon d'autres, l'effet d'une gelée extraordinaire survenue cette année. On prétendait ailleurs que l'ébranlement avait été causé par des décharges d'artillerie. Le plus probable est que l'architecte avait trop compté sur ses armatures de fer. Ce malheur eut les suites les plus fâcheuses pour Sansovino. Il fut mis en prison, destitué de son emploi d'architecte en chef, et condamné à payer mille écus d'or, en dédommagement de la perte occasionnée par sa faute, ainsi qu'on le crut alors. Il paraît toutefois que Sansovino parvint à se justifier. Ses nombreux amis, et Arétin à la tête, écrivirent en sa faveur. Mendozza, ambassadeur de Charles-Quint auprès de la république de Venise, sollicita son élargissement. L'affaire enfin s'arrangea ; Sansovino sortit de prison, et ce qui fait croire que ce ne fut pas à titre de grâce, c'est que l'amende à laquelle on l'avait condamné, lui fut remboursée, qu'il fut réintégré dans son emploi, et payé de nouveau pour le rétablissement de la voûte qui ne fut plus faite en pierre, mais en charpente, avec un lattis de roseau, sur lesquels fut appliqué l'enduit qui en forme la décoration.

(****) Les stucs sont d'Alessandro Vittoria, et les peintures de Franco et Battista del Moro.

(*****) Les morceaux les plus précieux de ce musée furent publiés sous le titre de : *Museo Veneto*, 1740-43, 2 vol. in-fol.

qu'il devait mettre en évidence, on convient qu'il était difficile d'y en imaginer une mieux appropriée à sa destination. En effet, l'espace, partagé en trois allées dans la longueur de la salle, par des massifs dont la hauteur répond à celle du soubassement de l'ordre, a donné le moyen de multiplier les places pour les objets d'art, et de les exposer de façon à ce que le spectateur pût en jouir facilement (*). La voûte de ce musée est surtout remarquable par les peintures qu'y exécutèrent Étienne et Christophe Rosa, très-habiles artistes en ce genre.

De ce musée, on passe dans la bibliothèque, qui occupe en longueur les sept dernières arcades de l'édifice vers le Campanile, et les trois de la largeur. On y admire particulièrement la voûte, qui est un véritable chef-d'œuvre ; elle présente vingt et un compartiments, qui servirent de champ de rivalité à quelques-uns des plus célèbres peintres du XVIᵉ siècle, dont nous citerons les noms : Jules Licinius, Salviati, Jean-Baptiste Franco, Bernard Strozzi, surnommé le prêtre génois, Fratina, Jean-Baptiste Zelotti, Varotari, dit le Padouan, Paul Véronèse et André Schiavone. Paul Véronèse emporta le prix pour ses figures de *l'Honneur déifié*, de la *Musique*, de la *Géométrie* et de *l'Arithmétique*. Tous ces morceaux sont unis les uns entre les autres au moyen d'ornements, pleins de goût, peints par Semolci. Les portraits des philosophes, placés entre les fenêtres et dans les angles de la salle, sont de Tintoret et de Schiavone. Les salles de l'autre côté de l'édifice, jusqu'à l'extrémité sur la lagune, servaient aux divers bureaux des procurateurs de Saint-Marc ; on y arrivait par la première branche de l'escalier dont on a parlé, et par un autre qui lui faisait face.

Telle était la disposition du monument conçu par Sansovino, mais qu'il ne lui fut pas donné de mener à fin ; car il ne conduisit son œuvre que jusqu'à la seizième arcade, ce qui résume ici ses travaux dans la construction de l'emplacement de la bibliothèque, du muséum et de l'escalier. La mort de l'architecte suspendit pendant douze années l'achèvement de cet édifice, et ce ne fut qu'après ce long espace de temps qu'on en chargea Vincent Scamozzi, travail que ce dernier exécuta d'une manière assez consciencieuse, en suivant les dessins de son prédécesseur.

Lorsque ce monument fut terminé, quelques critiques trouvèrent qu'il était trop bas par rapport au Palais Ducal qui lui fait face. Nous ne partageons point cette opinion ; il nous semble qu'il convient mieux de penser avec M. Selva (**), que Sansovino ne devait point se régler sur cette masse, mais bien plutôt sur la largeur de la Piazzetta. Au reste, quelque critique qu'on en fasse, on ne peut nier que cet édifice présente de tels attraits de beauté réelle qu'il fait plaisir à tous, et a obtenu et obtient encore l'approbation générale. André Palladio, le plus grand des architectes, fait d'ailleurs un éloge complet de cette œuvre lorsqu'il dit dans la préface de son premier livre : « *Que c'est l'édifice le plus riche et le plus orné qui peut-être ait été jamais fait depuis l'antiquité ;* » et l'Arétin la plaçait si haut, qu'il la trouvait *au-dessus de l'envie*.

L'intérieur répond bien, par la magnificence de son luxe, à la beauté de son aspect extérieur : là brillent de toutes parts et à profusion des richesses de tous genres : sculptures exécutées par les plus habiles artistes de l'époque ; peintures dues au pinceau des maîtres de l'école vénitienne ; dorures, stucs et marbres de prix, il semble, en un mot, que l'opulente et noble république ait encore voulu se surpasser en ne croyant rien faire de trop digne pour embellir le lieu où elle allait réunir et exposer publiquement les trésors d'art et de science qu'on lui avait légués !

Aujourd'hui, cet édifice est annexé au Palais Royal, et, depuis 1812, les livres et le musée furent transportés dans les salles du Palais Ducal.

(*) Quatremère de Quincy, Histoire de la vie et des ouvrages des plus célèbres architectes
(**) *Le Fabbriche piu cospicue di Venezia*, etc.

BIBLIOGRAPHIE.

1° *Vasari (Giorg.), Le Vite de' piu eccellenti pittori, scultori ed architetti ; Firenze*, 1568, 3 vol. in-4°.

2° Vasari (Giorg.), Vies des plus excellents peintres, sculpteurs et architectes, trad. en français par MM. Leclanché et Jeanron ; Paris, 1842, 8 vol. in-8°.

3° *Sansovino, Venezia, città nobilissima e singolare, descritta gia in XIV libri, e hora con molta diligenza, coretta, emendata, e più d'un terzo di cose nuove ampliata da Giov. Stringa ; Venezia*, 1604, in-4°.

4° *Scamozzi, Idea dell' architettura universale ; Venezia*, 1615, 2 vol. in-fol. fig.

5° *Temanza (Tom.), Vita di Jacopo Sansovino ; Venezia*, 1752, in-4°.

6° *Temanza (Tom.), Le Vite de' più celebri architetti e scultori veneziani che fiorirono nel secolo XVI ; Venezia*, 1778, 2 vol. in-4°.

7° *Morelli (Jacopo), Dissertazione storica della pubblica Libreria di S. Marco ; Venezia*, 1774, in-4°.

8° *Topografia Veneta, overo descrizione dello stato Veneto ; Venezia*, 1787, 4 vol. in-fol.

9° *Cicognara, Storia della Scultura, dal Risorgimento in Italia, etc. ; Venezia*, 1813-18, 3 vol. in-fol. pl.

10° *Le Fabbriche più cospicue di Venezia, misurate, illustrate ed intagliate dai membri della Veneta Reale Academia di belle arti ; Venezia*, 1815, 2 vol. in-fol. pl.

11° Wiebeking, Architecture civile, etc. ; Munich, 1821-23-25, 3 vol. in-4° et 2 atlas in-fol.

12° Quadri, Description des édifices de la place de Saint-Marc à Venise.

13° Moschini (J. Antoine), Guide de Venise.

14° Quatremère de Quincy, Dictionnaire d'Architecture, article : *Bibliothèque*.

15° Quatremère de Quincy, Histoire de la vie et des ouvrages des plus célèbres architectes du XIᵉ siècle jusqu'à la fin du XVIIIᵉ ; Paris, 1830, 2 vol. grand in-8°. pl.

BIBLIOTHÈQUE DE S.T MARC A VENISE.

Biblioteca de San Marcos en Venecia. *Italia*

CHATEAU DE CHAMBORD.

A quatre lieues de Blois, et dans une vaste plaine de la Sologne, se trouve un monument qui, par son importance historique, excite à la fois et l'intérêt des voyageurs et l'attention des archéologues. Ce monument est le célèbre château de Chambord, dont la fondation eut lieu au XVIe siècle sur l'emplacement d'un vieux manoir féodal, démoli par notre illustre François Ier.

Les premières traces d'existence de la localité où il fut construit remontent, suivant toute apparence, à la fin du XIIe siècle; et les documents historiques nous apprennent que le nom de cet endroit, appelé d'abord *Camborium*, se vit successivement, et suivant les modifications ou les phases diverses que subit notre langue, transformé en celui de Chambost, de Chambourg, et définitivement, en dernier lieu, de Chambord.

Bâti par les comtes de Blois, cet édifice consista longtemps en un château qui, après avoir été occupé pendant une longue période, finit par se voir abandonné et changé en un simple rendez-vous de chasse. Telle était, du moins, sa dernière destination, lorsque Louis XII l'acheta et le réunit au domaine de la couronne. Ce lieu, voisin du château de Romorantin, dit un des meilleurs historiens de Chambord (*), habité par la duchesse d'Angoulême, mère de François Ier, fut souvent témoin des jeux de l'enfance de ce prince. Le jeune duc d'Angoulême y venait prendre le plaisir de la chasse, pendant que sa mère, éloignée de la cour à cause de la mauvaise intelligence qui régnait entre elle et Anne de Bretagne, première femme de Louis XII, était obligée de passer sa vie dans la retraite, tantôt à son château de Cognac, et, le plus souvent, à son logis de Romorantin.

Les expéditions de Charles VIII, de Louis XII et de François Ier en Italie, eurent, comme on le sait, pour résultat de faire connaître aux Français cette grande révolution artistique qui venait de s'opérer dans ce pays, où des monuments d'un style nouveau étaient, comme à l'envi, érigés de toutes parts à la voix des Médicis et des autres grands personnages. Or, il est plus que vraisemblable que la vue des œuvres produites par cette transformation fit sur eux une impression profonde; car le vainqueur de Marignan, était à peine rentré dans sa patrie, qu'il voulut illustrer son règne par de grands travaux dont il avait évidemment puisé l'inspiration et le goût sur le sol italique; et, cette pensée arrêtée dans son esprit, le monarque marcha résolûment à l'exécution de son projet. Bientôt, des édifices somptueux furent ordonnés et entrepris sur différents points du royaume; et, à l'exemple du souverain, les grands seigneurs et les hauts dignitaires couvrirent la France des plus magnifiques habitations. C'est à cette époque mémorable, d'un luxe et d'une richesse inouïes, que nous sommes redevables de ces charmantes résidences qui portent ou portèrent les noms de Fontainebleau, du Louvre, de Blois, de Madrid, de Chambord, de Saint-Germain, de Varangeville, d'Azay-le-Rideau, de Nantouillet, de Chenonceaux, etc., toutes constructions délicieuses dont l'étude ainsi que l'examen présentent à l'archéologue le plus grand intérêt.

Mais, si, comme nous venons de le dire, François Ier devint, par goût, un grand amateur des arts de l'Italie, il dut, comme prince, regretter que, pour mettre à exécution ses projets, il ne se trouvât point, dans son royaume, d'artistes initiés aux procédés et à la pratique de cette révolution artielle; aussi, dans l'espèce de pénurie du moment, s'il est permis de m'exprimer de la sorte, ses désirs rencontrèrent-ils, pour leur accomplissement, certains obstacles qu'il ne put vaincre qu'à l'aide de l'appel en France d'un certain nombre d'architectes et de sculpteurs italiens. La présence et le contact de ceux-ci eurent pour effet de produire immédiatement une scission et une division parmi les artistes français : les uns, ceux qui s'adonnaient plus particulièrement aux constructions religieuses, poursuivirent et continuèrent l'exercice de leur art dans le style de l'époque antérieure, et les autres, plus portés, sans doute, par leur nature, vers les nouveautés et le changement, se jetèrent avec ardeur dans cette voie nouvelle, où ils acquirent, dans des branches et à des titres divers, une grande réputation. Rappeler, en passant, les noms de Philibert Delorme, de Pierre Lescot, de Jean Bullaut, de Ducerceau, dans l'architecture; ceux de Jean Juste, de Michel Columb, de Jean Goujon, de Pierre Bontemps, de Germain Pilon, etc., dans la sculpture, c'est mentionner ici toute une pléiade de talents supérieurs, dont les œuvres s'écartaient complétement du style d'art en usage sous les règnes précédents. Or, l'existence de l'ancien genre d'architecture était donc très-sérieusement menacée par la préférence donnée au style italien, préférence qui se traduisait partout dans les nouvelles constructions civiles, lorsqu'un architecte blésois, Pierre Nepveu, qui avait travaillé aux châteaux de Blois et d'Amboise, chercha, dans son génie, une voie intermé-

(*. M. Merle, dans l'excellente notice qu'il en a publiée (pages 18 et 19).

diaire, qui pût concilier les deux arts, et un moyen de produire, par leur combinaison, une composition mixte, participant à la fois, par le plan et les dispositions, de l'architecture dite ogivale, et, par les éléments et les détails, du nouveau style italien, modifié par le goût français. L'occasion que cherchait cet architecte pour réaliser sa pensée se présenta tout naturellement à lui à l'époque où François Ier, voulant remplacer le modeste château, témoin de ses plaisirs de jeune homme, eut décidé la construction d'une résidence splendide, dont il devait faire son séjour favori. Nepveu fut chargé par le roi de donner les plans du château de Chambord, puis de commencer immédiatement son œuvre. Les premières pierres en furent posées dès l'an 1523 ; et, à partir de cette époque, on employa beaucoup de monde à cette érection. Toutefois, la captivité de François à Madrid ralentit peut-être les travaux ; mais, en 1526, le monarque, à son retour d'Espagne, y donna une impulsion toute nouvelle ; et, pendant l'espace de douze années, un nombre considérable d'ouvriers et d'artistes, dont on porte le chiffre à dix-huit cents, y travaillèrent, dit-on, sans avoir pu l'achever. Suivant les comptes du trésor, on dépensa, pour ces travaux, une somme de 444,570 livres, ce qui représente environ cinq millions de notre monnaie actuelle (*). L'état des finances ne permit point aux successeurs de François Ier, Henri II, Henri III et Charles IX, de terminer cet édifice ; cependant, ils y consacrèrent encore une assez forte somme. Chambord resta donc inachevé dans certaines parties. Tour à tour habitée par Louis XIII et par Gaston, frère du roi, cette résidence royale ne revit que sous Louis XIV sa vie animée des premiers jours. Le grand roi y ajouta plusieurs constructions, dont le caractère s'écarte malheureusement du style primitif. Vers le commencement du XVIIIe siècle, Stanislas, roi de Pologne, y fit un assez long séjour, après lequel elle fut abandonnée pendant l'espace de treize années. Mais, Louis XV, voulant récompenser d'une manière toute royale le vainqueur de Fontenoy, en fit don à l'illustre maréchal de Saxe, qui l'habita jusqu'à sa mort, en 1779. Le neveu du maréchal l'occupa ensuite ; puis, le château rentra dans le domaine de la couronne ; et, à dater de ce moment, commencèrent pour lui la solitude et l'oubli jusqu'à la révolution. A cette époque, l'existence de Chambord, comme celle de tout ce qui avait tenu, de loin ou de près, à la royauté, fut sur le point d'être sérieusement compromise ; et, sans l'énergie de plusieurs dignes et honorables hommes de la localité, la France honnête et artistique pleurerait aujourd'hui ce remarquable château, comme elle pleure et regrette cette innombrable quantité de monuments et d'œuvres d'art en tous genres dont l'aveugle réaction révolutionnaire, la grossière ignorance et la stupide barbarie d'êtres voués au mépris des siècles nous ont à tout jamais privés. Mais, grâce à Dieu, l'édifice a vu ses plus mauvais jours. Ce château est maintenant la propriété de M. le duc de Bordeaux ; et cette possession nous rassure sur son avenir. En prince intelligent et éclairé, le descendant de François Ier ne laissera point péricliter l'œuvre favorite de son aïeul ; et Chambord, cette perle des châteaux français au XVIe siècle, ce monument unique au monde, recevra, sans nul doute, un jour, une restauration qui lui rendra sa splendeur première, car son possesseur sait très-bien la place immense qu'occupe cette construction dans l'histoire de l'art.

Maintenant, abordons sa description. — Les passions révolutionnaires et brutales, qui ont ravagé l'intérieur de l'édifice, en mutilant un grand nombre des insignes de la royauté, n'ont heureusement point attenté à l'édifice lui-même ; aussi, les parties qui sont incomplètes ne doivent-elles point être attribuées à des excès politiques, mais bien à une suspension de travaux et à un inachèvement, ce qu'indique d'ailleurs notre plan à l'aide de teintes différentes, dont la plus colorée comprend les constructions primitives. Dans son état actuel, ce monument, ainsi que beaucoup d'autres, est donc une œuvre inachevée, mais à laquelle manque particulièrement toute la portion méridionale.

L'aspect du château de Chambord, lorsqu'on le considère à une certaine distance, présente à l'observateur un effet étonnant et qui tient, par sa composition et son ensemble, comme du fantastique. Cet immense développement de façade, cette multitude de parties supérieures qui s'élèvent en pyramides, ces flèches, ces tourelles, ces souches de cheminées qui couronnent l'édifice, tout cela produit sur l'esprit du visiteur certains sentiments de surprise qu'on ne peut rendre avec des phrases.

(*) On ne saurait donner assez d'éloges aux princes qui, mus par le sentiment des grandes choses, font ériger, pendant leur règne, de ces édifices dont l'exécution présente à la fois ce triple avantage : de créer des travaux pour l'ouvrier, de répandre des sommes considérables, et surtout de produire des œuvres d'art. Ce serait, peut-être, ici le lieu de traiter assez sévèrement ces défenseurs officieux de l'argent des contribuables, qui croient toujours devoir crier à la prodigalité, parce que ce ne sont pas eux qui la commettent, prodigalités qui, en fin de compte, ne sont point des pertes, puisqu'elles constituent des œuvres d'art, nourrissent les vrais travailleurs, et font circuler dans le commerce des sommes qui l'enrichissent.

La composition du plan rappelle les données principales de quelques châteaux du moyen âge, c'est-à-dire, une enceinte munie de tours, et au centre de laquelle s'en élevait une autre plus importante qu'on nommait le *Donjon* (*). A Chambord, c'est aussi une vaste construction, fortifiée, aux quatre angles, de grosses tours circulaires. Une seconde construction, moins étendue, mais de forme carrée et garnie également, à ses angles, de tours plus petites que les précédentes, se trouve engagée dans la face septentrionale et renfermée dans l'enceinte ; elle forme la partie la plus importante de ce monument.

Considérée à l'extérieur, la disposition architectonique de cet édifice se compose de plusieurs parties super-posées, comprenant un rez-de-chaussée et deux étages, au-dessus desquels s'élève la toiture. Quant au système particulier de décoration, il consiste en une ordonnance générale de pilastres que surmonte une corniche d'une forme assez remarquable. La partie supérieure du donjon est, ainsi que nous l'avons dit, une des choses les plus caractéristiques du château. Là, se développent, parmi les toitures coniques des quatre tours angulaires et de la cage de l'escalier central, une multitude de tourelles, de lucarnes, de cheminées, etc., aux formes les plus variées et les plus élégamment décorées, qui font, de cette portion de l'édifice, un morceau d'architecture sans pareil au monde, mais dont l'ensemble rappelle, par ses dispositions, l'aspect qu'offrait, aux XIVe et XVe siècles, la sommité de certains monuments.

Après avoir examiné rapidement l'extérieur, pénétrons à l'intérieur du château ; sa distribution particu-lière n'est pas moins intéressante à connaître. Dès l'abord, et lorsqu'on jette les yeux sur le plan, on y remarque un grand parti pris. Un escalier central conduit à tous les étages du donjon, qui sont coupés par d'immenses salles, sur les parois desquelles s'ouvrent des issues donnant accès aux appartements ainsi qu'aux tours angulaires ; de longues galeries, s'étendant à droite et à gauche de la façade septentrionale, re-lient les ailes au corps principal de l'édifice. Ceci posé, et pour abréger ici une description que nous trouve-rons un jour l'occasion de donner un peu moins incomplète, nous renvoyons, pour la connaissance ou la destination des parties principales, aux lettres que nous avons fait graver sur notre plan (**). — A représente le donjon, flanqué de ses quatre tours, B ; il est, comme nous l'avons dit, engagé sur l'un des côtés de l'en-ceinte, C, que fortifient de grosses tours, D. La porte d'entrée, E, introduit dans la cour d'honneur, F ; une autre porte, G, donnait, primitivement, accès dans les fossés. I est la place de l'escalier central, et H indique autant de salles des gardes, existant aux divers étages. Mais en K se trouvaient, plus spécialement, les appartements du fondateur du château, et L était sa chambre à coucher. Des galeries, M, offrant des communi-cations sur tous les points, conduisent à la chapelle, N, ou à l'oratoire, O. A l'angle nord-est de la cour d'hon-neur, se trouve un escalier, P, desservant toute la partie de l'édifice occupée par François Ier ; un autre escalier, Q, situé à l'angle nord-ouest, fut construit sous le règne d'Henri II. Nous avons, par la lettre R, montré la place d'un pont, construit à une époque postérieure, mais qui n'existe plus aujourd'hui ; il s'étendait au-dessus du fossé, S.

Pour le moment, le lecteur voudra bien se contenter de ces indications sommaires qui font néanmoins con-naître la distribution générale, ainsi que la destination particulière de chacune des principales pièces de ce château. Toutefois, il est, au nombre des différentes parties de l'édifice, une construction qui, à elle seule, cons-titue un véritable monument à part et sur lequel nous devons appeler plus particulièrement son attention, soit à cause de l'importance de sa composition, soit par l'art avec lequel il fut exécuté, soit enfin par le mérite de sa décoration. Il s'agit ici de l'escalier érigé au centre du donjon. Sa disposition ingénieuse est encore aujour-d'hui, je crois, une des choses les plus curieuses en ce genre et une des œuvres les plus importantes parmi celles de la science du constructeur ; aussi, comme le remarque fort bien Blondel, on ne peut trop admirer la légèreté de son ordonnance, la hardiesse de son exécution, et la délicatesse de ses ornements.

Nous voudrions ajouter maintenant quelques mots sur la distribution de toutes les autres parties secondaires. et entrer dans quelques développements sur ces escaliers et ces issues, plus ou moins secrètes, qui eurent, dans les annales de Chambord, une intention particulière ; mais il nous faut abréger ; c'est·pourquoi nous ne parlerons point des parties exécutées pendant le règne de Louis XIV.

Passant donc au jugement qu'on peut porter de ce château, et sous le rapport des dispositions quant au

---

(*) Il est à regretter que ce château ait perdu, lors du séjour de Stanislas, l'un de ses traits caractéristiques, qui, au point de vue des rapprochements, pouvait encore offrir quelque analogie avec les vieilles demeures féodales. Nous voulons parler de la suppression de ces larges fossés, dont les eaux du Cosson baignaient, à l'origine, les parties inférieures de sou enceinte.

(**) Ce plan est pris sur toutes les constructions du premier étage.

siècle où il fut érigé, et sous celui de la construction comme art de bâtir, nous dirons qu'à Chambord l'idée du moyen âge continue et persiste, malgré les innovations de la Renaissance ; car, on y voit encore un donjon central, avec enceinte garnie de tours placées aux angles, et l'on y remarque aussi que, quoique l'art se soit modifié, une partie des artistes reste encore dans certaines données et sous l'influence de certaines habitudes dont ils ne peuvent se débarrasser. Or, le château, envisagé à ce point de vue d'étude, présente incontestablement un grand intérêt à l'archéologue. En effet, à part l'innovation italienne, qui domine seulement dans les détails, la conception et l'ensemble tiennent encore aux idées antérieures ; et si les éléments dénotent tout un air d'habitation privée, le plan et les formes principales offrent, au contraire, un certain aspect militaire. C'est donc une espèce de combinaison où l'on retrouve des traces évidentes de la vie rude et guerrière de la féodalité, mariées au luxe, à la sensualité et à la vie de plaisirs de la Renaissance. — En ce qui touche la seconde question, celle de la construction proprement dite, on doit reconnaître, avec l'un de nos plus éminents architectes, M. Léon Vaudoyer, que le caractère de cet immense édifice consiste dans une ordonnance d'architecture assez fine et délicate, appliquée sur des masses lourdes et presque barbares.

Mais, ce qui, après la partie architectonique, mérite incontestablement d'être signalé à Chambord, ce sont les travaux de sculpture, auxquels ont concouru, peut-être, plusieurs artistes célèbres du XVIe siècle. Toutes ces œuvres renferment une multitude d'ornements aussi délicats que variés, et d'une exécution fort remarquable. Il nous semble impossible d'entrer ici dans le détail et la description de tous ces chapiteaux, de ces niches, de ces caissons, etc., etc., qui accusent une richesse d'imagination dont on ne peut se faire une idée qu'en présence des objets eux-mêmes.

Là se bornent, de nos jours, les seules magnificences de Chambord ; car, la tourmente révolutionnaire, en s'appesantissant sur cette résidence, lui a fait de mauvais jours ; aussi est-ce à cette époque néfaste qu'il faut reporter la date de sa dévastation complète. Tout ce qui avait alors une valeur vénale fut pris et dilapidé. Le mobilier, qui était d'une richesse toute royale, a été vendu aux fripiers de Blois, d'Amboise et d'Orléans ; les splendides chambranles des cheminées ont été brutalement arrachés ; les riches et brillantes tapisseries d'Arras furent brûlées pour en retirer les parcelles d'or et d'argent que renfermait leur tissu ; enfin, les meubles précieux qui garnissaient les divers appartements, éprouvèrent le même sort ; et ainsi furent anéanties, pour quelques écus et pour la plus grande satisfaction de quelques misérables, de magnifiques œuvres d'art que nous regretterons à jamais !

— **BIBLIOGRAPHIE.** —

1° Du Cerceau (Androuet), Des plus excellents bastiments de France, etc. ; Paris, 1576, 2 vol. in-fol., pl.

2° Chatillon (Claude de). Topographie française, ou représentation de plusieurs villes, bourgs, maisons de plaisance réunies, etc., de France mis en lumière par J. Boisseau ; in-fol., pl.

3° Duchesne (André), Recherches curieuses sur les villes et châteaux de France.

4° Bernier (Jean), Histoire de la ville de Blois ; Paris, 1682, in-4°.

5° Le Rouge, Description du château de Chambord ; 1751, in-fol., 14 pl.

6° Blondel. Leçons d'Architecture.

7° Millin (A. L.), Voyage dans les départements du midi de la France ; Paris, 1807-1808, 5 vol. in-8°, et atlas in-4°, pl.

8° De la Borde (Alex.), Monuments de la France, classés chronologiquement ; Paris, 2 vol. in-fol., pl.

9° Gilbert (A. P. M.), Notice historique et descriptive du château de Chambord ; Paris, 1821, in-8°.

10° Vergniaud Romagnesi, Notice sur le château de Chambord.

11° Merle et Périé, Le Château de Chambord ; Paris, in-fol., planch. lith.

12° Blancheton, Les Châteaux de France.

13° Merle (J. T.), Chambord ; Paris, 1832, in-18.

14° Saussaye (de la), Le Château de Chambord ; in-4°, pl.

15° Caumont (de), Cours d'Antiquités monumentales, tome V. — Bulletin monumental, tome IX.

16° Vaudoyer (Léon), Études d'Architecture en France (Magasin Pittoresque ; tome X, page 265.)

17° Dusommerard, Les Arts au moyen âge.

18° Muller, *Picturesque Sketches of the age of Francis the First* ; Londra, 1847, in-fol., pl.

CHÂTEAU DE CHAMBORD.
France

Palacio de Chambord Francia.

Castelle de Chambord
Francia

Palacio de Chambord *parte central*

Palacio de Chambord. *Patio*

Palacio de Chambord. *Salon de las guardias*

Castello di Chambord

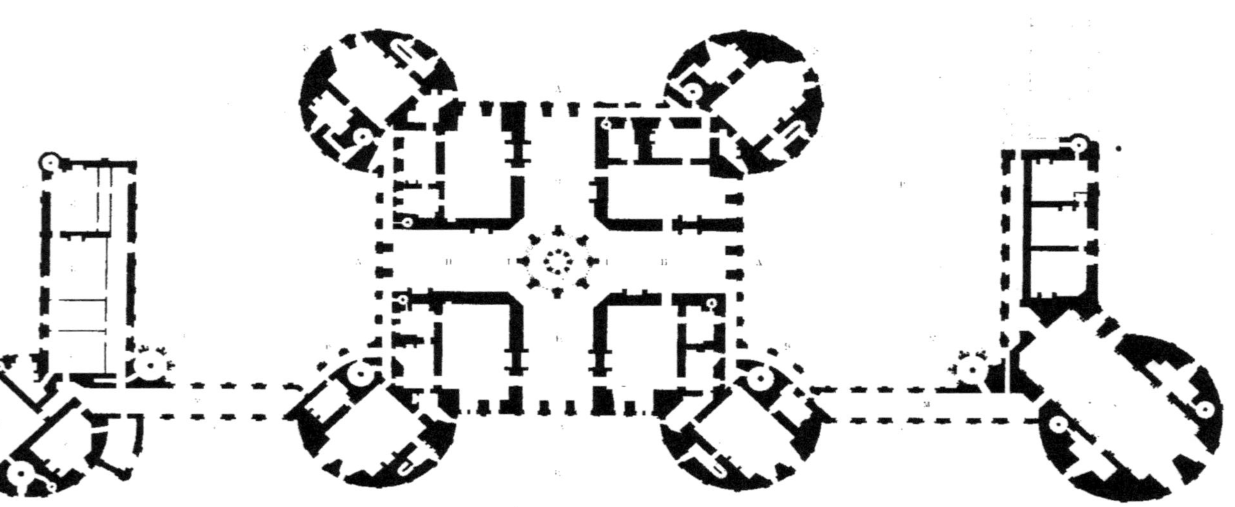

CHÂTEAU DE CHAMBORD

Palacio de Chambord *Plano General*

Castillo de Chambord

Schloss Chambord

Palacio de Chambord

Château de Chambord

Castillo de Chambord

Palacio de Chambord. Détails. Pl. II

CHATEAU D'AZAY-LE-RIDEAU.

De toutes les provinces de France, la Touraine est peut-être celle où l'on voit le plus grand nombre de constructions civiles du XVIᵉ siècle, époque où l'architecture, régénérée par son retour aux principes de l'antiquité, produisait des édifices d'une élégance et d'une pureté de style presque inconnues jusqu'alors. Cette abondance d'habitations seigneuriales de la renaissance est facile à comprendre dans un pays si souvent honoré des visites de nos rois, et, par conséquent, de celles des princes, de leurs maîtresses et de leurs courtisans : toute cette partie du bassin de la Loire, qui s'étend d'Orléans à Angers, et où s'élèvent les splendides résidences de Blois, de Chenonceaux et de Chambord, peut donc être mise au nombre de ces terres classiques de la renaissance française, où l'on doit aller en étudier les spécimens les plus beaux et les plus variés.

Située sur l'Indre, à huit kilomètres environ de son embouchure dans la Loire, la petite ville d'Azay-le-Rideau dut avoir autrefois plus d'importance qu'aujourd'hui, puisqu'elle fut entourée d'une enceinte fortifiée qui lui permit de soutenir plusieurs siéges pendant les guerres déplorables qui suivirent la bataille de Poitiers. Ce fut en 1520, lors de la pacification complète de la France, que Gilles Berthelot, seigneur d'Azay-le-Rideau, fit démolir l'ancien château de cette ville, antique manoir, dont le délabrement autant que les dispositions militaires, devenues inutiles, nécessitaient la reconstruction. Le nouvel édifice, celui qu'on admire aujourd'hui, fut bâti sur les dessins de Semblançay, dans une petite île de la rivière, qui, en cet endroit, se divise en plusieurs bras. Après avoir été, dit-on, habité quelque temps par la célèbre Diane de Poitiers, et avoir traversé les vicissitudes des guerres de religion, ce château est parvenu en la possession du marquis de Biancourt, son propriétaire actuel, dans un état de conservation et de fraîcheur qui cause autant d'étonnement que de plaisir. Nous n'entendons parler ici que de la conservation des façades; car l'intérieur, plusieurs fois modifié pour l'aménager suivant les goûts des divers siècles qu'il a déjà parcourus, a complétement changé de physionomie : c'est à peine si, avec les planchers et les gros murs, il reste quelques vestiges de son ancienne distribution ; seulement on peut encore reconnaître que cet intérieur était divisé en grandes salles ou chambres, comme c'était l'usage au XVIᵉ siècle.

Le château d'Azay-le-Rideau se compose d'un corps de bâtiment unique, mais brisé à angle droit, flanqué de tours rondes, et dont les façades sont percées de baies à linteau droit, symétriquement disposées les unes au-dessus des autres, et formant comme autant de motifs séparés; un couronnement en mâchicoulis et en créneaux simulés rappelle, avec les tours et les fossés, les dispositions défensives des anciens manoirs féodaux, demeure de châtelains farouches et belliqueux. Au-dessus de ce couronnement militaire qui règne sur les trois quarts environ du pourtour de l'édifice, s'élèvent d'élégantes lucarnes en pierre, et un grand comble dont les angles sont ornés d'épis en métal richement profilés : il est inutile de dire que les tours ont chacune leur comble à part, de forme conique et également surmonté d'un épi. La décoration architecturale et la sculpture ont été sagement ménagées pour faire mieux ressortir la richesse du motif principal, qui, comme on le comprend, se trouve au-dessus de l'entrée. Cette espèce de frontispice (voy. pl. 3), derrière lequel se trouve un escalier remarquable, se compose de quatre étages de baies cintrées, de colonnes, de pilastres et de niches, et présente, dans sa décoration, quelques particularités dont nous parlerons bientôt. Des salamandres au milieu des flammes, qu'on y voit reproduites en sculpture, font allusion à la devise de François Iᵉʳ; et cette autre qui s'y trouve inscrite, « *Ung seul desir,* » est sans doute celle du fondateur, dont les initiales sont sculptées sur le tympan des lucarnes du comble.

Il est vraiment inconcevable qu'aucun dessin sérieux, qu'aucun travail écrit n'ait été publié sur l'édifice remarquable qui nous occupe, comme on l'a fait pour la plupart des autres châteaux de la même époque, avec lesquels il peut cependant marcher de pair sous le rapport du mérite artistique. Construit à la plus belle époque de la renaissance, le château d'Azay-le-Rideau est une habitation charmante, tant sous le rapport de la situation que sous celui de l'art : contemporain de Chenonceaux et de Chambord, il offre plus encore peut-être que ces célèbres résidences une pureté dans le style, une élégance et un bon goût dans la décoration, qui, joints à une simplicité sans pauvreté, sont les compagnons inséparables d'une architecture parvenue à son apogée. Néanmoins on trouve encore dans la disposition de quelques-uns de ses détails une réminiscence frappante de l'art du moyen âge. Les meneaux qui divisent les croisées, et surtout les niches étagées sur les trumeaux du frontispice, niches qui offrent tant d'analogie avec celles du portail méridional de Saint-Eustache de Paris, sont, avec les tours et les mâchicoulis, la conséquence la plus évidente de cette influence d'un style qui, pour être abandonné, n'en laissait pas moins subsister encore quelques racine vivaces. Cependant il est possible que ces tours, ainsi que les autres dispositions militaires, n'aient été conservées que pour donner du mouvement aux façades, ou pour inspirer de la terreur au profit de la vanité de châtelains qui n'avaient plus, comme autrefois, une armée de gens de trait à leur disposition. Quelques analogies avec les châteaux de Gaillon et de Chambord se remarquent aussi dans quelques autres détails : ainsi, malgré l'exécution plus méplate de la sculpture, malgré la forme moins aiguë et moins déchirée des feuilles, la composition générale des chapiteaux, la disposition des sujets, et jusqu'au choix des ornements, semblent inspirés sur le premier de ces édifices ; au second paraissent empruntés les couronnements des lucarnes.

Le besoin qu'on éprouve en France d'une architecture nationale en rapport avec nos goûts et nos mœurs, qui ne soit ni celle de l'antiquité ni celle du moyen âge, problème important dont se sont déjà occupés beaucoup d'architectes de mérite, n'a pas encore été résolu d'une manière bien satisfaisante. Quel autre style que celui de cette belle époque de la renaissance conviendrait mieux, selon nous, pour nos constructions actuelles, surtout si l'on sait y modifier habilement certains détails peut-être trop originaux, et trop en rapport avec les goûts du XVIe siècle?

— BIBLIOGRAPHIE. —

1° Dussommerard. Les arts au moyen âge, 5 vol. in-8° et pl. Paris, 1846. (Texte, vol. 5.)

2° Girault de Saint-Fargeau. Dictionn. géogr. et hist. de toutes les communes de France, 3 vol. in-4°. Paris, 1844, 46. (Art. Azay-le-Rideau.

3° Guide du voyageur en France. 6 vol. in-8°. Paris, Didot, 1838.

4° Topographie de la Touraine, à la Bibliothèque nationale.

Castillo de Azai-le-Rideau *Francia*

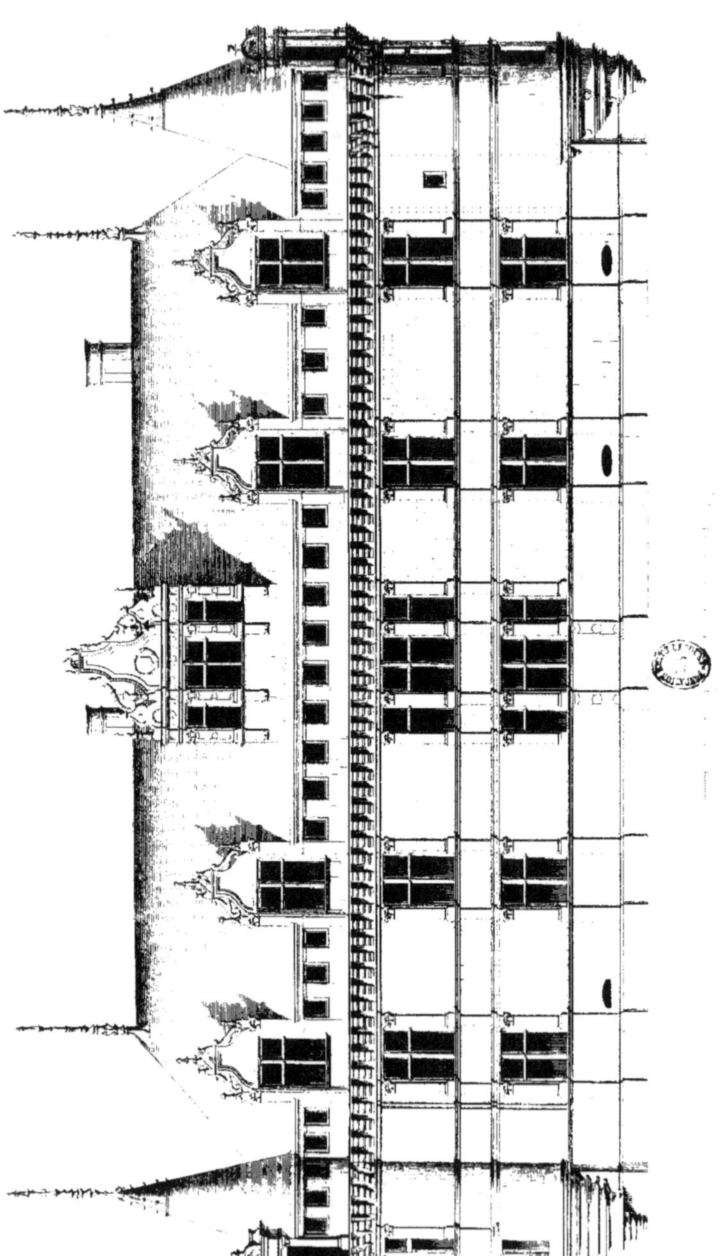

Castillo de Azai-le-Rideau. Detalle Lam 2

FORT DE SAINT-ANDRÉ, A VENISE.

Les progrès que fit, au XVIe siècle, la science de la guerre en général, par suite de la découverte de la poudre à canon et de l'emploi des armes à feu, amenèrent bientôt tout un nouveau système dans la construction et la disposition des monuments militaires, érigés pour la défense des villes. Or, parmi les architectes italiens qui s'occupèrent plus particulièrement alors de cette catégorie d'édifices, celui qui comprit le mieux les besoins de son époque et qui se distingua surtout par les œuvres les plus remarquables, est certainement le célèbre Véronais San-Micheli. Cet artiste, qu'une intelligence toute particulière avait porté vers ce genre de travaux, eut, à ce qu'il paraît, durant cette époque, de nombreuses occasions de manifester son talent dans un assez grand nombre d'œuvres, qui se recommandent presque toutes par des qualités qui dénotent ses grandes connaissances en la matière, telles que la disposition des bastions par rapport à l'établissement des feux destinés à protéger et à défendre les places en cas d'attaque, le système particulier des distributions intérieures, etc., toutes améliorations nouvelles dont les portes de Vérone, le fort du Lido, etc., peuvent donner une idée; et ces dispositions, comme on le pense bien, firent une révolution complète dans l'art des constructions militaires.

On comprend, par ce que nous venons de dire, que le talent de cet architecte, ainsi que sa spécialité, le firent souvent rechercher par les princes et par les monarques les plus illustres de son siècle; et l'on cite, entre autres, François Ier et Charles-Quint, qui tentèrent auprès de lui des démarches infructueuses afin d'obtenir le concours de son art et de ses lumières pour l'exécution des travaux de fortification dont ils voulaient entourer quelques-unes des villes de leurs royaumes. Mais San-Micheli quitta peu le sol italique; et même, le plus grand nombre de ses conceptions en ce genre se trouve à peu près réuni sur un espace assez restreint. L'histoire et la critique signalent particulièrement, comme l'une de ses œuvres les plus importantes, le fort de Saint-André, du Lido, à Venise (*).

L'érection de ce monument tient, suivant le rapport des historiens, à cette pensée qu'eut alors le conseil de la république de faire ériger, à l'entrée du port du Lido, une construction de défense qui protégeât cette ville contre toute tentative du dehors. Le sénat ne se dissimulait point, à cause du choix du terrain et de sa constitution, toutes les difficultés que présentait une telle entreprise; mais, convaincu que la science et le talent de San-Micheli sauraient les vaincre, il n'hésita point à le charger d'en étudier tous les moyens d'exécution. En effet, ces obstacles, loin de l'effrayer, ne furent, au contraire, qu'un stimulant pour cet artiste. Il se mit donc avec ardeur à l'œuvre; et, après bien des études, des recherches et des veilles, mais dans un laps de temps assez court, il conçut un projet ou un modèle si satisfaisant, qu'il reçut aussitôt l'ordre de l'exécuter.

Voici comment il procéda : on avait regardé jusque-là comme une chose impossible qu'il parvînt à établir d'une manière solide et durable, surtout sur un sol marécageux et battu continuellement par les vagues de la mer, un monument d'une grande importance. Il prit donc, et avant tout, les mesures nécessaires pour affermir son terrain et lui donner une constitution solide et capable de supporter une masse énorme. Circonscrivant alors l'espace que devait occuper le fort, avec une double rangée de pilotis remplis de terre, il fit creuser le sol; mais, dans ce travail, il eut souvent à lutter contre l'envahissement des eaux, qui s'infiltraient de tous côtés. Néanmoins, San-Micheli, grâce à son talent et à son expérience, surmonta bientôt cet incessant obstacle; et, après avoir établi ses fondations à l'aide de couches ou d'assises superposées de gros blocs en pierre, il parvint à élever la base de sa citadelle au-dessus du niveau des eaux : cette première opération terminée, opération qui, par sa nature, présentait de grandes et nombreuses difficultés, cet architecte s'occupa de la construction supérieure du monument militaire proprement dit.

Mais, en cette circonstance comme en beaucoup d'autres analogues, l'envie et la jalousie cherchèrent à se faire jour et à répandre sur cette œuvre mille bruits plus ou moins calomnieux; on alléguait particulièrement que la grosse artillerie, dont cette forteresse devait être pourvue, en causerait infailliblement la ruine, si l'on venait à s'en servir. Convaincu de la solidité de sa construction, San-Micheli pria le sénat de réduire à néant de telles calomnies; et il obtint, comme preuve de justification, qu'on transporterait immédiatement dans ce fort les plus grosses pièces de l'arsenal; qu'on les disposerait partout où l'on en pourrait placer, et, qu'après y avoir introduit une charge extraordinaire, on mettrait le feu à toutes dans un seul et même instant. A un jour dit, l'expérience en fut faite; et, malgré l'action que dut nécessairement avoir un tel ébranlement sur

(*) Cette dénomination lui vient, dit-on, de la proximité où il se trouve d'une église consacrée à ce saint, et qui est située dans l'île voisine.

un édifice nouvellement bâti, la construction n'offrit aucune lézarde et resta dans une intégrité complète. L'envie seule fut alors obligée de se taire, et le mérite de l'architecte en sortit triomphant.

Les recherches scientifiques de Temanza et de Selva, qui ont fait, de cet artiste et de ce monument, une étude approfondie, vont maintenant nous servir de guide dans la description rapide de la partie supérieure que nous allons entreprendre. — Ce fort ou cette espèce de citadelle est, disent-ils, une défense si bien adaptée aux dispositions de la mer et des canaux qui l'entourent que, si on avait à l'établir aujourd'hui, on ne pourrait faire autrement. On doit encore ajouter que la beauté de l'ouvrage répond, de tout point, à la solidité de sa force. Il est construit par assises horizontales de gros blocs en pierre d'Istrie, taillés en bossages, genre d'appareil qu'employa presque toujours San-Micheli pour les parois ou parements extérieurs de ses constructions militaires.

La partie antérieure présente six faces ou fronts, disposés sur des plans divers, mais dont quatre affectent des lignes droites et deux des figures légèrement courbes, au centre desquelles s'élève une espèce de façade. Sur ces six fronts, sont ouvertes, à fleur d'eau et de distance en distance, une quarantaine d'embrasures, destinées au jeu des pièces de canon. L'artillerie, placée à la droite du fort, enfile le canal intérieur, et celle de gauche défend l'entrée du côté de la mer; de manière que si une flotte ennemie tentait de pénétrer dans le port, ses vaisseaux seraient tous atteints sans qu'un seul coup fût perdu. Chacune des embrasures est ornée, à sa clef d'arcade, d'une tête ou mascaron, sculptée par un habile artiste. Ces ornements, remarque avec raison Selva, sembleraient peut-être d'un luxe inutile dans une forteresse exposée à recevoir le feu de l'ennemi; mais San-Micheli, continue-t-il, pouvait raisonnablement se les permettre, dans un ouvrage érigé plutôt pour la magnificence que pour l'absolue nécessité de la défense. Une corniche, d'un profil remarquable, couronne chaque face, dont la partie supérieure est occupée par un talus en terre. Le centre de la construction, avons-nous dit, présente une espèce de corps en saillie, qui sert de porte d'entrée. C'est là que fut plus particulièrement réservé tout le luxe de la décoration. Trois arcades, portées par un soubassement et décorées de colonnes doriques à bossage, soutiennent un riche entablement où l'on a représenté les emblèmes de la république de Saint-Marc. Aux angles de la partie supérieure sont deux échanguettes destinées aux soldats de la garde du fort. La tour rectangulaire qu'on voit en élévation derrière cet ensemble, s'élève sur un plan un peu plus éloigné. Son érection a pour but de dominer et de découvrir au loin, afin de pouvoir signaler l'approche de l'ennemi, en cas d'attaque. A l'intérieur de cette construction centrale et avancée, San-Micheli disposa un corps de garde qui communique, par des portes latérales, aux galeries continues ou casemates, dans lesquelles s'ouvrent les embrasures dont nous avons parlé. Ces embrasures correspondent, sur la partie postérieure des galeries, à des espèces de niches assignées aux artilleurs pour la confection des choses nécessaires au service de la défense. Les glacis, les terre-pleins, les places et les quartiers sont d'une telle largeur, qu'on ne peut guère trouver une citadelle dont les dispositions soient, en même temps, et plus commodes et plus formidables que celle-ci. On devait même y construire une très-belle place, qui n'a point été exécutée.

Nous devons ajouter, en finissant, que maintenant ce fort ne serait plus propre, de nos jours, à l'usage pour lequel il avait été érigé naguère.

Telle est, en peu de mots, cette construction, bâtie au XVIᵉ siècle, pour protéger l'entrée du port dite du Lido, monument dont les longs murs rougeâtres, que couvre une assez abondante végétation, présentent à la fois et un aspect imposant et un effet des plus pittoresques.

— **BIBLIOGRAPHIE.** —

1° Vasari (Giorg.), *Le vite de' piu eccellenti pittori, scultori ed architetti*; Firenze, 1568, 3 vol. in-4°.
2° Temanza (Tom.), *Le vite de' piu celebri architetti e scultori veneziani che fiorirono nel secolo XVI*; Venezia, 1778, 2 vol. in-4°.
3° Selva, *Elogio di Michel Sammicheli, architetto civile e militare*; Roma, nella stamperia de Romanis; 1814, in-8°.
4° Diedo (Anton.), *Fabbricche piu cospicue della citta de Venezia.*
5° Quatremère de Quincy, Dictionnaire d'architecture. — Hist. de la vie des principaux architectes.

FORT DE ST ANDRE À VENISE.

Fuerte San Andres en Venecia.

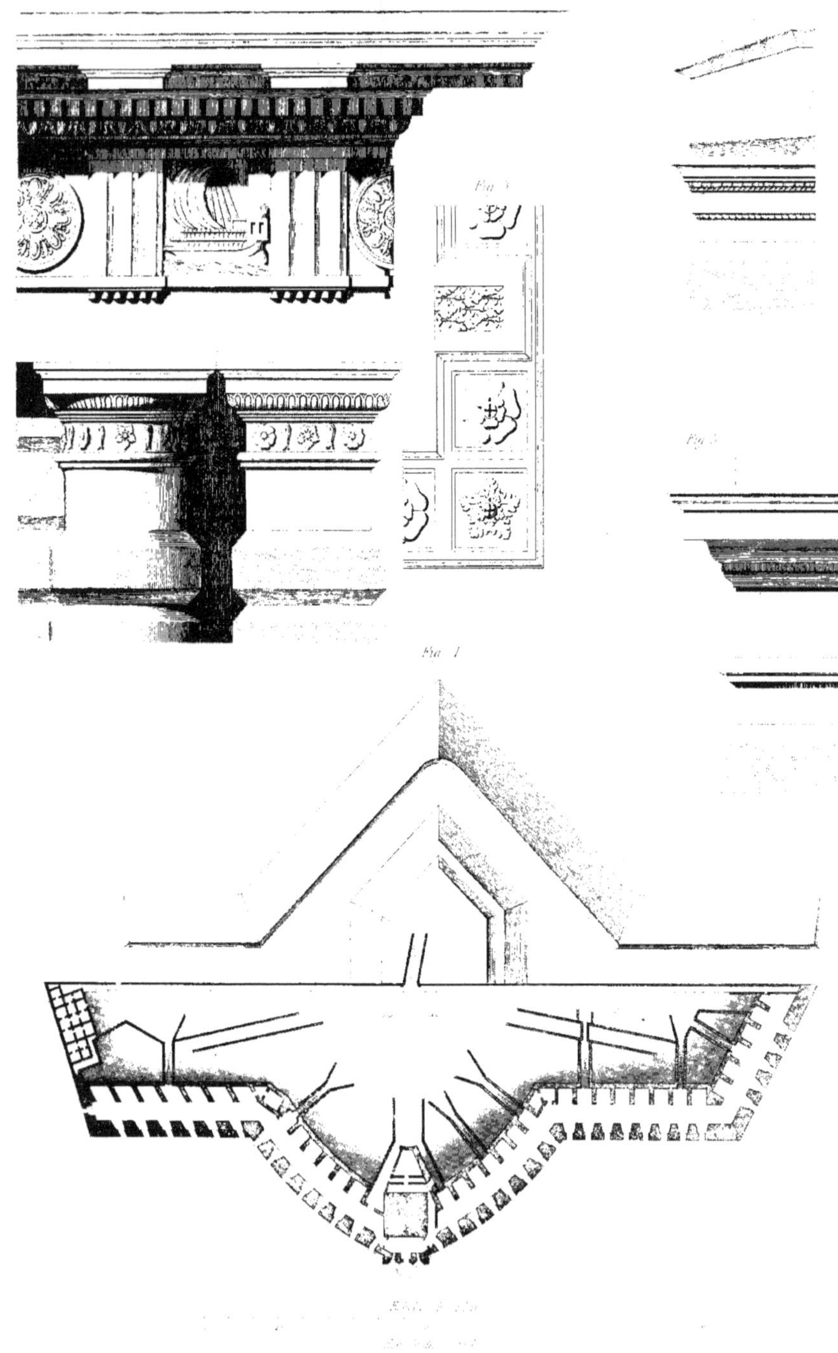

FORT DE St ANDRÉ A VENISE

Fuerte San Andres en Venecia.

TOMBEAU DES CARDINAUX D'AMBOISE, A ROUEN.

Georges d'Amboise, qui fut archevêque de Rouen, cardinal et légat du pape, était fils de Pierre d'Amboise, seigneur de Chaumont et de Meillan, chambellan de Charles VII et de Louis XI, et d'Anne de Bueil, fille du grand-maître des arbalétriers; il naquit au château de Chaumont, en 1460. Dès l'âge de quatorze ans, il obtint, par l'influence de sa puissante et antique famille, d'être nommé à l'évêché de Montauban. Placé plus tard sur le siége archiépiscopal de Narbonne, il l'échangea contre celui de Rouen, afin de se rapprocher du duc d'Orléans, gouverneur général de la Normandie, dont il possédait l'affection. De son côté, il était entièrement dévoué à ce prince, et il partagea sa mauvaise fortune après la bataille de Saint-Aubin : aussi, lorsque, par la mort de Charles VIII, le duc d'Orléans monta sur le trône, il nomma Georges son premier ministre, et ne cessa de lui accorder toute sa confiance. Le vertueux prélat, au reste, s'en montra digne en tout point; car, indépendamment de la grande habileté dont il fit preuve dans la direction des affaires politiques, il parvint encore, par sa bonne administration du trésor de l'État, à diminuer les charges qui pesaient sur le peuple. Il a mérité, a-t-on dit, d'être associé au beau surnom qui honorera éternellement la mémoire de Louis XII.

Aimant vivement les arts ainsi que tous les membres de sa famille, que M. Dusommerard a appelés les *Médicis français*, Georges d'Amboise, qui jouissait d'une immense fortune, a fait élever un nombre considérable de constructions, dont la plus célèbre est le château de Gaillon, dans lequel il déploya un luxe extraordinaire. Naturellement libéral, il se montra surtout généreux envers la ville de Rouen, qui lui doit, indépendamment de plusieurs fontaines, l'achèvement de la fameuse *Tour de Beurre* (*), le portail occidental de la cathédrale, le palais de justice et le bureau des finances, monuments admirables qui, en même temps qu'ils témoignent de la munificence du prélat, montrent aussi qu'il affectionnait particulièrement la grande cité où son nom est resté populaire.

Après une vie bien remplie, laquelle, comme on sait, appartient à l'histoire, Georges d'Amboise mourut à Lyon, le 25 mai 1510. Ses obsèques, qui coûtèrent 30,000 livres, furent magnifiques. Les princes du sang y assistaient, ainsi que plusieurs ambassadeurs, et un nombre prodigieux de prélats, de prêtres et de gentilshommes. Le corps, transporté à Rouen sur un char funèbre, que ne cessait point d'entourer une troupe de cent porteurs de cierges qui se relayaient, et reçu partout avec les honneurs dus aux rois, y arriva le 29 juin, et, après de nouvelles et somptueuses cérémonies, fut inhumé dans la chapelle de la Vierge de la cathédrale, suivant le désir que le cardinal avait exprimé en ces termes, dans son testament : « S'il plaît à Messieurs du cha- « pitre, ils feront mettre mon corps devant Nostre-Dame, en la grande chapelle, où sont enterrés mes prédé- « cesseurs; et pour faire ma tombe, je ordonne deux mille écus au soleil, et je entends qu'elle soit de marbre. »

C'est à un des archéologues les plus distingués de la Normandie, M. A. Deville, qu'on est redevable du nom, longtemps ignoré, de l'artiste qui a réalisé le vœu de Georges d'Amboise. Nous empruntons les intéressants détails qui vont suivre, à l'ouvrage (**) où cet auteur a consigné l'heureux résultat de ses investigations dans les archives de la cathédrale, genre de recherches qu'on n'imite point assez, et qui, cependant, amèneraient, suivant toutes les probabilités, de nombreuses découvertes sur les constructeurs du moyen âge, et sur la terminologie, si peu connue, qui était en usage alors.

En 1513, les membres du chapitre se plaignaient qu'on n'eût point encore élevé de monument à leur ancien archevêque. Les trois années suivantes se passèrent cependant avant qu'on en commençât un. Néanmoins, pendant ce temps, le plan du tombeau avait été soumis à l'approbation du chapitre, qui, après plusieurs délibérations, finit par l'adopter. Pour l'exécuter, on pensa d'abord à faire choix d'un certain Pierre Valence, *maître maçon* de la ville de Tours, dont le talent avait été remarqué lors de la construction du château de Gaillon. En conséquence on envoya à Tours un exprès, *« pour avoir son oppinion sur le faict de la d. sépulture, « et pour sçavoir s'il voudroit entreprendre l'ouvrage d'icelle avec ses compagnons. »* Il n'accepta point, à ce qu'il paraît, car ce fut en définitive l'architecte de la cathédrale qui en fut chargé. Il s'appelait Roullant le Roux, et doit certainement être compté au nombre des plus grands artistes du XVIᵉ siècle. Il reçut pour ses honoraires, en deux paiements, la somme de quatre-vingts livres.

Dès l'an 1516, on avait commencé à réunir et à préparer dans l'atelier les matériaux nécessaires. Ainsi cette année même on acheta, au prix de 4 livres le pied cube, pour 847 livres 10 sous d'albâtre, à un marchand de Dieppe nommé Duvanrosay. Toutefois ce fut seulement en juin 1520 qu'on posa la première pierre. Au milieu de l'année 1521, la masse du tombeau était en place, mais ce ne fut que le 3 janvier 1525 que les statuaires y mirent la dernière main.

« De 1520 à 1521, dit M. Deville, il y eut jusqu'à dix-huit maçons ou tailleurs de pierre employés. Ce nombre descendit successivement à quatre. Ils étaient payés à raison de cinq sous par jour. Les sculpteurs, autrement dit les *ymaginiers*, dont le nombre varia de huit à deux, recevaient entre six sous et sept sous et demi. Un seul d'entre eux, sans doute comme leur chef, si ce n'est comme le plus habile, avait vingt sous par jour pour lui et un serviteur. Il s'appelait Pierre Desaubeaulx ou Desobeaulx, et était né à Rouen. On nomme après lui Reynaud Thérouyn, Jean Chaillou, André le Flament, Mathieu Laignel, et Jehan de Rouen. Ce dernier n'est cité qu'une seule fois et comme ayant ébauché une statue.

« Pierre Desaubeaulx, Reynaud Thérouyn et André le Flament reparaissent dans tous les comptes jusqu'à la fin du travail. Mathieu Laignel et Jean Chaillou avaient été remerciés antérieurement. Les ouvriers étant tous payés, d'après les registres, à la journée et non à la pièce, on ne trouve malheureusement pas dans les comptes la désignation des morceaux de sculpture sortis de leur ciseau respectif. Cependant, d'après quelques indications et la comparaison que j'ai pu faire avec d'autres sculptures connues, il paraît certain qu'on doit attribuer spécialement à Pierre Desaubeaulx les figures d'apôtres de la partie supérieure, et à Reynaud Thérouyn et André le Flament les jolies figures de la base.

« Deux peintres de Rouen, qui avaient déployé leur talent dans la décoration du château de Gaillon, en 1508 et 1509, Richard Duhay et Léonard Feschal, furent chargés de la peinture du tombeau, moyennant cent quatre-vingts livres tournois. Le 8 juin 1521, ils donnaient quittance finale pour le marché qui avait été passé avec eux. » Le prix total de la dépense fut de 6,952 livres 16 sous et 4 deniers, dépassant ainsi de moitié la somme ordonnée par le cardinal.

Le tombeau, placé entre les deux piliers de la travée qui touche à l'apside de la chapelle de la Vierge, du côté du midi, est adossé à la muraille, et consiste en un riche soubassement en marbre, qui porte les statues des cardinaux. Celles-ci se détachent sur un fond de sculpture en albâtre, recevant la retombée d'une voussure suspendue ; cette voussure soutient un entablement que surmonte une sorte d'attique, terminé par un amortissement composé de petites tourelles et d'arabesques évidées et pyramidant.

Le soubassement, appuyé sur un socle en pierre, est flanqué de deux pilastres se présentant d'angle, et ayant leur fût orné d'arabesques, de même que les sept autres plus petits qui en garnissent le dé. Ces derniers, élevés sur une base en marbre noir d'un profil assez fin, qui leur est commune avec les grands pilastres, ont leurs arabesques toutes différentes et terminées par une petite figure de moine en prières. Sur leurs capricieux chapiteaux portent des consoles chargées de figures fantastiques tenant des cartouches ; ces consoles soutiennent à leur tour une corniche formant le bord de la table en marbre noir, sur laquelle sont posées les statues.

L'inscription suivante est gravée en lettres d'or sur la tranche :

PASTOR. ERAM. CLERI. POPULI. PATER. AUREA. SESE.

LILIA. SUBDEBANT. QUERCUS (*). ET. IPSA. MICHI.

MORTUUS. EN. JACEO. MORTE. EXTINGUNTUR. HONORES.

AT. VIRTUS. MORTIS. NESCIA. MORTE. VIRET.

Entre les pilastres du dé sont pratiquées des niches dont la partie sphérique est, suivant un usage commun à la Renaissance, ornée d'une sorte de coquille. Elles renferment des statuettes en marbre de grandeur mi-nature, qui représentent des vertus théologales ; ce sont, en commençant par la gauche, la Foi, qui tient d'une main un calice, et de l'autre un livre (*pl.* 1, *fig.* 1) ; la Charité, ayant pour emblème une croix et un cœur ; la Prudence, avec un flambeau et un compas ; la Tempérance, qui tient une horloge et aussi un frein ; la Force d'âme sous la figure d'un guerrier armé d'un casque et d'une cuirasse, qui saisit par le cou un dragon ; enfin la Justice avec ses balances et son glaive. Ces figures sont exécutées avec beaucoup de finesse, de soin et d'art.

Les deux statues représentent, agenouillés et dans leur costume de cardinaux, Georges d'Amboise et son neveu, Georges d'Amboise Bussy, qui fut son successeur. De ces deux statues, une seule, celle de gauche,

---

(*) Allusion à l'influence que Georges d'Amboise exerça à la cour de France et sur celle de Rome. Le lis représente la première ; le chêne, le pape Jules II, dont le nom de famille, *Rovere*, signifie *chêne*. M. Deville rapporte deux autres inscriptions dont on ignore l'ancienne situation ; l'une d'elles est sous forme de dialogue entre un voyageur et la France.

qui est l'image de Georges Ier, existait dans l'origine ; elle était placée au centre du monument, et accompagnée de deux anges pleurant. Mais, dans la suite, Georges II, qui a fait élever le mausolée, voulut aussi qu'il lui servît de sépulture ; il fit alors placer d'avance sa statue à côté de celle de son oncle, en déplaçant celle-ci. Cette seconde statue ne nous est point parvenue, parce que, représentant celui qui l'avait fait faire, en simple costume d'archevêque, elle fut remplacée, suivant le désir qu'il en manifesta dans son testament, par une autre portant les insignes de cardinal, dignité à laquelle il avait été promu en 1555. Cette circonstance nous a valu la perte d'une œuvre de Jean Goujon, car c'est ce célèbre sculpteur qui avait été chargé de la première statue de Georges II : le compte de 1541-1542, qui l'atteste, s'exprime ainsi : « A Jean Goujon, tailleur de pierre et » masson, pour faire la teste du prians et sépulture de monseig^r. et pour parfaire et asseoir icelle en sa place » ou elle doibt demourer par le marché du VIe april et par ses quittances XXX L_s. »

La partie du tombeau qui se trouve derrière les statues est entièrement sculptée ; elle présente à sa partie inférieure un petit stylobate garni de pilastres cannelés et très-courts, entre lesquels sont des panneaux qui, avant la révolution, portaient les armoiries des d'Amboise. Au-dessus se trouve un médaillon carré sculpté en bas-relief, représentant saint Georges, le patron des deux archevêques, qui terrasse le dragon (*V. pl.* 1, *fig.* 2). On remarque dans le lointain une femme qui semble prier, et un berger assez peu attentif à ce qui se passe. De chaque côté du médaillon sont des niches séparées entre elles par d'autres petits pilastres ; elles contiennent les statuettes : 1° d'un évêque ou archevêque ; 2° de la sainte Vierge tenant entre ses bras l'enfant Jésus ; les cheveux de la Vierge sont dorés, suivant une coutume commune au moyen âge ; 3° de saint Jean-Baptiste portant l'agneau (*V. la figure déjà citée*); 4° de saint Romain, conduisant en laisse le dragon de la légende ; 5° d'un saint personnage vêtu d'un cilice ; 6° d'un autre archevêque donnant la bénédiction. Enfin, à la même hauteur, et près des piliers des angles, se voient deux figures d'archevêques abritées sous des dais fort délicatement découpés. Au-dessous de ces mêmes figures, et tronquées par la tablette de marbre noir, étaient celles de l'Espérance et de la Virginité. Il n'y a que cette dernière qui subsiste encore (*Voy. pl.* 11, *fig.* 1).

La voussure est divisée en caissons ; de son bord extérieur pendent trois culs-de-lampe à jour ; elle est ornée de dorures qui se détachent sur un fond primitivement bleu, mais devenu verdâtre par l'effet du temps. Une frise, dans laquelle courent des arabesques, règne au-dessus.

L'attique offre six grandes niches à deux figures, et sept autres plus petites à une seule. Dans les premières sont des figures d'apôtres reconnaissables à leurs attributs(*). L'amortissement de cette partie du tombeau consiste en petites tourelles contenant diverses figurines, et en pyramides formées par des arabesques (*Voy. pl.* 2, *fig.* 2).

Le monument a environ six mètres de largeur sur huit de hauteur. Il n'était point destiné à contenir le corps des deux cardinaux, qui furent inhumés dans un petit caveau creusé au pied du soubassement, et dont la place était indiquée par une grande dalle en marbre noir incrustée de marbre blanc.

Le mausolée des cardinaux d'Amboise est, sans contredit, une des œuvres de sculpture architecturale les plus remarquables qu'ait produites la Renaissance ; c'en est même probablement la plus brillante : aussi avons nous considéré comme un devoir de la reproduire. La richesse des matériaux de ce tombeau, le fini et la délicatesse de ses ornements, leur élégance et leur multiplicité, enfin cette foule de figures qui en animent l'ensemble, contribuent à produire une sorte de surprise, d'éblouissement, qui n'est certainement pas sans charmes. Sans doute un goût sévère peut demander compte de cette foule d'ornements entassés les uns sur les autres, et au choix desquels n'ont pas toujours présidé des idées d'unité et d'à-propos ; néanmoins l'impression agréable que causent cette exubérance de riches détails et le génie d'invention qu'elle accuse, est constante, on ne peut la nier, et il faut la subir· Nous la constaterons donc, mais non sans rappeler que, quoi qu'il en soit, l'architecture de la Renaissance n'est qu'une sorte de dévergondage artistique, souvent séduisant, mais toujours frivole et irrationnel, qui ne peut constituer un art complet, systématique, réel ; que, par conséquent, si on veut l'imiter, il faut au moins que ce soit avec circonspection, dans des édifices peu importants, et où des écarts d'imagination se font aisément accepter.

Le tombeau que nous venons de décrire n'est pas seulement remarquable par le luxe et par l'habileté avec lesquels il a été exécuté, il l'est encore comme type caractéristique du premier style de la Renaissance, dont le trait saillant est une fusion vraiment singulière de deux éléments complétement opposés, l'architecture antique

---

(*) Les deux que nous donnons sont celles de saint Jacques-le-Mineur et de saint Philippe : le premier, qui fut tué d'un coup de massue par un foulonnier, à Jérusalem, porte à cause de cela une sorte de bâton ; le second tient une croix qui rappelle l'instrument de son supplice.

et l'architecture à ogives. Dans ce style, en effet, et on peut le remarquer sur nos planches, si les détails sont dans le goût antique, les dispositions se rattachent au système ogival. Ainsi, dans le monument dont nous nous occupons, les pilastres placés d'angle, les dés, les culs-de-lampe en pendentif, la disposition pyramidale de l'amortissement, et l'agencement des niches et des pilastres, tout cela est emprunté aux constructions gothiques. Or, l'unité, cette condition première de tout art, manquant totalement dans le style de la Renaissance, il présente, par suite de la nécessité où il est d'adapter certains détails à des dispositions pour lesquelles ils n'ont point été conçus, il présente, disons-nous, des difficultés dont la solution convenable est impossible, et devant lesquelles les architectes du XVIᵉ siècle, malgré la fécondité d'imagination qu'on ne peut leur dénier, ont dû échouer comme ils l'ont fait. Pour n'en citer qu'un cas, nous rappellerons que les fûts de l'architecture antique ne pouvant être allongés indéfiniment, lorsque, dans de vastes vaisseaux, il a fallu atteindre des hauteurs considérables, on n'a pu y arriver qu'en entassant les ordres les uns sur les autres de la manière la plus choquante, ainsi qu'on peut s'en convaincre en visitant Saint-Eustache de Paris. C'est pour la même raison que la disposition des clochers a toujours été un embarras terrible pour les architectes classiques, de leur propre aveu (*) ; quelquefois même l'obstacle leur a paru tellement formidable qu'ils n'ont pas essayé de le franchir : ils ont tout simplement renoncé à faire des clochers, procédé qui ne nous semble que médiocrement ingénieux.

Au XIIᵉ siècle, lorsqu'à l'art roman succéda l'art ogival, dans les contrées où naquit ce dernier, la transition s'opéra chronologiquement par des nuances tellement bien fondues qu'on ne peut préciser exactement où finit l'un et où commence l'autre. Il n'en a point été de même au XVIᵉ siècle ; si, en effet, plaçant les monuments de cette époque par ordre chronologique, on les compare les uns aux autres, on voit que tel qui est antérieur à l'autre est cependant d'un style plus avancé ; il y eut même un moment où le style ogival, le style antique, et celui qui résulte du mélange des deux, ont été en présence, tous parfaitement caractérisés. Ce fait n'a rien que de très-naturel, puisque le style classique n'a point été le produit d'une conception née sur le sol de la France, mais bien le résultat d'une importation ; il sert seulement à prouver que c'est uniquement dans les contrées où il est possible de suivre l'art ogival depuis ses premières traces jusqu'à sa maturité qu'il est permis d'en chercher l'origine, opinion d'ailleurs en tout point conforme à la raison.

(*) Quatremère de Quincy, *Dictionnaire d'Architecture*, au mot *Clocher*, tome I, pag. 397.

— **BIBLIOGRAPHIE.** —

1° D. Pommeraye. Histoire de la cathédrale de Rouen, 1670. In-4°.
2° Gilbert. Description de la cathédrale de Rouen. Rouen, 1816. In-8°.
3° Taylor et Ch. Nodier. Voyage pittoresque en Normandie. Paris, 1825 et années suivantes. In-f°.
4° A. Deville. Tombeaux de la cathédrale de Rouen. Rouen, 1833. In-8°.
5° Rouen et ses monuments. Rouen, 1836. In-18.
6° Le Magasin pittoresque, année 1842.
7° Ramée (Daniel). Moyen âge monumental et archéologique. Paris, 1842 et années suiv. In-f°, pl. lith.
8° Dusommerard. Les Arts au Moyen Age. Paris, 1846. 5 vol. grand in-8° et atlas in-f°.

Sepulcro de los Cardenales de Amboise en Ruan.

Sepulcro de los Cardenales de Amboise en Ruan

Sepulcro de los Cardenales de Amboisa, en Ruan (Rouen) 1515

TOMBEAU DU DOGE VANDRAMINI A VENISE.

L'église de Saint-Jean et de Saint-Paul, à Venise, n'est pas seulement la plus vaste que renferme cette ville, elle en est encore une des plus curieuses par le grand nombre de monuments qu'elle contient, et qui en font un véritable musée. Elle fut longue à construire, car, commencée en 1246, en 1390 elle n'était point encore terminée. On ignore au reste la date de son achèvement complet, ainsi que le nom de l'architecte qui en a donné le plan. Cicognara a cherché à prouver que cet architecte n'était autre que Nicolas Pisano, qui, dans le XIII⁰ siècle, a dirigé les travaux de l'église *Dei Frari ;* mais rien n'est positif à ce sujet.

C'est dans l'église de Saint-Jean et de Saint-Paul que se trouve le tombeau élevé au doge Vandramini. Ce personnage est peu célèbre; son règne fort court n'offre rien de remarquable; Venise ne lui doit guère que le maintien de la paix à une époque où les conjurations qui bouleversaient les États voisins la rendaient assez difficile à conserver. Monté sur le trône au commencement de l'année 1476, il mourut le 6 mai 1478. Son mausolée, beaucoup plus fameux que lui-même, est l'ouvrage d'Alexandre Léopardo, architecte et sculpteur qui naquit à Venise vers le milieu du XV⁰ siècle, et y mourut en 1510.

Ce mausolée, appliqué à la muraille, est formé par une arcade élevée sur un soubassement, couronnée par un entablement et flanquée d'ailes, qui contient le sarcophage du doge. L'ensemble présente dans sa largeur trois divisions : une centrale un peu en saillie, et deux latérales de moitié moins larges que la première.

Le soubassement se divise en deux parties : un premier stylobate, peu élevé, à base et à corniche, exhaussé sur un socle qui se profile en marches dans la partie centrale. Le dé de ce premier stylobate est orné d'arabesques et présente six petites antes à rosaces. Le second stylobate, un peu en retrait sur le premier, est beaucoup plus élevé, et constitue le piédestal de l'ordre; il suit le ressaut des colonnes de l'arcade, et est flanqué à chacune de ses extrémités d'un piédestal surmonté d'une statue. Le dé en est couvert de sculptures disposées par panneaux correspondant aux divisions de l'ensemble. Dans le compartiment central, on lit l'inscription suivante, que soutiennent deux figures ailées :

ANDREÆ VANDRAMENO DUCI

OPUM SPLENDORE CLARO SED EX MIRA IN PATRIAM

PIETATE OPUM USU LONGE CLARISSIMO QUI CROIA

TURCARUM OBSIDIONE LIBERATA EVRUNDENIO

IRRUPTIONE IN CARNIAM REJECTA FELIX INSIGNI

PROLE IMPLETIS OMNIBUS ET FORTUNÆ ET

NATURÆ ET VIRTUTIS NUMERIS PRINCIPATUS

BREVITATEM SEMPITERNA CŒLI GLORIA COMPENSAT.

VIXIT ANNOS LXXXV MENSES VIII

OBIIT PRIDIE NONAS MAII

ANNO MCCCCLXXIIX

PRINCIPATUS SUI ANNO SECUNDO.

Les colonnes de l'arcade ont leur fût orné d'une guirlande vers le tiers de leur hauteur, à l'endroit où commence la contracture. Elles ont dix diamètres de hauteur; leur base est attique; ces colonnes supportent un entablement complet dont la frise est richement ornée. Les ailes sont seulement garnies de pilastres fort peu saillants, dont le fût est chargé d'arabesques. Des niches y sont pratiquées; elles contiennent les statues d'Adam et d'Ève (*), et sont surmontées de médaillons.

Le sarcophage est placé entre les deux colonnes et posé sur le soubassement; le dé en est divisé par des pilastres entre lesquels se trouvent des niches où sont placées des figurines représentant les sept vertus théologales. Sur le sarcophage est la statue couchée du duc en habits de cérémonie, et reposant sur un lit près duquel sont des aigles. Trois figures portant des flambeaux semblent veiller sur lui. Dans l'espace compris entre l'arcade et l'entablement sur lequel elle porte, on voit un autre sujet relatif au duc; c'est sa présentation à la Vierge par un saint, qu'on peut conjecturer être saint Jean, un des patrons de l'église. Dans cette hypothèse, l'autre figure, celle qui est vêtue en empereur romain, serait saint Paul, l'autre patron. Nous n'affirmons rien à cet égard, nous disons seulement ce qui nous paraît vraisemblable; il est difficile de se prononcer sur la signification de sculptures où le caractère religieux est aussi déplorablement travesti.

(*) Au pied de ces statues est le nom du sculpteur Tullio Lombardo, qui les a faites.

Les ailes présentent une sorte d'attique dont la hauteur correspond à celle de l'arcade. Cet attique est flanqué d'antes, et sur ses parties nues sont sculptées en bas-relief, d'un côté, une figure d'ange agenouillée , et de l'autre une femme aussi agenouillée et en prière. Des médaillons entourant des têtes couronnées imitées de l'antique sont placés dans les tympans de l'archivolte. Un second entablement, composé des trois membres de rigueur , couronne l'ensemble du monument ; au-dessus, et disposé en amortissement, est un sujet en ronde bosse dont il serait fort difficile de motiver la présence et de donner une explication plausible; ce sont deux espèces de sirènes ailées et à jambes d'hippocampe , qui tiennent une guirlande surmontée d'un vase d'où sort une flamme; au centre de cette guirlande est un enfant qui porte une pomme.

On sait que cette transformation des arts, qu'on est convenu d'appeler renaissance, et qui, il faut le dire , fut moins désastreuse en Italie qu'ailleurs , parce qu'elle ne fut en réalité qu'un retour vers un art si bien naturalisé qu'il était devenu national, on sait, disons-nous, que la renaissance se manifesta en Italie dès le XIV· siècle, qu'elle est principalement due aux travaux de Brunelleschi, et qu'elle fut continuée après lui par Alberti et le Bramante, et plus tard par Perressi Vignola et Palladio ; dès la fin du XV· siècle, elle produisit des monuments fort remarquables, qui décelaient de la part des artistes une grande habileté. Ainsi l'on ne peut se refuser à reconnaitre que le mausolée du doge Vandramini est l'œuvre d'un talent véritable ; mais , il faut le dire aussi, en dépit des éloges pompeux qu'on lui a trop prodigués , c'est l'œuvre d'un talent plus faux et plus perverti encore qu'il n'est grand. En effet, le premier mérite d'une composition architecturale , mérite qu'elle est forcée d'avoir sous peine d'être absurde, c'est d'offrir le caractère qui convient à sa destination ; or le tombeau du doge Vandramini est essentiellement un monument religieux et chrétien ; il devait donc offrir ce double caractère : cependant , quoi de moins religieux , et surtout quoi de moins chrétien que ce tombeau ? Sans parler de l'architecture, qui est complétement païenne , et qui l'est avec affectation, est-il possible de ne pas être choqué de cette inconséquence aussi indécente que ridicule, qui consiste à représenter le père et la mère des hommes, l'une sous la forme d'une Vénus lascive entièrement nue, l'autre sous celle d'un Bacchus portant pour tout vêtement une feuille de vigne plus obscène encore que la nudité complète ? Est-il possible de voir autre chose qu'un pédantisme bouffon à force d'être prétentieux , dans cette malencontreuse exhibition d'empereurs romains , de centaures, de satyres, de sirènes et autres sujets mythologiques ? Qu'on veuille bien rapprocher cette mascarade inconvenante, des chastes et sublimes poëmes de pierre exécutés dans nos cathédrales par ces imagiers modestes, pleins de génie et de sentiment , que les admirateurs quand même de l'art italien traitent stupidement d'ouvriers barbares ; et qu'on nous dise de quel côté est la supériorité intellectuelle.

— **BIBLIOGRAPHIE**

1° Cicognara. *Storia della scultura.* 2 vol. Venise.
2° *Le fabricce più cospicue di Venezia, misurate, illustrate ed intagliate dai membri della veneta reale Accademia di belle arti.* Venise , 2 vol. in-fol., 1820.
3° Michaud. Biographie universelle , art. LEOPARDO.

TOMBEAU DU DOGE VENDRAMINI A VENISE.

Sepulcro del Dux Vendramini en Venecia

TOMBEAU DE LOUIS XII A SAINT-DENIS.

Parmi les nombreux tombeaux que renfermait jadis l'église abbatiale de Saint-Denis, cette métropole royale si riche pour l'archéologue, avant les dévastations de tout genre qu'elle a eues à subir, un des plus importants était celui de Louis XII et d'Anne de Bretagne, sa seconde femme. Construit par ordre de François Ier et sous l'influence des goûts de magnificence de ce roi, il est devenu, par suite de plusieurs circonstances, le monument funéraire le plus célèbre de la France. En effet, œuvre remarquable au triple point de vue de l'histoire, de l'art et de l'archéologie, et d'ailleurs toujours placé dans des conditions favorables pour attirer l'attention (*), ce mausolée, qui constitue une des plus anciennes constructions exécutées dans le style classique, était et devait être, à l'époque où l'architecture et la sculpture du moyen âge étaient l'objet d'un mépris général, considéré comme un spécimen précieux de l'art au sortir de sa prétendue barbarie. On daigna donc se demander quel en était l'auteur ; mais les documents ne permettant pas de l'établir d'une manière péremptoire, chacun résolut la question suivant un système préconçu. Il en résulta trois opinions différentes ; on prétendit: 1° que le monument était tout entier l'œuvre de Paul Ponce Trebatti, artiste florentin qui a longtemps travaillé en France ; 2° qu'il était dû en totalité à Jean Juste, sculpteur né à Tours et connu par d'autres travaux ; 3° que Jean Juste avait fait l'architecture du tombeau et Paul Ponce toutes les statues ou seulement une partie de ces statues. Examinons ces assertions.

Alors que ce déplorable préjugé, si complétement démenti par les faits, et qui pourtant n'est point encore complétement détruit aujourd'hui ; alors, disons-nous, que le préjugé qui consiste à soutenir que le génie des artistes français ne peut être fécondé que par des influences étrangères, existait dans toute sa force, foulant au pied l'histoire, la raison et la justice, on adopta la première opinion : c'est précisément la plus fausse, celle dont il reste le moins de traces après un examen sérieux. Éméric David, et dans ces derniers temps Dusommerard, l'ont positivement réduite à néant. Voici leurs arguments :

Le seul document historique où il soit question du nom de Trebatti à propos du tombeau de Louis XII, est un passage de Sauval, où cet écrivain dit que les sculptures du monument ont été exécutées par Ponce dans le jardin de l'hôtel Saint-Paul, à Paris. Or, le mot sculpture ne peut s'appliquer qu'aux statues, puisque tout est sculpté dans le mausolée : si Sauval avait voulu parler de la totalité du travail, il est évident qu'il n'eût pas employé la locution dont il s'est servi.

On ne peut douter que le monument ait été exécuté peu de temps après la mort du roi, puisque les dates de 1517 et de 1518 sont gravées sur les pilastres. Or, si on ne connaît point bien les détails biographiques de la vie de Paul Ponce, on sait cependant d'une manière positive qu'il était employé au château des Tuileries vers 1568 ; il est donc infiniment peu probable qu'il ait pu, cinquante ans auparavant, alors qu'il devait être inconnu et extrèmement jeune, être chargé d'un travail aussi important que le tombeau de Louis XII. D'ailleurs Vasari, dans son ouvrage, dont la première édition date de 1550, ne parle de Trebatti que comme ayant exécuté des sculptures en stuc à Meudon, avec les autres artistes qui étaient sous la direction du Primatice, lequel ne vint en France qu'en 1531. Il ne mentionne aucun travail antérieur ; ce qu'il n'eût pas manqué de faire si Ponce en eût exécuté de capitaux. Enfin, il est une autorité qui ne laisse pas le moindre doute à ce sujet : c'est le témoignage, cité par Félibien, de Jean Brèche, jurisconsulte né à Tours. Dans un traité sur les Pandectes, imprimé en 1550, il dit positivement, au chapitre *de usu et significatione verborum*, que le monument en marbre de Louis XII a été exécuté dans la ville de Tours par Jean Juste, sculpteur (**). C'est donc un fait bien acquis à l'histoire. Jean Juste est au moins l'auteur de l'architecture du tombeau, dont on acheva de lui payer le prix à la fin de l'année 1531, ainsi que le constate cet extrait des comptes de François Ier : « Monsieur le Légat (Antoine Duprat), il est deu à Jehan Juste, *mon sculteur ordinaire*, porteur de ceste, la somme de 400 escus, restant des 1200 que je lui avoye pardevant ordonnez pour l'amenage et conduite de la ville de Tours, au lieu de Saint-Denis, en France (par conséquent sans station à l'hôtel Saint-Paul, fait observer Dusommerard), de la sépulture des membres des feuz roy Loys et royne Anne que Dieu absoille, et outre cela lui est mesme deu la somme de 60 escus qu'il a fournye et advancée de ses deniers pour la cave et voulte qui a été faicte sous la dite

« sépulture pour mectre les corps des dicts feuz roy et royne, desquels deuz sommes il veult et entends que le
« dict Juste soit satisfait comme la raison le veult, et pour cest causes, je vous le envoye, vous priant, M. le Lé-
« gat, adviser à le faire payer promptement, soit des deniers de mon espargne ou parties casuelles, ainsi que
« vous adviserez pour le mieulx, et après il en sera expédié acquit, tel qu'il sera nécessaire, priant Dieu, M. le
« Légat, qu'il vous aict en sa très-saincte et digne garde. Escript à Marly, le 22e jour de novembre 1531.
« Francoys (*). »

Si les preuves apportées par Éméric et Dusommerard, pour établir que Trebatti n'est pas l'auteur de l'architecture du tombeau, sont aussi péremptoires qu'on peut le désirer, il s'en faut que les arguments que leur patrio-
tisme les fait s'ingénier à trouver pour démontrer que Jean Juste est l'auteur des sculptures, aient la même force.
Ces arguments se réduisent à des inductions, à des hypothèses, mais ne reposent sur aucun fait positif. C'est
certainement donner une raison peu satisfaisante, que de dire : « De 1518, dernière date inscrite sur les pilastres,
« à 1531, époque de l'*amenage* du mausolée à Saint-Denis, l'artiste avait eu tout loisir pour en compléter l'en-
« semble par l'exécution des figures accessoires qu'un historien fait venir de Venise, et que d'autres attribuent
« à Paul Ponce, mais dont le roi n'aurait pas sans doute confié l'exécution à d'autres qu'à son sculpteur ordi-
« naire (**). » Et il est permis de trouver également peu concluante cette supposition d'Éméric David, que la
présence d'une statue d'Anne de Bretagne, attribuée à Trebatti, parmi plusieurs autres sculptures du même
artiste dont parle Sauval, comme les ayant vues dans le magasin des marbres du roi Louis XIII, a conduit cet
historien à imaginer le fait qu'il cite si positivement (***). Enfin, nous ferons observer que le texte des comptes
que nous venons de donner ne laisse pas un moment la possibilité de dire, comme l'a fait M. Léon Vaudoyer (****) :
« Qu'y aurait-il de surprenant que Jean Juste n'ait exécuté à Tours que les sculptures des figures, et que les
« autres parties, telles que les pilastres, le soubassement, aient été faits à Paris ? »

S'il nous est permis de donner notre opinion propre après celle des auteurs distingués que nous venons de
nommer, nous dirons qu'il nous semble impossible de rejeter, sans aucune preuve positive, l'assertion de Sauval, qui, comme Éméric David le reconnaît, a puisé aux meilleures sources, dans les archives de la Cour des
Comptes. Nous croirons donc, jusqu'à l'évidence du contraire, qu'il est fort probable que Trebatti est effectivement l'auteur, non pas de toutes les statues, mais au moins des apôtres, et peut-être aussi des vertus théologales, et qu'il les aura exécutées postérieurement à l'achèvement du tombeau et à son transport à Paris. Notre
hypothèse, comme on voit, bien loin d'être en contradiction avec les renseignements historiques, s'accorde
parfaitement avec ces renseignements ; elle s'appuie, de plus, sur un fait dont personne n'a tenu compte : on ne
peut nier qu'il existe une différence de style très-prononcée entre les statues couchées et agenouillées du roi et
de la reine, et celles des apôtres et des vertus cardinales. On trouve dans les premières un sentiment de vérité,
de grandeur et de simplicité, complétement absent chez les autres. Or, il est impossible de douter que celles-là
aient fait partie du plan primitif de l'édifice, ce qui tend à établir qu'elles en sont contemporaines et conséquemment qu'elles doivent être attribuées à Jean Juste et à François Gentil, le collaborateur que lui donne Félibien ;
mais on peut parfaitement admettre que les vertus, et surtout les apôtres, ont été ajoutées après coup. Ce qui
nous porte à le croire, c'est qu'elles brisent d'une manière désagréable les lignes du monument et les alourdis-
sent singulièrement. Les apôtres jurent d'ailleurs par leurs proportions avec les figures principales, et même avec
les vertus, près desquelles ils semblent des enfants. Ce qui est bien certain, c'est que le goût si faux, si maniéré, et souvent si laid, de la sculpture italienne du XVIe siècle, y est empreint à ce point, qu'on peut douter
qu'elles soient l'ouvrage de Jean Juste, alors même qu'on sait que cet artiste fut envoyé en Italie, par le cardinal d'Amboise, pour y étudier les arabesques de Raphaël.

Le tombeau de Louis XII, construit en marbre blanc provenant d'Italie, dit-on, mais de médiocre qualité,
forme une sorte d'édicule allongé, abritant un sarcophage sur lequel sont couchées les statues représentant le
roi et sa femme à l'état de cadavres, et soutenant, comme un vaste piédestal, les statues qui les figurent vivants,
vêtus avec pompe, et en prière.

Le soubassement, exhaussé sur un socle en marbre noir, à la place duquel se trouvaient jadis deux marches
en marbre blanc, se compose d'un dé en marbre blanc à base et à corniche, et présentant, à ses angles, des an-

(*) Archives curieuses de l'hist. de France, t. III, p. 84.
(**) Les arts au moyen âge, t. I, p. 369.
(***) Art. biographique sur Trebatti, dans la *Biographie universelle* de Michaud.
(****) Magasin pittoresque, 1842, art. Tombeau de Louis XII.

tes ornés de tables en marbre vert. Il est orné de bas-reliefs bien connus, représentant les campagnes de Louis XII en Italie. On y remarque surtout la bataille d'Agnadel et le triomphe du roi entrant à Gênes. Les figures de ces bas-reliefs portent un costume de convention, dans le goût antique.

Sur le soubassement, s'élève un ordre composé d'arcades laissant voir le sarcophage, que recouvre une voûte plate à caissons. Ces arcades sont au nombre de quatre sur chaque grande face, et de deux seulement sur les petites. Elles portent sur des piédestaux dont le dé est orné d'arabesques. Leurs pieds-droits sont garnis, sur leurs quatre faces, de pilastres à base attique, dont les fûts sont aussi couverts d'arabesques généralement maigres et d'une exécution peu habile, mais dont les motifs sont nombreux. On y voit des instruments de musique, les armoiries de France, des canons, des arquebuses en même temps que des vases antiques, des têtes de victimes, des casques, des arcs, des flèches et jusqu'à l'inscription des étendards romains, parodiée de cette façon : S.P.Q.F. Les pilastres latéraux sont moins hauts que ceux de face ; ils sont couronnés par une imposte qui reçoit la retombée d'arcs plein cintre, dont les clefs sont en agrafe et les tympans ornés d'arabesques et de figures de renommées.

Les chapiteaux des pilastres sont capricieusement composés ; quelques-uns le sont avec élégance. Ils sont tous garnis de feuilles d'acanthe dont les contours sont mous et peu gracieux. Au centre de leur tailloir est un fleuron, et les ornements de leurs angles sont contournés en volute. L'entablement sur lequel les pilastres font ressaut a son architrave ornée de perles, d'olives et de feuilles d'eau, ainsi que sa corniche d'oves et de gousses Sur la frise on lit l'inscription suivante :

LVDOVICVS XII DEI GRATIA FRANCOR ^{VM} REX OBIIT ANNO SALVTIS MDXV ANNA BRITANNIÆ DVCIS FILIA VXOR LVDO ^{VICI} XII OBIIT ANNO SALVTIS MDXIV.

Le sarcophage, de forme scaphoïde, est aussi en marbre blanc, moins la corniche, qui est en marbre gris. Il est orné de godrons saillants et porte au centre sur un sphéroïde uni, et à ses extrémités sur des pattes de lion.

Les statues qui ornaient le mausolée étaient au nombre de vingt : 1° les deux statues de Louis et d'Anne, en costume royal, agenouillés les mains jointes devant un prie-Dieu. Ces figures sont des portraits et conséquemment d'un grand intérêt ; 2° les deux statues des mêmes personnages tels qu'ils devaient être après avoir séjourné dans le tombeau. Ils sont représentés couchés sur leurs suaires , la tête renversée en arrière et les mains croisées comme les ont ordinairement les cadavres. L'artiste a voulu rendre la mort dans ce qu'elle a de hideux ; il l'a fait avec un rare talent. Ces chairs affaissées, ces traits flétris, cette ouverture béante pratiquée au bas du thorax pour l'embaumement et d'où s'échappent des vers (*), tout cela est rendu avec tant de vérité, qu'on ne peut se défendre, en le regardant, d'un sentiment d'horreur, que la raison transforme bientôt en admiration profonde ; 3° les quatre vertus cardinales, placées d'abord sur les angles du soubassement, puis enlevées, et aujourd'hui placées sur des piédestaux à l'entrée du chœur. Ces figures lourdes ne nous paraissent pas dues aux mêmes ciseaux que les autres. Elles sont caractérisées : la force, par une colonne sur laquelle elle s'appuie et la peau de lion qui couvre ses épaules ; la justice, par un globe et une épée ; la tempérance, par un frein et une horloge ; la prudence, par un serpent et un miroir ; 4° les douze apôtres : saint Pierre avec ses clefs ; saint Barthélemy et saint Paul, tous deux avec une épée et un livre ; saint Philippe tient un caillou dans sa main : il fut lapidé ; saint Jacques le majeur porte la panetière ; saint Matthieu, son évangile ; saint Jacques le mineur a sa massue ; saint André, sa croix ; saint Thomas, patron des architectes, tient une équerre dans sa main gauche ; saint Mathias est caractérisé par une lance et un livre ; saint Jean, par son évangile, et enfin saint Simon, par sa scie. Toutes ces figures sont horriblement maniérées ; elles affectent des poses impossibles, et présentent des fautes nombreuses de dessin : le saint Jean a le cou si démesurément long qu'il en est grotesque. Les têtes manquent complétement de noblesse, à l'exception d'une ; celle de saint Philippe est même si ignoble, qu'elle est un sujet de plaisanterie pour le vulgaire.

Quatre épitaphes, gravées sur des lames de plomb, fondues en 1793, existaient dans le caveau pratiqué au-dessous du monument et destiné à renfermer les corps. Nous citerons seulement les deux suivantes ; on peut trouver les autres, qui sont beaucoup plus longues, dans l'ouvrage d'Al. Lenoir.

ÉPITAPHE DU ROI LOUIS XII.

« Cy gist le corps avec le cœur de très-haut, très-excellent, très-puissant prince Louis XII, roy de France, lequel très-

(*) Ce sont bien des vers, et non une suture destinée à rapprocher les bords de l'incision, comme beaucoup de personnes le croient.

passa à Paris à l'hostel des Tournelles; le premier jour de janvier l'an 1515. Les entrailles sont avec son père, aux Célestins dudit Paris. »

ÉPITAPHE DE LA REINE ANNE DE BRETAGNE.

> La terre, monde et le ciel ont divisé Madame
> Anne qui fut des roys Charles et Louis la femme.
> La terre a pris le corps qui gist sous cette lame ;
> Le monde aussi retient la renommée et fame
> Perdurable à jamais sans estre blasme-Dame ;
> Et le ciel pour sa part a voulu prendre l'ame.

Nous avons dit, en parlant du jubé de Troyes, que ce que l'architecture de la renaissance possédait de charme, elle l'empruntait au style ogival : le monument que nous étudions nous en fournit la preuve. Ici l'élément gothique ne fait que de disparaître, et déjà les lignes sont remarquables par leur froideur et leur monotonie, et déjà les détails, qui cherchent vainement la légèreté dans la maigreur, ont perdu toute originalité gracieuse et ne sont plus que des pastiches plus ou moins adroitement reproduits. Nous le demandons à tout homme de bonne foi, le tombeau de Louis XII cause-t-il une impression aussi agréable que le tombeau des cardinaux d'Amboise, dont nous avons eu récemment l'occasion d'entretenir nos lecteurs, et décèle-t-il la même richesse d'imagination ? Tous les deux, nous le croyons, sont en contradiction avec la saine philosophie de l'art ; mais au moins, dans l'un, le génie peut se manifester et se manifeste pleinement, tandis que, dans l'autre, les limites où il est enfermé sont si étroites qu'elles l'ont amoindri à ce point qu'on a peine à l'entrevoir. Il faut donc le reconnaître, une décadence si brusque contient un haut enseignement : elle démontre victorieusement combien est pernicieuse l'imitation exclusive et systématique des monuments d'un art étranger à nos souvenirs, qui ne convient ni à nos mœurs, ni à nos matériaux, ni à notre climat.

— **BIBLIOGRAPHIE.** —

1° De la sépulture des roys et reynes de France recueillies par Jean Rabel. M. Paintre. Paris, in-12, 1588.

2° Henri Sauval. Histoire et recherches des antiquités de la ville de Paris. Paris, 3 v. in-fol., 1724.

3° D. Félibien. Histoire de l'abbaye de Saint-Denis. 1 vol. in-fol.

4° Musée des monuments français, par Alexandre Lenoir. Paris, 6 vol. in-8°, 1801.

5° Imbard. Tombeau de Louis XII. Paris, 1 vol. in-fol., pl., 1815.

6° Éméric David. Notice biographique sur Trebatti, dans la Biographie universelle de Michaud.

7° Dusommerard. Les arts au moyen âge, 3 vol. in-8°. Paris, 1838 et années suivantes.

8° Magasin pittoresque, 1842.

TOMBEAU DE LOUIS XII, À ST DENIS.

Sepulcro de Luis decimo segundo en san Dionisio. *Francia*

TOMBEAU DE LOUIS XII. À ST DENIS.

Sepulcro de Luis décimo segundo en san Dionisio. *Elevacion y corte*

ÉGLISE DE JÉSUS, A ROME.

Peu de temps s'était écoulé depuis l'époque de l'institution des Jésuites par le pape Paul III, lorsque le cardinal Alexandre Farnèse, son neveu et l'un des prélats les plus zélés pour l'honneur et la gloire de cette association, voulut lui témoigner, d'une manière ostensible et durable, tout son intérêt et son dévouement; or, dans cet enthousiasme, sa piété le porta tout naturellement à faire construire, pour cette compagnie, une église particulière qu'il voulait dédier à Jésus-Christ, chef et patron du nouvel ordre. Le moment choisi pour l'exécution de cette œuvre d'architecture était encore assez favorable : en effet, quelques-uns des artistes de l'époque dite de la Renaissance existaient encore, et l'on pouvait espérer un monument remarquable; car Alexandre Farnèse, qui était un grand ami et un protecteur des arts, portait une affection toute particulière à l'un d'eux, à Vignole, dont il avait apprécié les nombreux travaux. Le cardinal jeta donc les yeux, pour l'exécution de son projet, sur le talent de cet éminent artiste, et il le chargea positivement d'en composer le plan et les dessins. Pendant que Vignole travaillait à son projet, on s'occupa d'un emplacement convenable pour l'érection de l'édifice. Le choix tomba sur cette partie de Rome qui renfermait les petites églises de Saint-André et de *Santa-Maria della Strada*, situées, à cette époque, au centre de deux ilots ou agglomérations de maisons. Cette détermination prise et le projet de Vignole accepté, le cardinal fit mettre immédiatement la main à l'œuvre. On entreprit vivement les travaux de démolition; et, dès l'an 1568 (quelques auteurs disent 1575), on jeta les fondements de la nouvelle église. Pendant un assez grand nombre d'années, le célèbre architecte dirigea lui-même la construction de son œuvre; mais la mort, qui vint le surprendre pendant le cours de son exécution, en arrêta l'achèvement, et força le pieux donataire à en confier le soin à un autre artiste.

Dans cette conjoncture, le choix du cardinal devait évidemment se porter sur celui dont le talent et la manière se rapprochaient le plus du faire de Vignole : or, qui pouvait mieux que son élève, Jacques de la Porte, continuer l'œuvre du maitre? Alexandre Farnèse nomma donc celui-ci, espérant, sans doute, dans sa fidélité à achever scrupuleusement le monument commencé. Mais le prélat s'était trompé; et de la Porte, comme presque tous les artistes, aux différentes époques de l'art, voulut marquer son action et son passage sur cette œuvre en y introduisant et son goût et ses idées (*). Ce monument subit donc, lors de sa nomination à la place d'architecte, et une modification notable au projet primitif, et l'introduction d'un art étranger qui tranche désagréablement sur lui.

A l'époque de la mort de Vignole, cette construction avait atteint déjà la hauteur de la corniche; aussi, cette partie inférieure seulement peut-elle nous montrer l'art du premier architecte en fait de composition d'églises, art de composition et de distribution utile à étudier sous le rapport des modifications diverses que subirent alors les monuments du culte; espèce de style qu'on pourrait appeler celui de Vignole, mais auquel on a donné la qualification de *jésuitique*. De la Porte exécuta une grande portion de la chapelle de la Vierge, la voûte, la coupole, ainsi que la façade, toutes parties qui présentent un autre caractère, un autre art, une transformation enfin. Au moment donc où l'élève succédait au maitre, une espèce de révolution dans l'art s'opérait à Rome et dans l'Italie. Le caractère, essentiellement antique de la Renaissance, perdait son autorité; et un autre style, plus désordonné que logique, et beaucoup plus capricieux que vrai, tendait à détrôner celui-ci afin de prendre sa place. Quelques artistes, trop épris alors de la recherche du nouveau et d'un prétendu progrès, avaient amené ce déplorable état de choses; et la décoration, dont on faisait un trop grand abus, y contribua pour sa bonne part. Nommer ici le Bernin et Borromini, c'est faire comprendre aussitôt toute la distance qui existe entre Vignole et de la Porte, et l'immense séparation qui se trouve entre l'art de ces deux architectes. Aussi, à partir de l'achèvement du Jésus, l'art et l'architecture en particulier entrent dans une voie nouvelle, et ils prennent définitivement un nouveau caractère.

Les travaux de grosse construction étant achevés, on dut penser à la décoration des différentes parties de l'intérieur. Or, cette époque était surtout celle d'un grand luxe en matière de monuments. Le Bernin décorait et meublait la basilique de Saint-Pierre; on accumula aussi des richesses de tout genre dans l'église de Jésus. C'est alors qu'à l'imitation de la première, on introduisit dans l'œuvre de Vignole tout cet amas de meubles de mauvais goût,

---

(*) La critique a raison d'être sévère à l'égard de ce dernier artiste; car elle ne saurait blâmer trop énergiquement la conduite des divers hommes qui, appelés à terminer une œuvre commencée, font lestement bon marché d'un projet primitif, et ne reculent pas devant les justes reproches de la postérité, dans le seul but et pour l'unique satisfaction de marquer leur passage ou leur coopération, plus ou moins heureuse, à une œuvre qui réclame, avant tout, l'unité de plan et d'exécution. Les exemples de ce peu de scrupule furent malheureusement bien fréquents, ainsi qu'on peut le voir dans l'histoire de l'art; et, depuis une époque déjà ancienne jusqu'à nos jours, il se trouva trop souvent des De la Porte chez toutes les nations.

et qu'on y entassa force stucs, marbres, dorures et peintures, disposés en voûtes, sculptures, plafonds peints, ameublement, etc.—Ainsi constituée, cette église fut et est encore aujourd'hui, sous le rapport de la décoration et des objets précieux qu'elle renferme, l'une des plus riches et des plus somptueuses de Rome.

Le plan du Jésus présente à l'observateur comme une figure de croix latine, déterminée par la disposition de la nef, du transsept et du chœur; et sa distribution, rapprochée de celle que Palladio donna à son église du Rédempteur, à Venise, offre ici, malgré ses modifications, une certaine analogie qu'on ne saurait réellement méconnaître. La longueur du monument, prise dans œuvre, est d'environ 72 mètres, et sa largeur, de 38 à 40 mètres.

Parler de la façade du Jésus, c'est soulever aussitôt toute une question de l'histoire de l'art, et toucher à celle des transformations diverses que subit cette partie des édifices religieux à travers les siècles. En effet, modeste ou peu ornée au temps des basiliques latines et justiniennes, la façade des monuments du culte acquit, depuis le XIᵉ jusqu'à la fin du XVIᵉ siècle, un luxe plus ou moins considérable de décoration. Mais, tout à coup, à cet épanouissement, à cette exubérance, Palladio impose, en préconisant l'emploi d'un ordre unique, la nudité et la monotonie classique de son Rédempteur. Cependant, quelque grande que fût alors l'autorité de l'architecte vénitien, l'art n'entendit pas rester dans le *statu quo*, et de la Porte, en suivant l'exemple de quelques-uns de ses prédécesseurs, voulut sortir de cette voie. C'est à cette époque que s'établit définitivement, comme système de façade d'églises, l'emploi des ordres superposés.

Considérée dans son ensemble et analysée dans ses détails, la façade du Jésus, qu'on peut presque citer comme le prototype de celles des églises jésuitiques de l'Italie et d'une grande partie de l'Europe catholique, présente un caractère et des dispositions à peu près inusitées jusqu'alors. Bien qu'on retrouve dans une église de Perugia, dans celle de Sainte-Marie Nouvelle, à Florence, etc., l'idée première de cette disposition, on doit cependant avouer que ces différentes compositions n'offrent point un système de composition aussi complet. Toutefois, on pourrait admettre que de la Porte s'inspira, peut-être, d'un de ces types, qu'il voulut le modifier et même le développer, en y agençant des frontons, des pilastres, des ailerons, etc., et en constituant, enfin, ce type d'un genre qui fut servilement imité, au XVIIᵉ siècle, par tous les architectes, ses successeurs.

La composition de cette façade présente donc, avons-nous dit, deux ordres de colonnes et de pilastres, superposés l'un au-dessus de l'autre, ce qui divise horizontalement cet ensemble en deux parties. L'inférieure comprend aussi des portes donnant accès dans la nef, et quelques ornements, parmi lesquels on voit le monogramme du Christ, emblème de la compagnie de Jésus; dans la division supérieure paraît une baie centrale, des niches, et surtout ces superbes ailerons, en forme de volute ou de console, dont raffolait l'Europe monumentale au XVIIᵉ siècle. Un fronton triangulaire, au milieu duquel furent placées les armes du fondateur, complète cette façade, qui se termine par une croix d'amortissement.

Entrons maintenant dans l'intérieur de l'église. Ici encore, et lorsqu'on jette un rapide coup d'œil sur les diverses parties de l'œuvre, les impressions sont insolites et étranges. Partout, un luxe, une richesse et une magnificence qui éblouissent, mais que réprouvent le bon goût; car, on y sent les idées dominantes de l'époque, c'est-à-dire, cette manie, cet engouement du bizarre et de la surcharge en matière de décoration, l'action, enfin, du Bernin et de Borromini, mais, plus encore, celle de leurs élèves et de leurs imitateurs, qui surenchérirent, par leurs excentricités, sur les écarts déjà blâmables de ces deux maîtres. L'analyse de cet intérieur forme tout naturellement deux divisions bien tranchées, se rapportant chacune à l'œuvre des deux artistes qui se succédèrent pour l'achèvement de cette construction. Au premier, esprit sévère et tout imbu des idées de la Renaissance classique, reviennent les parties inférieures, celles qui s'élèvent jusqu'à l'attique supportant la voûte; tandis qu'au second appartiennent tous les travaux complémentaires.

Le parti pris par le premier architecte, comme système général de dispositions, n'offre guère en lui-même, à l'exception d'une particularité dont nous allons parler, rien de bien nouveau. Vignole en avait probablement trouvé plusieurs exemples sur lesquels il dut s'inspirer; car plusieurs églises de la Renaissance présentent, en effet, dans leur ensemble, certains motifs qui le conduisirent à la composition de son dessin. Mais un des traits distinctifs de son œuvre, et celui qui caractérise surtout ici la principale nouveauté, consiste particulièrement dans l'agencement de ces espèces de tribunes qu'il sut disposer dans la nef, au-dessus des collatéraux, tribunes dont la place rappelle à l'esprit et le gynécée des basiliques et le triforium des églises du moyen âge.

Ceci posé, faisons une description rapide des parties principales de l'édifice, après quoi, nous aborderons la décoration, sujet qui tient une si grande place dans l'histoire de l'art et de l'architecture jésuitiques.

Une vaste nef compose l'espace destiné aux fidèles qui fréquentent et suivent les offices religieux. Vignole la forma de deux rangées d'arcades dont les pieds-droits sont ornés de pilastres accouplés, d'une espèce d'ordr corinthien; et, à droite et à gauche, il plaça des chapelles qui devaient supporter les tribunes dont nous avons parlé. Là s'arrête, pour cette nef, l'œuvre du premier architecte, et commence celle du second. Or, pour quiconque examine attentivement ces deux parties, la différence est on ne peut plus facilement saisissable· En effet, aux lignes calmes et tranquilles du classique Vignole, aux profils purs et étudiés de cet architecte célèbre, succèdent tout à coup les formes les plus bizarres et les combinaisons les plus excentriques, superposition qui, par son agencement, forme ici une combinaison hétérogène produisant le plus choquant contraste. Que dire, en vérité, de l'attique et de la voûte, pour lesquels de la Porte paraît s'être torturé l'esprit afin de trouver, à l'imitation du Borromini, des dispositions et des profils qui tranchent si malheureusement sur ceux employés par son maître? Comment blâmer assez toute cette bizarrerie de dessin et de formes donnée aux stucs d'ornement ou de figure? Il y a là tout un monde et un art nouveaux, qui jurent à côté de l'œuvre du premier architecte. Au reste, à quoi bon vouloir décrire ici tous les éléments constitutifs de cette partie supérieure de l'église; nous préférons renvoyer nos lecteurs à l'examen de nos planches, bornant seulement notre rôle à leur signaler l'existence des deux arts qui concoururent à l'achèvement du monument.

Le transsept du Jésus est, à peu de choses près, ce qu'il pouvait être à cette époque : une nef, placée transversalement sur l'axe de la grande nef et du chœur, avec croisillons formant chapelles, et la partie centrale surmontée d'une coupole érigée, à l'aide de pendentifs, sur les piliers d'angle. La seule importance de cette partie de l'édifice consiste particulièrement dans sa décoration. Quant à la composition architectonique, elle est aussi des deux artistes précités, et elle reproduit, dans son ensemble, les mêmes dispositions que la nef, c'est-à-dire, un ordre de pilastres, des tribunes, une corniche, un attique et une voûte en berceau (*).

Nous ne faisons que mentionner le chœur, dont les dispositions particulières rappellent l'ordonnance générale de l'édifice. — Il y a aussi fort peu de chose à dire de la coupole et de sa forme. Peu élevée en elle-même, elle affecte un dessin et des proportions lourdes et disgracieuses.

On doit, et pour les mêmes raisons, passer assez rapidement sur la nudité des murs extérieurs, et se contenter seulement de signaler ici la présence de massifs contre-forts, destinés à supporter la poussée de l'énorme voûte en berceau qui couvre la nef centrale.

Telles sont, en peu de mots, les notions principales qui se rapportent plus spécialement à la construction proprement dite de cet édifice. — Mais, tout n'est réellement pas dit, à propos des églises jésuitiques et à propos de celle de Jésus en particulier, qui passe, avec raison, pour le prototype du genre, lorsqu'on a traité de cette question; car, on pourrait presque admettre que ces monuments n'ont été érigés qu'en vue de la décoration, tant il y a, chez eux, abus et exubérance de la chose. En effet, marbres précieux et variés, stucs, dorures, sculptures, peintures, etc., tout y est répandu avec une profusion telle, qu'on est frappé comme de stupeur lorsqu'on vient à pénétrer dans quelqu'une des églises appartenant à cet ordre. Aussi, mentionner le Jésus, *Santa-Maria in Vallicella*, etc., c'est rappeler aussitôt tout ce déluge de décoration dont furent noyées, aux XVIe et XVIIe siècles, les églises de Rome et de l'Italie, celles de l'Espagne, de la France, des Pays-Bas, etc., monuments dans lesquels on a jeté, à pleines mains, l'or, le marbre et les couleurs, transformés en travaux de décoration ou en meubles religieux !

La sculpture, la peinture et l'ameublement composaient donc, par leur combinaison, cette seconde partie des églises dites jésuitiques. Entrons alors, à propos de celle de Jésus, dans quelques détails sur chacune des diverses branches de sa décoration.

En ce qui concerne la sculpture et les stucs proprement dits, couvrant ici les surfaces rectilignes et curvilignes des parties supérieures de l'édifice, une chose frappe surtout, lorsqu'on les considère : c'est d'abord, relativement aux figures, un style qui participe incontestablement des œuvres de la statuaire contemporaine, entièrement sous l'influence des travaux du Bernin et de son école; c'est-à-dire, un système maniéré et mouvementé qui consiste surtout dans des poses souvent peu naturelles, et dans une disposition de draperies voltigeantes, accusant une action aérienne qui n'existe réellement pas. Passant ensuite à la sculpture d'ornements, il y a encore lieu de blâmer l'exubérance et la surcharge des motifs, entassés sans goût et sans discernement les uns à côté des autres, de telle manière que l'œil, fatigué de toute cette étrange combinaison, ne peut plus bien saisir le véritable parti pris par l'artiste. C'est donc un entassement, un mélange confus de mille motifs divers qu'on vient grouper, combiner, agencer, superposer, sans autre but que celui de faire ainsi une œuvre, qu'on croyait brillante et de bon goût, lorsqu'au contraire on ne produisait que la surcharge et le papillotage.

(*) Nous ne parlons point ici de la décoration qu'y ont ajoutée postérieurement et le père Pozzi et Pierre de Cortone. Pour cela, nous renvoyons nos lecteurs aux vues que nous avons données des autels de Saint-Ignace et de Saint-François Xavier, érigés chacun dans l'un des croisillons du transsept.

Maintenant, passons à la peinture décorative, qui est encore un des traits caractéristiques des églises de la compagnie de Jésus; car elle y atteignit quelquefois des proportions vraiment considérables. Mais, à ce sujet, nous devons dire aussi, pour être vrai, qu'on doit peut-être en attribuer la cause aux Jésuites eux-mêmes, dont plusieurs se sont faits, en ce genre de travaux, un nom et une réputation; et, pour ne citer ici que le plus célèbre, nous nommerons particulièrement le père Pozzi, dont les principales œuvres se voient encore dans quelques églises de Rome, et surtout au Jésus. Le père Pozzi avait, ainsi que tous les artistes célèbres, son cachet propre; or, quiconque a pu examiner une ou plusieurs de ses productions, connaît littéralement toutes les autres. Ce sont, en général, des sujets religieux, des espèces de gloires et d'apothéoses, disposées quelquefois au centre d'une grande composition architecturale en perspective, et exécutées sur des surfaces curvilignes, telles que voûtes, coupoles, culs-de-four, pendentifs, etc. : c'était là un genre qu'il affectionnait particulièrement, et auquel il consacra presque tous ses instants. Comme on le pense bien, le genre du père Pozzi fit école dans l'art de la décoration picturale des églises : aussi, voit-on, à partir de cette époque, son emploi se combiner à la sculpture, aux stucs, aux dorures, aux bronzes, aux marbres précieux et variés, et contribuer, par son concours, à ce système d'ornementation qui tombe presque toujours, par sa surabondance, dans une lourdeur disgracieuse. Toutefois, il faut l'avouer, les travaux du père Pozzi et ceux des artistes sortis de son école continuaient encore, d'une façon bien modifiée il est vrai, les traditions de l'emploi de la peinture comme système de décoration à l'intérieur des églises; et ces œuvres, bien qu'empreintes du caractère contemporain de l'art, n'en offrent pas moins une des transformations de cet art lui-même, dans son application aux monuments religieux, depuis les timides essais des catacombes, les mosaïques basilicales et les travaux de l'ère romane et des époques postérieures. Quoi qu'il en soit donc, nous signalons à nos lecteurs, comme une chose intéressante dans l'histoire de l'art, les œuvres du père Pozzi à l'église de Jésus.

Cependant, la décoration des églises jésuitiques ne se restreignit pas à la seule ornementation des parties architectoniques ou à celle des surfaces extérieures et intérieures de l'édifice; les cérémonies et les pratiques du culte réclamèrent encore l'usage et l'emploi de certains monuments d'une dimension secondaire, qu'on désigne généralement sous la dénomination spéciale de mobilier ou d'ameublement religieux. Cette dernière division de la partie décorative comprend ici les autels, les clôtures, la chaire, les orgues, etc., tous les meubles enfin qui furent établis dans les diverses parties du Jésus, à des époques diverses, mais postérieures à son achèvement. Nous ne parlerons ici que des deux principaux, de l'autel de Saint-Ignace et de celui de Saint-François Xavier.

On doit au père Pozzi le dessin du premier autel : c'est, sans contredit, une des œuvres les plus riches et les plus somptueuses de la décoration jésuitique. Son ensemble se compose d'un soubassement en marbre, destiné à supporter la grande composition disposée en forme de retable. Quatre colonnes, munies de piédestaux et surmontées d'un entablement, ont reçu, comme couronnement, une espèce de fronton coupé dans lequel on a placé un groupe représentant la Trinité. Les colonnes sont couvertes de lapis-lazuli et de bronze doré, et cette dernière substance constitue aussi la matière des chapiteaux et des bases. Le groupe qu'on a disposé au milieu du fronton est en marbre blanc. Entre les colonnes dont nous venons de parler, se trouve une large niche revêtue de marbres précieux et variés; elle renferme la statue en argent du fondateur de l'ordre; enfin, à droite et à gauche, on voit encore deux groupes, dont l'un représente la Religion terrassant l'Hérésie; et l'autre, la Foi adorée par les nations barbares.

Le deuxième autel, celui qui s'élève à l'autre extrémité du transsept, fut composé par Pierre de Cortone. Bien que moins important sous le rapport de la richesse, il offre cependant, comme disposition générale, une certaine analogie avec le premier. On y retrouve, en effet, un soubassement au-dessus duquel naissent des colonnes surmontées d'un entablement et d'un fronton coupé, dont le centre est occupé par un groupe représentant ici l'apothéose du grand missionnaire des Indes. Toute cette composition, qui pèche, comme celle qui lui fait face, et par son caractère et par son exécution, est aussi formée des matériaux les plus précieux.

Nous ne nous étendrons pas davantage sur les autres pièces de ce mobilier; car la description du maître autel de de la Porte, celle des clôtures, de la chaire, des sculptures et des peintures de tous les artistes qui concoururent à la décoration du Jésus, n'offriraient ici que des redites inutiles.

— BIBLIOGRAPHIE. —

1° Rossi. *Insignium Romæ templorum Prospectus*. Rome, 1684, in-fol., pl.
2° Barbault. Les édifices de Rome moderne, etc. Rome, 1763, in-fol.
3° Vasi. Itinéraire instructif de Rome. Rome, 1806, 2 vol. in-12, pl.
4° Quatremère. Dictionnaire d'Architecture. — Vies des Architectes.
5° Nibby. Itinéraire de Rome et de ses environs. Rome, 2 vol. in-12, pl.
6° Letarouilly. Édifices de Rome moderne. Paris, in-fol., pl.

Iglesia de Jesus en Roma. *Italia*

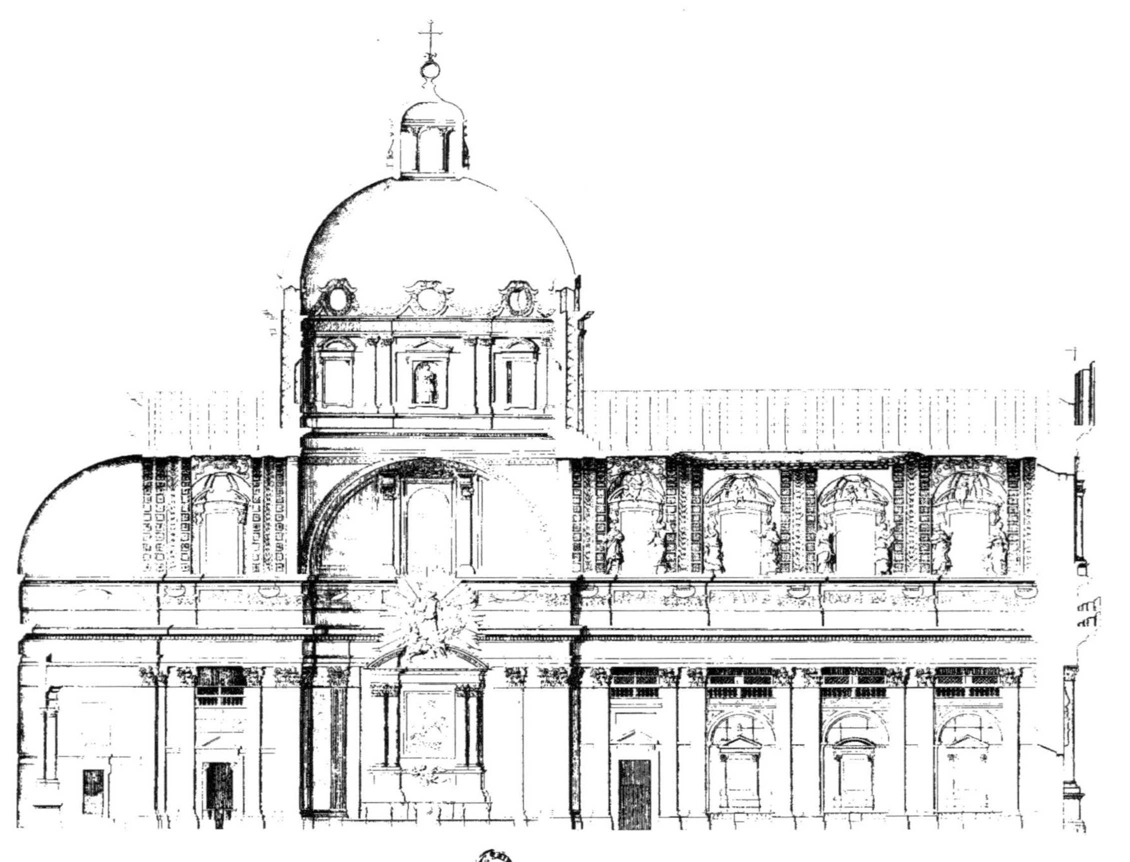

ÉGLISE DE JÉSUS, À ROME.

Iglesia de Jesus en Roma _(Corte longitudinal)_

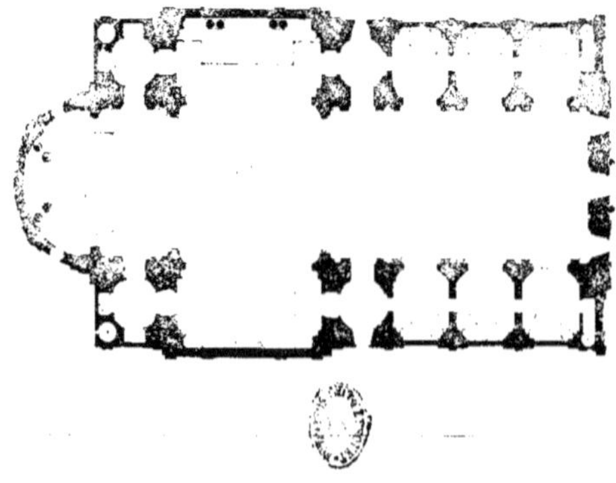

Iglesia de Jesus en Roma — *Plan y bóveda*

ÉGLISE DE JÉSUS, À ROME.

Iglesia de Jesus en Roma. — Capilla de San Ignacio.

Iglesia de Jesús en Roma

ÉGLISE DE SAINT-IGNACE, A ROME.

Les services importants que les Jésuites avaient rendus à la papauté en se faisant les défenseurs du catholicisme dans la lutte engagée contre la réforme protestante, les missions brillantes qu'ils accomplirent dans le Nouveau Monde, et l'éclat que jetèrent surtout quelques-uns des membres de cette compagnie, tels qu'Ignace de Loyola, François Xavier, etc., portèrent bientôt l'Église reconnaissante et ses ministres à leur donner non-seulement des témoignages de leur gratitude, mais aussi à vénérer leur mémoire en leur rendant, après leur mort, un culte particulier qui se manifesta publiquement par la canonisation de plusieurs d'entre eux; et l'ordre, par ce fait, se vit élevé au rang des plus illustres associations. Or, cet honneur et cette canonisation devaient trouver des personnages disposés à les traduire, d'une manière ostensible et durable, par la construction de quelques monuments affectés à la pratique de ce culte dont les honorait la papauté. On voit, en effet, à partir de cette époque, surgir, à Rome et dans un grand nombre d'autres villes de la catholicité, une série de monuments religieux, une certaine quantité d'églises qui furent spécialement placées sous le vocable des membres canonisés de cette célèbre compagnie, et l'initiative de ces constructions honorifiques être prise, dans la métropole chrétienne, par les prélats les plus éminents. L'église dont nous allons esquisser ici l'histoire et faire connaître les dispositions particulières, se rattache à une pensée analogue, et elle doit son origine et sa fondation à l'un des plus hauts dignitaires de l'Église romaine.

Les sentiments particuliers que portait à la compagnie de Jésus le cardinal Louis Ludovisi, neveu de Grégoire XV, l'engagèrent, vers le commencement du XVIIe siècle, à manifester d'une manière éclatante la vénération qu'il avait vouée au chef de cet ordre, par l'érection d'un monument qu'il plaça sous son vocable avec la destination de consacrer, dans les siècles futurs, son tribut d'admiration pour lui. Cette pensée arrêtée, le cardinal manda l'artiste Domenico Zampieri, pour qu'il eût à en composer le plan ainsi que les dispositions. Dominiquin se mit immédiatement à l'œuvre, et présenta bientôt deux dessins à cet effet; mais, par un motif que l'histoire n'a point fait connaître, aucun des deux projets ne fut accepté. Ce fut probablement alors que le cardinal, choisissant, parmi les pères jésuites, l'un de ceux qui s'occupaient d'art et plus particulièrement d'architecture, donna cette mission au père Horace Grassi. Il lui remit, dit-on, les deux projets qu'avait composés le Dominiquin; et le père Horace, empruntant à l'un et à l'autre ce qui lui paraissait le plus convenable, en forma une nouvelle composition qui fut définitivement adoptée. Vivement affecté de ce procédé, Zampieri refusa, dès ce moment, tout concours à l'œuvre, et il l'abandonna même, alléguant qu'on avait dénaturé sa pensée. Néanmoins, Ludovisi passa outre : il prit les mesures nécessaires pour faire commencer la construction; et, dans le courant de l'année 1626, il en posa lui-même la première pierre. Mais les travaux ne durent point être poussés avec une bien grande activité; car elle ne fut terminée qu'après la mort du cardinal (1685), et grâce encore à un riche legs de 200,000 écus romains qu'il avait laissés à cette destination. Toutefois, il n'était point réservé au père Grassi de pouvoir en achever seul la construction; puisque, par un fait que nous ignorons (et qui peut être celui de sa mort), le soin de la terminer en fut départi à un autre. Or, le choix tomba sur l'Algarde, qui compléta l'intérieur et fit aussi le dessin de la façade.

Un demi-siècle s'écoula donc entre la fondation de cette église et son achèvement, période durant laquelle l'art subit quelques transformations; aussi, lorsqu'on compare le style de l'intérieur avec celui de la façade, remarque-t-on une différence notable, et peut-on apprécier, à cette comparaison, tout l'espace que les artistes lui ont déjà fait parcourir.

Pris dans son ensemble, ce monument offre toutes les qualités et tous les défauts qui sont le cachet particulier aux édifices construits pendant le XVIIe siècle; cependant, on doit avouer, pour être juste, que, comme composition et décoration, celui-ci accuse un peu moins de lourdeur dans les formes et les détails, qui, néanmoins, tiennent encore, pour la plupart, de ceux du Jésus. Nous présentons donc ce type comme une des variétés du genre, et comme l'un des exemples les plus intéressants parmi les transformations que subit cette architecture pendant le cours de son existence.

Le plan de cet édifice, dont les dispositions principales rappellent celles du Jésus, décrit la figure d'une croix latine, et se compose d'une grande nef avec bas côtés, d'un transsept surmonté d'une coupole, et d'une apside, toutes parties qui rentrent, à l'exception de quelques modifications, dans les données particulièrement propres aux églises jésuitiques.

L'Algarde ne fit guère un bien grand effort de génie lorsqu'il composa la façade de ce monument; car on aperçoit aisément qu'il dut s'inspirer de l'œuvre de la Porte; cependant nous devons remarquer qu'il sut y mettre un peu plus de sagesse et y introduire des formes moins lourdes et moins disgracieuses. Quant à sa composition, ce sont toujours deux étages ou deux ordres d'architecture superposés, l'un corinthien et l'autre composite. L'étage inférieur est orné de trois portes, ouvertes dans les axes de la nef et des collatéraux ; des niches et des cartouches complètent cette partie. Au-dessus règne un large entablement. La décoration de l'étage supérieur se compose d'une baie centrale, accompagnée de deux niches et de ces malheureux ailerons dont on fit un si déplorable usage à cette époque ; un fronton triangulaire couronne cet ensemble.

Comme caractère, l'intérieur de cette église a aussi son cachet de l'époque : on y sent encore les idées borrominesques et les œuvres des artistes de cette école ; mais l'art y est plus calme et moins tourmenté, et il se rapproche, sous le rapport des lignes, des dispositions générales employées par Vignole à l'église de Jésus. Cet intérieur est formé d'une grande nef, composée de deux files d'arcades, entre lesquelles se trouvent des pilastres corinthiens ; et ces arcades, qui sont un peu trop basses par rapport à l'ordre des pilastres, laissent, à leur sommet, un certain champ qu'on a rempli de motifs de sculpture où paraissent les armoiries du fondateur. Un entablement assez simple couronne cette partie, au-dessus de laquelle s'élève un attique servant de base à la voûte ; enfin des baies, ouvertes, de chaque côté, dans des pénétrations ménagées sur les faces inférieures du berceau, introduisent la lumière dans l'intérieur de l'église. Les arcades de la nef dont nous avons parlé donnent accès aux collatéraux, qui sont décorés de nombreux autels ; de petites coupoles surmontent chacune des divisions de ces bas côtés, et forment ainsi comme autant de petites chapelles distinctes.

Mais, à Saint-Ignace comme à l'église de Jésus, les deux croisillons du transsept reçurent une décoration dans laquelle brillent au plus haut degré ce luxe et cette magnificence de mauvais goût qui étaient particulièrement usités au XVIIe siècle. Deux riches et somptueux autels, composés de marbres précieux et de bronzes dorés, présentent, sous le rapport de la composition, tous les caractères de l'architecture jésuitique : c'est un assemblage incohérent de colonnes torses, de frontons coupés, de figures et d'ornements divers ; un tout, enfin, qui n'a aucun analogue, et qu'on ne trouve qu'à cette époque de la décadence de l'art.

Une coupole, dont on aperçoit l'élévation extérieure sur notre planche, surmonte la partie centrale du transsept. Comparée à celle du Jésus, elle offre ici certaines modifications caractérisées par son élancement, élancement qui tient surtout à la forme ovoïde qu'on lui a donnée. Quant à sa composition et à sa décoration extérieures, il n'y a réellement rien à en dire ; elles ressemblent, à très-peu près, à celles des autres églises de Rome construites, à l'imitation du dôme de Saint-Pierre, pendant le XVIIe siècle.

Mais ce qui constitue, surtout aux yeux des Romains et des Italiens, la part de célébrité qu'ils veulent donner à cet édifice, consiste dans ce genre de décoration bizarre qui fit invasion à la fin du XVIe siècle et au commencement du XVIIe, dont les églises de Jésuites ou autres présentent un si grand abus : il s'agit de cet emploi, de cette surcharge et de cette combinaison des stucs, des marbres, des bronzes, et particulièrement de la peinture appliquée aux voûtes des édifices religieux ; or, dans cette dernière branche de l'art, le père jésuite Pozzi s'acquit, comme l'on sait, une réputation, plus ou moins méritée, pour les œuvres qu'il a produites dans certaines églises de son ordre, au nombre desquelles se trouve celle de Saint-Ignace. En effet, les peintures qui décorent la voûte de la nef ainsi que le chœur sont comptées parmi les productions les plus remarquables sorties de son pinceau ; elles renferment, comme les autres, tous ces tours de force qu'il s'étudiait à trouver pour rendre, sur une surface concave ou en berceau, des effets d'architecture en perspective dont il encadrait ses compositions.

Au reste, envisagée ici au point de vue des phases ou transformations diverses que subirent l'architecture, la sculpture et la peinture au XVIIe siècle, cette église présente ici un sujet d'étude assez intéressant, et on peut la considérer comme un des types sur lesquels il est plus facilement donné d'apprécier quel était, à cette époque, l'état misérable de l'art italien, soit à Rome ou dans les autres villes de ce pays ; car, tout y est souvent agencé dans un système qui sent la dépravation. Aux règles du bon sens et du goût avaient succédé le caprice et la manie du bizarre ; et le siècle, qui accepte trop souvent, par esprit de changement, les idées même les plus ridicules, encouragea, par des éloges ou par son approbation, les écarts des artistes qu'une critique sévère aurait fait rentrer dans une voie meilleure. Sur lui donc, plus que sur les artistes, doit retomber, peut-être, le blâme que tout cet art, dit jésuitique, a mérité d'encourir.

— **BIBLIOGRAPHIE.** —

1° Rossi. *Insignium Romæ templorum prospectus,* etc. Rome, 1684, in-folio, pl.
2° Barbault. Les édifices de Rome moderne, etc. Rome, 1763, in-f°, pl.
3° Vasi. Itinéraire instructif de Rome, etc. Rome, 1806, 2 v. in-8°, pl.
4° Quatremère. Dictionnaire d'architecture.— Vies des architectes.
5° Nibby. Itinéraire de Rome et de ses environs.

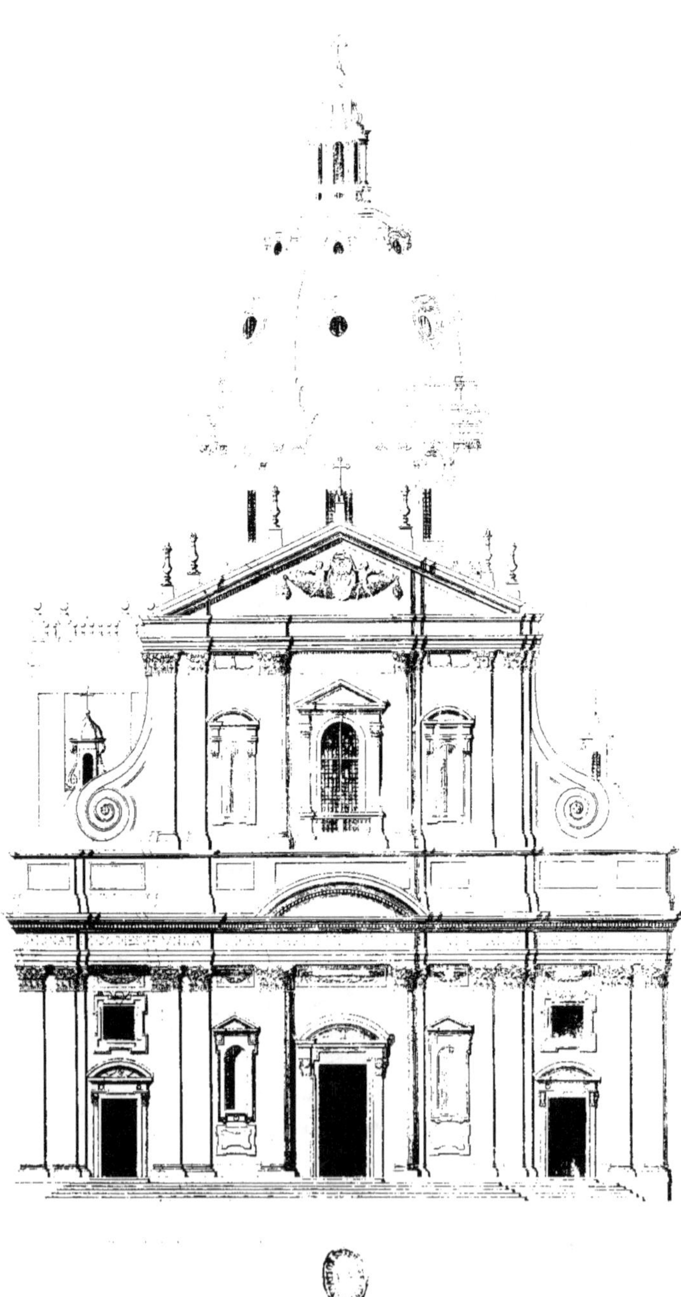

Iglesia de San Ignacio en Roma.

ÉGLISE DE Sᵗ-GERVAIS ET Sᵗ-PROTAIS A PARIS.

Nous avons dit ailleurs (*) quelle fut l'origine de l'église dédiée à saint Gervais et à saint Protais ; nous avons signalé aussi les divers changements qu'elle subit jusqu'au commencement du XVIIᵉ siècle ; il nous reste maintenant à faire connaître la dernière modification qu'elle reçut lors de l'érection de sa façade, un des morceaux d'architecture les plus renommés de l'école française.

Œuvre à peu près complète de style ogival, l'église de Saint-Gervais éprouva, comme tous les monuments inachevés de son époque, les conséquences inévitables de cette grande révolution arrivée aux XVᵉ et XVIᵉ siècles, nommée *la Renaissance*, révolution qui apparaît dans quelques-unes de ses parties. Altérée déjà par l'introduction d'un élément étranger à son caractère primitif, cette église dut encore subir, un peu plus tard, une dernière injure et voir un nouveau style s'enter sur son corps hybride et défiguré. L'art, d'ailleurs, se modifiait ; et, dans la succession continuelle de ses phases diverses, il arriva qu'au moment où l'on devait mettre la dernière main à cet édifice, en lui élevant une façade, il arriva, disons-nous, que les idées n'étaient plus alors les mêmes que celles qui en avaient construit le chœur, les nefs et les transsepts. A cette époque, la Renaissance marchait à grands pas vers son déclin ; elle allait perdre sans retour cette élégance et cette pureté de formes que lui avaient données, dans leurs créations, les maîtres célèbres de l'Italie, tout pénétrés qu'ils étaient des beautés de l'art antique. Les architectes et les sculpteurs des règnes de Louis XII, François Iᵉʳ et Henri II, avaient aussi produit leurs œuvres ou étaient morts ; et ces ouvrages, qui eussent dû servir de modèles à leurs successeurs, étaient à la veille de se voir entièrement dédaignés des artistes du siècle postérieur, épris, comme il arrive toujours, de nouveautés, souvent même les plus ridicules et les plus blâmables. L'art donc, dans sa marche changeante, devait recevoir une nouvelle transformation, et l'Italie, qui influa plusieurs fois sur lui, devait encore lui imposer ses lois.

Des imitations plus ou moins heureuses des œuvres de Vignole, modifiées selon les pays, soit dans les formes, soit dans les détails, en passant par les mains d'architectes divers, couvrirent bientôt l'Europe d'édifices qui trahissent à peu près tous une même communauté d'origine. Ce genre d'architecture, ou si mieux l'on préfère ce style, dont le principal type se voit à Rome dans l'église de Jésus, commencée par Vignole et terminée par Jacques de la Porte, son élève, reçut, comme on le sait, le nom d'*Architecture Jésuitique* ou des Jésuites, et on la reconnaît à des caractères distinctifs qu'on retrouve sur tous les monuments religieux érigés alors dans les différentes villes de l'Europe où les membres de cette compagnie s'établirent.

Ce genre d'architecture, qui n'est pas moins curieux qu'intéressant à étudier, comme une des pages de l'histoire de l'art, mérite ici une mention spéciale ; car nous remarquons, dans la façade de l'église de Saint-Gervais, une influence et une analogie modifiées, il est vrai, de ces constructions jésuitiques, et nous regardons cette œuvre comme le point de départ de ce style dans notre pays et l'époque où les idées de Vignole, alors très-en vogue en Italie, furent introduites en France. C'était, au reste, le moment où Marie de Médicis, alors veuve de Henri IV, faisait construire le Luxembourg, et où l'architecte Jacques de Brosses (**), à qui elle avait confié cette entreprise, poursuivait, d'une manière qui répondait à ses désirs, l'exécution de ce palais. La construction n'était point encore achevée, que de Brosses reçut de nouveaux ordres : on le chargea d'élever une des plus grandes façades d'églises modernes qui existent en France, celle de Saint-Gervais et de Saint-Protais, à Paris. Le 16 juillet 1616, le roi Louis XIII en posa lui-même la première pierre ; et les travaux, qui durèrent cinq ans, ne furent terminés qu'en 1621.

De Brosses a fait, dans l'élévation de ce portail, l'emploi de trois des ordres de l'architecture gréco-romaine, repris à l'époque de la Renaissance ; et l'on doit convenir qu'il les a disposés avec art et d'une manière assez heureuse pour en former la décoration d'une devanture d'église dont la masse était étroite par rapport à sa hauteur. Les trois ordres choisis par l'architecte furent le dorique, l'ionique et le corinthien.

Le premier ordre, à rez de chaussée, se compose de huit colonnes, dont les quatre collatérales sont engagées d'un sixième dans le vif du mur, tandis que les quatre autres, formant l'avant-corps du milieu, ou simulacre de portique, s'adossent à des pilastres de même ordonnance. Il est probable que la saillie de cet avant-corps, sur le reste du portail, a sans doute autorisé de Brosses à le surmonter du fronton triangulaire qui couronne l'entrée de l'église. Quant à l'entablement, il offre, dans sa corniche et sa frise, des mutules, des triglyphes, ainsi que des métopes, avec ou sans ornements. Trois portes, une grande et deux petites, donnent accès dans l'édifice; celle du milieu, en plein cintre, est décorée d'une archivolte qui vient retomber sur des impostes régnant le long du mur; des chambranles et des frontons circulaires servent de décoration à celles des côtés; enfin, cet ensemble a reçu pour base un socle saillant, auquel on montait autrefois par un escalier de quatre marches.

Ce premier ordre est surmonté d'un piédestal ou soubassement, sur lequel s'élève, mais en diminuant de diamètre, l'ordre ionique, dont la disposition, qui est à peu près semblable au dorique, présente huit colonnes accouplées, une baie en plein cintre avec archivolte et deux niches, ornées naguères des statues de saint Gervais et de saint Protais. La principale différence consiste dans l'entablement, qui offre une frise bombée, et qui, au dorique, est continu sur la porte, et, dans l'ionique, ressaute au-dessus de la grande fenêtre; les piédestaux suivent aussi les ressauts de l'entablement.

L'ordre supérieur, ou corinthien, pose, comme l'ionique, sur un piédestal; mais la composition de cet étage se borne seulement à quatre colonnes, séparées par une grande fenêtre cintrée et archivoltée; ces colonnes, qui règnent sur l'avant-corps, sont surmontées d'un fronton circulaire orné de statues et terminé par une croix fixée sur un globe. A droite et à gauche de cette partie supérieure, on avait placé dans l'origine, comme accompagnement décoratif, des groupes de figures représentant, avec celles qui ornent les rampants des frontons, les quatre Évangélistes.

Après avoir donné une description complète, quoique succincte, de cette œuvre, il convient maintenant de faire connaître à nos lecteurs les opinions diverses qui en ont été émises par différents juges. Procédant par ordre chronologique, nous dirons donc que si, d'un côté, Blondel, dans son *Architecture Française*, en fait une critique trop minutieuse, qui n'est pas toujours exempte de reproches, de l'autre, M. Legrand, moins partial à notre avis, et d'accord avec M. Quatremère, sut rendre une certaine justice à de Brosses, en lui tenant compte des difficultés qu'il eut à vaincre en cette circonstance, difficultés que ces deux critiques ont, au reste, fort bien signalées et développées dans leurs ouvrages, où nous allons les extraire pour les offrir comme le complément indispensable de notre notice.

Ce portail, dit M. Legrand, a joui d'une très-grande célébrité, parce que sa grande échelle, la forte saillie de ses membres, opposés à la maigreur du style ogival ou à la délicatesse des petits ordres employés dans ces temps voisins de la renaissance de l'art, ont produit une forte impression; son ensemble présente, en effet, de l'unité, de l'harmonie, et son aspect pyramidal, qui plaît à l'œil, fait parcourir avec intérêt des détails habilement enchaînés dans une masse fière et imposante.

Complétant la pensée de Legrand, M. Quatremère, qui n'est pas moins explicite, ajoute que quelques reproches que le goût puisse faire au genre des devantures d'églises ou des portails à plusieurs étages et en placage, on est forcé d'avouer que l'architecture, au renouvellement des arts, ayant hérité en ce genre de la procérité des élévations du style ogival et de la hauteur de leurs nefs avec les bas côtés, il se trouve peut-être là un problème difficile à résoudre par le système des ordres réguliers et selon les lois de l'unité. On doit donc, continue-t-il, d'autant moins adresser à de Brosses le reproche de ce goût, que, forcé de se conformer à une élévation qu'il ne pouvait ni corriger, ni modifier, il n'a pas eu le choix du genre. Ajoutons, dit-il encore, que, dans l'obligation où il s'est trouvé d'en faire l'emploi, il a su, par la sévérité des formes et la régularité des ordres, introduire dans son ensemble un vrai mérite, qui lui a procuré une réputation durable. Il serait aussi inutile qu'il serait peut-être injuste de soumettre l'ouvrage de de Brosses à une censure de détails que ce genre de portails ne saurait comporter, et que celui-ci, surtout, mérite beaucoup moins que d'autres. On ne peut pas s'empêcher de reconnaître que cet architecte, par un caractère assez prononcé de formes et de profils, par un style assez mâle quoique tendant à la lourdeur, a su racheter le manque d'effet et l'espèce d'insipidité d'un parti de décoration, qui ne parle ni à l'imagination, ni aux yeux. Disons toutefois qu'il a su faire entrer plus de sagesse et d'harmonie qu'on en vit depuis dans les nombreuses imitations qui en ont été produites à Paris.

BIBLIOGRAPHIE.

1° Blondel (J. F.), Architecture Française, ou Recueil des plans, élévations, coupes et profils des églises, maisons royales, palais, hôtels et édifices les plus considérables de Paris, etc.; Paris, 1752-56, 4 vol. in-f°, planches.

2° Legrand et Landon, Description de Paris et de ses édifices, avec un Précis historique et des observations sur le caractère de leur architecture, et sur les principaux objets d'art et de curiosité qu'ils renferment; Paris, 1808-1816, 2 vol. in-8°, planches.

3° Coussin (J. A.), Du génie de l'Architecture. Ouvrage ayant pour but de rendre cet art accessible au sentiment commun, en le rappelant à son origine, à ses propriétés, à son génie, etc.; Paris, 1822, 1 vol. in-4°, planches.

4° Quatremère de Quincy, Dictionnaire d'Architecture, articles : *De Brosses* et *Portail*; Paris, 2 vol. in-4°.

5° Quatremère de Quincy, Histoire de la vie et des ouvrages des plus célèbres architectes du XIe siècle jusqu'à la fin du XVIIe siècle, etc.; Paris, 1830, 2 vol. grand in-8°, planches.

ÉGLISE DE ST GERVAIS ET ST PROTAIS A PARIS.

Iglesia de San Gervasio y San Protasio en Paris. *Francia*

ÉGLISE DE S^T-PAUL — S^T-LOUIS A PARIS (*).

Les Jésuites ne possédaient encore à Paris qu'un noviciat, rue du Pot de Fer, dont l'église fut bâtie, en 1588, par le frère Martel Ange, lorsque le cardinal de Bourbon, oncle de Henri IV, voulant leur fonder une maison professe, fit présent à cette compagnie, le 12 janvier 1580, d'une grande habitation qu'il avait acquise de Madeleine de Savoie, duchesse de Montmorency. Cette habitation avait successivement porté le nom d'*Hôtel de Rochepot* et *de Danville*; elle communiquait de la rue Saint-Paul à celle de Saint-Antoine. Multipliant ses bienfaits en leur faveur, le cardinal fit encore construire une chapelle, qu'on plaça sous le vocable de saint Louis. Dès 1582, la maison et cette chapelle portaient ce nom, et les Jésuites, qui les occupaient, s'appelèrent les *Prêtres de la maison de Saint-Louis.*

La société ayant pris, à cette époque, un grand développement, la chapelle devint insuffisante; mais Louis XIII, par ses libéralités, les mit bientôt en état d'en construire une autre : il leur accorda, en 1619, un emplacement où se trouvaient les fossés et les murs de l'ancienne enceinte de Paris. La compagnie résolut alors de faire élever, sur ce terrain, une nouvelle église qu'on mettrait encore sous le même patronage. A cet effet, les jésuites François Derrand et Martel Ange présentèrent chacun un projet. Le frère Martel Ange, homme habile dans son art, s'était proposé d'imiter l'église de Jésus, à Rome. Derrand présenta un plan tout entier de sa composition, et il fut adopté. Derrand dirigea et surveilla lui-même l'exécution des travaux.

Le 16 mars 1627, Louis XIII, en présence de François de Gondy, archevêque de Paris, posa la première pierre de cette église. Joignant, un peu plus tard, ses libéralités à celles du monarque, le cardinal de Richelieu fit les frais de la façade; elle fut élevée en 1634, et une inscription, placée au-dessous de ses armes, rappela cette munificence. Terminée en 1641, l'église fut ouverte le 9 mai de la même année; ce jour, le cardinal de Richelieu y célébra la première messe, et le roi, la reine et Gaston d'Orléans, qui y assistaient, reçurent la communion des mains mêmes du cardinal. En 1764, une réaction contre les membres de la compagnie de Jésus avait fait supprimer cette société et fermer leur maison et leur église. Le roi Louis XV, ayant été informé que les bâtiments qu'occupaient, rue Saint-Antoine, les chanoines réguliers de l'ordre du Val des Écoliers, réunis en 1635 à la congrégation de Sainte-Geneviève du Mont, menaçaient ruine, les mit en possession de ceux des Jésuites, ainsi que de leur église; les religieux génovéfains conservèrent cette nouvelle demeure jusqu'à la révolution de 89. A cette époque, l'église de Saint-Louis fut transformée en dépôt des bibliothèques des monastères de Paris, et on y entassa pêle-mêle environ un million deux cent mille volumes, dont on vendit les trois quarts à raison de quinze centimes le demi-kilogramme. Cette affectation, toute fâcheuse qu'elle était, eut néanmoins cet avantage de préserver l'édifice des dégradations et des profanations auxquelles beaucoup d'autres se trouvèrent exposées (**).

La partie la plus saillante de cette église est sans contredit sa façade : plus importante que beaucoup d'autres, où l'on ne retrouve point ce luxe et cette surabondance d'ornements de tous genres qui constituent un des caractères distinctifs de cette architecture jésuitique, elle doit être considérée comme un des spécimens les plus curieux et les plus intéressants pour l'étude du style de cette époque. Lorsqu'on jette les yeux sur cette élévation, on est frappé de son analogie de disposition avec la façade de l'église de Saint-Gervais; mais, dès qu'on passe à la comparaison et à l'analyse de ses parties, on est bientôt forcé de reconnaître que l'œuvre de de Brosses l'emporte, sous tous les rapports, sur celle de son concurrent.

L'ensemble de cette façade présente trois ordres superposés; les deux premiers sont corinthiens, et le troisième, ou supérieur, composite. A rez-de-chaussée, une grande porte, accompagnée de deux petites, se trouve surmontée d'un fronton circulaire, où se voyaient autrefois les armes du cardinal de Richelieu. L'étage intermédiaire a reçu, dans sa partie centrale, une décoration de forme elliptique, au milieu de laquelle apparaissait le monogramme du Christ, cet emblème sacré de la compagnie de Jésus; à droite et à gauche, deux niches ornées renfermaient les statues de saint Ignace de Loyola, fondateur de l'ordre, et de saint François-Xavier, l'apôtre des Indes. Enfin, l'ordre supérieur se compose de quatre colonnes seulement, séparées par une niche où était placée la statue de saint Louis, surmontée des armes de France; un fronton triangulaire, couronné d'une croix et d'autres ornements, complète la décoration de cette façade.

Afin de mieux faire comprendre à nos lecteurs ce que dut être cette œuvre dans son origine, nous avons essayé de lui rendre, sur notre planche, toute la richesse de son ornementation primitive, en nous servant, pour ce travail, de la monographie publiée en 1643 par le père Derrand lui-même (***). Nous devons ajouter,

(*) Ce double vocable lui fut donné en 1802, lorsque après la destruction de l'église de Saint-Paul, qui lui était contiguë, elle devint, de succursale, la paroisse de ce quartier.

(**) Les églises de Paris, *Notice sur l'église de Saint-Paul-Saint-Louis,* page 171.

(***) Bibliothèque royale, *Section des Estampes,* Topographie de Paris, *Quartier de l'Arsenal,* Tome II

toutefois, que ce portail n'offre plus aujourd'hui le luxe des sculptures qui en couvraient jadis les différentes parties, et que, si d'un côté ces suppressions lui ôtèrent son cachet particulier aux constructions jésuitiques, de l'autre, le monument, débarrassé de cette surcharge parasite, y gagna sous le rapport des lignes et de l'ensemble.

Il y a longtemps, dit Saint-Victor, que ce morceau d'architecture a été jugé comme une composition bizarre, chargée de beaucoup trop d'ornements, d'un style pesant, et n'offrant, dans cette profusion de richesses, qu'une confusion désagréable. Quoiqu'une partie de cette sculpture, ajoute Legrand, ait disparu pendant la révolution, il en reste cependant encore assez pour attester le mauvais goût de l'ancienne, qui, associée avec une multitude de colonnes engagées et de profils de frontons, de tables saillantes et d'enroulements, déplaît même à l'œil le moins exercé. M. Quatremère pense que Derrand, peut-être pour distinguer son portail de l'église Saint-Gervais, où les trois ordres se succèdent en élévation, imagina de placer dans le sien trois ordres corinthiens l'un sur l'autre ; car le prétendu composite qui termine le frontispice n'est, dans la réalité et encore plus pour l'apparence, qu'un corinthien. Rien n'était donc plus propre à faire de cette composition un chef-d'œuvre de monotonie. Cette fastidieuse répétition, jointe au peu de saillie et à l'absence de tout mouvement dans ce frontispice à placage, n'a pas peu contribué à augmenter la célébrité de l'ouvrage de de Brosses ; quoique, si l'on en croit la tradition, Derrand se fût flatté d'en faire, par le parallèle, tomber la célébrité.

L'intérieur de cette église rappelle beaucoup, mais sur une échelle moins vaste, les grandes constructions jésuitiques de l'Italie. Là, comme à Rome, nous retrouvons une grande nef formée de deux files d'arcades sur piédroits ornés de pilastres corinthiens, qui soutiennent un entablement sur lequel portent les retombées de la voûte. Dans les bas côtés sont des chapelles surmontées de tribunes qui servent de décoration à la partie supérieure de la nef ; cette disposition de tribunes aura peut-être inspiré à Bruant celles dont il orna un peu plus tard la chapelle des Soldats dans l'hôtel des Invalides. Les transsepts renferment encore deux chapelles, dédiées autrefois, l'une à saint Ignace de Loyola et l'autre à saint François-Xavier ; enfin un dôme, couronné d'une lanterne, s'élève au point d'intersection des bras de la croix, et le chœur est terminé par un hémicycle.

Il nous faut renoncer à décrire en détail la profusion des sculptures qui ornent encore les parties élevées de l'intérieur de cette église, telles que frises, bandeaux, pendentifs, voûtes, pénétrations, clefs de voûte, tympans, etc. ; l'observateur y trouverait d'ailleurs trop à redire sous le rapport de l'exécution et du goût. Nous nous contenterons donc de la signaler ici comme un exemple de ce luxe de décoration dont on faisait alors un si grand abus, ainsi qu'on le remarque à Rome plus particulièrement dans les églises de Jésus, de Saint-Ignace, de *Santa-Maria in Vallicella*, etc., qui ont peut-être inspiré Derrand dans l'ornementation de son œuvre.

Tel est encore aujourd'hui l'état dans lequel se trouve l'église dédiée à saint Louis, que des rois, des princes et des bienfaiteurs particuliers avaient, par leurs munificences, fondée et embellie, mais que la révolution n'a point épargnée ; car, si nous devons à leur position inattaquable la conservation intacte des sculptures qui ornent les parties élevées de l'intérieur de cet édifice, en revanche le vandalisme révolutionnaire, dans les excès de sa brutalité aveugle, détruisit presque tout ce qui se trouvait à sa portée. Ainsi, l'on regrettera toujours la perte de plusieurs morceaux vraiment curieux et fort remarquables, auxquels se rattachaient de grands et d'augustes souvenirs. Nos lecteurs comprennent déjà que nous voulons parler ici non-seulement du tombeau des Condé, ce magnifique monument de bronze, dû au talent de Jacques Sarrazin, et qui décorait la chapelle de saint Ignace, mais aussi de ces anges en argent, de grandeur naturelle, œuvres de J. Sarrazin et de Coustou, placés, d'une manière neuve et originale, de chaque côté du maître-autel, et qui portaient, dans des urnes, les cœurs de Louis XIII et de Louis XIV. Malheureusement, il faut encore ajouter à la liste de ces pertes artistiques et monumentales, d'autres morceaux non moins importants, parmi lesquels nous citerons d'abord le rétable du maître-autel par Germain Pilon, grand bas-relief de bronze représentant une Descente de Croix ; puis, une chaire à prêcher, exécutée en fer, à jour, par François le Lorrain, offerte en présent par Gaston d'Orléans, frère de Louis XIII ; plusieurs tombeaux érigés à la mémoire de personnages illustres ; et enfin, un assez grand nombre de tableaux estimés des écoles de France et d'Italie.

La tourmente révolutionnaire passée et les jours de calme revenus, l'église de Saint-Louis fut rouverte et rendue au culte ; mais alors on la vit nue et dépouillée, elle était veuve de ses monuments ; la plus grande partie avait été détruite ou dispersée.

BIBLIOGRAPHIE.

1 Legrand et Landon, Description de Paris et de ses édifices, etc.; Paris, 1806-1818, 2 vol. in-8°, planches.

2 Quatremère de Quincy, Dictionnaire d'Architecture, article *Derrand;* Paris, 2 vol. in-4°.

3 Roquefort (de), Dictionnaire historique et descriptif des monuments religieux, civils et militaires de la ville de Paris; Paris, 1826, in-8°.

4° Dehansy, Notice historique sur Saint-Paul-Saint-Louis, à Paris.

5° Clairfontaine (de), Notice sur l'église de Saint-Paul-Saint-Louis, dans : *les Églises de Paris;* Paris, 1842, 1 vol. grand in-8°, planches.

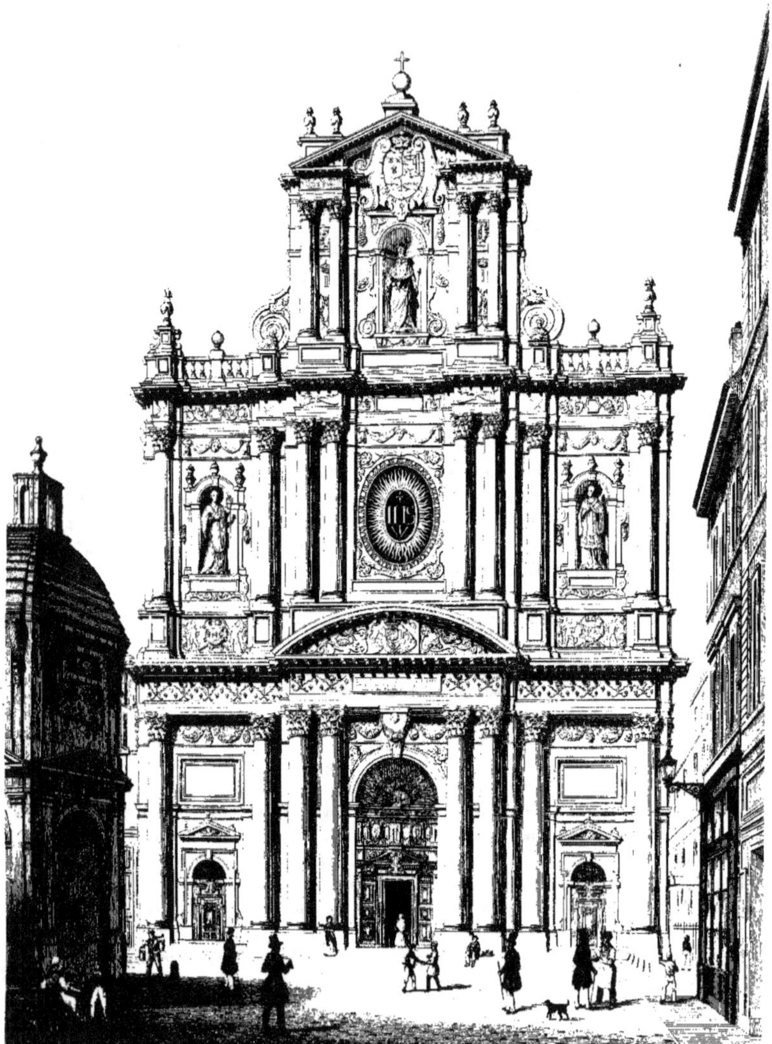

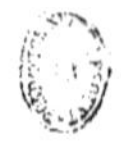

ÉGLISE DE St PAUL-St LOUIS À PARIS.

Iglesia de San Pablo San Luis en Paris (Francia)

ÉGLISE DE L'HOTEL DES INVALIDES A PARIS.

Lorsque Louis XIV fit construire l'Hôtel des Invalides, et qu'il eut ainsi assuré l'existence des derniers jours de nos militaires mutilés pour l'honneur et la gloire de la France, non-seulement il voulut qu'on prévît tous leurs besoins, mais il songea aussi à adoucir leurs souffrances en y ajoutant les consolations de la religion; la construction d'une église entra donc dans le plan général du monument. Déjà Libéral Bruant avait répondu aux ordres du monarque en élevant la Chapelle des Soldats, dont l'architecture, quoique assez simple, ne manque cependant pas d'un certain caractère; mais les désirs du grand roi n'étaient point satisfaits : il lui fallait plus de grandeur et de magnificence. Mù par un sentiment de rivalité nationale, et voulant surpasser, moins en proportions qu'en élégance et en richesse, ce qui avait été fait dans les autres pays, c'est alors sans doute qu'il fit appeler Mansart, et que l'ordonnateur général des bâtiments conçut l'idée d'embellir la chapelle par un dôme, qui ne put trouver sa place qu'à l'extrémité de l'œuvre de Bruant, ce qui dut inévitablement produire deux églises à la suite l'une de l'autre, et sans aucun rapport entre elles. Quoi qu'il en soit, dit M. Quatremère de Quincy, ce fut pour Mansart une difficulté de plus à résoudre, et l'on convient généralement qu'il y eut de l'habileté à lier, comme il le fit, la construction de son dôme à celle de l'église, en opérant assez heureusement le raccordement des deux architectures.

Un an à peine s'était écoulé depuis que les invalides avaient pris possession de leur hôtel, lorsqu'en 1675 on commença les premières constructions de l'église, et il ne fallut pas moins de trente années pour terminer les travaux de ce vaste et magnifique monument.

L'édifice forme, comme on l'a dit, deux parties distinctes : la *Chapelle* ou Église des Soldats, œuvre de Libéral Bruant, l'architecte de l'Hôtel des Invalides, et le *Dôme* ou Église Royale, que Jules Hardouin Mansart fut chargé d'y ajouter, et qui passe, avec raison, pour un des plus beaux qui soient en Europe. L'entrée de l'église est située, du côté du nord, au fond de la cour royale; celle du dôme a son portail du côté du sud; on a donné à cette porte le nom de *Portail du Roi* ou *Porte Royale*, parce que le roi entre de ce côté lorsqu'il se rend dans cette église.

L'*Église des Soldats* (*voyez* A, *planche de détails, fig.* 1re) est spécialement destinée aux militaires invalides et aux fonctionnaires de l'établissement; elle a 62 mètres 37 centimètres de long sur 24 mètres 39 centimètres de large, y compris les bas côtés. La nef, assez étroite pour sa longueur, est décorée de dix-huit arcades, surmontées de tribunes, entre lesquelles sont vingt pilastres corinthiens, couronnés d'un entablement du même ordre (*). Des deux rangs d'arcades, l'inférieur communique aux bas côtés, le supérieur sert aux tribunes. Trente-six fenêtres à plein-cintre éclairent les ailes et les tribunes, et dix-huit autres fenêtres s'ouvrent encore dans les pénétrations de la voûte; les bandeaux qui servent de décoration à cette voûte, et un autre bandeau qui règne sous la clef tout le long de l'église, sont ornés de rosaces, de fleurs de lis et de couronnes; enfin, un jeu d'orgues d'une très-belle exécution surmonte la porte d'entrée, et, dans la nef, on voit aussi, contre un des piliers de droite, une chaire en marbre d'un assez bon dessin.

La grande arcade du midi se compose de pilastres corinthiens de la même hauteur que ceux de la nef; ils sont engagés dans une partie en demi-cercle, qui sert de sanctuaire particulier au-devant du maître-autel; cette arcade a pour imposte le même entablement corinthien qui porte la voûte. L'arc doubleau de l'arcade dont il est ici question (*Voyez planche de détails, fig.* 3) est orné de sculptures représentant divers symboles de la religion. Dans un compartiment, qui est sous la clef, on remarque un triangle rayonnant, au milieu duquel se lit le mot hébreu : JEHOVA; ce triangle, emblème de la Trinité, est entouré d'anges prosternés et en adoration. Plusieurs autres sujets religieux, tels que l'arche d'alliance, le saint sacrement, etc., décorent le développement intérieur de l'arcade.

Le *Sanctuaire* (*voyez* B, *planche de détails, fig.* 1re), qui sépare les deux églises, a 17 mètres 54 centimètres de longueur de l'orient à l'occident, sur 14 mètres 69 centimètres de largeur du nord au midi, et 26 mètres 39 centimètres de hauteur jusque sous la clef de la voûte; il est de forme ovale, et relie l'Église des Soldats au Dôme par deux sacristies rondes (C) qui y sont jointes de part et d'autre au dehors, et par une ouverture au dedans où est l'emplacement du maître-autel. Ce sanctuaire est éclairé par quatre fenêtres ornées de bas-reliefs; deux figures de femmes sont assises sur les bandeaux des fenêtres basses aux côtés d'une console d'où pendent des festons et des fleurs, et les figures de la Foi et de l'Espérance, de la Charité et de la Libéralité décorent les deux autres fenêtres. Toute la voûte du grand sanctuaire du dôme est peinte ou dorée; deux magnifiques tableaux de Coypel, représentant la Trinité et l'Assomption de la Vierge, excitent parti-

(*) Au-dessus de l'entablement se trouvent suspendus les drapeaux conquis à différentes époques sur l'ennemi.

culièrement l'attention. L'espace occupé par ces deux grands sujets affecte une forme semi-circulaire, renfermée entre l'archivolte et les impostes de la grande arcade du chœur et un arc-doubleau rampant en plein cintre sous la voûte dont il sépare les peintures ; cet arc-doubleau, beaucoup plus élevé que l'arc du chœur, et une autre archivolte qui est vis-à-vis du midi, sont l'un et l'autre entièrement dorés et richement ornés de sculptures, dues au ciseau de Paul Boutet.

Au milieu du sanctuaire on remarque le maître-autel (D) ; il est composé de deux tables adossées, dont l'une regarde l'église de l'hôtel et l'autre celle du dôme ; cette dernière sert de contre-retable à celle de l'hôtel, qui est bien moins élevée. On monte de celle-ci à l'autre par deux rampes qui sont aux côtés de l'autel. Le maître-autel (*) est formé de six colonnes, groupées trois à trois, dorées et garnies d'épis de blé, de pampres et de feuillages. Au-dessus de l'entablement, et à plomb de chaque colonne, sont des anges de grande proportion ; quatre de ces anges concourent à supporter les retroussis des rideaux d'un baldaquin richement orné de broderies fleurdelisées et garnies de campanes retroussées avec des glands ; les deux autres anges sont tournés du côté du tabernacle, tenant un encensoir à la main ; deux petits chérubins embrassant un globe surmonté d'une croix, couronnent le baldaquin.

Au delà, et sur la même ligne, se trouve l'*Église du Dôme* (*Voyez* E, *planche de détails, fig.* 1re), dont les peintures et les sculptures sont l'ouvrage des plus habiles artistes du siècle de Louis XIV : La Fosse, Coypel Jouvenet, Boullongne, Coustou, Girardon, Coysevox, Van Clèves, etc.

Le plan général de l'œuvre de Mansart forme un carré parfait qui a 54 mètres 57 centimètres en tous sens, dans lequel se dessine une croix grecque dont les bras sont à peu près égaux, et au centre desquels s'élève le dôme. Quatre chapelles circulaires, surmontées d'un petit dôme peint à fresque, occupent les angles du carré ; elles sont dédiées aux Pères de l'Église latine : saint Jérome (F), saint Augustin (G), saint Ambroise (H) et saint Grégoire (I) ; deux autres chapelles, placées dans les bras de l'est et de l'ouest, furent consacrées à la Vierge (K) et à sainte Thérèse (L). Le pavé, entièrement de marbre, est décoré d'une grande mosaïque dans le genre italien. Le plan du dôme présente, à l'intérieur, la forme d'un octogone composé de quatre grands côtés où sont les arcades, et de quatre petits qui sont la masse même des piliers, dont le milieu est ouvert par un passage voûté qui donne entrée aux chapelles circulaires dont on a parlé. Les bras de la croix, ou les quatre petites nefs, sont ornés de pilastres corinthiens accouplés, soutenant un entablement qui règne aussi en avant des piliers du dôme, mais que décorent huit colonnes, deux à chaque pilier, lesquelles paraissent n'être appliquées là que pour servir de support à un balcon.

Au-dessus des pendentifs, qui sont décorés de peintures représentant les quatre Évangélistes, se trouvent un entablement et un attique en mosaïque, orné des médaillons en bas-relief de douze de nos rois. Douze croisées, garnies de riches chambranles, éclairent cette partie du dôme ; elles sont séparées par 24 pilastres accouplés d'ordre composite, qui servent à porter le dernier entablement, où naît la première voûte. Des arcs-doubleaux, ornés de caissons, parcourant la courbe interne de la voûte, et répondant aux pilastres, s'élèvent jusqu'à la corniche, et encadrent de grandes peintures de Jouvenet, représentant les douze Apôtres. Le milieu de cette voûte, qui est tronqué, forme une ouverture circulaire, à travers laquelle on aperçoit une seconde voûte affectant la forme d'un sphéroïde surhaussé, que décore la grande peinture de La Fosse, et qui sert de couronnement. Ce morceau, qui passe avec raison pour un chef-d'œuvre, représente *saint Louis entrant dans la gloire des bienheureux* ; il est éclairé par des jours pratiqués avec beaucoup d'art dans la seconde coupole, et qu'on ne peut apercevoir que par dehors dans l'attique du dôme. La grande calotte intérieure de ce dôme est toute de pierre. Au-dessus est une immense et magnifique charpente faite avec un art infini ; elle est revêtue de plomb, de manière à la garantir des injures du temps.

La façade méridionale déploie avec majesté tout le luxe de son architecture (**). C'est elle qui fixe l'attention par sa magnifique ordonnance et par la justesse de ses proportions, dont toutes les parties répondent parfai-

---

(*) La révolution, dont l'archéologie a plus qu'aucune autre science le droit de déplorer les dévastations et les excès, n'épargna guère l'église des Invalides qu'elle transforma d'abord en un *Temple de l'Humanité*, et plus tard en un *Temple de Mars*. La chaire, le grand autel de marbre à colonnes torses, etc., ceux des chapelles du dôme, les statues qui ornaient les niches de ces chapelles, ainsi que celles placées sur différentes parties de l'édifice, ont été détruits. En 1811, lorsque Napoléon ordonna que les bâtiments de l'hôtel fussent rétablis selon le plan primitif et le dôme redoré, l'autel de marbre fut aussi reconstruit, mais il subit alors plusieurs modifications. La coupe (*Voyez planche de détails, fig.* 2) donne cet autel dans son état primitif.

(**) L'ensemble du monument aurait été encore plus imposant de ce côté, si l'on avait exécuté les colonnades et les pavillons qui entraient dans le projet général ; le lecteur pourra juger de cet ensemble par le frontispice de la monographie de Félibien.

tement à la beauté du dôme qui s'élève au-dessus. Ce dôme est d'une aisance si extraordinaire dans ses dimensions générales, si juste dans la combinaison de ses lignes, et d'une légèreté si admirable dans son exécution, qu'on le regarde non-seulement comme une des plus belles conceptions d'architecture qui soient en Europe, mais encore comme le plus étonnant chef-d'œuvre de pondération.

Cette façade est décorée d'un portail à deux différents ordres d'architecture, composés de colonnes et de pilastres : l'ordre dorique en bas, et l'ordre corinthien au-dessus. Un grand perron de quinze marches sert à monter sous le portique de l'église qui est en avant-corps. Ce portique est formé de six colonnes doriques, derrière lesquelles se trouve un pareil nombre de pilastres. Quatre de ces colonnes occupent le devant, et les deux autres sont près de la porte de l'église ; quatre autres colonnes, moins avancées que les précédentes, accompagnent de chaque côté deux niches dans lesquelles on a placé les statues de Charlemagne et de saint Louis. Au-dessus de l'entablement dorique s'élève un ordre corinthien de colonnes qui correspondent à l'ordre de dessous. A droite et à gauche sont deux bas-reliefs représentant des trophées ; puis, au-devant de quatre pilastres, on remarque les statues de la Prudence, de la Force, de la Justice et de la Tempérance. L'avant-corps du milieu est couronné par un fronton qui portait dans son tympan l'écusson des armes de France. Une croix, accompagnée des statues de la Foi et de la Charité, surmontait encore le fronton, et, avant la révolution, on voyait, aux angles de l'édifice, et à la hauteur de la balustrade, quatre groupes, chacun de deux figures ; ils représentaient huit docteurs de l'Église, quatre de l'Église grecque et quatre de l'Église latine.

L'ensemble du dôme comprend trois parties : le stylobate, la tour et l'attique. Quarante colonnes composites s'élèvent sur un soubassement qui a pour but d'élancer le monument, afin d'en faire mieux voir à distance toutes les parties. Trente-deux de ces colonnes forment huit massifs qui servent de piliers buttants au dehors (*), et les huit autres sont placées dans les quatre axes de l'édifice ; une balustrade à jour couronne l'entablement de cette partie. L'attique, au-dessus de l'ordre composite, est décoré de douze croisées qui éclairent la grande peinture du dôme (**). Huit contre-forts, en consoles (***), et ornés de sculptures, contribuent encore à son embellissement et à sa solidité ; le tout est surmonté par une corniche qui supporte des candélabres, derrière lesquels s'élève la coupole, dont le galbe est formé, dans la courbe extérieure, comme à Saint-Paul de Londres, par une charpente recouverte en plomb ; les sculptures qui la décorent sont d'une très-grande richesse. De larges côtes ornées, correspondant aux massifs du dessous, encadrent de grands trophées militaires qui sont couronnés par des casques dont les ouvertures servent à éclairer la charpente intérieure du dôme. Enfin une campane surmonte le dôme, et sert de base à une élégante lanterne à jour, qui est terminée par un petit clocher orné d'un globe crucifère. La hauteur totale du monument, depuis le sol extérieur jusqu'au sommet de la croix, est de 100 mètres 70 centimètres.

Nous ajouterons, pour compléter cette notice, les considérations suivantes que nous empruntons au docte M. Quatremère de Quincy (****) :

Mansart n'ayant pu, comme on l'a déjà dit, faire du dôme des Invalides autre chose qu'une addition ou un prolongement à l'église déjà terminée, il fut obligé de lui donner une entrée particulière et un frontispice du côté où l'édifice aboutit à la campagne. Ce frontispice fut conçu ou composé, et il ne pouvait guère l'être autrement, à l'effet de s'accorder avec l'élévation du dôme, ce qui justifie beaucoup mieux qu'ailleurs le système alors régnant des portails à plusieurs ordres l'un au-dessus de l'autre. Une justice à rendre à l'architecte, c'est que cette composition, formée de deux ordres, dorique et corinthien, offre une meilleure ordonnance que beaucoup d'autres portails de ce genre ; qu'elle se raccorde avec une grande régularité aux parties latérales de l'édifice, et qu'au moins l'œil n'y est pas blessé par l'emploi de ces contre-forts en forme d'ailerons, dont les contours bizarres déparent le plus grand nombre de ces devantures d'église.

Si l'on apprécie maintenant le goût de Jules Hardouin Mansart dans la composition et l'exécution de ce grand

---

(*) Mansart usa comme Michel-Ange de colonnes accouplées et adossées pour servir de contre-forts à la tour de son dôme ; mais ces contre-forts en colonnes, au lieu d'être distribués par masses égales au nombre des fenêtres, en faisant corps avec l'ensemble, ne forment que huit contre-forts, ce qui produit dans l'ordonnance générale et dans le profil de l'entablement de grandes parties en ressaut, dont l'effet est d'altérer à la fois l'unité et l'harmonie de la distribution. (Quatremère de Quincy. *Dictionnaire d'architecture*).

(**) C'est la seule coupole bâtie jusqu'alors qui ait deux étages de fenêtres.

(***) Avant la révolution, ces consoles étaient accompagnées de seize grandes statues représentant un prophète, saint Jean-Baptiste, les douze Apôtres, saint Paul et saint Barnabé.

(****) *Histoire de la vie et des ouvrages des plus célèbres architectes.*

ensemble, on doit dire que c'est, sans comparaison, de tous ses ouvrages celui où il a porté le plus de sagesse et d'élégance. Les plans et les élévations de ces sortes de monuments ne sauraient guère être jugés avec la sévérité que comportent les édifices susceptibles de formes pures et de dispositions simples. Lorsque surtout le grand et le simple ont déjà marqué, dans quelque mémorable monument, le plus haut point où l'art puisse atteindre, il ne reste plus, pour innover, qu'à se distinguer par des qualités secondaires.

Après que la coupole de Saint-Pierre de Rome eut été exécutée dans les vastes dimensions qu'on lui connaît, par le génie non moins vaste de Michel-Ange, cette coupole devint le point d'imitation de tous les architectes ; mais elle fit aussi le désespoir de ceux qui furent chargés de semblables entreprises. Il ne pouvait plus se présenter d'occasion de rivaliser en grandeur, en hauteur, en majesté, avec la basilique de Saint-Pierre. Refaire simplement en petit ce qui avait été fait en si grand, n'eût paru qu'une redite insipide. Jules Hardouin aux Invalides, et Christophe Wren dans Saint-Paul de Londres, parvinrent toutefois à se frayer, surtout dans la disposition intérieure, quelques routes nouvelles.

Nous avons parlé de la nouveauté des piliers percés par des arcades au dôme des Invalides. Mais une invention plus ingénieuse de Mansart fut celle de ces trois voûtes concentriques, les deux intérieures en pierre, l'extérieure en charpente, qui s'élèvent sur la voûte du dôme. En triplant ainsi sa voûte, il eut l'avantage de pouvoir donner à sa calotte extérieure une hauteur proportionnée au dehors de tout son ensemble. Mais, vu le diamètre de 75 pieds auquel se réduit la largeur de la coupole dans l'intérieur, il n'est pas difficile de se figurer quelle eût été la disproportion de cette mesure avec celle d'une hauteur de 220 pieds. Mansart, en outre, sut tirer de la combinaison de ses trois voûtes le moyen le plus heureux d'éclairer les compositions de la voûte peinte dont on a parlé.

La critique qui s'exerce sur de semblables monuments doit prendre en considération une multitude de circonstances et de conventions diverses auxquelles l'architecte est trop souvent obligé de faire plier son art et son goût. Rien n'est plus ordinaire que d'être comme forcé de sacrifier, soit aux besoins de la solidité, soit aux convenances de la décoration, soit aux procédés de construction, le grand principe de l'unité de plan et d'élévation. Pour peu qu'on prétende à faire du nouveau, on tombe aisément dans le bizarre. Or, on doit reconnaître que l'architecte du dôme des Invalides s'est tenu dans un milieu encore fort raisonnable, entre la sévérité des formes et cet excès de relâchement que l'usage avait déjà introduit dans les combinaisons de l'art de bâtir et de décorer.

Généralement l'édifice se recommande par une construction très-soignée, par une exécution précieuse, par une application de détails et de profils réguliers. On n'y trouve presque point de formes biaises, de lignes contournées, d'ornements parasites. Il n'y a rien sans doute qu'on puisse appeler classique ; mais rien aussi n'y contrarie les principes essentiels de l'art. Ajoutons qu'il offre un ensemble de richesse et d'élégance, où la légèreté s'unit à la solidité, où la variété ne détruit point l'unité, et dont l'aspect excite ce sentiment d'admiration qui impose silence à la critique.

BIBLIOGRAPHIE.

1° Le Jeune de Boulencourt, Description générale de l'Hostel royal des Invalides, établi par Louis le Grand dans la plaine de Grenelle près Paris, avec plans, profils et élévations de ses faces, coupes et appartements ; Paris, 1683, in-fol., planches.

2° Félibien (J. F.), Description de l'église royale des Invalides ; Paris, 1706, in-fol., planches.

3° Granet (Jean-Joseph), Description de l'Hôtel royal des Invalides, où l'on verra les secours que nos rois ont procurés dans tous les temps aux officiers et soldats hors d'état de servir, enrichie d'estampes représentant les plans, coupes et élévations géométrales de ce grand édifice, avec les excellentes peintures et sculptures de l'église, dessinées et gravées par Cochin ; Paris, 1736, in-fol., pl.

4° Pérau (l'abbé), Description historique de l'Hôtel royal des Invalides, avec les plans, coupes, élévations géométrales de cet édifice, et les peintures et sculptures de l'église, dessinées et gravées par Cochin ; Paris, 1756, in-fol., planches.

5° Blondel (J. F.), Architecture française, ou Recueil des plans, élévations, coupes et profils des églises, maisons royales, palais, hôtels et édifices les plus considérables de Paris, etc., etc. ; Paris, 1752-56, 4 vol. in-fol., planches.

6° Legrand et Landon, Description de Paris et de ses édifices, avec un Précis historique et des observations sur le caractère de leur architecture, et sur les principaux objets d'art et de curiosité qu'ils renferment ; Paris, 1806-1818, 2 vol. in-8°, planches.

7° Description de l'Hôtel royal des Invalides, précédée de quelques réflexions historiques sur ce monument, depuis sa fondation jusqu'à nos jours ; Paris, 1823, in 8°, planches.

8° Quatremère de Quincy, Dictionnaire d'Architecture, articles : *Coupole, Dôme* et *Mansart* ; Paris, 2 vol. in-4°.

9° Quatremère de Quincy, Histoire de la vie et des ouvrages des plus célèbres architectes du XI⁰ siècle jusqu'à la fin du XVII⁰, etc. ; Paris, 1830, 2 vol. grand in-8°, planches.

10° Cotte (de), Collection de dessins (Bibliothèque royale de **Paris**, *Section des Estampes*, n⁰ˢ 5290 et 5291).

Iglesia de los Inválidos en Paris. *Francia*

Iglesia de los Inválidos en París. *(Francia)*

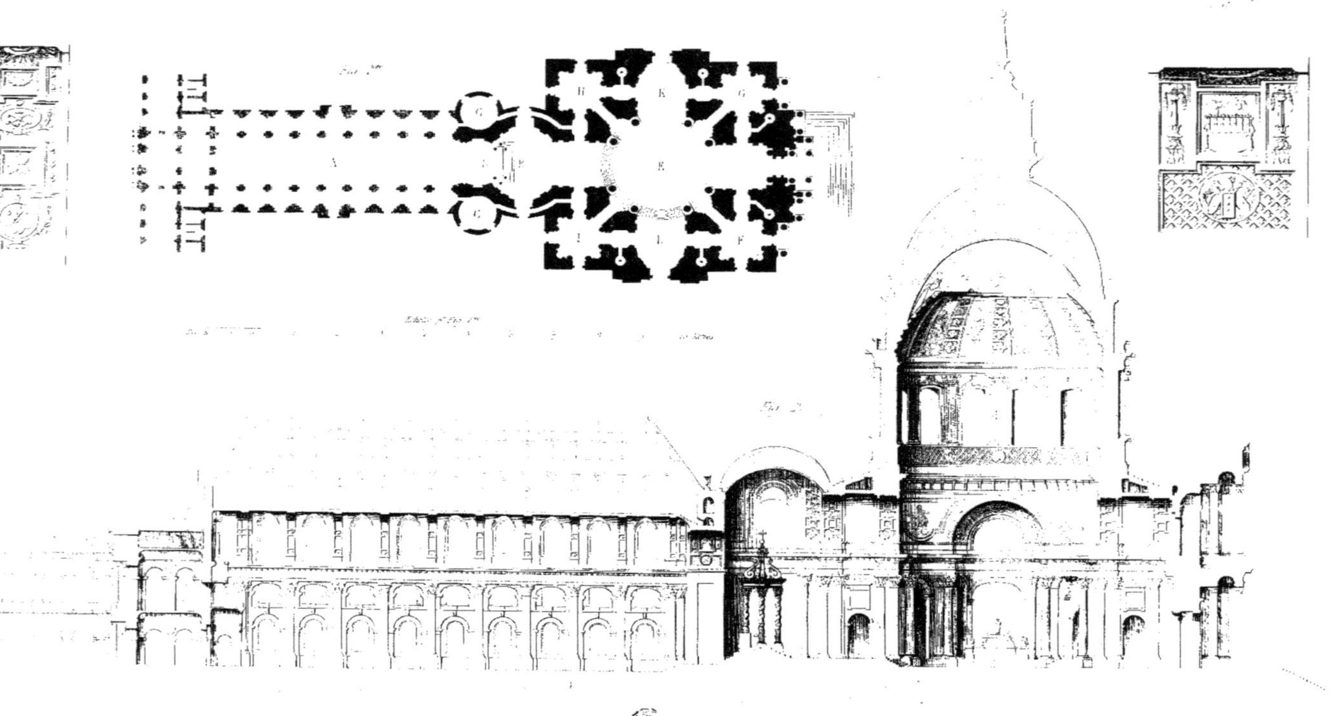
ÉGLISE DES INVALIDES À PARIS.
Iglesia de los inválidos en Paris.

ÉGLISE DE SAINT-PAUL, A LONDRES

Une grande portion du terrain sur lequel s'élève aujourd'hui l'église de Saint-Paul aurait été, dans l'origine, si l'on peut s'en rapporter aux témoignages de quelques historiens, la partie de Londres la plus anciennement habitée ; telle est, du moins, l'induction qu'on a tirée de la présence d'une croix qui se voyait, naguère encore, au Nord de la cathédrale, et dont Stowe ne sut déterminer positivement la date. Cette croix était, à ce que l'on pense, taillée dans une de ces pierres, dites *menhir*, qu'on attribue généralement aux Celtes, et qui aura été appropriée, plus tard, par le christianisme ; appropriation dont on trouve encore de nombreux exemples en France, et ailleurs, et qui remontent, très-vraisemblablement, à cette époque reculée de l'histoire. Il serait donc assez probable de penser que cet endroit était peut-être alors, selon les coutumes des anciens Bretons, un lieu consacré à des sépultures. Au reste, et quoi qu'il en soit de la véracité plus ou moins fondée de cette opinion, on peut admettre avec quelque raison que ce point de la ville, dont l'élévation domine ici toute la partie environnante, a pu être choisi, par suite de sa position élevée, comme le lieu d'une première agrégation d'hommes et l'emplacement des premières constructions élevées sur cette partie de la capitale de la Grande-Bretagne.

D'autres historiens prétendent, mais sans trop de preuve, que la fondation de cette église remonte au IIe siècle de notre ère ; et, dans cette croyance, ils affirment que le premier édifice a été bâti, non pas sur les ruines d'un temple de Diane, comme l'ont avancé quelques auteurs, mais bien sur un terrain occupé, pendant la domination romaine, par le camp du préteur. Ils ajoutent même que, successivement, il fut démoli au temps de la persécution de Dioclétien, reconstruit sous l'administration de Constantin, et détruit de nouveau, peu de temps après, par les Saxons, qui n'avaient point encore embrassé le christianisme.

Mais on comprend sans doute combien, vu leur peu de certitude, tous ces renseignements doivent être acceptés avec réserve et circonspection. Toutefois, arrivés à cette époque, les documents historiques deviennent assez nombreux, moins obscurs et plus positifs : la parole de saint Augustin, dit-on, convertit bientôt à la foi les peuplades farouches de cette contrée, et le roi Éthelbert, vers la fin de son règne (610), consacra, sur ce lieu même, un édifice qu'il plaça sous le vocable de Saint-Paul, et dans lequel Mellitus, premier évêque de Londres, célébra les saints mystères. Erkinwald, quatrième successeur de Mellitus (680), l'embellit considérablement et lui fit obtenir un grand nombre de priviléges. Plus tard, Kenrad, roi de Mercie, déclara cette église libre de toutes redevances ; et, au XIe siècle, Édouard le Confesseur lui fit de riches dotations ; enfin, Guillaume le Conquérant, qui, en arrivant à Londres, lui avait enlevé tous ses revenus, les lui rendit bientôt, en y ajoutant encore et de nouveaux présents et d'autres priviléges. Quelques années ensuite, l'incendie funeste qui, sous le règne du prince normand, dévasta une grande partie de la ville, réduisit aussi en cendres l'église placée sous l'invocation de saint Paul. A cette époque, l'évêque Maurice, ce pasteur si zélé pour les choses saintes, conçut le projet de la rééditer à l'aide du clergé et du concours de personnes pieuses ; et, grâce aux progrès qu'on avait faits alors dans l'art de bâtir, il voulut que cette nouvelle construction fût plus digne que la précédente, et qu'on l'élevât sur de plus larges proportions. Selon les habitudes de son siècle et des précédents, pendant lesquels chaque évêque était aussi un architecte, Maurice donna donc le plan d'un édifice beaucoup plus vaste, et qui présentait, contre l'action destructive du temps, toutes les conditions de solidité ; car, jusqu'alors, disent les historiens, l'église métropolitaine avait toujours été construite en bois, fait qui nous paraît digne de remarque.

Vers ce temps, on venait de démolir un vieux château nommé la *Tour Palatine*, et qui était situé à peu de distance de l'endroit où s'élevait l'église de Saint-Paul. L'évêque sollicita, pour son nouvel édifice, la cession des pierres qui provenaient de cette démolition, ce qu'il obtint ; et aussitôt il en jeta les fondements. Cependant, l'entreprise était si vaste, que, quoique ce digne pasteur en eût pressé vivement l'exécution pendant l'espace de vingt années, durant lesquelles il dépensa presque tout son revenu, il ne parvint encore qu'à en construire une partie, laissant à ses successeurs les soins de son achèvement. La mort surprit donc Maurice pendant l'érection de son œuvre, dans la continuation de laquelle il fut remplacé par Richard de Baumeis, qui y consacra à peu près et la même somme d'argent et le même espace de temps. On sait encore que ce dernier évêque acheta, pour les démolir, un assez grand nombre de maisons situées aux environs de l'église, qu'il accrut ainsi le terrain affecté au cimetière qui entourait l'édifice, et qu'il commença enfin la construction d'une haute clôture en pierre, qui ne fut définitivement terminée qu'au XIVe siècle, sous Édouard II, lorsque celui-

1

ci prit la ferme résolution de mettre fin aux meurtres et aux vols de tous genres qui se commettaient dans ce lieu. Stowe rapporte que la partie du monument commencée par Maurice fut bâtie en pierre, genre de construction, continue-t-il, qui avait été inconnu jusque-là en Angleterre, ainsi que nous l'avons dit plus haut. La pierre qu'on y employa, abstraction faite des vieux matériaux provenant de la Tour Palatine, fut apportée, dit-on, de Caen, en Normandie; et l'on ajoute même que, pour se procurer les matériaux nécessaires, Henri Ier rendit une ordonnance par laquelle tous les vaisseaux qui entreraient dans la rivière de Fleet, portant des pierres destinées à la nouvelle cathédrale, seraient affranchis des divers droits de péage qui étaient perçus à l'entrée du port. Après cet événement, à peine trouve-t-on quelques rares mentions des travaux d'achèvement de Saint-Paul: toutefois, les historiens nous apprennent qu'ils furent continués, mais avec lenteur. Il nous faut donc arriver à l'an 1240 pour trouver un nouveau fait à ajouter à l'histoire de la construction de cette église. A cette date, le chœur, placé à l'Est, ne répondant pas par son élégance à la beauté des autres parties du monument, on décida qu'il.serait entièrement démoli et refait d'une manière beaucoup plus splendide; c'est aussi à cette époque qu'on doit faire remonter l'érection du clocher surmontant l'édifice au point de jonction de la nef avec le transsept; et, dans cet état, l'église put enfin être consacrée. Mais il est à croire que le monument n'était point encore complétement terminé, puisqu'on remarque, dans les différentes gravures représentant la partie orientale de cette église, des constructions qui accusent évidemment des formes propres aux XIVe et XVe siècles, constructions qui sont postérieures à la date de la dédicace. Quoi qu'il en soit, il faut lire, dans les ouvrages de Dugdale et de Godwin, les descriptions minutieuses et détaillées des diverses parties de cet édifice qui, d'après le rapport des historiens, était bien un des plus importants et des plus remarquables de l'Angleterre pendant le moyen âge. C'était, et pour le dire ici en peu de mots, une église où se voyaient le plein cintre et l'ogive. Son plan était en forme de croix latine. La nef et une partie du transsept offraient le plein cintre, tandis que tout le reste, collatéraux, chœur, clocher, cloître, salle capitulaire et chapelle de Saint-Georges, présentaient les différentes phases du style ogival. Elle avait, dit-on, près de 220 mètres de long sur une largeur de 43 mètres et une hauteur de 50; le clocher même s'élevait à 170 mètres au-dessus du sol; en un mot, cette immense cathédrale devait être, comme on le voit par ses proportions, un des plus grands monuments religieux de ce pays. On doit ajouter que l'ornementation ainsi que l'ameublement qui décoraient les diverses parties de son intérieur, étaient aussi d'une assez grande richesse. Mais le lecteur comprendra qu'il nous est impossible d'entrer ici dans de plus grands détails sur cette église, puisque notre notice est particulièrement consacrée à l'œuvre qui fut élevée, dans la suite, sur son emplacement; aussi renvoyons-nous, pour de plus amples notions, aux ouvrages précités de Dugdale et de Godwin. On pourra surtout apprécier le mérite de l'œuvre du moyen âge, en examinant les gravures dues au burin d'Hollar, qui illustrent le livre si complet et si intéressant de Dugdale.

Après une période d'environ deux siècles, en 1444, le feu du ciel consuma la flèche de son clocher; et, dans les premières années du règne d'Élisabeth, vers 1560, elle devint encore, en partie, la proie des flammes par suite de l'imprudence d'un plombier, sinistre qui causa de graves dégâts à la toiture. Pendant un certain laps de temps, on négligea de rétablir ce que le feu avait détruit; et ce ne fut que sous Jacques Ier (1610) qu'on songea enfin à prévenir l'entière ruine de l'édifice; mais les projets de restauration ne furent exécutés que sous Charles Ier, c'est-à-dire en 1632. En cette année, Inigo Jones fut chargé de réparer les ravages causés par l'incendie; et cette restauration, à l'exception toutefois du clocher qu'il se proposait d'abattre, exigea neuf années de travaux consécutifs. Partisan des idées de son siècle, nous voulons dire des œuvres classiques ou gréco-romaines, Jones dénatura, par sa restauration, le caractère de l'édifice, non-seulement par les formes modernes données aux façades du transsept et aux murs extérieurs des collatéraux, mais en y soudant aussi, à sa partie antérieure, un misérable portique d'ordre corinthien, portique qui fut élevé aux frais du roi et décoré de la statue de ce prince et de celle de son père. En agissant ainsi, Inigo Jones suivait malheureusement l'exemple funeste et déplorable de la plupart des autres architectes, ses contemporains, qui s'étudiaient, si l'on peut s'exprimer ainsi, à dénaturer les monuments du moyen âge en les transformant en nous ne savons quel assemblage choquant, autre genre de vandalisme qui n'a laissé que trop de traces sur les édifices religieux ou civils de presque tous les pays à cette époque, et sur lesquels il inscrit, d'une manière irrécusable, la date positive de son ignorance en matière de goût.

Un peu plus tard, on se disposait à relever le clocher, et même la flèche, qui devait être rebâtie en pierre, lorsque les guerres civiles et religieuses éclatèrent dans Londres. Les fonds destinés aux réparations de l'église furent détournés, et le parlement les fit servir au payement des troupes qu'il tenait à sa solde. L'édifice lui-même ne fut pas respecté : on laissa tomber en ruine la partie de l'Est ; celle de l'Ouest fut changée en une écurie ; des marchands s'établirent sous le portique occidental , et les colonnes qui le composaient furent tous les jours endommagées. La fin des guerres civiles mit cependant un terme à ces dévastations. On faisait les préparatifs nécessaires pour rendre l'église à sa première destination et réparer les ravages du temps et des hommes , lorsqu'elle fut définitivement consumée jusqu'aux fondements , et ensevelie sous ses ruines par le terrible incendie connu dans l'histoire sous le nom de *great fire of London* (grand feu de Londres), qui , en 1666 , réduisit en cendres la plus grande partie des édifices de cette ville.

Plusieurs années s'écoulèrent cependant avant qu'on songeât à faire sortir de nouveau la cathédrale de ses ruines. Toutefois, après quelques tentatives inutiles pour la relever , il fut décidé qu'on en construirait une nouvelle , sinon supérieure , du moins égale à la précédente en grandeur et en magnificence. Une souscription ouverte, un impôt sur le charbon , et les libéralités de tous, permirent, en peu de temps, de songer à l'exécution de cette grande œuvre. Les fonds assurés, on dut chercher alors un artiste capable de la concevoir, et de la concevoir d'une manière qui répondît sur tous les points aux exigences que fit naître ce projet. Le choix se porta sur Christophe Wren , qui , en 1668 , à la mort de Jean Denham , architecte du roi, lui avait succédé dans cette place, et s'était , depuis sa nomination à cet emploi , fait remarquer par la construction habile de quelques grands édifices publics. Wren fut donc chargé de cette immense entreprise, et il se mit immédiatement à l'œuvre. Mais il arriva bientôt un incident assez remarquable dans l'histoire de cette église, incident que nous ne pouvons passer ici sous silence. Il s'agit d'un refus que subit le premier projet de Wren, et par suite duquel on serait assez porté à penser que , quoique cet architecte ne fût point allé en Italie pour y étudier les monuments de l'ancienne Rome, il n'en professait pas moins à leur égard une grande admiration ; car le refus dont nous venons de parler n'eut certainement lieu que parce que Wren avait cru pouvoir adopter, dans la construction d'un édifice chrétien, l'emploi des formes grecques et romaines ; oubliant ou ne réfléchissant point, sans doute , que ces formes , qui servirent autrefois aux symboles polythéistes de l'antiquité, ne convenaient aucunement au christianisme, qui avait eu , lui aussi, une architecture particulière, architecture qui existait encore dans presque toutes les villes qui n'avaient point perdu leurs monuments élevés pendant le cours du moyen âge. Félicitons donc ici l'évêque et le chapitre de Londres d'avoir, par leur goût et leur bon sens, rejeté ce premier projet comme y trouvant trop de ressemblance avec les temples de la Grèce et de Rome, et d'avoir su empêcher l'érection d'un de ces misérables pastiches qu'on nous a imposés néanmoins, et sans pitié, un certain nombre d'années plus tard. Quelques historiens prétendent que le seul motif qui fit renoncer à ce premier projet fut la difficulté de trouver en Angleterre des pierres assez grosses et assez dures pour son exécution. Quoi qu'il en soit, l'édifice actuel n'a point été construit d'après le premier projet, et Wren fut obligé d'en concevoir un autre qui se rapprochât davantage des monuments chrétiens. Après une étude plus sérieuse des dispositions usitées dans les églises, après un examen plus consciencieux des nécessités que les cérémonies du culte exigent , et qu'il devait combiner simultanément , Wren présenta au comité de réédification l'ensemble de son nouveau projet qui , cette fois, obtint l'assentiment général. Dans cette œuvre , l'architecte , s'inspirant à des créations antérieures , tout en y apportant, ainsi qu'on le verra plus loin , des modifications essentielles qui lui appartiennent en propre et sont dues à son génie ; dans cette œuvre, disons-nous, Wren adopta, selon les idées de son époque, la forme d'une église en croix latine, surmontée d'une immense coupole ; et , pour le dire en passant, c'est là le seul point de rapprochement que l'édifice présente avec la basilique de Saint-Pierre à Rome, quoiqu'on ait dit souvent que l'un n'était que la copie de l'autre.

La première pierre de ce monument fut posée le 1ᵉʳ juin 1675, et l'édifice achevé en 1710, à l'exception toutefois de quelques ornements qui ne purent être terminés qu'en 1723. Trente-cinq années suffirent donc pour l'entier achèvement de cette grande œuvre. Cependant, quoique l'église de Saint-Paul, ainsi que nous le dirons plus bas, soit beaucoup moins grande que Saint-Pierre de Rome, le temps employé à sa construction a été, malgré cela, étonnamment court. En effet, l'histoire de son érection présente cette particularité remarquable : c'est que ceux qui concoururent à sa fondation en virent aussi l'achèvement ; ainsi l'architecte, Christophe Wren , l'entrepreneur ou maître maçon , Thomas Strong, et l'évêque, Henri Compton , qui avaient ensemble posé la première pierre, en placèrent encore la dernière sur le lanternon qui surmonte la coupole. Aussi est-ce là un fait sur lequel nous appelons un peu l'attention de nos lecteurs, que ce vaste édifice ait été commencé et achevé par un seul architecte , sous la direction du même maître maçon , et enfin pendant la vie d'un seul évêque. Certes , en jugeant ici les choses par analogie, et en tenant compte de la différence de

basilique pontificale. Cet ensemble forme un portique à deux étages, décoré de colonnes cannelées et accouplées, au nombre de douze, dans la partie basse, et de huit en haut; le tout est surmonté d'un riche entablement avec fronton triangulaire, au milieu duquel se voit un grand bas-relief représentant la *Conversion de saint Paul.* Trois statues colossales, offrant les images de saint Pierre, de saint Paul et de saint Jacques, s'élèvent, en forme d'acrotères, aux angles de ce fronton. Un escalier en marbre noir, composé de vingt-deux marches, occupe le devant de cette façade, et conduit à trois portes, disposées dans les axes de la nef et des collatéraux. De ces trois portes, celle du milieu, qui est en retraite, présente une ouverture beaucoup plus large que celles des côtés; leurs chambranles sont en marbre blanc. Enfin, parmi les bas-reliefs qui se trouvent dans le haut de ce portique, on remarque particulièrement celui qui retrace ce trait de la vie de *saint Paul préchant les habitants de Bérée.*

A droite et à gauche de ce portique s'élèvent deux constructions formant ailes et servant de base aux clochers qui complètent la façade de cet édifice. Ces deux ailes sont percées, dans leur partie inférieure, de baies assez élégantes, et décorées de pilastres qui répètent, aux deux étages, les mêmes ordres du portique. Quatre statues couchées, représentant les évangélistes avec les emblèmes qui les caractérisent, surmontent cette partie de la construction. Au-dessus se dressent ces espèces de tours qu'on nomme clochers ou campaniles; ils sont construits en forme de pyramide et par étages en retraite les uns au-dessus des autres. Cette partie de l'œuvre de Wren nous semble une imitation dérivée des clochers du moyen âge, déjà modifiés à l'époque de la Renaissance, mais si grotesquement transformés plus tard, lorsqu'ils subirent les bizarres excentricités du Bernin, du Borromini, etc., et dont ceux de Saint-Paul de Londres nous paraissent surtout tenir. Toutefois, et quant à la destination de ces deux campaniles, l'un renferme le bourdon qui fut coulé en 1616 (*), et l'autre une horloge publique.

Telle est, en peu de mots, la description sommaire de cette partie du monument; et déjà son examen révèle maintes particularités et provoque quelques observations qui offrent un certain intérêt sous le rapport de l'art et sous celui de l'esthétique. Envisagée dans son ensemble, la composition de cette façade, où règnent, comme dans tout l'édifice, les divers éléments des ordres classiques de l'antiquité grecque et romaine, cette composition, cette disposition, quoique modifiée par les idées de Wren, n'en parait pas moins inspirée sur celles qui furent élevées à Rome pendant le cours du XVIIe siècle, par les architectes Galilei et Fuga, qui, trouvant trop monotones et de trop peu d'effet les façades à colonnes engagées ou avec pilastres de leurs devanciers (**), composèrent des portails dans un tout autre système; et l'on ne peut nier que l'idée première de ce nouveau système n'appartienne à la nécessité où ces artistes se trouvèrent de ménager, à la partie antérieure de leurs églises, une espèce de tribune ou *loggia*, du haut de laquelle le pape donnait sa bénédiction aux fidèles; nécessité qui suggéra sans aucun doute l'idée de ces portiques à deux étages, et d'où il résulta, pour l'ensemble du monument, beaucoup plus d'effet et de variété. Que dirons-nous maintenant des clochers ou campaniles? Qu'ils ne présentent plus, par leur disposition et la bizarrerie de leur forme, ce caractère si éminemment chrétien qui distinguait surtout ceux du moyen âge. Et si l'on venait ensuite à nous demander ce que nous pensons de leur emploi dans les édifices sacrés du XVIIe siècle, nous répondrions encore que l'église, telle qu'on la construisait à cette époque, c'est-à-dire dans les seules formes grecques et romaines, ne pouvait admettre la présence et le concours de cette partie aussi essentielle que caractéristique dans les monuments antérieurs; car c'eût été mettre en présence et combiner, dans un choquant assemblage, et l'antique polythéisme et la civilisation chrétienne, deux époques tout à fait opposées, et dont les symboles comme les arts sont entièrement dissemblables. Mais telle était la force des choses au siècle de Wren, et telle était aussi celle du goût dominant alors, qu'on croyait pouvoir commander et construire un édifice catholique, quoiqu'en faisant usage d'éléments divers, pris dans ces deux architectures, fruits des deux civilisations. C'est ce qui fait, comme l'observe très-bien M. Quatremère de Quincy, que la disposition et la décoration de cette partie extérieure des églises, à partir du XVIIe siècle, ont singulièrement tourmenté le génie des architectes modernes; et nous devons noter ici, à propos de ceux de Saint-Paul, que les Anglais se sont particulièrement exercés, depuis cette époque, dans la composition de ces clochers, qui sont devenus une partie très-principale des églises de la Grande-Bretagne.

(*) Cette cloche, qui a trois mètres de diamètre, sonne quotidiennement les heures, et annonce aussi la mort des membres de la famille royale, celle de l'évêque de Londres et du lord-maire.

(**) Voyez les façades de l'ÉGLISE DU RÉDEMPTEUR A VENISE, de la BASILIQUE DE SAINT-PIERRE et de L'ÉGLISE DE SAINT-IGNACE A ROME.

— ÉGLISE DE SAINT-PAUL, A LONDRES. —

Les parois extérieures des collatéraux de Saint-Paul présentent, ainsi qu'on le remarque à la façade occidentale, deux ordres superposés, que décorent, dans leurs parties saillantes, des pilastres d'ordre corinthien et composite : ces deux ordres sont séparés par un entablement continu qui divise la hauteur de ces parois en deux zones à peu près égales, et dans lesquelles on a ouvert, à la partie inférieure, des baies à sommet circulaire, servant à éclairer les collatéraux, tandis qu'on a placé, dans la partie supérieure, des croisées feintes avec colonnes et fronton triangulaire. Cet ensemble est surmonté d'une balustrade qui règne tout autour de l'édifice, et lui sert, de trois côtés du moins, comme de couronnement ; des lucarnes, disposées dans le soubassement, éclairent la crypte ; enfin, quelques travaux de sculpture, d'un dessin et d'une exécution médiocres, complètent la décoration de ces faces latérales. Cependant, on doit regretter qu'indépendamment des outrages que l'air, les vents et la pluie ont déjà fait subir à ces sculptures, la fumée de charbon, qui règne et pèse sans cesse sur la ville de Londres, vienne encore se combiner avec ces divers éléments de destruction pour les noircir et les défigurer.

Nous avons dit plus haut qu'il existait à Saint-Paul trois entrées principales, et nous avons décrit alors celle qui se trouve à l'Ouest : il nous reste donc maintenant à dire quelques mots sur les deux autres, qui sont situées, ainsi qu'on peut le voir sur notre plan, aux deux extrémités du transsept. De ces deux entrées, l'une, celle du côté du Nord, offre un ensemble composé de deux étages ornés de pilastres, de baies et de croisées feintes, analogues à celles des faces latérales ; un fronton triangulaire, décoré de sculptures représentant les armes de l'Angleterre, et au-dessus duquel s'élèvent, de distance en distance, les statues de cinq apôtres, complète sa décoration. Mais la partie la plus intéressante de cet ensemble est sans contredit le petit avant-porche semi-circulaire qui occupe le bas du transsept. Il est construit sur une rampe ou escalier de dix-sept marches en marbre noir, et formé de six colonnes, supportant un entablement aussi semi-circulaire dont la partie supérieure présente cette particularité de six assises en retraite, couronnées d'une urne placée au milieu d'autres ornements. Nous appelons l'attention de nos lecteurs sur la forme et la disposition de ce petit porche, disposition que les architectes anglais reproduisirent quelquefois à la partie antérieure de plusieurs monuments religieux, élevés à Londres postérieurement à l'achèvement de l'église de Saint-Paul.

La troisième entrée, celle qui est placée au Sud de l'édifice, reproduit exactement les mêmes dispositions que celle située au Nord, et n'en diffère seulement que par le sujet du bas-relief qui décore l'intérieur de son fronton : ce sujet représente *un phénix s'élevant du milieu des flammes*, au-dessous desquelles on lit cette inscription : resvrgam (*je renaîtrai*) ; allusion ingénieuse, s'écrient MM. Barjaud et Landon, qui se rattache à la réédification de l'église après le terrible incendie de 1666. Le merveilleux, qui cherche à s'introduire partout et à tout expliquer, a voulu, dans cette circonstance encore, donner une interprétation à sa manière de ce mot unique, et y rattacher le souvenir d'un incident qui nous semble bien loin de présenter ici tous les caractères de l'authenticité. On rapporte qu'un jour l'architecte Wren, ayant eu, fort vraisemblablement, besoin, pendant l'érection de son œuvre, de tracer quelque détail, quelque épure nécessaire aux ouvriers, et ayant demandé qu'on lui fournît un objet quelconque, mais qui fût plan, afin de pouvoir l'exécuter plus commodément et avec plus de précision ; on rapporte, disons-nous, qu'un des ouvriers, accédant à sa demande, lui apporta un fragment de tombeau sur lequel était gravé ce mot latin : *Resurgam*. Wren, continue la légende, saisissant immédiatement le sens que ce mot lui présentait, y ajouta tout aussitôt la figure d'un phénix, et son allégorie, dit-on, fut composée. Nous laissons à nos lecteurs le soin d'apprécier la valeur de ce récit.

Au point même d'intersection où viennent se réunir et la nef et le transsept, s'élève encore, à l'extérieur, une immense coupole qu'on regarde généralement aujourd'hui comme une des grandes conceptions de l'architecture moderne. L'importance de cette partie de l'édifice, les innovations et les particularités qu'elle nous révèle, ainsi que les beautés et les défauts qu'elle présente, tout nous porte à l'étudier en détail et à entrer à ce sujet dans quelques développements.

Cette coupole fut commencée en 1690 et terminée seulement vers 1710. Il était alors assez difficile de pouvoir, sinon surpasser en diamètre, mais même égaler celle que Michel-Ange avait élevée au-dessus de Saint-Pierre de Rome ; aussi la coupole de Wren lui est-elle inférieure sous le rapport des proportions. Vaincu sur ce point, l'architecte anglais chercha dans son génie un système de disposition qui lui fût propre, mais qui lui permit cependant d'employer la forme en usage, sans toutefois se servir des mêmes moyens ; ce qu'il trouva, comme on va le dire. A l'époque donc où Wren conçut son œuvre, c'est-à-dire, après l'achèvement de la basilique papale, la disposition du dôme d'une église pouvait encore recevoir quelques changements et être modifiée dans la manière de décorer et d'ouvrir les massifs qui supportent les pendentifs ; on y parvint surtout dans la construction de deux monuments religieux qui furent élevés, en France et en Angleterre, vers la fin du règne de Louis XIV : nous voulons parler du dôme des Invalides, à Paris, et de l'église de Saint-Paul, à Londres.

Le Roy, dans un chapitre de son *Histoire de la disposition que les chrétiens ont donnée à leurs temples, etc.*, chapitre intitulé : *Du percé très-ingénieux des bas côtés d'une église dans les pans du dôme qu'on a pratiqué à Saint-Paul*, nous paraît avoir assez bien traité cette matière, et résumé brièvement ce qu'on peut dire sur cette innovation. Nous allons donc en extraire ici quelques lignes, à la suite desquelles nous commencerons l'analyse et la description détaillée des divers membres de cette partie de l'édifice. « Le chevalier Wren, dit-il, a senti le dernier inconvénient des bas côtés de Saint-Pierre, et l'a évité dans le temple de Saint-Paul... ; il a fait les quatre pans de son dôme, qui sont au-dessous des pendentifs, presque aussi grands que ceux qui répondent à l'ouverture des nefs ; il a formé, dans chaque massif des pendentifs, une niche comme à Saint-Pierre de Rome : mais il a ouvert ces niches, et a fait en sorte qu'elles fussent traversées par les huit bas côtés qui accompagnent les quatre nefs de cette cathédrale. Cette disposition est certainement un trait de génie ; mais il en résulte que les nefs, en général, paraissent trop petites par rapport à l'étendue immense du dôme ; et tous ceux qui ont quelque goût et qui ont vu ce monument rapportent que le chœur particulièrement paraît extrêmement étroit ; d'ailleurs, il suffit d'en considérer le plan pour reconnaître que sa forme n'est pas, à beaucoup près, aussi belle que celle de Saint-Pierre. » Cette critique, qui nous semble aussi juste que sage, résume bien, on le voit, et en peu de mots, comme nous l'avons dit, soit les qualités ou les défauts que présente cette église, qualités et défauts qui vont recevoir maintenant leur pleine et entière confirmation par l'examen dans lequel nous allons entrer. Toutefois, et afin de mettre ici un peu d'ordre dans l'étude de cette partie, qui est assez complexe et qui est encore, à notre avis, la plus importante de l'œuvre, nous croyons devoir la partager en trois divisions principales, que nous fractionnerons en : *soubassement*, comprenant les massifs inférieurs de la construction ; en *tour* ou *tambour*, avec la galerie surmontée d'un attique, et enfin en *coupole* proprement dite, avec son amortissement.

Le plan inférieur de cette partie du monument décrit une figure rectangulaire, composée de gros piliers supportant les pendentifs, dans lesquels s'ouvrent des arcades qui mettent en communication les nefs avec le transsept et le chœur. Aux deux tiers à peu près de la hauteur de ces ouvertures, Wren disposa une seconde arcade, qui n'empêche point les spectateurs de voir au travers le petit ordre de pilastres servant de décoration aux bas côtés de l'église. Ce système d'ouverture de piliers et d'arcades, cette disposition singulière, dont on pourrait, peut-être, trouver les types, bien modifiés, il est vrai, dans les arcades superposées de la mosquée de Cordoue, ou dans certaines combinaisons analogues de quelques cathédrales à ogive de l'Angleterre (*), ne sont point, selon nous, comme le pensent MM. Le Roy et d'Argenville (**), un trait de génie, mais seulement une modification, une idée nouvelle et peu convenable dans Saint-Paul de Londres, puisqu'il en est résulté que les nefs paraissent trop petites par rapport à l'étendue de la coupole, et que le chœur, par suite, semble aussi trop étroit. La seconde division du dôme commence au niveau des voûtes de l'église, et prend là une forme circulaire, rachetée par les pendentifs dont on a parlé ; elle s'élève verticalement ensuite à une assez grande hauteur jusqu'à la galerie. Wren lui donna, dit-on, cette élévation, afin d'éviter le défaut qui existe à Saint-Pierre de Rome, où une partie de la coupole est malheureusement cachée au regard des spectateurs par le haut de sa façade. Mais ici l'architecte anglais ne comprit point, il faut le croire, lorsqu'il combina son œuvre, qu'en surélevant cette partie, il allait produire un autre défaut non moins blâmable, celui de mettre le dôme hors de proportion avec les autres parties de son église, et lui donner plutôt l'apparence d'une tour que la forme d'une coupole ; défaut qui présentait encore cet autre inconvénient, de faire paraître l'édifice beaucoup plus bas qu'il ne l'est en effet. Quoi qu'il en soit, cette base, de forme unie et surmontée d'une corniche fort simple, supporte une galerie composée de trente-deux colonnes d'ordre corinthien, colonnes que Wren a rattachées au corps de la construction, au tambour du dôme, à l'aide d'arcades retombant sur un petit ordre de pilastres, placés à l'extérieur et comme décoration. Cette partie, dit M. Quatremère, offre l'aspect d'une colonnade isolée dans sa circonférence, bien que les colonnes soient liées au mur de la tour par le moyen de huit massifs, dans lesquels sont pratiqués des montants évidés et circulaires pour des escaliers. Dans chacun des espaces égaux compris

---

(*) Voyez particulièrement celles de Salisbury, Canterbury, Wells, etc.

(**) *Vies des plus fameux Architectes et Sculpteurs depuis la Renaissance des Arts, avec la description de leurs ouvrages;* Tome Ier, pag. 293.

— ÉGLISE DE SAINT-PAUL, A LONDRES. —

entre ces massifs, continue le docte critique, se trouvent trois entre-colonnements dont les colonnes sont réunies à la tour par des murs percés d'arcades, pour qu'on puisse, à l'extérieur, faire le tour du dôme. Enfin, cette colonnade produit une saillie assez forte sur ladite tour, et porte une terrasse d'à peu près quatre mètres de large, prise en dehors de la balustrade dont est surmonté l'entablement. Cette partie du dôme, dans laquelle l'architecte Wren semble avoir voulu imiter la disposition des temples circulaires élevés au temps des Romains, présente, il faut le reconnaître, un aspect architectural assez satisfaisant, et elle passe aussi pour le meilleur morceau de tout cet ensemble. A la hauteur de la balustrade dont on vient de parler, mais en retraite de la galerie inférieure, s'élève une troisième et dernière partie : nous voulons parler de la coupole. Là se voit d'abord un attique, orné de pilastres et de baies, qui forme le prolongement de la construction cylindrique du tambour ; puis vient la coupole elle-même, présentant, dans son ensemble et comme on le remarque au dôme des Invalides à Paris, trois parties concentriques et superposées, mais construites ici dans d'autres formes, et agencées, pour des raisons particulières, dans l'ordre suivant d'élévation : la coupole intérieure, qui a reçu des peintures (*), la grande construction conique, supportant la lanterne, et la coupole extérieure, décorée, sur le développement vertical de sa courbe, de côtes saillantes, placées ainsi en manière d'ornementation. Enfin, un édicule assez élégant, composé d'un balcon ou galerie, de la lanterne proprement dite et d'un petit dôme surmonté d'une croix, se dresse, en dernier lieu, et comme amortissement, au sommet de cette gigantesque coupole.

Telle est, en peu de mots, la description succincte de cette partie qui passe pour la plus importante de l'édifice, ou du moins de celle qui a plus particulièrement provoqué l'attention et la critique sur l'œuvre de l'architecte Wren. Toutefois, et comme pour ne laisser ignorer à nos lecteurs aucune des particularités qui se rapportent à cette coupole célèbre, nous ajouterons encore ici quelques autres notions, destinées à compléter notre étude. Un escalier circulaire assez vaste, placé dans l'angle S. O. du soubassement du dôme, et partant du sol de l'église, conduit à la hauteur des voûtes de la nef et du transsept. On arrive d'abord à une galerie qui entoure la partie inférieure de la colonnade, et qu'on appelle *galerie sonore (whispering galery)*, parce que le moindre bruit, le moindre son, s'y propage et s'entend, comme par enchantement, sur tous les points de sa circonférence ; on monte ensuite, de la galerie sonore, à l'aide d'un autre escalier, à celle qui s'étend au-dessus de la colonnade, endroit d'où l'on jouit, lorsque l'air est parfaitement pur et qu'il n'est point saturé de fumée de charbon, d'un panorama très-intéressant. Enfin, on monte encore un petit escalier roide, étroit et obscur, et l'on parvient à la galerie couronnant la coupole, au-dessus de laquelle la lanterne, le globe et la croix s'élèvent à près de vingt-cinq mètres. On peut même monter jusque dans le globe, qui est assez vaste pour pouvoir contenir la présence de huit personnes.

Le chevet de cette église présente, à la partie seulement qui correspond au chœur, une forme semi-circulaire, parce que les bas côtés s'arrêtent, ainsi qu'on le remarque dans les basiliques latines, et dans un certain nombre de monuments religieux du moyen âge, de la Renaissance et du XVII° siècle, à leur extrémité orientale. Toute cette partie postérieure de l'édifice a reçu le même système de décoration que les parois latérales dont nous avons donné, plus haut, la description.

L'église de Saint-Paul est entourée, à une certaine distance, d'un mur de clôture à hauteur d'appui, formant la base d'une grille, composée, dit-on, de deux mille cinq cents balustres en fer coulé.

Au milieu de l'espèce de place qui précède ce monument, s'élève une statue en marbre, représentant la reine Anne, œuvre due au ciseau du sculpteur Hill (**), auquel on doit encore plusieurs autres statues et ornements qui décorent l'édifice. Cette figure est placée sur un socle, aux angles duquel sont disposés quatre groupes peu remarquables.

Après avoir traité de l'histoire de cette église, et en avoir analysé, aussi succinctement que possible, les différentes parties de son extérieur, passons maintenant à l'examen du dedans. L'intérieur de Saint-Paul, il faut le dire, ne répond pas, quant au mérite et à l'effet de son architecture, à l'impression que produit la vue de son extérieur ; et, bien qu'il soit quelque peu orné, il paraît néanmoins d'un aspect froid et nu qui vous laisse sans émotions.

La disposition générale de cet intérieur offre beaucoup d'analogie avec celle des grandes cathédrales de l'Angleterre, abstraction faite toutefois du style propre qui distingue et caractérise chacune d'elles en particulier. En effet, cette disposition consiste aussi en une grande nef centrale, accompagnée de deux bas côtés

(*) Wren la construisit afin de racheter, à l'intérieur, l'effet désagréable qu'aurait produit la profondeur de son immense coupole.

(**) D'autres disent qu'elle est l'œuvre de Bird.

ou collatéraux, qui se développent dans les deux bras du transsept pour se répandre ensuite, en passant au travers des grandes ouvertures pratiquées dans les massifs qui supportent la coupole, à droite et à gauche du chœur, sur toute son étendue. Nous venons de mentionner le transsept et le sanctuaire ; ils complètent, avec la coupole, les différentes parties employées par Wren à l'intérieur de son église. Mais, de la disposition et de l'aspect internes de ce monument, passons ensuite à l'étude et à l'examen des différentes parties.

L'ordonnance de la grande nef, ainsi qu'on peut le voir sur notre coupe longitudinale, se compose d'arcades, assises sur d'énormes pieds-droits ornés de pilastres corinthiens, et surmontées d'un entablement fort simple. Rien, il faut l'avouer, ne paraît plus lourd et plus massif que ces piliers flanqués de colonnes et de pilastres. Au-dessus de l'entablement règne un attique, dans lequel s'ouvrent des fenêtres et où la voûte vient prendre naissance et se développer. Cette voûte, qui est ici d'une grande étendue, présente encore ce défaut capital d'être presque entièrement nue et coupée, d'une manière désagréable à l'œil, par plusieurs petites coupoles qui ne s'accordent guère avec le dôme central. On peut encore reprocher à cette partie de l'édifice les quelques ornements qui la décorent, et dont le dessin, le mauvais goût et l'exécution très-secondaire ne font pas regretter qu'on s'en soit montré si avare. Les bas côtés sont, de l'avis de plusieurs critiques, un peu mieux traités, et offrent à l'observateur quelques parties irréprochables.

Parvenu, dans cette église, au point de jonction que forment, en se rencontrant, la nef, le chœur et le transsept, afin de reproduire, en plan, cette figure si éminemment chrétienne de la croix ; parvenu, disons-nous, à ce point, on se trouve immédiatement en dessous de l'immense coupole qui couronne ce vaste monument ; et là, lorsque après avoir tourné les yeux vers les profondeurs du dôme, afin d'en analyser successivement toutes les parties, l'observateur judicieux cherche à formuler sa pensée, il doit, d'accord avec M. Quatremère, s'arrêter à ce jugement qui nous semble aussi juste qu'empreint d'une bonne critique. La décoration intérieure du dôme de Saint-Paul, dit cet antiquaire, offre, dans ce qui forme la tour, un parti d'ordonnance plus régulier en soi que celui de Saint-Pierre de Rome. Cela, continue le docte aristarque, est dû au système d'égalité d'entre-colonnement des pilastres corinthiens, qui s'élèvent, au nombre de trente-deux, sur un stylobate continu. Ces trente-deux intervalles sont occupés par vingt-quatre fenêtres et huit grandes niches. Au-dessus s'élève la coupole dont le sommet est percé par une ouverture circulaire. Cette coupole est entièrement couverte de peintures. Toutefois, lorsque Wren conçut la disposition de son dôme, il avait eu, dit-on, la pensée d'en faire décorer alors l'intérieur comme celui de Saint-Pierre à Rome, c'est-à-dire avec des mosaïques ; et c'était, très-vraisemblablement, à cette intention qu'il avait fait venir exprès de l'Italie quatre des plus habiles artistes en ce genre. Mais il est à présumer qu'il changea plus tard d'avis sur ce système particulier de décoration, puisque ce premier projet ne fut point exécuté. La surface intérieure de la coupole fut peinte par Jacques Thornhill, artiste assez médiocre qui vivait au commencement du XVIIe siècle, et qui y représenta les principaux traits de la vie de saint Paul (*). Enfin, et quant à l'ornementation, on doit reconnaître qu'en général toute la partie purement décorative de l'intérieur de ce dôme, soit les peintures, soit les ornements qui couvrent le stylobate ou les pendentifs, tout cela n'offre rien que de très-ordinaire et de fort peu remarquable.

Il nous resterait encore, pour compléter l'ensemble des notions qui se rattachent à la construction et à la décoration de cet édifice, à parler ici du chœur et du transsept, si toutefois l'une ou l'autre de ces deux parties pouvait offrir quelques particularités intéressantes à étudier sous le rapport de l'art ; mais comme elles reproduisent identiquement les mêmes dispositions et la même ordonnance que nous avons signalées en décrivant la nef centrale, il ne nous semble point utile de nous étendre à faire ici une description qui ne nous présenterait inévitablement que la longueur et la monotonie des redites.

Nous voici donc arrivés, dans l'exploration de cet édifice, à l'examen de ce complément indispensable à tout monument religieux, complément qui constitue, dans son ensemble, ce qu'on nomme le mobilier, ou, si l'on aime mieux, l'ameublement nécessaire à la célébration des différentes cérémonies du culte. Cependant, il faut le dire, on le trouvera dans l'église de Saint-Paul non-seulement beaucoup moins important que dans nos églises catholiques, puisqu'il a été restreint aux seuls meubles qui se voient dans le chœur, mais la place même qu'il occupe, provoquera aussi, de la part de l'observateur, quelques réflexions auxquelles il ne nous est point donné de répondre. En effet, si, dans les lignes qui vont suivre et dans lesquelles nous allons traiter successivement de l'autel, de la chaire, des stalles, de l'orgue, etc., qui se trouvent, à dessein sans doute, réunis dans le seul emplacement du sanctuaire, si nous cherchons à nous rendre compte des raisons qui ont pu déterminer leur agglomération sur ce point de l'édifice, il ressortira, très-vraisemblablement, de notre recherche,

---

(*) Ces peintures sont déjà fort altérées par le temps.

mais surtout de la place que quelques-uns de ces meubles occupent, qu'ils y ont été érigés, depuis l'origine peut-être, dans une intention qui nous est inconnue, et qu'il faut alors essayer de découvrir. On comprend déjà qu'il s'agit ici de la chaire et de l'orgue, qui furent presque toujours placés dans la grande nef des monuments chrétiens, élevés pendant le cours du moyen âge et de la Renaissance. En voyant donc la place insolite de ces deux meubles dans l'église de Saint-Paul, on doit évidemment se demander quels ont pu être les motifs d'un tel déplacement ; et la réponse à cette question devra être l'une de ces deux hypothèses : ou ces deux meubles ont été placés à cet endroit par suite de l'affaiblissement des pratiques religieuses qui rendait l'église trop grande pour le petit nombre de personnes qui en suivaient les offices, limités qu'ils furent dès lors et presqu'à l'origine, au seul emplacement du chœur, ou bien, des prescriptions particulières, ordonnées par les règles de la Réforme, en avaient assigné positivement la place. Quoi qu'il en soit, on peut admettre, dans l'une ou l'autre de ces deux hypothèses, que l'architecte, en élevant son buffet d'orgues au-dessus du jubé ou de la clôture, croyait pouvoir imiter, en cela, certaines dispositions analogues qu'on retrouve encore dans plusieurs cathédrales à ogive de l'Angleterre (*) ; et lorsqu'il transportait la chaire dans le chœur de son église, il suivait, très-probablement, des ordres prescrits. Toutefois, qu'on nous permette d'ajouter ici une observation, qui vient se présenter à notre pensée, et qui peut être d'un certain poids dans cette question de la place qu'occupe la chaire à l'intérieur du chœur de Saint-Paul : c'est que, déjà, nous la voyons au même endroit sur d'anciennes gravures offrant des vues perspectives de ce sanctuaire, gravures qui datent presque de l'époque de l'ouverture de cette église, ou qui sont peu postérieures à cet événement, et que nous reconnaissons celle qui s'y trouve représentée, pour être du même style que les stalles, le jubé, etc., qui l'environnent ; renseignement qui peut servir à fixer et la date de sa construction et celle de son érection à cette place, deux remarques importantes dans la question présente, et qui viendraient réfuter d'une manière péremptoire, si elles étaient admises, l'opinion de ceux qui pensent que ce meuble a pu être déplacé de la nef et mis dans le chœur, où il se trouve aujourd'hui, parce qu'on ne faisait plus, dans cette église, prétendent-ils, que de rares cérémonies très-peu fréquentées. Quoi qu'il en soit, au reste, de ces considérations, dans lesquelles nous avons été forcé d'entrer par suite de la position insolite de la chaire, position dont nous avons essayé de nous rendre compte sans pouvoir cependant nous flatter d'avoir su en découvrir le motif réel ; quoi qu'il en soit, l'église de Saint-Paul, telle qu'on la voit aujourd'hui, avec la nudité de ses nefs et celle des bras de son transsept, avec cette absence complète des meubles qui décorent généralement, à l'époque du moyen âge, ces diverses parties d'une église, que ne remplacent point ici les quelques misérables tombeaux qu'on y a placés, l'église de Saint-Paul, disons-nous, offre bien un exemple frappant de l'inanité du culte protestant, rejetant, sans raison valable, la décoration, la pompe et l'éclat majestueux du culte catholique.

Ceci posé, passons maintenant à l'examen des différentes pièces qui composent l'ameublement de toute cette partie postérieure de l'édifice, et voyons aussi comment et dans quel ordre elles ont été disposées.

La forme géométrale du chœur de Saint-Paul étant, à très-peu près, celle de la plupart des églises du moyen âge et de la Renaissance, tous les meubles qu'on y remarque, occupent exactement, à l'exception d'un seul, les mêmes places que dans les monuments des deux époques précitées.

Le premier qui se présente à notre vue, est une décoration massive et sans grâce, qui sert d'entrée à la partie occidentale du chœur et le sépare de la nef. Son ensemble se compose de deux parties principales et distinctes : c'est d'abord, au niveau du sol, une espèce de jubé, ou plutôt, de clôture formée, à droite et à gauche, de constructions en bois dans le style des stalles, et, au centre, d'une grille en fer assez bien travaillée ; cette grille est maintenue à l'aide de colonnes, qui servent, plus particulièrement, de support à la partie supérieure. Puis, au-dessus de cette grille, fixée à quelques-unes des colonnes dont on vient de parler, se dresse, jusqu'à une certaine hauteur, un énorme buffet d'orgues, décoré, à l'intérieur du chœur, d'une tribune en bois sculpté et d'un style assez lourd. En pénétrant dans le sanctuaire, on remarque de chaque côté, deux longues suites de stalles, disposées en amphithéâtre sur trois rangs en retraite ; elles sont en bois, et sculptées par un artiste nommé Grinling Gibbons. A l'extrémité orientale de la partie de droite se trouve la stalle de l'évêque, et, en face, à l'extrémité orientale de la partie de gauche, celle du lord-maire ; le siége du doyen, qui est mobile, se place, dit-on, lors des cérémonies, sous la galerie de l'orgue. Dans l'axe même du chœur et à un peu plus de la moitié de l'ensemble des stalles, mais du côté de l'autel, s'élève un lutrin d'une forme assez intéressante à examiner comme type de ce genre de monument au XVIIIᵉ siècle ; il est entièrement sculpté, et, de plus, entouré d'une grille. Non loin de là, en avançant, et toujours dans l'axe du chœur, se trouve

(*) Voyez ce que nous avons dit à ce sujet dans la notice sur la CATHÉDRALE D'YORK.

aujourd'hui la chaire qui, dans l'origine, était située sur le même plan, mais à gauche et à peu de distance de la stalle du lord-maire. Elle est aussi en bois et d'une forme très-simple, qui s'harmonise cependant, quant à la décoration, avec la partie inférieure des stalles. Viennent ensuite deux grilles en métal, très-richement ornées, servant de clôtures aux deux passages qui mettent en communication l'extrémité orientale du sanctuaire avec les bas côtés; ces grilles ferment les entrées particulières par lesquelles le clergé se rend de la sacristie dans le chœur, afin d'y célébrer les diverses cérémonies du culte. Puis, au centre même de ce chœur et suspendu à la voûte, on y voit encore un lustre à branches recourbées, dernière imitation de ces couronnes ou phares qui brillaient naguère dans les églises du moyen âge et dont on ne connaît malheureusement plus qu'un très-petit nombre d'exemples. Enfin, il nous reste à dire ici quelques mots sur l'autel qui occupe la partie la plus orientale : c'est un meuble assez mesquin et qui n'a reçu, pour toute décoration particulière, que quatre petites colonnes cannelées, peintes et dorées.

Le lecteur trouvera peut-être que nous nous sommes étendu quelque peu sur cette partie de notre notice; mais il nous pardonnera sans doute les développements dans lesquels nous avons été forcé d'entrer, lorsqu'il aura appris que l'ensemble d'un mobilier, appartenant à une seule et même époque, est une chose assez rare à rencontrer, surtout dans un état aussi complet, pour la partie du chœur, que celui qui existe encore à Saint-Paul de Londres; et nous espérons alors qu'il nous saura gré des détails que nous y avons donnés.

Le pavage de cette église est entièrement de marbre, et les dalles qui le composent sont alternativement blanches et noires; toutefois, près de l'autel, qui est situé dans le sanctuaire, on 'y a combiné le marbre et le porphyre.

Que dirons-nous maintenant de la décoration proprement dite de l'édifice? Nous voulons parler ici de la sculpture en pierre qui lui sert, plus particulièrement, d'ornementation. Évidemment, que cette partie est bien, quant au caractère du dessin et à son exécution, la plus faible, la moins heureuse, et celle où le mauvais goût se montre, on doit le reconnaître, d'une manière incontestable. Aussi, et pour quiconque ne voudrait accepter ici un jugement que nous n'avons aucunement la prétention d'imposer, quoiqu'il soit celui des critiques les plus compétents et les plus distingués, pour ceux-là, avons-nous fait reproduire, sur l'une de nos planches de détails, quelques-uns des principaux motifs, choisis dans les différentes parties de l'édifice, afin qu'il leur soit plus facile et de contrôler notre opinion et de formuler aussi la leur.

Nous ne nous permettrons point de clore notre description sans dire, au moins, quelques mots de la crypte, ou église souterraine qui s'étend sous l'immense monument que nous venons d'étudier. Il nous suffira, ce nous semble, d'en mentionner ici la grande étendue, qui est un fait très-rare pour cette époque; car, depuis bien longtemps déjà, l'on avait abandonné, dans les monuments religieux, l'usage de ce genre de construction.

L'extrême nudité qui règne généralement à l'intérieur des églises protestantes de l'Angleterre depuis le temps de la Réforme, ou, pour mieux nous exprimer, cette absence d'un mobilier religieux, qui complétait d'une manière si convenable, si riche et si merveilleuse, les cathédrales du moyen âge et de la Renaissance, dont nous possédons heureusement encore quelques rares et précieux exemples, cette absence d'un mobilier, avons-nous dit, se fait surtout remarquer à Saint-Paul, et avec d'autant plus d'évidence que l'édifice lui-même est construit sur une plus grande échelle; aussi, chercha-t-on souvent, afin de remplir quelque peu le vide qu'elle laisse dans cette église déserte, le moyen d'y remédier en lui donnant un genre de décoration qui pût s'harmoniser avec les formes de sa construction. Ce fut, dit-on, pour arriver à ce résultat, qu'on proposa d'y ériger des monuments aux grands hommes qui auraient rendu des services au pays; projet qu'on rejeta d'abord, mais qui fut adopté dans la suite. En effet, la cathédrale de Saint-Paul, telle qu'on la voit aujourd'hui, peut être considérée comme une succursale de *Westminster-Abbey*. Toutefois, les différentes œuvres d'art, qui lui servent de décoration, ne se recommandent malheureusement point par un grand mérite, et les allégories que les artistes ont prodiguées dans leurs compositions sont d'un goût réellement détestable. Les premières statues qui aient été placées, à cette intention, furent celles du philanthrope Howard, mort en Crimée, et du docteur Johnson, le plus célèbre des critiques de l'Angleterre. Ces deux monuments sont dus au ciseau de Bacon. Néanmoins, et quoique l'on considère cet artiste comme le meilleur sculpteur anglais, les figures des deux personnages précités sont tellement grossières, qu'on les a nommées, par dérision, les *geôliers de la cathédrale*. Mais, comme le remarque fort bien un des historiens de cet édifice, on paraît vouloir réserver *Westminster-Abbey* pour les illustrations de l'ordre civil, tandis que Saint-Paul serait, plus particulièrement, le Panthéon des gloires militaires : c'est ainsi qu'on y voit les monuments qui furent successivement élevés à Abercromby,

Cadogan, Collingwood, Duncan, Elliot, Houghton, Howe, Jervis, Moore, Nelson, Picton, Rodney, etc. Le monument de l'amiral Nelson a été exécuté par Flaxman, et celui du colonel Cadogan, par Chantrey.

On est étonné de ne point trouver, parmi ces tombeaux, celui de l'architecte Christophe Wren (*), dont les restes cependant reposent dans la crypte; privilége exclusif qui lui fut accordé, ainsi qu'à sa famille, afin d'honorer sa mémoire. Voici néanmoins une inscription qui se rapporte à cet artiste célèbre, inscription qui remplace bien, à notre avis, le luxe d'un mausolée. Elle a été composée par son fils, et se trouve placée à l'entrée du chœur de l'église dédiée à saint Paul.

SUBTUS CONDITUR HUJUS ECCLESIÆ ET URBIS CONDITOR

CHRISTOPHORUS WREN. QUI VIXIT ANNOS ULTRA NONAGENTA

NON SIBI, SED BONO PUBLICO.

LECTOR, SI MONUMENTUM REQUIRIS,

CIRCUMSPICE.

OBIIT 25 FEB. ANNO 1723. ÆTATIS 91.

« Ici repose Christophe Wren, architecte de cette église et de cette cité, qui vécut au delà de quatre-vingt-dix ans, non pour lui, mais pour le bien public. Lecteur, qui cherches son monument, regarde autour de toi. — Il mourut le 25 février 1723, à l'âge de 91 ans. »

Arrivés au terme de notre longue pérégrination à travers les différentes parties de cet immense édifice, nous éprouvons maintenant le désir d'arrêter enfin notre opinion à son égard, afin d'en connaitre l'importance comme œuvre d'architecture, et de voir en même temps quelles sont, dans ce monument, les idées nouvelles qui

(*) Christophe Wren naquit, en 1632, à East-Knoyle, dans le comté de Wilts. Son père, doyen de Windsor, était d'une ancienne famille originaire de Danemark, qui s'était établie dans le diocèse de Durham. Dès ses plus jeunes ans, Christophe montra la plus grande aptitude aux sciences, mais surtout aux mathématiques, et on l'admit, comme pensionnaire, au collége Wadham à Oxford. Il n'avait que treize ans lorsqu'il construisit une machine pour représenter le cours des astres, et divers instruments d'astronomie mieux divisés et plus commodément suspendus que ceux qui existaient alors. A seize ans, il avait déjà fait des découvertes dans l'astronomie, la gnomonique, la statique, la mécanique; et, à peine âgé de vingt cinq ans, il professait ces sciences à Oxford au collége de Gresham. Bientôt il obtint la chaire de droit civil dans l'Université de cette ville, et une place à la Société royale de Londres, qui venait d'être établie. Jusqu'ici, nous ne voyons rien qui eût pu prédire qu'il deviendrait un des premiers architectes de son pays et de son siècle.

Vers 1665, il fit un voyage à Paris, dans la vue, dit-on, d'y examiner l'état des arts qui commençait à y fleurir sous les auspices d'un nouveau règne. Un grand événement le ramena promptement dans sa patrie : nous voulons parler du terrible incendie qui, en 1666, consuma la plus grande partie de Londres. Ce malheur et le besoin non-seulement de le réparer, mais de le faire servir à l'amélioration comme à l'embellissement de cette capitale, éveillèrent le génie de Wren, et lui révélèrent des talents dont le principe avait jusqu'alors sommeillé en lui. Il imagina un plan général de reconstruction de la ville. Wren crut qu'il fallait saisir l'occasion du malheur arrivé pour soumettre la réédification de Londres à un système d'ensemble qu'en vain on attendrait des volontés particulières. Son plan présenta de longues et larges rues, coupées à angles droits, des projets d'églises, de places, de monuments publics dans de belles positions. Des portiques variés, selon les quartiers, servaient de points de vue en divers lieux aux rues principales. Jamais programme plus vraiment idéal ne fut conçu, et pour un but moins imaginaire. Il fut gravé en 1724, et l'on peut juger encore aujourd'hui de l'impression qu'il dut faire à l'époque où il fut présenté au parlement. Il y devint le sujet d'une longue discussion. Deux opinions opposées s'y combattirent; les uns appuyèrent le projet de Wren, les autres soutinrent qu'il fallait rebâtir sur l'ancien plan. Un troisième parti, comme cela arrive souvent, se plaça au milieu des deux autres, et fit prévaloir son opinion. On prit une portion du nouveau plan, on en conserva une de l'ancien, et Londres manqua pour toujours l'occasion d'être le chef-d'œuvre de toutes les villes. Cependant, ce qu'on adopta du projet de Wren, quant à la largeur des rues, à la grandeur des places et à une construction en matériaux plus solides (l'ancienne était toute de bois), n'a pas laissé de rendre encore cette ville une des plus remarquables de l'Europe, sinon pour l'architecture, du moins pour la régularité, l'alignement, et la disposition des rues et des places. Si Londres manqua l'avantage que lui eût procuré l'adoption du projet de Wren, elle y gagna toujours d'apprendre qu'elle avait en lui un homme né pour les grandes choses.

L'architecte du roi, Jean Denham, étant mort en 1668, Wren lui succéda, fut fait chevalier, et eut dès lors la direction d'un grand nombre d'édifices publics.

Cependant Londres était à peine sortie de ses cendres, et déjà on projetait d'y élever un monument qui devait présager la grandeur future de cette ville. Il ne s'agissait de rien moins que de rivaliser, dans la construction d'une église, avec la basilique de Saint-Pierre de Rome; Christophe Wren fut chargé de cette vaste entreprise; et, dès 1675, il jeta les fondements de Saint-Paul.

Wren, au même temps, élevait un autre monument qui, dans son genre, du moins pour la hauteur, ne devait pas avoir de rival. Je veux parler de cette colonne qu'on appelle à Londres du nom seul de *Monument*, et que l'on construisit en pierre à l'endroit même où finit l'incendie dont on a parlé, pour perpétuer le souvenir de ce mémorable feu.

Un des plus remarquables édifices d'Oxford est dû au génie de Wren. C'est celui qu'on nomme le *Théâtre*, nom qu'on lui a donné parce que, d'un côté, sa forme extérieure est circulaire. Il fut construit en 1669.

Parmi les monuments de cet architecte qui ont acquis de la célébrité, et qu'on se plaît encore aujourd'hui à vanter comme une

4

appartiennent à l'architecte anglais, quels sont aussi les emprunts qu'il a pu faire à des œuvres antérieures, ou bien encore quelle fut la part d'action que cette construction exerça sur les monuments qui furent élevés, à son imitation, postérieurement à lui. Nous ne croyons pouvoir mieux faire en cette circonstance, et pour une œuvre aussi importante qui compte des apologistes et des détracteurs, nous ne croyons pouvoir mieux faire, disons-nous, que de mettre entre les mains de nos lecteurs les différentes pièces de ce vaste procès, et de lui présenter ainsi les principaux jugements qui en ont été portés par les meilleurs critiques, réunissant, dans un seul et même paragraphe, toute la partie esthétique qui se rapporte à ce monument célèbre dans l'histoire de l'art moderne en Europe à la fin du XVII⁰ et au commencement du XVIII⁰ siècle.

Une des premières et des meilleures appréciations qui aient été faites de cette œuvre, est due à l'abbé Mai, qui la formulait à la fin du dernier siècle ; et cette appréciation, malgré sa date, est encore de nos jours une des plus judicieuses et une de celles qui traitent le mieux des différents points sur lesquels la critique peut, à bon droit, s'exercer. « Ce temple, dit-il, est, après Saint-Pierre de Rome, le plus vaste de l'univers ; il en est aussi le plus frappant par le grand appareil d'architecture grecque et romaine que l'inventeur y a déployé. Mais cette architecture y est-elle traitée avec ce goût, cet accord et cette sagesse qui distinguent la basilique de Michel-Ange?..... Sans parler des défauts essentiels et visibles de proportion dans quelques dimensions principales, continue cet écrivain, pourquoi ces licences qui doivent choquer des yeux un peu accoutumés à l'élégante précision de l'art antique...? Pourquoi la suppression de l'architrave et de la frise au-dessus des arcades de la nef et du chœur, tandis que, partout ailleurs, l'entablement est complet? Pourquoi ces arcades, trop larges de près d'un tiers pour leur hauteur, ce qui fait paraître les pieds-droits extrêmement faibles? Pourquoi le sommet des arcades s'élève-t-il, comme au temple de la Paix (*), au-dessus du chapiteau des pilastres de toute la hauteur de l'architrave et de la moitié de celle de la frise? Pourquoi cette énorme coupole qui paraît écraser le temple, parce qu'elle a une hauteur et une circonférence extérieures disproportionnées aux autres dimensions de l'édifice...? On pourrait multiplier ces questions, et il serait difficile d'y répondre de façon à justifier toute l'admiration des Anglais et à sauver au chevalier Wren le reproche d'avoir souvent manqué de goût. Il a été

de ses productions les plus recommandables du côté de l'art et du goût, quoique l'œuvre soit d'une médiocre importance, on doit placer l'*église de Saint-Étienne de Walbrook*, à Londres.

Une autre église de Wren est encore citée parmi les plus remarquables de cette ville, mais particulièrement pour sa tour, qui est la plus haute des édifices religieux de la capitale de l'Angleterre.

Pour ne rien omettre ici de ce qui peut donner une idée de la fécondité de Wren, nous citerons encore, parmi les nombreux travaux qui remplirent sa carrière : La *Douane du port de Londre*s, monument orné de deux ordres d'architecture ; le *Palais royal de Winchester*, bâti sur la croupe d'une montagne extrêmement escarpée ; le *Palais épiscopal de Winchester*, qu'on regarde comme une des meilleures productions de Wren ; la *Façade de l'appartement du roi à Hampton-Court*, qui donne sur le parterre et sur la Tamise ; le *Mausolée de la reine Marie*, élevé dans l'église abbatiale de Westminster ; l'*Hôpital de Chelsea*, fondé pour les invalides de terre par Charles II ; et enfin l'*Hôpital de Greenwich*, pour les invalides de mer, qui fut commencé en 1699. Wren passe pour avoir coopéré à son exécution et sans émoluments. Ce ne fut pas, dit-on, le seul ouvrage où, mû par l'unique amour du bien public, il ait consacré gratuitement ses veilles et donné des preuves de son désintéressement. Nul architecte ne porta jamais cette qualité plus loin ; et cependant il lui arriva une fois d'encourir le soupçon du défaut opposé : ce fut, ainsi que nous l'avons dit, à l'occasion de l'église de Saint-Paul.

Chargé d'innombrables travaux, occupé du soin de la construction de cinquante-et-une paroisses de Londres (car il était non-seulement le premier, mais peut-être, dans toute l'acception du mot, le seul architecte de son pays), Wren réunissait, au talent et à la science de son art, le caractère le plus propre au rôle qu'il était appelé à jouer. La nature l'avait doué d'une humeur égale et d'une tranquillité d'âme qu'aucune sorte d'événements ne pouvait altérer : aussi était-il de ces hommes que rien ne peut détourner de leur but, dont rien ne peut ni déranger, ni retarder, ni accélérer la marche. On croit que sa valeur ne fut pas justement appréciée de son vivant ; cela fut peut-être dû aussi, de sa part, à une modestie excessive, qui allait jusqu'à la témérité.

On ignore les motifs qui lui firent ôter, en 1718, à l'âge de quatre-vingt-cinq ans, la charge de directeur général des bâtiments du roi. Il prit alors le parti de se retirer à la campagne, où il ne s'occupa plus que de lecture.

Il est assez étonnant qu'il n'ait point été fait de recueil gravé des édifices que cet architecte, dans le cours d'une si longue vie, paraît avoir construits en divers lieux de l'Angleterre. On en est réduit aux simples mentions de son biographe, mentions insuffisantes pour faire juger de la valeur d'ouvrages qui, s'ils se sont conservés, auront dû éprouver plus d'un changement. Il existe toutefois une collection de ses plans et dessins, qui a été achetée par le collège d'All-Souls d'Oxford, et qu'on peut consulter dans la bibliothèque de cet établissement.

Wren ne fit rien imprimer lui-même de ses ouvrages. Quelques-uns de ceux qu'il avait composés ont été publiés par d'autres. L'architecte anglais James Elne a publié, en 1823, des mémoires sur la vie et les ouvrages de Sir Christophe Wren.

(Extrait de la Vie des plus illustres architectes, par M. QUATREMÈRE DE QUINCY.)

(*) Basilique de Constantin ou de Maxence, à Rome.

grand géomètre et habile architecte, ajoute l'abbé Mai ; il a érigé un vaste édifice noblement distribué ; mais son temple est bien loin d'égaler Saint-Pierre de Rome, non-seulement pour la grandeur et la somptuosité de la décoration, puisqu'il n'y en a de nulle espèce dans Saint-Paul de Londres, mais encore du côté de l'observation exacte des bonnes règles (*)..... »

A ces réflexions, qui nous paraissent fort sages quant au mérite de cet édifice, qu'on ne peut évidemment juger qu'au point de vue de l'art antique ou classique, à ces réflexions, disons-nous, ajoutons maintenant quelques observations, non moins fondées, et qui se rapportent à d'autres parties de l'œuvre. « La critique d'un semblable monument, dit M. Quatremère (**), comporterait de nombreuses et importantes considérations que l'on ne saurait même effleurer ici... Toutefois, s'il s'agit, continue-t-il, de l'impression que le spectateur reçoit de l'aspect intérieur, nous nous permettrons de dire qu'il est généralement médiocre. On n'y est véritablement frappé d'aucune sorte de grandeur, d'aucun caractère bien prononcé, soit de force ou de sévérité, soit d'élégance ou de richesse. Les sens et l'esprit y voudraient ou plus de simplicité ou plus de variété. Quelque chose de nu, de pauvre et de froid s'y fait sentir. En un mot, on entre à Saint-Paul sans étonnement, on en sort sans admiration. Quant au mérite et à l'effet de l'architecture, ajoute cet antiquaire, l'extérieur nous paraît l'emporter sur l'intérieur. »

Voyons maintenant ce qu'on a dit du dôme qui surmonte cette église, et laissons encore, sur le mérite et la valeur de cette partie, la parole à M. Quatremère (***), qui s'exprime en ces termes : « Nous le disons d'abord de la coupole, dont la forme, la courbe et la décoration sont fort belles , dont l'ensemble, bien qu'on puisse le trouver découpé par la saillie de la colonnade qui l'environne, ne laisse pas de produire un tout très-harmonieux. Sous le rapport de sa construction, quoique la courbe extérieure ne soit qu'en charpente, on reconnaît, dans les combinaisons de la structure intérieure, c'est-à-dire celle de la tour du dôme, un système d'inclinaison, imaginé par l'architecte, pour augmenter la résistance contre les efforts de la grande voûte intérieure formant coupole et de la tour conique qui porte la lanterne. Sous le point de vue de l'architecture ou de l'ordonnance générale, on ne saurait nier que Wren n'ait eu l'ambition de dépasser l'œuvre de Michel-Ange. On se voit même porté à penser qu'il a eu, dans la disposition de la colonnade, la prétention d'imiter les temples circulaires et périptères des anciens ; et on ne peut se dispenser de reconnaître que tout cet ensemble offre un aspect de richesse et de variété qui ne pouvait guère être surpassé. »

Quelques auteurs ont fait un reproche à Wren de s'être écarté, dans la composition de la façade de son monument, des idées des anciens, qui n'y employaient qu'un seul ordre, blâmant les architectes modernes de mépriser les règles de l'unité, lorsqu'ils en disposent, ainsi qu'ils le pratiquent, deux et même trois les uns au-dessus des autres. Partant de ce point de vue, ces critiques ajoutent qu'on peut encore lui reprocher, dans la décoration des autres parties extérieures de l'édifice, l'emploi des deux ordres superposés de pilastres ; car, disent-ils, en suivant, ici encore, les mêmes lois de l'unité, on regrette que deux ordres qui, dans cette position, indiquent deux étages, se trouvent en dehors d'un édifice qui, intérieurement, n'en a point.

Tel est, en résumé, ce monument que certains Anglais, dans une admiration aussi peu raisonnée que réfléchie, considèrent comme une merveille, quoiqu'il ne soit réellement qu'une œuvre de second ordre, puisqu'elle renferme un assez grand nombre de défauts et sous le rapport de l'art de la construction et sous celui de l'esthétique : aussi, moins enthousiastes et plus justes que nos voisins, lui avons-nous, dans ce qui précède, donné seulement des éloges pour quelques-unes de ses parties, mais en y réservant toutefois, et pour les imperfections qu'elle offre à l'observateur, la part exacte d'une critique équitable. Et maintenant qu'il nous soit permis, en terminant, d'ajouter ici les quelques mots qu'en a dits M. Ludovic Vitet, ce critique si judicieux et de tant de goût, dans son mémoire sur l'*Architecture du moyen âge en Angleterre* (****). Certes, on ne pouvait mieux ni plus succinctement résumer toute cette question : ses paroles, d'ailleurs, viendront donner une certaine valeur à notre travail, et elles seront comme une confirmation flatteuse de nos recherches et le couronnement de cette notice ; car ce n'était que justice et vérité, lorsque le docte académicien disait de la création de Wren, qu'*elle n'est qu'une œuvre massive et sans vie que les Anglais contemplent avec un enthousiasme docile et qu'ils croient sérieusement un chef-d'œuvre.*

(*) Temples anciens et modernes, ou Observations sur les plus célèbres monuments, etc., pag. 278-281.
(**) Dictionnaire historique d'Architecture , Tome deuxième, au mot *Wren*.
(***) *Ib., ib.*
(****) Études sur les Beaux-Arts et sur la Littérature , Tom. II, pag. 173.

— MONUMENTS DES XVII° ET XVIII° SIÈCLES. —

Mais arrêtons-nous encore un instant pour signaler à nos lecteurs un abus inqualifiable qu'on impose sans pitié aux personnes qui visitent cet édifice. Il s'agit des espèces de rétributions qu'il faut payer pour être introduit dans chacune des différentes parties de la cathédrale. M. Godwin termine sa monographie de Saint-Paul par un tableau de ces taxes que doit acquitter chaque visiteur, et dont le total atteint, en somme, le chiffre d'environ six francs. Les étrangers élèvent, avec raison, de justes plaintes contre de tels impôts, et nous trouvons aussi qu'il est très-peu honorable, pour une nation qui veut passer pour grande, de rançonner ainsi les curieux. En effet, de pareilles taxes déshonorent un pays et dégradent l'administration qui les tolère; elles montrent aussi, d'une part, un acte blâmable de sordidité et, de l'autre, l'intention arrêtée de ne laisser jouir qu'une classe privilégiée lorsque toutes contribuent, le riche comme le pauvre, pauvre qu'on force à la coopération, mais auquel on sait fort bien retirer la jouissance que devrait cependant lui procurer la contribution qu'on lui a imposée. Et certes, on ne peut nier ici que l'énormité des taxes ne prive beaucoup et le modeste artiste et le pauvre ouvrier; car, si l'un a besoin de la vue des œuvres d'art pour ses travaux et comme objet d'étude, l'autre aussi la réclame comme sujet d'application, ou même comme instruction ou délassement, dans ses moments de repos, après de longues et de pénibles journées de fatigue. En France, il faut le dire, on agit, selon nous, avec plus d'intelligence et plus de libéralité, et l'on comprend, à cet égard, beaucoup mieux les besoins et les règles de la justice: aussi, l'entrée libre et publique de nos monuments, collections et musées est-elle accessible à tous, et chacun peut-il, à son aise et sans rétribution aucune, étudier ou considérer à loisir ce qui peut lui être utile ou agréable. Joignons donc nos réclamations à celles de ces visiteurs qu'on rançonne sans merci, soit à Saint-Paul de Londres ou dans les autres monuments et musées de l'Angleterre, afin de voir mettre au plus tôt un terme à des actes de cupidité qui ne sont plus dans les idées de notre époque, et signalons aussi cet abus à nos anglomanes quand même, en leur demandant si, encore ici et sur ce point, les us et coutumes de notre pays ne sont point préférables et plus conformes aux règles constantes de la raison et de l'équité !

— BIBLIOGRAPHIE. —

1° Dugdale (William). The history of St. Paul's cathedral in London, from its foundation until these times, etc.; London, 1658, in-f°, pl.

2° Dugdale (William). The history of St. Paul's cathedral, etc., continued by Ellis.

3° A very elaborate and beautiful section of the cupola and transsept of the church was engraved to a large scale, by E. Rooker, from a drawing by J. Gwynn and S. Wale, in 1755.

4° Leroy. Histoire de la disposition et des formes différentes que les chrétiens ont données à leurs temples, etc.; Paris, 1764, in-8°, pl.

5° An historical description of St. Paul's cathedral; Lond., 1767, in-12.

6° Campbell. Vitruvius Britannicus (planches I à IV); London, 1767, 5 vol. in-f°, pl.

7° Malcolm. Londinum redivivum (Tom. III, p. 59 et suiv.)

8° Mai (l'abbé). Temples anciens et modernes, ou Observations critiques sur les plus célèbres monuments d'architecture grecque et gothique; Paris, 1774, in-8°, pl.

9° D'Argenville. Vies des architectes et sculpteurs; Paris, 1787, 2 vol. in-8°, pl.

10° Dallaway. Les Beaux-Arts en Angleterre, trad. de l'anglais par M***, publié et augmenté de notes par Ad. Millin; Paris, 1807, 2 vol. in-8°.

11° Barjaud et Landon. Description de Londres et de ses édifices; Paris, 1810, 1 vol. in-8°, pl.

12° Ware's Tracts on Vaults and Bridges; or a scientific Essay on Domes, with a section of the nave and ailes of St. Paul's cathedral; London, 1822, in-8°.

13° Aikin (Edmund). An Essay on the history of the buildings; in Britton's Fine Arts of the English school; London, 1832, in-4°, with ground plans of the church and the crypt, etc.

14° A geometrical elevation of the north side, with the cupola, and the bell towers at the N.-W. angle, was engraved and published by C. Gladwin; London, 1834.

15° Gwilt (Joseph). A critical and descriptive Essay, with plans, sections, elevations, and views of the church, etc., in the first vol. of Britton: Illustrations of the public Buildings of London.

16° Winckle's English cathedrals, with descriptions, by T. Moule; London, 1835-38, 2 vol. gr. in-8°, ornés de 118 pl.

17° Godwin and Britton. The churches of London, etc.; London, 1838-39, 2 vol. in-8°, pl.

18° Gourlier. Encyclopédie du XIX° siècle, article Wren; Paris, gr. in-8°.

19° Quatremère de Quincy. Dictionnaire d'architecture, articles Campaniles, Coupoles, Dôme, Portail, Wren.

20° Magasin pittoresque, Année 1840, Tom. VIII, p. 195-198.

21° Britton. Architectural illustrations of the public buildings of London; London, in-4° avec 144 pl.

ÉGLISE DE St PAUL À LONDRES.

Iglesia de San Pablo en Londres. (detalles)

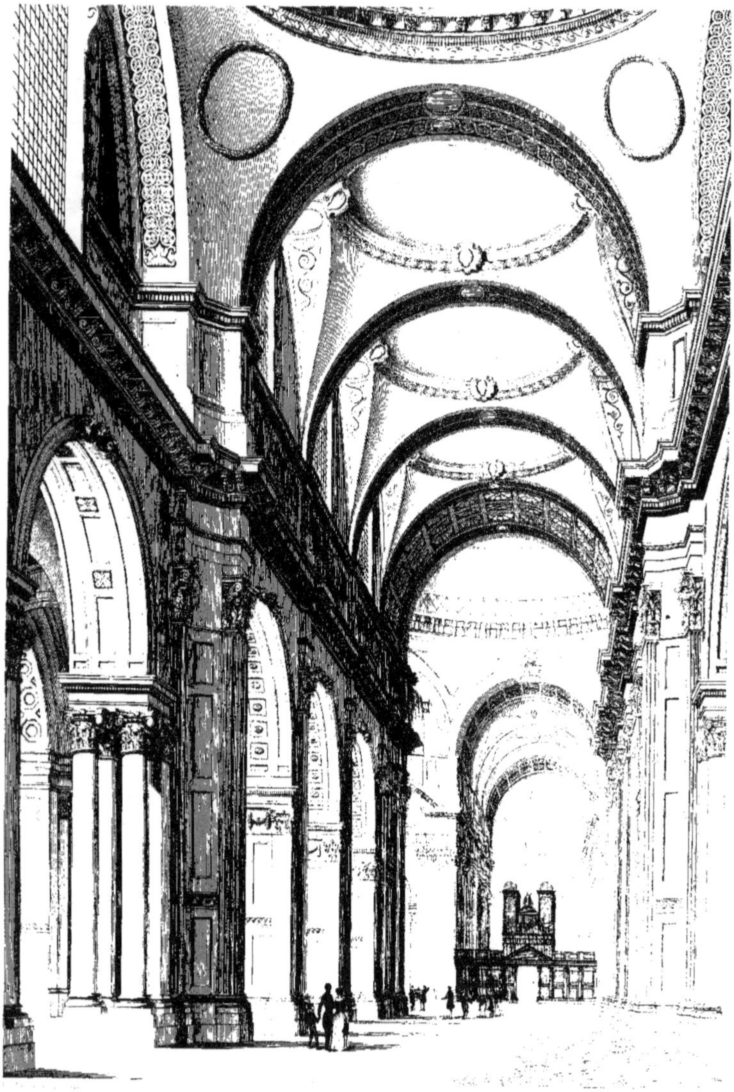

ÉGLISE DE St PAUL A LONDRES

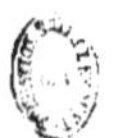

Iglesia de san Pablo en Londres *Inglaterra*

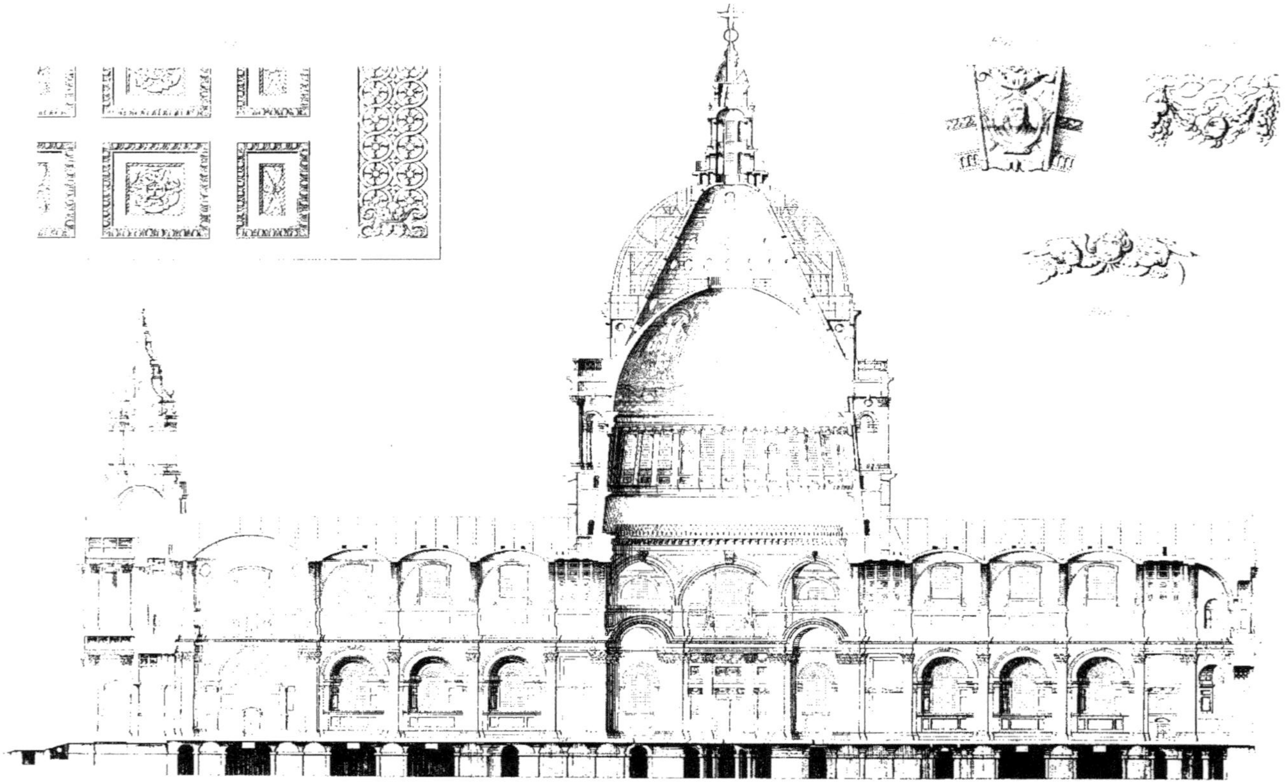

ÉGLISE DE ST. PAUL, À LONDRES

Iglesia de san Pablo en Londres *(Carmencere Ioanni 2)*

HALLES AU BLÉ.

Bien que souvent dans l'usage on confonde les mots *halle* et *marché*, il est cependant une distinction qui semble devoir être établie entre ces deux mots, et que leur étymologie même paraîtrait indiquer. (*Halle*, de *hall*, salle ; *marché*, de *merces*, marchandises). On doit entendre plutôt par marché, le lieu où se débitent, en détail, les objets d'une consommation journalière ; et par halle, un lieu où les marchandises restent en dépôt, pour n'être vendues qu'en gros, et à certains jours. Il résulte de cette distinction qu'il est difficile de ne pas réunir, dans une seule et même idée, la halle et les magasins ou greniers qui en font partie.

Notre mot grenier, du latin *granarium*, signifie, à proprement parler, lieu où l'on conserve le grain ; et c'est dans ce sens seul que nous aurons à nous en occuper ici, bien que chez les anciens, sous le nom d'*horreum*, de même que chez nous, il ait servi de dépôt à tous les objets qui, par leur nature, avaient besoin d'être tenus au sec.

Chez les Romains, le grenier était, ainsi que chez les modernes, placé à l'étage supérieur ; il était exposé au septentrion, parce que le vent du nord, à cause de sa sécheresse, est utile au grain, et n'amène pas des insectes comme les autres vents ; de petites fenêtres étaient ménagées pour qu'il pût pénétrer librement et renouveler l'air. Pour préserver les greniers de l'humidité, on les éloignait des écuries et des fumiers ; quelquefois on les couvrait d'une voûte. Le sol était formé de petites briques ou de terre battue ; les murs étaient couverts d'argile, délayée avec de la lie d'huile, et mêlée de feuilles d'olivier au lieu de paille. Il y avait à Rome plusieurs greniers publics ; les plus célèbres étaient ceux d'Anicetus et de Domitien, qui renfermaient les blés apportés de la Sicile, de la Sardaigne, de l'Attique et de l'Égypte, et dont on voit encore quelques ruines sur le bord du Tibre, près du pont Sublicius ; les greniers de Germanicus et d'Agrippine ; enfin, ceux de Dioclétien, dont Boissard, dans sa *Topographie de Rome*, a cru reconnaître les restes dans les grottes du mont Testaccio.

Ces amas de grain, ces *greniers d'abondance*, comme nous les nommons aujourd'hui, étaient, pour les anciens, d'une bien plus grande importance encore que pour les modernes ; la difficulté des transports étant plus considérable, les procédés de culture plus imparfaits, il fallait longtemps d'avance se prémunir contre la disette, suite alors presque inévitable des variations des récoltes.

Outre les greniers, les *silos*, vastes souterrains hermétiquement fermés, étaient déjà en usage chez les peuples de l'antiquité, ainsi que l'attestent Pline, Varron, Columelle, Hirtius, etc. Il paraît même qu'ils ont été connus des Chinois de temps immémorial. Leur emploi est assez fréquent chez les modernes, et on peut citer pour exemples les greniers souterrains de Naples et de Livourne, et ceux d'Amboise, pratiqués dans un roc calcaire, sur le bord de la Loire.

Les silos ont l'avantage de n'exiger aucune manutention pendant le temps du dépôt ; dans les greniers, au contraire, il faut remuer souvent le blé pour l'aérer et pour détruire les insectes, tels que les charançons, et empêcher les ravages des rats, des souris et autres rongeurs, travail qui entraîne des frais considérables. En multipliant les étages des greniers, on trouve économie et facilité de main-d'œuvre et de ventilation : il faut avoir soin, dans ce cas, de tenir assez rapprochés les piliers des étages inférieurs. Il est utile aussi que les greniers soient voisins en même temps d'une rivière, pour l'apport des grains, et des *minoteries* pour leur exploitation.

Les greniers publics ne diffèrent que par une construction plus soignée ; on peut citer ceux de Paris, de Lyon, de Lille, de Corbeil, de Naples, de Gênes, etc.

Les principales halles au blé de France sont celles de Lyon, d'Alençon, de Vesoul, de Carcassonne, de Chaumont, de Riom, d'Issoire, etc. Tous ces édifices sont de forme rectangulaire, et ce plan est celui qui, en général, doit être préféré, toutes les fois que la localité le permet. Nous possédons cependant deux édifices de ce genre de forme circulaire, tous deux fort remarquables ; ce sont : la Halle du Mans, belle rotonde construite sur les plans de M. Luçon ; et celle de Paris, à laquelle nous devons consacrer un travail spécial.

Bachaumont acheta cette colonne pour la sauver de la destruction, et en fit don à la ville, qui lui remboursa les 1,500 livres qu'il avait payées. Quand on construisit la Halle, on pensa à transporter cette colonne au centre, et déjà on avait fait le modèle de la machine qui devait servir à cette gigantesque opération ; mais on renonça à cette idée en reconnaissant que la colonne pouvait rester appuyée au mur du nouvel édifice ; on se contenta d'en consolider les fondations.

Cette colonne cannelée, creuse et contenant un escalier, est un mélange des ordres dorique et toscan ; elle est haute de 31^m,50, y compris le grand amortissement de fer qui la surmonte, et dans lequel on croit reconnaître quelque symbole astrologique. Son diamètre, dans la partie inférieure, est de 3^m,154 ; dans la partie supérieure, de 2^m,653. Sous Louis XV, on y a placé un grand cadran solaire, et à la base, une fontaine du plus mauvais goût, qui a été restaurée en 1812.

BIBLIOGRAPHIE.

1° Lecamus de Mezières (N.), Recueil des différents plans et dessins concernant la nouvelle Halle aux grains, située aux lieu et place de l'ancien hôtel de Soissons; Paris, 1769, in-f°, planches.

2° Rondelet, Mémoire sur la coupole de la Halle au blé; Paris, 1803, in-4°, planches.

3° Viel (Fr.), Dissertations sur les projets de coupole de la Halle au blé de Paris; Paris, 1809, in-4°.

4° Brunet, Dimension des fers qui doivent former la coupole de la Halle au blé, calculée d'après la composition de M. Bellanger; Paris, in-f° oblong.

5° Rondelet, Art de bâtir; Paris, 1803, in-4°, tome II

6° Bruyère, Études relatives à l'art des constructions; Paris, 1823-28, 2 volumes in-fol., planches.

7° Gourlier, Biet, Grillon et Tardieu, Choix d'édifices publics construits ou projetés en France; extrait des archives du conseil des bâtiments civils; Paris, in-fol. (En cours de publication).

8° Millin, Dictionnaire des beaux-arts; Paris, 1806, 3 vol. in-8°.

9° Quatremère de Quincy, Dictionnaire d'architecture; Paris, 2 vol. in-4°.

HALLE AU BLÉ DE PARIS.

Alhóndiga ó Pósito de Paris. *Francia*

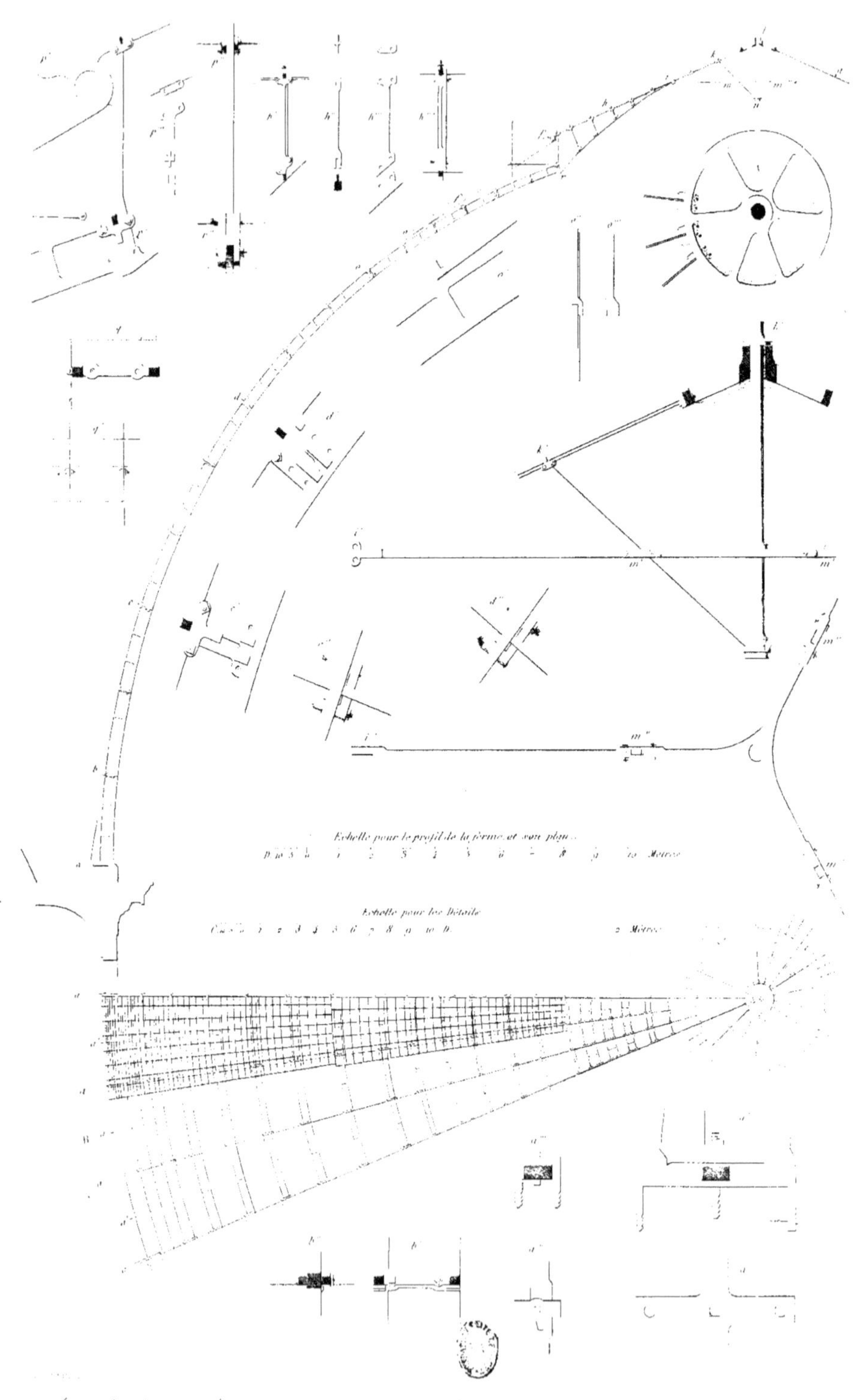

Echelle pour le profil de la ferme et son plan
Echelle pour les Détails

MARCHÉS.

Le mot latin *merces*, marchandise, d'où est dérivé notre mot *marché*, comme aussi le *mercato* des Italiens, le *mercado* des Espagnols, le *market* des Anglais, indique suffisamment la destination de ces établissements. Un marché est donc un lieu soit construit, soit en plein air, affecté à la vente des denrées et objets nécessaires aux besoins journaliers de la vie. Le marché portait chez les Grecs le nom d'ἀγορά, celui de *forum* chez les Romains. L'habitude de la vie extérieure, telle qu'elle existait chez les anciens, l'absence de ce nombre infini de boutiques, disséminées dans toutes les parties de nos villes, devaient donner aux marchés une importance qu'ils sont loin d'obtenir chez les modernes. Servant en même temps de point de réunion pour les affaires publiques et privées, et de lieu de débit pour les marchandises, cette place était en quelque sorte indispensable à l'existence de la ville, en même temps qu'elle en devint un des principaux ornements.

L'*agora* des Grecs était ordinairement placée au centre de la ville, à moins qu'il n'y eût un port ou une rivière dans le voisinage desquels on l'établissait de préférence. L'*agora* était carrée, entourée de portiques doubles, avec un toit plat formant galerie. Ces portiques offraient un abri aux marchands et aux acheteurs, et alternaient quelquefois avec des édifices civils ou religieux. Souvent l'*agora* était ornée de statues, comme celles de Sparte, de Mégalopolis, de Corinthe, d'Argos. Ce luxe existait même dans des villes d'une importance secondaire. Le quatrième discours de Cicéron contre Verrès nous prouve qu'il en était de même en Sicile.

Athènes avait deux grands marchés ; le premier, appelé Ἀρχαία ἀγορά, était situé dans le Céramique ; il était extrêmement spacieux, et décoré d'une foule d'édifices ; c'était là qu'étaient rangées les statues décernées aux citoyens qui avaient bien mérité de la patrie ; cette *agora* était consacrée aux assemblées du peuple et à tous les genres de commerce qui avaient chacun leur place séparée. L'autre *agora*, appelée Ἐρέτρια, était voisine du portique de Zénon. Outre ces marchés principaux, nous trouvons encore cités dans les auteurs grecs Ἀλφιτόπωλις ἀγορά, le marché des boulangers, Ἰχθυόπωλις ἀγορά, la poissonnerie, Γυναικεία ἀγορά, le marché aux parures de femmes, Οἶνος, le marché au vin, Ἔλαιον, le marché à l'huile, etc. On voit par ces deux dernières dénominations que quelquefois on désignait les marchés simplement par le nom de la denrée qui s'y débitait.

Le *forum* chez les Romains, et dans les divers pays soumis à leur domination, était oblong ; sa largeur était égale aux deux tiers de sa longueur. Il était, comme l'*agora*, entouré de portiques, et même de portiques à deux étages, puisque Vitruve prescrit de tenir les colonnes du rang supérieur un quart moins hautes que celles du rang inférieur. L'aire du *forum* servait quelquefois à des combats de gladiateurs, car le même auteur recommande de laisser très-larges les entre-colonnements, afin de gêner le moins possible les spectateurs. Sous ces portiques étaient ménagées des boutiques, mais principalement réservées aux changeurs et aux vendeurs d'objets précieux. Les autres marchands se tenaient en plein air dans l'intérieur de l'enceinte où ils avaient des comptoirs, *abaci*, et de grandes tables, *operariæ mensæ*. Ces enceintes, en général, n'étaient pas très-vastes, et n'en faisaient que mieux valoir les édifices qui les décoraient, tels que les temples, la curie, la basilique, l'*ærarium*, etc. Le forum de Pompéi est l'exemple le mieux conservé de cette disposition.

Rome renfermait dix-sept *fora*, dont trois, consacrés exclusivement aux affaires publiques ou privées, portaient le nom de *fora civilia*, ou *judiciaria* ; les quatorze autres étaient des marchés, *fora venalia*, et ce n'est que de ceux-là que nous devons nous occuper ici. Nous citerons parmi eux les *forum boarium*, *piscarium*, *pistorium*, *suarium*, *vinarium*, *equarium*, *olitorium*, etc. C'était dans ce dernier, voisin du Capitole, qu'avaient aussi lieu les ventes à l'encan, *sub hastâ*. Il y avait encore un marché aux friandises où se tenaient les rôtisseurs, les pâtissiers, les confiseurs ; on le nommait *forum cupedinarium*, de *cupedia*, mets recherchés (*).

Au moyen âge, nous trouvons peu de marchés construits. Le plus ancien que nous puissions citer est celui qui est remplacé aujourd'hui par nos halles de Paris. Louis le Gros l'établit au XIIe siècle dans un lieu appelé les *Champeaux*; Philippe-Auguste l'entoura de murailles, et fit construire dans sa vaste enceinte des galeries couvertes pour abriter les marchandises. Nous trouvons ensuite à Florence le *Mercato nuovo*, bâti par Cosme Ier, en 1548, sur les dessins de Bernardo Tarso ; c'est une vaste loge de forme rectangulaire, plus élégante que commode, ouverte de tous côtés, divisée par des colonnes corinthiennes supportant les retombées des

---

(*) On trouve une description complète de ces divers *fora* dans l'ouvrage d'Onuphrius Panvinus, *Antiqua urbis imago sive topographia urbis Romæ cum Boissardo*, 1597, in-f°.

voûtes et des arcades ; elle est flanquée aux angles de quatre massifs ou contre-forts. Au centre, une pierre indique le lieu où l'on fouettait les marchands à faux poids. On trouve plus fréquemment de simples portiques occupant un côté d'une rue ou d'une place, et remplissant le même but que les marchés complets. Tels sont à Paris nos piliers des halles, tels sont en Italie le *Mercato vecchio* de Florence, bâti également au xvi° siècle par Cosme I°ᵉʳ, sur les dessins de Vasari ; à Arezzo, le beau portique *dei Mercanti*, construit par ce même architecte. Plusieurs des portiques qui bordent les rues de Bologne, de Padoue, de Mantoue, ont reçu une destination analogue ; il en est de même de la grande rue du Pô à Turin, et de la belle *loge* du palais élevé à Milan par Pie IV sur les plans de Vincenzo Seregni, sur la place *del Mercato* ou *dei Tribunali*. Toutefois, généralement en Italie comme en France, presque jusqu'à nos jours, les marchés se tinrent en plein air sur la place publique. La place de Sienne est un des exemples les plus remarquables de ces marchés découverts, et sa destination politique au temps de la République lui donne une ressemblance de plus avec le *forum* antique. Je pourrais en dire autant de la fameuse *piazza del Mercato* de Naples, qui rappelle les grands souvenirs de Conradin et de Masaniello.

Ce n'est guère que depuis soixante ans que l'on a senti la nécessité d'ériger dans les villes des marchés vastes, commodes, remplissant toutes les conditions qu'exigeait leur destination. Les principales de ces conditions sont le choix de l'emplacement le plus central, le plus à la portée des consommateurs, la solidité, la commodité et la salubrité. De larges baies fermées par des persiennes doivent garantir des intempéries des saisons, sans empêcher la circulation de l'air indispensable à la conservation des denrées. Des fontaines nombreuses, un pavé bien dressé, et légèrement incliné pour favoriser l'écoulement des eaux, des murailles en pierre de taille, au moins jusqu'à une certaine hauteur, rendent facile l'entretien de la propreté non moins indispensable. Quant à la commodité, il faut éviter autant que possible les piliers intérieurs qui gênent la circulation, et ménager des passages assez larges pour n'avoir à craindre aucun encombrement ; l'expérience a démontré que ces passages ne devaient pas avoir moins de 2ᵐ. Les accessoires nécessaires d'un grand marché sont, 1° une boucherie ; 2° de resserres pour les denrées non vendues ; 3° un corps de garde ; 4° le cabinet du percepteur des droits de place ; 5° le logement du concierge ; 6° des latrines publiques ; 7° enfin, si faire se peut, des écuries pour les chevaux des marchands. L'architecture d'un marché doit être simple, sans pour cela manquer d'une certaine élégance ; une fontaine monumentale doit être son principal ornement. Pour la toiture, nous sommes toujours portés à préférer la charpente en fer comme plus gracieuse, plus légère, et surtout comme préservant le monument de ces incendies dont si souvent ont été causes les charpentes en bois. Nous verrons plus tard comment ces diverses conditions ont été remplies dans les marchés érigés à Paris depuis le commencement de ce siècle ; jetons auparavant un coup d'œil sur les principaux marchés qui existent en Europe.

Le plus beau d'Italie est celui exécuté, il y a peu d'années, à Naples, près la rue de Tolède ; il consiste en une vaste cour rectangulaire de trois côtés, circulaire de l'autre, entourée d'un portique dorique sous lequel sont placés les étaux des bouchers ; les autres denrées se vendent en plein air dans l'intérieur de l'enceinte. Viennent ensuite les marchés de Bologne, de Bergame, de Turin, de Rimini, etc.

Londres renferme de vastes marchés, tels que *Smithfield-market, Leadenhall-market, Newgate-market*, etc.; mais il y en a trois très-remarquables par leur construction monumentale. *Farington-market*, d'abord établi en 1737 sur l'emplacement connu sous le nom de *Fleet-ditch*, fut transféré en 1829 dans le nouveau bâtiment construit, entre *Shoe-lane* et *Farington-street*, par William Montagne. Ce marché est rectangulaire, 78ᵐ sur 50ᵐ. Un double rang de boutiques existe sur toute la longueur de trois côtés. Le marché est bâti en briques, et éclairé par des lunettes. *Covent-Garden* fut entièrement reconstruit en 1830 sur les plans de M. Flower ; il se compose de trois rangs de galeries s'étendant de l'E. à l'O. La façade de chacune des galeries au N. et au S. est ornée de colonnes de granit hautes de 4ᵐ formant une promenade couverte. La façade à l'E. offre un triple rang de colonnes surmontées d'une belle terrasse large d'environ 9ᵐ. Enfin, en 1832 s'est élevé dans le *Strand* le nouveau marché aux poissons, *Hungerford-market*, qui ne le cède en rien en magnificence aux deux que je viens de décrire.

En Hollande, on cite les marchés de Breda, de Delft et de Rotterdam. Enfin, plusieurs villes de France possèdent de beaux édifices de ce genre ; il suffira de nommer Strasbourg, St-Dizier, St-Jean d'Angely, Montpellier, Marseille, Caen, Bourbon-Vendée, etc.; mais c'est Paris surtout qui peut se vanter d'avoir un système de marchés bien entendu, et, parmi ces établissements, le premier rang appartient de droit au marché St-Germain, qui est encore le mieux conçu, sinon le plus élégant qui existe en Europe.

MARCHÉ SAINT-GERMAIN

ET AUTRES MARCHÉS DE PARIS.

Il existait à Paris trois foires ou emplacements couverts de constructions légères destinées à abriter des vendeurs, parmi lesquels alors les marchands de comestibles étaient les moins nombreux. L'origine de la foire St-Laurent remontait à Philippe-Auguste ; la foire St-Ovide, établie en 1764, place Vendôme, avait été transférée en 1771 sur la place Louis XV ; mais la plus célèbre et la plus importante de toutes était la foire St-Germain, fondée par Louis XI en 1482, et donnée par ce prince à l'abbaye St-Germain des Prés ; elle consistait en un seul bâtiment couvert d'une charpente admirée alors des gens de l'art. Un incendie détruisit toutes ces constructions de bois en cinq heures, dans la nuit du 16 au 17 mars 1762. Au mois d'octobre de la même année, on fit construire cent nouvelles loges séparées par des rues dont quelques-unes couvertes de vitrages. Cette nouvelle foire a disparu à son tour pour faire place au beau marché que nous allons examiner en détail.

Ce marché fut commencé en 1811, sur les dessins de M. Blondel, architecte, secondé par M. Garrez, architecte inspecteur, et par M. Lusson, conducteur des travaux. Les nefs orientale et méridionale furent livrées au commerce en juin 1817 ; le reste fut achevé en 1820.

Le plan de ce marché offre un parallélogramme rectangle de 92^m sur 75^m. Les faces des deux grands côtés ont chacune vingt et une ouvertures, portes ou fenêtres en forme d'arcades ; les faces des petits côtés en ont dix-sept. Les galeries sont ouvertes aux quatre points cardinaux par des entrées principales composées chacune de trois ouvertures, et à chaque extrémité par des baies de dégagement répondant à l'axe de chaque nef. Ces dernières portes sont percées au centre de pavillons carrés faisant une très-faible saillie sur le corps de l'édifice, et sont flanquées de deux autres arcades qui, fermées jusqu'à la hauteur des impostes, massent et soutiennent ainsi les angles. (Voy. élévation et plan, fig. A et B.) Les quarante autres fenêtres sont fermées par de fortes persiennes à demeure, les portes par de belles grilles en fer. Les baies sont rappelées du côté de la cour au nombre de cinquante-deux. Les pié-droits qui séparent les arcades reposent sur un soubassement peu élevé et sans moulures ; sur leurs impostes ils reçoivent les arcs ornés d'archivoltes et portent le mur couronné d'un bandeau. Cette dernière partie sert d'appui à des baies de même largeur que celles du bas, et à des trumeaux d'une petite hauteur, lesquels supportent tout le système de charpente, l'une des parties les plus remarquables de cette construction. Nous donnons (fig. a) la coupe de l'une des fermes prise sur la ligne bc du plan E, et (fig. d) la coupe d'une demi-ferme prolongée jusqu'à la seconde moise $d'd''$. Dans cette dernière figure, les pièces de bois qui gênaient pour voir chaque ferme, sont supposées coupées au niveau des moises pendantes. Les fermes ont 14^m de longueur ; leurs entraits sont à leurs extrémités renforcés par des corbeaux $a'a''$. Environ au tiers de la longueur des traverses se rencontrent les moises, dont le poids est particulièrement soutenu par les arbalétriers ; elles dépassent la première partie rampante du comble, et offrent dans leurs intervalles autant d'ouvertures peu élevées, terminées par une partie de couverture qui à l'extérieur et dans tout son pourtour se présente comme le couronnement d'une lanterne (fig. A). C'est surtout dans les angles que l'exécution de cette charpente présentait le plus de difficultés. Nous donnons (fig. E) le plan d'un de ces angles du comble pris au niveau des grands entraits des sablières ; il fait voir les différents assemblages et comment sont soutenues les grandes fermes. La fig. e présente la coupe de l'une des grandes fermes d'angle prise sur la ligne fg du plan E ; enfin la fig. h offre la coupe de la charpente complète de l'un des angles du comble.

A l'intérieur, les entrées du marché sont marquées par des rangs de bornes (V. le plan). Les places des marchands, au nombre de 368, sont disposées sur quatre rangs.

Au centre de la cour rectangulaire qu'enferme l'édifice s'élève une fontaine qui, placée primitivement sur la place St-Sulpice, a été, sur la proposition de M. Blondel, transportée en 1825 à cette place qui lui convient infiniment mieux, eu égard à la petitesse de ses dimensions. Cette fontaine se compose d'un cippe carré décoré de quatre bas-reliefs et s'élevant sur un bassin carré qui repose lui-même sur un soubassement octogone.

Naguère encore cette cour était encombrée de baraques de fripiers, lingers, etc. ; on vient de les remplacer par d'élégantes boutiques couvertes en zinc, et partagées par des passages vitrés.

Au S. du marché, dont il est séparé par la rue Lobineau, s'élève le bâtiment des boucheries C. Il a les mêmes formes et les mêmes dimensions que l'une des ailes du bâtiment principal ; seulement les arcades sont pleines jusqu'aux impostes, et ne présentent que des lunettes vitrées. Au-dessous de chacune de ces arcades, dans le soubassement, est un soupirail grillé, pour éclairer les caves. Au centre du bâtiment s'ouvrent trois portes d'entrée répondant à celles du marché ; deux autres sont percées dans les pavillons d'angle, et deux autres dans ces mêmes pavillons à l'E. et à l'O., aux bouts de la galerie. Les trois portes centrales donnent accès à un vestibule au fond duquel est une petite fontaine surmontée d'une statue de l'Abondance, par M. Millhomme. Sur le vestibule s'ouvrent deux grilles qui donnent entrée dans les boucheries où sont des étaux bien exécutés en bois et en fer, sur des soubassements de pierre de taille. Aux côtés de la fontaine sont deux escaliers conduisant aux caves, divisées en 150 cases sur quatre rangs, séparées par des grilles et par des murs de refend.

A l'O. du marché, dans la rue Mabillon, et au coin de la rue Guisarde est le bâtiment destiné au logement du concierge et de l'inspecteur du marché (fig. D). Il présente trois arcades à la façade ; celle du milieu sert de porte et est fermée par une grille ; chacune des autres renferme deux fenêtres, l'une à rez-de-chaussée, l'autre au-dessus des impostes. Derrière ce bâtiment sont les latrines publiques commodément disposées, et assainies par les cheminées d'appel de M. Darcet, procédé qu'on a appliqué également aux fosses des autres marchés nouvellement construits à Paris (*).

Après le marché St-Germain se présente celui des Carmes, dont la première pierre fut posée le 15 août 1813 ; il fut terminé en 1819. M. Vaudoyer en fut l'architecte, et M. Lelong l'inspecteur. Ce marché, plus petit que celui St-Germain, présente de même quatre nefs enfermant une cour rectangulaire. au centre de laquelle s'élève une petite fontaine composée d'un cippe portant un hermès double sculpté par M. Fragonard. La charpente diffère un peu de celle du marché St-Germain, mais le système est le même.

Plus petit encore, mais plus remarquable sous certains rapports, est le marché St-Gervais ou des Blancs-Manteaux, élevé de 1811 à 1819, par les soins de M. Delespine, architecte, et de M. Dedieu, inspecteur. Chaque face sur la Vieille rue du Temple et sur celle des Hospitalières-St-Gervais présente trois portes cintrées, dont une grande et deux plus petites. Les deux autres côtés du bâtiment sont éclairés chacun par trois lunettes. A l'intérieur, ce marché se trouve divisé en trois nefs par des murs de refend percés d'arcades, ce qui ôte à la grandeur apparente du monument. La grande nef est éclairée au sommet par trois lanternes. La charpente en fer est aussi légère qu'élégante ; c'est ce que ce marché offre de plus remarquable ; la couverture est en plomb. En face du marché se présente par son extrémité le bâtiment des boucheries contenant quatorze étaux ; c'est une imitation manifeste des boucheries St-Germain ; à la façade sont deux têtes de bœuf jetant de l'eau dans deux bassins.

Le marché St-Martin, ouvert en 1816, présente une surface de 100^m sur 60^m. Les deux bâtiments parallèles que l'architecte, M. Peyre neveu, a élevés aux côtés de cette enceinte sont mesquins et sans élégance. Chacun d'eux présente au bout neuf petites arcades dont trois ouvertes, sur les côtés vingt-sept dont neuf ouvertes ; les autres sont fermées par des persiennes. L'intérieur est divisé en trois nefs par deux rangées, chacune de huit piliers. La couverture est en charpente, et présente une espèce de lanterne continue comme au marché St-Germain ; mais cette toiture est ici disgracieuse, étant élevée sur des poteaux d'une longueur démesurée. Les deux autres côtés de la cour sont fermés par des grilles, coupées du côté de la rue Montgolfier par deux petits bâtiments uniformes, contenant l'un un corps de garde, l'autre le logement du concierge et les latrines. Au milieu de la grande cour s'élève une des plus jolies fontaines de Paris, composée d'une vasque soutenue par trois charmants génies de bronze de M. Gois.

Enfin, avant de terminer, je mentionnerai encore pour mémoire, parmi les marchés de Paris, celui à la viande, construit de 1813 à 1819, le marché Beauveau, élevé en 1779 sur les dessins de Lenoir le Romain, le marché des Innocents, qui date de 1813, le marché St-Joseph, bâti en 1793, le marché St-Honoré, établi en 1810 sur l'emplacement du couvent des Jacobins, le marché à la volaille, dit la Vallée, dont la première pierre fut posée le 17 septembre 1809, édifice rectangulaire de 62^m sur 46^m, et derrière lequel on vient d'élever des basses-cours et des tueries bien entendues, enfin, les plus nouveaux de tous, le marché Bonne-Nouvelle qui occupe un étage en contre-bas sous le bazar du même nom, et le marché de la Madeleine, dont la toiture en fer est plus remarquable par sa légèreté que par son élégance ou sa solidité.

(*) Le marché Saint-Germain, qui fait le plus grand honneur à ses architectes, a été publié par eux, in-f°, 1816. C'est a ce bel ouvrage que nous avons emprunté les planches qui accompagnent cette notice.

BIBLIOGRAPHIE.

1° Blondel et Lusson, Plan, coupe, élévations et détails du nouveau marché St-Germain ; Paris, 1816, in-fol., pl.

2° Rondelet, Art de bâtir ; Paris, 1803, in-4°, pl.

3° Millin, Dictionnaire des beaux-arts, article Marché, etc.; Paris, 1806, 3 vol. in-8°.

4° Quatremère de Quincy, Dictionnaire d'architecture, articles Marchés, Charpentes, etc.; Paris, 2 vol. in-4°.

5° Coussin, Génie de l'Architecture ; Paris, 1822, 1 vol. in-4°, pl.

6° Bruyère, Études relatives à l'art des constructions ; Paris, 1823-28, 2 vol. in-fol., pl.

7° Gourlier, Biet, Grillon et Tardieu, Choix d'édifices publics, etc.; Paris, in-fol, pl. (en cours de publication).

8° Legrand et Landon, Description de Paris et de ses édifices, etc.; Paris, 1809, 2 vol. in-8°, pl.

9° Roquefort, Dictionnaire historique et descriptif des monuments religieux, civils et militaires de la ville de Paris, etc.; Paris, 1826 in-8°.

10° Normand fils aîné, Paris moderne, contenant un choix de maisons, marchés, fontaines, bains, écoles, théâtres, bazars, etc.; Paris, 1842, 2 vol. in-4°, pl.

11° *Ackermann, Microcosm of London; London, 1828, 3 vol. in-4°* pl. col.

12° *Britton, London,* avec supplément, ar H. Leeds ; 2 vol. in-8o.

MARCHÉ St GERMAIN À PARIS.

Mercado Cubierto de San German en Paris. (Francia)

MARCHÉ St GERMAIN À PARIS.

Mercado de San German. Detalles.

DOCKS DE LONDRES.

C'est en Angleterre, chez cette grande nation qui souffre de tous les défauts, mais aussi qui jouit de tous les avantages d'une organisation essentiellement commerciale, qu'il faut aller chercher la plupart des innombrables perfectionnements apportés dans l'industrie depuis le commencement de ce siècle. Ainsi, c'est des Anglais qu'il a fallu apprendre à filer le lin, à construire les chemins de fer, à ajuster les machines des bateaux à vapeur, etc. ; et ce n'est pas, comme ils le reconnaissent eux-mêmes, parce que le génie de l'invention est plus développé chez eux que chez les autres peuples, mais c'est seulement parce qu'ils savent profiter avec une rare sagacité des idées heureuses qui surgissent des quatre coins du globe, et qu'ils s'ingénient sans cesse à les exploiter en y apportant les développements et les améliorations dont elles sont susceptibles. D'habiles combinaisons d'ailleurs, et les Anglais excellent à en créer, peuvent suppléer aux inventions. Par exemple, les éléments d'un dock, c'est-à-dire un bassin contenant toujours une certaine quantité d'eau, des magasins fermés pour les marchandises, et un mur d'enceinte, ne constituent certainement en soi rien de bien neuf, rien de bien imprévu ; mais la réunion de ces éléments, disposés d'une manière ingénieuse, forme un ensemble qui, administré avec intelligence, constitue une invention véritable et des plus fécondes.

On donne le nom de *docks* à des établissements principalement fondés dans les ports de marée, qui contiennent un ou plusieurs vastes bassins à flot, des magasins pour les marchandises, des machines pour le chargement et le déchargement des navires, et qui sont entourés d'une enceinte permettant que rien n'y entre ou n'en sorte sans être soumis à une surveillance facile à exercer, et néanmoins aussi rigoureuse que cela est nécessaire.

Les avantages que donne au commerce maritime la création de docks sont immenses, et satisfont à ses besoins matériels en même temps qu'ils rendent facile le crédit qui lui est nécessaire.

Les docks, en effet, et c'est là sans doute ce qui a fait construire les premiers ; les docks, disons-nous, assurent la conservation des bâtiments en même temps que celle des marchandises. Ils assurent la sûreté des bâtiments, parce qu'ils les soustraient aux chances d'accident résultant soit de leur entassement dans les ports de mer ou de rivière, soit du retrait de la mer, qui, lors de la marée basse, les laisse sur le sable ou le galet, dangers qui ne peuvent s'éviter que par un déplacement continuel, et, partant, dispendieux. Ils assurent la sûreté des marchandises, parce que, d'une part, ils rendent les vols impossibles (*), et que, de l'autre, toutes les précautions sont prises dans les magasins pour empêcher les avaries auxquelles certaines matières sont exposées par suite des intempéries de l'air ou des changements de température. La promptitude merveilleuse avec laquelle, au moyen des engins perfectionnés dont on fait usage dans les docks, le chargement et le déchargement des colis s'effectuent, contribue encore à ce résultat, qui produit en réalité un triple bénéfice pour les négociants : économie de temps, économie des frais de transbordement, diminution dans les pertes causées par les avaries de toute nature.

Mais ce qui fait principalement des docks des établissements de la plus grande influence sur le développement de l'industrie commerciale, c'est qu'ils favorisent singulièrement le commerce d'entrepôt, et rendent possibles certaines combinaisons financières, qui ont pour conséquence immédiate une extension considérable du crédit ; et ceci nous semble d'une si haute portée, que nous n'hésitons pas à reproduire ici un passage d'un article de M. Blanqui, où cet économiste a analysé le système de transactions auxquelles donne lieu, en Angleterre, le dépôt des marchandises dans les docks. « Les Anglais ont trouvé le moyen de donner à leurs docks une utilité particulière, peut-être supérieure aux avantages matériels qu'ils en retirent, par des combinaisons d'entrepôt trop ingénieuses pour ne pas trouver place dans cet article. Aussitôt qu'une marchandise est mise en magasin dans un dock, la compagnie des directeurs de ce dock délivre à l'impositeur ou au consignataire un certificat ou *warrant*, énonçant qu'il a été emmagasiné pour son compte telle marchandise, de tel poids et de telle qualité. Ce certificat lui sert de titre de propriété ; il est transmissible par voie d'endossement, et cet endossement, s'il est régulier, prouve à lui seul le fait de la vente. Ces *warrants* sont divisibles et remis à des courtiers, qui s'en servent pour opérer les transactions les plus importantes, sans que la marchandise soit changée de place, et conséquemment sans avoir été grevée de frais de transport. Si le propriétaire de la marchandise veut l'échanger contre de l'argent, ou simplement la consigner en garantie d'un prêt, il remet ce *warrant* à un banquier, qui lui fait les avances nécessaires, sans avoir besoin de prendre livraison

---

(*) Ces vols se sont montés, dans le port de Londres, jusqu'à dix millions par an.

Les magasins, disposés pour pouvoir abriter deux cent dix mille tonnes de marchandises, sont surtout remarquables. Placés fort près du bord des bassins, de telle sorte que, au moyen d'engins, les marchandises peuvent y être amenées sur-le-champ des navires, ils présentent sur leur face qui longe les quais un développement de 1398 mètres, et le service s'y fait avec tant d'activité, que la charge d'un bâtiment de mille tonneaux peut y être transportée des flancs du navire dans l'espace de trois jours seulement. Ils sont d'ailleurs construits de manière à présenter toutes les garanties désirables, tant par rapport à la solidité que par rapport à la conservation des matières qu'on y renferme. Ils sont construits tout en fer, et l'on pousse les précautions jusqu'à entretenir pendant l'hiver une chaleur égale de douze degrés, dans les magasins particuliers où sont déposés les sucres, les grains et l'indigo. L'entrée par terre des docks est située à l'angle du nord-ouest (*f*) des magasins, presque en face de la Monnaie.

Les docks de Sainte-Catherine sont les seuls de Londres où les vaisseaux puissent entrer la nuit comme le jour. Le chenal, long de 57^m,80 sur une largeur de 13^m,70, est construit de façon à pouvoir recevoir les vaisseaux de six cents tonneaux pendant les trois heures qui précèdent ou suivent la marée haute. La profondeur de l'eau à l'entrée de la passe est de trois mètres à marée basse, ce qui fait une différence de près de 1^m,20 avec les autres docks du port. Les bassins contiennent aussi en tout temps la quantité d'eau nécessaire, une machine à vapeur de la force de cent chevaux étant disposée pour pouvoir à toute heure les remplir ou les vider.

Indépendamment de ces avantages, les docks possèdent encore celui de contenir un quai sur le bord de la Tamise même. Ce quai s'étend entre l'entrée du chenal et la Tour de Londres, sur une longueur de 57 mètres; il est le débarcadère des nombreux bateaux à vapeur et embarcations de toute espèce, qui amènent constamment des passagers. Des salles d'attente, où se retrouve tout le comfort britannique, sont disposées pour recevoir ces derniers. Des machines ingénieuses, et placées aussi sur le quai, servent à effectuer l'embarquement des équipages, des chevaux, du bétail, etc.

Les docks de Sainte-Catherine sont, nous l'avons dit, les plus complets et les plus habilement construits qui existent. Tout tendait au reste à amener le succès de ce magnifique établissement, dont la prospérité ne peut que s'accroître; aussi la création en est-elle devenue une spéculation fort heureuse pour les capitalistes qui l'ont réalisée.

— **BIBLIOGRAPHIE.** —

1° *James Elmes, architect and civil engineer. A scientific historical and commercial survey of London.*
2° *M. M'Culloch. Dictionary of commerce.*
3° *D. Colquhon. The police regulations of the river Thames.*
4° *Cruchley. New picture of London.* Londres, 1839, 1 vol. in-18.
5° Blanqui. Article *Docks* dans le *Dictionnaire de l'industrie manufacturière, commerciale et agricole.* Paris, 1835, 10 vol. in-8°.

Docks de Londres (Angleterre)

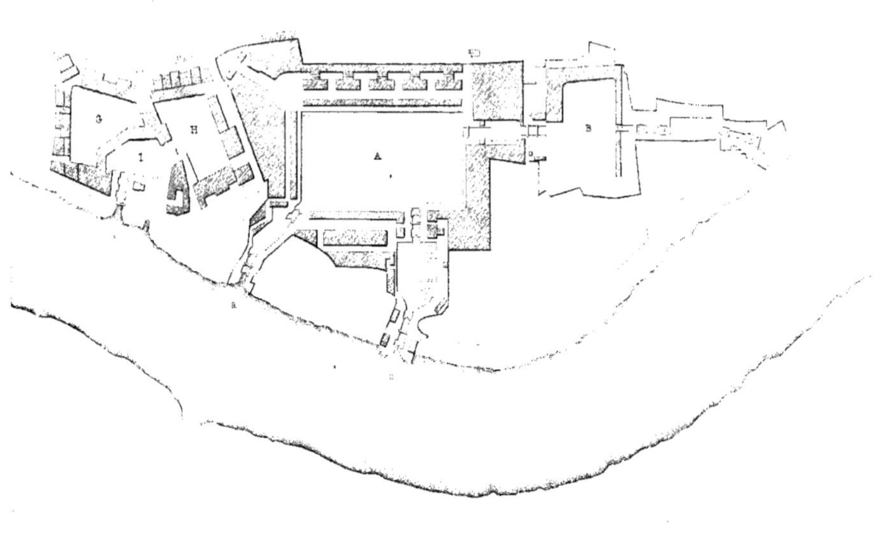

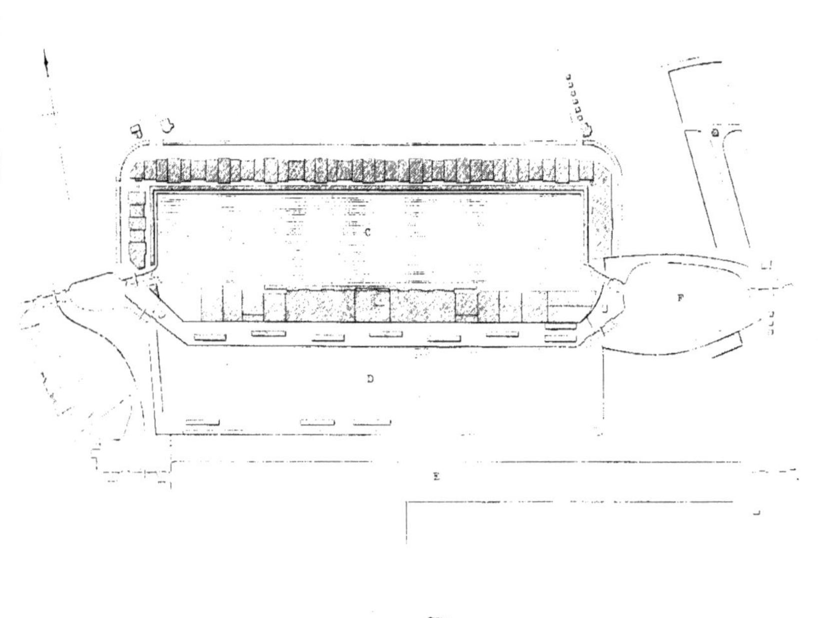

Docks de Londres de Sta Catalina y de la Compañia de las Indias Occidentales.

MONUMENTS MEXICAINS.

Depuis environ un demi-siècle, il appartient à l'archéologie, maintenant en possession de nombreuses observations et de méthodes certaines, de nous faire connaître l'antiquité des peuples et de les faire entrer dans l'histoire. Cette œuvre est longue et difficile : elle appelle de nombreux travailleurs, des recherches hérissées de difficultés, et ne fait que commencer. Mais, animée du zèle le plus puissant, de la patience la plus infatigable, elle poursuit sans relâche ses belles et curieuses investigations. C'est ainsi que l'archéologie, après nous avoir initiés à l'antiquité asiatique, africaine et grecque, nous a ouvert l'étude et l'exploration des pays et des peuples du Nouveau Continent, des Amériques du nord, du centre et du sud.

L'étude des monuments d'architecture de l'Amérique est encore dans l'enfance; à peine n'est-elle qu'à ses premiers débuts. Nous ne connaissons encore qu'un petit nombre de ses monuments, et ce que nous en connaissons n'est que limité et très-superficiel. Les édifices remarquables ne nous ont été montrés que sous leur côté pittoresque : nous ne les possédons pas dans leurs plans, leurs coupes, leurs détails et leurs élévations géométriques; nous ne pouvons les étudier que dans les reproductions de voyageurs paysagistes. Ensuite, les voyageurs qui se sont voués à leur recherche ne nous font connaître que quelques-uns des plus remarquables, groupés dans de certaines localités. Il ne nous est point donné encore d'en étudier une série assez nombreuse pour les classer avec une sûreté chronologique, pour en échelonner une suite méthodique, et pour ensuite en déduire des connaissances propres à éclairer l'histoire, la religion et les mœurs des peuples qui les ont élevés. Nous ne pouvons donc, dans l'état actuel de la science archéologique américaine, en parler que d'une manière générale.

La science a trouvé les peuples de l'Amérique dans une barbarie qui semble avoir succédé à une certaine civilisation; mais elle n'a pu les envisager comme étant dans un état primitif de barbarie. Le résultat principal de toutes les recherches historiques modernes, sur l'état des peuples américains avant la découverte du Nouveau Continent par Ch. Colomb, est que les conquérants espagnols trouvèrent la partie orientale de l'Amérique bien moins civilisée que la partie ouest qui longe l'Océan. Et ces peuples américains occidentaux, eux-mêmes, n'ont existé qu'au milieu des débris d'un passé plus glorieux et plus avancé, qui nous a laissé ces monuments gigantesques qui attirent sur eux les études et les investigations des savants et artistes modernes. Ensuite, la science historique nous indique quatre points principaux, comme siéges de la plus ancienne civilisation : 1° la contrée située aux sources des fleuves Rio Columbia, Rio Gila et Rio Colorado; 2° le haut plateau du Mexique, où est la ville de Mexico, le point central et le noyau de l'antique royaume d'Anahuac; 3° la province de Guatimala, vers le nord jusqu'à Chiapa; 4° le territoire de l'ancien royaume des Incas, au Pérou. Ces quatre points diffèrent essentiellement entre eux, tant dans leurs monuments que dans leurs traditions et le caractère de leurs habitants; et c'est encore de ces quatre contrées que rayonna une civilisation particulière à chacune d'elles.

Nous devons nous borner, dans cette notice, aux monuments du haut plateau du Mexique. Et d'abord, nous dirons que l'état de la science historique constate que ces monuments ne datent que du moyen âge. A diverses périodes de cette époque il y eut des migrations d'hommes du nord au sud, qui fondèrent, dans la partie méridionale du Mexique, et surtout sur le plateau de Mexico, l'ancien Anahuac, des États civilisés et florissants. Là régnait le despotisme asiatique le plus absolu, au pouvoir d'un sacerdoce nombreux et inhumain, qui l'exploitait au nom d'une religion qui demandait des sacrifices humains en telle abondance, que ces sacrifices offraient une véritable boucherie, et que le nombre des victimes est tellement considérable, qu'il dépasse toute croyance humaine. Le sacerdoce américain rappelle celui du Thibet et du Japon. Le costume des prêtres, leur coiffure jaune et rouge surtout, nous transporte dans le cercle des cultes bouddhistiques, dans lesquels les sacrifices humains nous apparaissent à la vérité comme un élément étranger et forcé. Il y a plus : les statues colossales, les expiations, les flagellations, les jeûnes, les sacrifices de fleurs et l'amour des fleurs, que nous retrouvons chez les anciens Américains, ont un cachet bouddhistique, que nous retrouvons avec l'idée modifiée de la métempsycose et les monuments gigantesques d'architecture dans l'Inde septentrionale et méridionale. Ce sacerdoce américain avait aussi des chants hiératiques et une antique langue secrète.

Les Américains brûlaient leurs morts, autre rapprochement avec les cultes de l'Inde. Ce n'est que dans certaines circonstances que l'on plaçait les morts dans des sépultures monumentales, assis sur une petite chaise, *tepolli;* alors on mettait à côté d'eux les instruments de leur profession; on plaçait encore auprès d'eux de petites idoles, comme cela se pratiquait aussi dans l'Inde. Ces idoles étaient, comme dans ce pays, fabriquées de diverses matières : il y en avait en métal, en bois, en terre cuite et en pierre. Ensuite, nous voyons encore en Amérique les serpents, l'adoration du lingam et du phallus, jouer un rôle dans le culte religieux. Nous trouvons ces objets représentés sur les monuments. Dans la religion polythéiste des Américains régnait le principe dualiste, sans cependant qu'il soit possible de décider si le principe du mal est primitif ou postérieur, ou admis comme éternel. La croyance des peines et des récompenses dans une vie future se lie naturellement au principe de dualité et à l'idée de la métempsycose.

Quant aux traditions historiques, nous en trouvons trois catégories au Mexique. 1° Celles des Aztèques, qui commence avec l'invasion d'Anahuac, vers l'année 361 avant la conquête du Mexique par les Espagnols, par conséquent 1160 de notre ère. Cette migration fut accomplie par sept tribus ou peuplades, sous le nom collectif de Nahuatlachi, les Aztèques, les Colhui, les Chalcesi, les Sosimilchi, les Tepanechi, les Tlahuiches et les Tlascalèses. Ils fondèrent des États. Les Colhui établirent l'empire de Colhuacan, dont dépendaient les Aztèques. Colhuacan semble avoir eu la prépondérance dans cette heptarchie ; elle passa ensuite aux Tepanechi, et, jusqu'au temps de F. Cortès, tout l'empire conserva le nom de Colhuan. En 1325, les Aztèques saisirent la suprématie ; ils bâtirent ou agrandirent leur capitale, Tenochtitlan (nommée Mexico plus tard). Ils ne tardèrent pas à se diviser en deux partis, dont l'un, les Tenochihi, resta à Tenochtitlan, pour former bientôt après le noyau principal du peuple. La puissance des Aztèques de Tenochtitlan s'accrut sous le règne de leur roi Akapamizin, en 1352. Montézuma fut leur sixième et dernier roi.

2° La tradition historique des Toltèques remonte à 560 ans plus haut que celle des Aztèques ; elle commence donc vers l'année 600 de notre ère. Les Toltèques aussi apparaissent comme envahissant de même Anahuac. Ils furent vainqueurs, fondèrent un empire qui subsista jusqu'en l'an 1000, et qui dura par conséquent quatre cents ans. La famine et la peste détruisirent cet empire : quelques Toltèques émigrèrent vers le sud, d'autres se dispersèrent. Cent ans plus tard, vers 1100, les Chichimèques, alliés aux Toltèques, mais plus barbares qu'eux, se sont fixés, dit la tradition, à Anahuac, en se liguant en partie avec les Toltèques, d'où est venu le royaume de Acolhuacan, et conservant en partie la vie nomade. En tête de la tradition toltèque est l'idole Quetzalcoatl (le serpent couvert de plumes), ancien souverain pontife de Tula, capitale de Toltéqua, homme de couleur blanche, au front large, ayant de grands yeux, une longue chevelure noire, une barbe épaisse, de mœurs sévères, vêtu de longues robes, et d'un caractère doux. Il était législateur ; il enseigna l'art de fondre les métaux et celui de polir les pierres précieuses. On dépeint les Toltèques comme des géants, mais sans doute par rapport seulement aux habitants primitifs de l'Amérique, qui étaient de petite stature. On pourrait tout au plus envisager les Patagons comme leurs descendants, car les Toltèques, à la suite de la dissolution de leur empire, émigrèrent vers le sud, comme le rapporte la tradition.

3° D'après les recherches les plus exactes, la tradition historique de Votan, ou plus justement l'émigration des Toltèques, descend jusqu'à l'an 596 de notre ère, et la fondation de leur royaume aurait eu lieu en 667. Votan, dit-on, raconte dans son ouvrage quels sont les pays et les peuples qu'il a visités ; qu'il a vu la grande maison construite par ordre de son grand-père, et qui devait monter de la terre au ciel ; qu'il est le premier homme envoyé par Dieu pour diviser les terres parmi les Indiens ; que, dans le pays où il vit la grande maison, il fut donné une langue spéciale à chaque peuple.

A son retour, Votan a rencontré sept familles du peuple des Tzéquil. Il les a reconnues issues de Culébra, et il les adopta. Ces familles bâtirent la ville de Tzéquil. Votan leur enseigna tout ce qu'il était nécessaire et bienséant de faire relativement aux repas (des prières et des ablutions sans doute). Ces familles lui avaient fait connaître le vrai Dieu, et la manière dont on devait l'adorer. Ensuite, elles le proclamèrent leur chef, roi et prêtre. Cette tradition est très-remarquable : elle se rapporte à une seconde transformation religieuse, et à un pacte entre la religion ancienne et la nouvelle.

La plupart des monuments mexicains sont des sanctuaires religieux. Ils ont essentiellement un caractère architectonique développé. Leur masse est diversement enrichie par une ornementation des plus variées. Tantôt cette ornementation consiste dans un jeu harmonieux de lignes, tantôt dans des créations organiques, œuvres originales d'un génie développé pour la sculpture. Ces œuvres ont, à ce qu'il paraît, comme les hiéroglyphes d'Égypte, un véritable caractère monumental, en ce qu'elles manifestent la signification particulière du monument qui les contient. Ensuite, on y voit encore des figures de divinités destinées à l'adoration religieuse, des figures de simples mortels dont on voulait sans doute honorer la mémoire. La peinture a aussi concouru à l'embellissement des monuments mexicains, et elle retrace, par des images, le passé de ces peuples remarquables, qui nous sont connus par la tradition et les chefs-d'œuvre d'art qu'ils nous ont laissés.

Les monuments mexicains nous offrent une forme générale, celle de l'autel, mais exprimée dans des dimentions colossales. Ces autels sacrés sont de forme carrée et pyramidale. On les désigne sous le nom de *Téocalli* (de θεός, dieu, et καλιά, maison; maison divine, maison de Dieu). Chacune de leurs faces correspond exactement à un des quatre points cardinaux. Ces pyramides sont tronquées à leur sommet, où elles forment une plate-forme spacieuse, et qui contient ordinairement un petit temple, ou un plus petit autel. Ces édifices sont composés de degrés ou de gradins de grande dimension, qui forment souvent des terrasses. Des escaliers fort roides conduisent à leur sommet. Ces escaliers sont, ou bien uniques, ou pratiqués sur chacune des quatre faces. Ces Téocalli étaient placés au centre de vastes cours, où étaient disposés les logements des prêtres, ainsi que toutes les dépendances destinées et nécessaires au culte.

Quant aux détails, aux moulures surtout, nous voyons dominer, dans les monuments mexicains, comme membre principal, la bande simple qui couronne et subdivise horizontalement ; la ligne droite, le filet et la bande divisent verticalement. On rencontre rarement la ligne courbe et sinueuse dans cette architecture, qui reflète on ne peut plus positivement la timidité et l'enfance de l'art. Mais ce qui est digne de remarque, c'est que nous voyons au Mexique, la grecque, le zigzag, le méandre, et ce qu'on est convenu de nommer, dans l'architecture du moyen âge occidental et européen, les *nébules*, comme en offre le couronnement de la porte d'Uxmal, et le palais dans le même lieu. Mais la manière dont ces ornements sont employés et disposés prouve incontestablement la naïveté de l'art et le degré tout à fait inférieur de son développement pratique. Quant à la couverture des espaces intérieurs, elle est de la nature la plus simple. Des sortes de dalles plates, d'une seule pièce, couvrent les salles en posant sur les murs qui les forment. Si l'apparence et le caractère général des monuments américains rappellent les monuments de l'Inde, et jusqu'à un certain point même les pagodes de la Chine, ces toitures plates, dont nous venons de parler, ont leurs analogues dans l'antiquité grecque, romaine et égyptienne. On voit aussi, au Mexique, un autre genre de couverture qui consiste en dalles, qui se superposent de telle sorte, qu'en formant saillie l'une sur l'autre vers l'intérieur, elles arrivent à se joindre vers le centre, et forment ainsi une espèce de couverture en pente. Nous retrouvons également ce genre de toiture en Grèce, chez les Romains et chez les Égyptiens. Les grandes portes, ou portails, sont formés aussi de cette manière.

Parmi les Téocalli connus, la pyramide de Papantla, dans la province de la Vera-Cruz, est un des monuments les plus remarquables. Elle se compose de sept gradins, s'élevant les uns sur les autres, et le dernier supérieur forme une plate-forme. A sa base, elle a 75 pieds, et 54 pieds de hauteur. Les quatre côtés correspondent exactement aux points cardinaux, et ils sont revêtus d'un parement de porphyre travaillé avec grand soin. Sur la face orientale, au centre, existe un grand escalier principal, ayant 57 marches, flanqué de chaque côté de deux escaliers latéraux, qui mènent ensemble au sommet du monument. Sur les faces perpendiculaires des gradins sont pratiquées des niches carrées, semblables presque aux cartouches qui contiennent les hiéroglyphes égyptiens ; elles sont au nombre de 387, et disposées avec symétrie et un ordre tel, qu'on en compte 24 sur le premier gradin, 20 sur le second, et 16 sur le troisième, etc.

Dans l'antique ville de Santiago-Guatusco, à neuf milles est de Cordova, dans la province de la Vera-Cruz, est un petit Téocalli formé de trois gradins à faces perpendiculaires et sans ornements. Un large escalier conduit à la plate-forme, qui contient un petit édifice offrant trois divisions horizontales, et de forme également pyramidale. Il existe un autre monument à Tusapan, qui ressemble à celui que nous venons de décrire.

Dans la province de Puebla, près de Téhuacan, ville de 10,000 âmes, se trouve un autre Téocalli, dont les quatre faces sont convexes. Au-dessus d'elles s'élève, sur quatre faces verticales, subdivisées horizontalement en quatre parties par trois bandeaux, une plate-forme où l'on voit les quatre murs d'un sanctuaire : quatre escaliers y conduisent, et coupent les faces perpendiculaires de la plate-forme.

La pyramide de San-Cristoval Teapantepec, au sud de Tlacotepec, a une forme plus aiguë : elle se compose de quatre gradins; l'escalier ne mène pas en droite ligne sur le plateau; il monte en zigzag le long des faces du Téocalli.

A Tehuantepec, sur le bord de l'Océan Pacifique, dans la province d'Oaxaca, il existe parmi les Téocalli un monument pyramidal dont les huit gradins ne sont pas carrés, mais de forme circulaire. Cet édifice est également d'apparence fort aiguë, et ressemble à un cône.

La Porte à Labnah, dans le Yucatan, a un grand caractère de sévérité; sa forme est imposante. Là aussi nous retrouvons l'intention de la voûte exprimée par ces pierres en saillie les unes sur les autres.

L'intérieur de l'édifice de Kabah, également dans le Yucatan, est remarquable par la voûte qui lui sert de couverture. Cette voûte est en ogive, et offre une clef. Cette circonstance prouve déjà un certain degré de développement de l'art.

Mais, parmi tous les monuments que nous venons de voir, ce sont ceux d'Uxmal (l'ancienne Itzalane), dans le Yucatan, qui sont les plus intéressants. Nos deux vues générales peuvent en donner un aperçu suffisant. Là il existe une pyramide colossale, surmontée d'un temple de plus de 80 pieds de longueur. Auprès de cette pyramide est une vaste cour de 227 pieds de longueur sur 172 de largeur, entourée d'habitations pour le sacerdoce, qui sont ornées avec toute la magnificence que comporte l'architecture mexicaine. Dans l'ornementation on remarque des serpeuts gigantesques, comme des restes de statues, qui prouvent que la statuaire a été cultivée avec succès dans le Yucatan. La porte du grand Téocalli, ainsi que les ruines du palais d'Uxmal, représentés par nos planches, peuvent donner une idée suffisante du caractère de l'architecture mexicaine, et de la richesse comme de la bizarrerie de son ornementation et de son style. Mais il faut surtout feuilleter les grands ouvrages qui nous représentent les merveilles architecturales du Nouveau Continent, pour bien étudier cet art nouveau, que le format et le cadre de cet ouvrage n'ont pu rendre que brièvement et sur une petite échelle.

— **BIBLIOGRAPHIE.** —

1° *Antiquities of Mexico,* par lord Kingsborough. 4 vol. in-fol. 1831.

2° Voyage pittoresque et archéologique dans la province de Yucatan, Amérique centrale, pendant les années 1834 et 1836, par Frédéric de Waldeck. Paris, 1 vol. in-fol. 1838.

3° Voyage pittoresque et archéologique dans la partie la plus intéressante du Mexique, par C. Nebel. In-fol. Paris, 1836.

4° *Ueber die Alt-Americanischen Denkmäler,* von J. D. von Braunschweig. Berlin, 1840. In-8°.

Vistas generales de las ruinas de Uxmal, Yucatán.

Puerta del gran Teocali de Uxmal.

Monumento religioso en Uxmal (Yucatan)

Monument religieux à Uxmal

Palacio en Uxmal.

Ruinas de un Palacio en Uxmal.

Puerta en Uxmal (Yucatan)

Puerta en Labnah. Yucatan

Interior de un Edificio en Cabah. *Yucatán*

Pyramide de Papantla.

MONUMENTS MEXICAINS.

Monumentos Mejicanos.

MONUMENS MEXICAINS.

Monumentos Mejicanos.

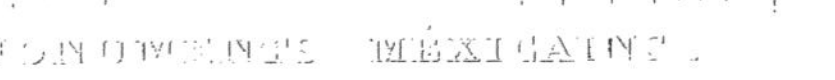

Monumento cerca de Tehuacan. *Méjico*

TABLE

DE

CLASSEMENT MÉTHODIQUE

FORMANT

LE QUATRIÈME VOLUME

DES

MONUMENTS ANCIENS ET MODERNES.

PÉRIODE MODERNE.

MONUMENTS DE LA RENAISSANCE.

ITALIE, FRANCE, ALLEMAGNE.

CONSTRUCTIONS RELIGIEUSES : Église de Saint-François des Nobles, à Perugia. — Notice par M. Albert LENOIR.

Dessins de M. A. LENOIR.	*Première planche.* — Vue de la façade de cette église.
	Deuxième planche. —Figures 1-2-3. Chapiteaux divers.
	— 4. Détail de la façade.
	— 5. Rinceau des chambranles.
	— 6. Détail de sculpture.
	— 7. .... Id........
	— 8. Profil.
	— 9. Détail.
	— 10. Détail de sculpture.
	— 11. .... Id........
	— 12-13. Fragments du pavage en mosaïque.

.... Église de Saint-Zacharie, à Venise. — Notice par M. Jules GAILHABAUD.

| Dessin de M. JOURDAN. | *Planche unique.* — Élévation de la façade. |
| | Plan de l'édifice. |

.... Église de la Chartreuse, près Pavie. — Notice par M. Jules GAILHABAUD.

Dessins de M. DURELLI.	*Première planche.* — Vue perspective de ce monument.
	Deuxième planche. — Élévation d'une partie de la porte.
	Élévation de la moitié d'une des fenêtres.
	Détails de sculpture, existant sur la façade.
	Troisième planche. — Chapiteaux.
	Consoles diverses.
	Niche ornée.
	Couronnement des fenêtres.
	Détails divers de sculpture.

.... Basilique de Saint-Pierre, à Rome. — Notice par M. Jules GAILHABAUD.

Dessins de M. JOURDAN.	*Première planche.* — Vue prise de l'entrée de la colonnade.
	Deuxième planche. — Vue générale de l'intérieur.
	Troisième planche. — Plan de la basilique, de la colonnade et de la sacristie.
	Quatrième planche. — Coupe longitudinale.
	Cinquième planche. — Élévation latérale.
	Sixième planche. — Baldaquin. — Chaire.

.... Église du Rédempteur, à Venise. — Notice par M. Jules GAILHABAUD.

Dessins de M. JOURDAN.	*Première planche.* — Vue extérieure de l'édifice.
	Deuxième planche. — Plan de l'église.
	Coupe longitudinale.

CONSTRUCTIONS RELIGIEUSES : Église de Gisors. — Notice par M. Adolphe BERTY.

Dessins de M. de MÉRINDOL.
Première planche. — Élévation de la façade.
Deuxième planche. — Partie centrale de la façade.
Troisième planche. — Détails de sculpture de la façade.
Quatrième planche. — Plan de la façade.
Détails divers.
Cinquième planche. — Support d'orgues.

Église de Vetheuil. — Notice par M. Adolphe BERTY.

Dessins de M. de MÉRINDOL.
Première planche. — Élévation de la façade.
Deuxième planche. — Figure 1. Plan de la façade.
— 2. Coupe et profil de cette façade.
— 3. Trumeau de la porte.
— 4. Entablement.
— 5. Plan du porche latéral.
— 6. Coupe de ce porche.

Église de Saint-Étienne-du-Mont, à Paris. — Notice par M. Jules GAILHABAUD.

Dessins de M. JOURDAN.
Première planche. — Vue perspective du monument.
Deuxième planche. — Figure 1. Plan de la façade.
— 2. Ordre inférieur.
— 3. Bandeaux sculptés sur les colonnes.
— 4. Clef de la porte.
— 5. Niche et fronton de l'étage intermédiaire.

Vitraux de la cathédrale d'Auch. — Notice par M. Adolphe BERTY.

Dessins de M. RIBAULT.
Première planche. — Élévation de deux principaux vitraux.
Deuxième planche. — Élévation de la rose occidentale.

Boiseries de la cathédrale d'Évreux. — Notice par M. Adolphe BERTY.

Dessin de M. de MÉRINDOL.
Première planche. — Élévation d'une clôture, avec sa porte.
Deuxième planche. — Élévations de deux clôtures, avec leurs portes.
Troisième planche. — Élévation d'une portion de clôture.

CONSTRUCTIONS CIVILES : Palais Strozzi, à Florence. — Notice par M. Daniel RAMÉE.

Dessins de M. E. PRESTAT.
Planche unique. — Élévation géométrale de la façade.
Détail de la corniche.
Lanterne en bronze.

Maisons à Rouen. — Notice par M. Adolphe BERTY.

Dessins de M. de la QUÉRIÈRE.
Planche unique. — Élévation de deux maisons situées rue de la Grosse-Horloge.

Hôtel de ville, à Cologne. — Notice par M. Daniel RAMÉE.

Dessins de M. J. AMOUDRU.
Première planche. — Élévation géométrale de la façade.
Deuxième planche. — Élévation de la travée centrale.
Coupe et profil de cette travée.
Troisième planche. — Figure 1. Plan du rez-de-chaussée.
— 2. Partie supérieure de la travée centrale.
— 3. Tympan sculpté.
— 4. Clef ornée.
— 5. Crête métallique.
— 6. Entablement.
— 7-8. Colonnes sculptées.
— 9-10. Piédestaux ornés de sculpture.

Nouvelles Procuraties, à Venise. — Notice par M. Jules GAILHABAUD.

Dessins de M. JOURDAN.
Planche unique. — Élévation d'une partie de la façade.

Loge des Lances, à Florence. — Notice par M. Daniel RAMÉE.

Dessins de M. E. PRESTAT.
Planche unique. — Élévation géométrale de la façade.
Plan de l'édifice.
Élévation de la partie supérieure.
Détails des sculptures.

Bibliothèque de Saint-Marc, à Venise. — Notice par M. Jules GAILHABAUD.

Dessins de M. JOURDAN.
Planche unique. — Élévation géométrale.

CONSTRUCTIONS CIVILES : Château de Chambord. — Notice par M. Jules GAILHABAUD.

Dessins de M. de MÉRINDOL.

Première planche. — Vue générale du monument.
Deuxième planche. — Vue de la partie centrale.
Troisième planche. — Vue d'un des angles de la cour.
Quatrième planche. — Vue d'une des salles des gardes.
Cinquième planche. — Plan général du château.
Sixième planche. — Coupe du monument.
Septième planche. — Figure 1. Profils de la façade (Donjon).
     — 2. Partie supérieure de l'escalier.
     — 3. Détail de l'escalier.
Huitième planche. — Figure 1. Souche de cheminée.
     — 2. Corniche et son profil.
     — 3. Chapiteaux.
     — 4. Caissons du plafond.

. . . . . . Y . . . . Château d'Azay-le-Rideau. — Notice par M. Théodore VACQUER.

Dessins de M. de MÉRINDOL.

Première planche. — Vue perspective du château.
Deuxième planche. — Elévation d'une partie de la façade.
Troisième planche. — Elévation de la face postérieure.

CONSTRUCTIONS MILITAIRES : Fort de Saint-André, à Venise. — Notice par M. Jules GAILHABAUD.

Dessins de M. A. LEVEIL.

Première planche. — Elévation de la façade.
Plan de cette façade.
Deuxième planche. — Figure 1. Plan général du fort.
     — 2. Elévation de l'ordre.
     — 3. Détail du larmier.
     — 4. Imposte des arcades.
     — 5. Partie supérieure ou corniche du mur.

CONSTRUCTIONS FUNÉRAIRES : Tombeau des cardinaux d'Amboise, à Rouen. — Notice par M. Adolphe BERTY.

Dessins de M. de MÉRINDOL.

Première planche. — Vue générale du monument.
Deuxième planche. — Figure 1. Détail.
     — 2. Partie supérieure du tombeau.
Troisième planche. — Figure 1. Partie inférieure.
     — 2. Partie intermédiaire.
     — 3. Cul-de-lampe.
     — 4-5. Chapiteaux de pilastres.

. . . . Tombeau du doge Vendramini, à Venise. — Notice par M. Adolphe BERTY.

Dessin de M. JOURDAN.

Planche unique. — Elévation du tombeau.
Plan du monument.

. . . . Tombeau de Louis XII, à Saint-Denis. — Notice par M. Adolphe BERTY.

Dessins de M. de MÉRINDOL.

Première planche. — Elévation des grandes faces.
Deuxième planche. — Elévations des petites faces.
Coupe transversale.

MONUMENTS DES XVIIe ET XVIIIe SIÈCLES.

ITALIE, FRANCE, ANGLETERRE.

CONSTRUCTIONS RELIGIEUSES : Église de Jésus, à Rome. — Notice par M. Jules GAILHABAUD.

Dessins de MM. JOURDAN et BERTY.

Première planche. — Elévation géométrale de la façade.
Deuxième planche. — Coupe longitudinale.
Troisième planche. — Plan de l'église.
Détail de la voûte de la nef.
Quatrième planche. — Chapelle de Saint-Ignace.
Cinquième planche. — Chapelle de Saint-François-Xavier

. . . . Église de Saint-Ignace, à Rome. — Notice par M. Jules GAILHABAUD.

Dessin de M. NIEL.

Planche unique. — Elévation géométrale.

. . . . Église de Saint-Gervais et Saint-Protais, à Paris. — Notice par M. J. GAILHABAUD.

Dessin de M. JOURDAN.

Planche unique. — Elévation de la façade.
Plan de cette façade.

. . . . Église de Saint-Paul Saint-Louis, à Paris. — Notice par M. Jules GAILHABAUD.

Dessin de M. JOURDAN.

Planche unique. — Vue de la façade de cette église.

CONSTRUCTIONS RELIGIEUSES : Église de l'hôtel des Invalides, à Paris. — Notice par M. Jules GAILHABAUD.

Dessins de M. JOURDAN.
Première planche. — Vue prise du côté du dôme.
Deuxième planche. — Vue intérieure de l'église.
Troisième planche. — Figure 1. Plan général.
— 2. Coupe longitudinale.
— 3-4. Arcs-doubleaux.

. . . . Église de Saint-Paul, à Londres. — Notice par M. Jules GAILHABAUD.

Dessins de M. ARUNDALE.
Première planche. — Élévation géométrale.
Plan de l'église.
Coupe transversale sur les nefs.
Deuxième planche. — Vue intérieure du monument.
Troisième planche. — Figure 1. Coupe longitudinale.
— 2. Arc-doubleau.
— 3-4-5. Détails de sculpture.

MONUMENTS DU XIXᵉ SIÈCLE.

FRANCE, ANGLETERRE.

CONSTRUCTIONS D'UTILITÉ PUBLIQUE : Halle au blé de Paris. — Notice par M. Ernest BRETON.

Dessins de M. JOURDAN.
Première planche. — Plan de l'édifice.
Élévation et coupe.
Vue intérieure.
Deuxième planche. — Divers détails de la couverture en fer.

. . . . Marché Saint-Germain, à Paris. — Notice par M. Ernest BRETON.

Dessins de M. JOURDAN.
Première planche. — Vue intérieure d'une des galeries.
Deuxième planche. — Plan général.
Élévation et coupe.
Détails de la toiture.

. . . . Docks de Londres. — Notice par M. Amédée DURAND.

Dessins de M. ARUNDALE.
Première planche. — Vue générale des docks.
Deuxième planche. — Plans des docks de Londres, de Sainte-Catherine et de la Compagnie des Indes occidentales.

APPENDICE.

MONUMENTS MEXICAINS.

MEXIQUE, YUCATAN.

CONSTRUCTIONS RELIGIEUSES, CIVILES, ETC. — Notice par M. Daniel RAMÉE.

Dessins de MM. CASTENADA, NEBEL et CATHERWOOD.
Première planche. — Vue générale des ruines d'Uxmal.
Deuxième planche. — Porte du grand Téocalli, à Uxmal.
Troisième planche. — Monument religieux, à Uxmal.
Quatrième planche. — Palais, à Uxmal.
Cinquième planche. — Ruines d'un palais, à Uxmal.
Sixième planche. — Porte, à Uxmal.
Septième planche. — Porte, à Labnah.
Huitième planche. — Intérieur d'un édifice, à Kabah.
Neuvième planche. — Pyramide, à Papantla.
Dixième planche. — Monument, à Santiago-Guatusco.
Monument à Tusupan.
Onzième planche. — Monument à San-Cristoval-Téapantepec.
Monument près de Téhuantepec.
Douzième planche. — Monument près de Téhuacan.

FIN DE LA TABLE DU QUATRIÈME ET DERNIER VOLUME